DROEMER

BETTINA GÖRING
Melissa Müller

DER GUTE ONKEL

Mein verdammtes deutsches Erbe

DROEMER

Besuchen Sie uns im Internet:
www.droemer-knaur.de

MIX
Papier | Fördert gute Waldnutzung
FSC® C014496

Originalausgabe Februar 2024

Ein Imprint der Verlagsgruppe Droemer Knaur GmbH & Co. KG, München

Lektorat: Heike Gronemeier
Covergestaltung: ZERO Werbeagentur, München
Coverabbildung: © privat, Bettina Göring
Satz und Layout: Adobe InDesign im Verlag
Druck und Bindung: GGP Media GmbH, Pößneck
ISBN 978-3-426-27658-7

4 5 3

10 »Weißenfels und der Sport: Oberleutnant Karl Göring«, in: *Weißenfelser Tageblatt*, Festausgabe vom 29.6.1935.

11 Ramona Ehret: »Weißenfels«, in: Wolfgang Benz, Barbara Distel (Hg.): *Der Ort des Terrors. Geschichte der nationalsozialistischen Konzentrationslager*, Band 2, München 2005, S. 215 ff.

1939

1 Leon Goldensohn: *Die Nürnberger Interviews. Gespräche mit Angeklagten und Zeugen*, Düsseldorf/Zürich 2005, S. 174.

2 Cynthia Connop: *Bloodlines*, Australien 2007. Der Film wurde auf zahlreichen Filmfestivals in den USA, Australien, Israel, Deutschland und Polen gezeigt und lief unter anderem im australischen und israelischen Fernsehen.

3 Hermann Göring an Alois Negrelli, handschriftlicher Brief vom 15.10.1924, British Online Archives, David Irving Collection.

4 Hermann Göring an seine Schwiegermutter Huldine von Fock, Brief vom 22.2.1924, in: Fanny v. Wilamowitz-Moellendorff: *Carin Göring*, a. a. O., S. 93.

5 Während und unmittelbar infolge der Ausschreitungen starben mindestens 1300 Menschen. Vgl. u. a. https://www.dhm.de/lemo/kapitel/ns-regime/ausgrenzung-und-verfolgung/novemberpogrom-1938.html#:~:text=W%C3%A4hrend%20und%20unmittelbar%20in%20Folge,gepl%C3%BCndert%2C%20besch%C3%A4digt%20oder%20komplett%20demoliert

6 Nbg.-Dok. PS 1816, zit. nach Susanne Heim, Götz Aly: »Staatliche Ordnung und ›organische Lösung‹. Die Rede Hermann Görings ›über die Judenfrage‹ vom 6. Dezember 1938«, in: *Jahrbuch für Antisemitismusforschung* 2, Frankfurt am Main 1993, S. 378–404.

7 Alexander Spitzmüller: *... und hat auch Ursach, es zu lieben*, Wien 1955, S. 74.

8 Vgl. Brigitte Hamann: *Hitlers Wien. Lehrjahre eines Diktators*, München 1998, S. 410 ff.

9 Emmy Göring: *An der Seite meines Mannes*, a. a. O., S. 79.

10 Eitel Lange: *Der Reichsmarschall im Kriege*, a. a. O., S. 74.

11 Zit. nach Niklas Schrenck von Notzing: »Hermann Görings Herkunft und Verwandtschaft«, a. a. O., S. 87.

12 Melida Steinke: »*Sonderfall Bernheimer*«*? Die Enteignung des Privatbesitzes und die Übernahme der L. Bernheimer* KG *durch die Münchner Kunsthandels-Gesellschaft/Kameradschaft der Künstler München e. V.*, Masterarbeit, LMU München 2015, S. 48.

13 Gudrun Napp, geb. am 14.8.1929 in Kiel als Gudrun Rode, diverse E-Mails und Gespräche ab September 2017.

14 Friedrich Franz Adolf Max Burchard, geb. am 22.7.1867, in: Franz Heinrich Dunckelmann: *Nachrichten von der Familie Burchard*, a. a. O., S. 76 f.

15 Ebd.

16 Heinrich C. L. Rode: *Lebenserinnerungen*, Hamburg 1919, S. 19–26.

17 Ebd., S. 83 f. und S. 117 f. (zu Heinrich Rodes Antisemitismus), sowie S. 77 (zu Walther). Rodes ältester Sohn Heinz starb überraschend am 4.1.1918.

18 »Arte por tierra – Art by land«, siehe: https://www.lootedart.com/news.php?r=RR-7HAP281441, Artikel vom 23.3.2016.

19 Rolf Walter, Nikolaus Werz: »Deutsche in Venezuela vom 16. Jahrhundert bis zur Gegenwart – eine Skizze«, in: *Venezuela heute. Politik, Wirtschaft, Kultur*, Frankfurt am Main 2011, S. 703–718.

20 Sebastian Erb: *Es war einmal in Amerika,* Heft 64, 14.9.2017, siehe: https://www.fluter.de/wirtschaftliche-geschichte-venezuelas

21 Konrad O. Bernheimer: *Narwalzahn und alte Meister. Aus dem Leben einer Kunsthändlerdynastie,* Hamburg 2013, S. 68.

22 Ebd., S. 70.

23 Das belegt die Korrespondenz zwischen den beiden; vgl. Christina M. Förster: *Der Harnier-Kreis,* a. a. O., S. 252.

24 Christina M. Förster: *Der Harnier-Kreis,* a. a. O., S. 514. »Die Sache wurde auf besondere Bewilligung des Herrn Reichsmarschalls H. Göring, Schwager der Frau I. Göring, als Bevollmächtigtem des Vierteljahresplans in die Wege geleitet« und sei deshalb rechtmäßig.

25 Konrad O. Bernheimer: *Narwalzahn und alte Meister,* a. a. O., S. 73.

26 Otto Bernheimer: Aus den »Erinnerungen eines alten Münchners«, in: *Tradition: Zeitschrift für Firmengeschichte und Unternehmerbiographie,* 3. Jg., Heft 4 (Nov. 1958), S. 212–214.

27 Konrad O. Bernheimer: *Narwalzahn und alte Meister,* a. a. O., S. 75.

28 Christina M. Förster: *Der Harnier-Kreis,* a. a. O., S. 246.

29 Ebd.

30 Vgl. Frithjof Trapp (Hg.) et al.: *Handbuch des deutschsprachigen Exiltheaters 1933–1945.* Teil 1, A–K, München 1999, S. 379 f., für Martin Hartwig (eigentl. Hirsch) und Gertrud Burchard; vgl. Franz Heinrich Dunckelmann: *Nachrichten von der Familie Burchard,* a. a. O., S. 61.

31 Wortlaut aus der »Besprechung mit den Gauleitern, Oberpräsidenten und Reichsstatthaltern über die Judenfrage am 6. Dezember 1938 vormittags 11 Uhr im großen Sitzungssaal des Reichsluftfahrtministeriums«; veröffentlicht von Susanne Heim und Götz Aly in: *Jahrbuch für Antisemitismusforschung* 2, a. a. O.

32 Der Vertrag schloss auch die benachbarte Plantage Costa Rica von Erwin G. Rode ein, dem jüngeren Bruder von Walther Rode. Quelle: Melida Steinke: »*Sonderfall Bernheimer«?,* a. a. O., S. 49.

33 Adrian Ball: *Fertig zum Untergang. Der 3. September 1939,* Düsseldorf 1963, S. 33 f.

34 Vgl. Birger Dahlerus: *Der letzte Versuch. London – Berlin. Sommer 1939,* München 1948.

35 Flugblatt-Faksimile, zit. nach Klaus Kirchner: *Flugblätter. Psychologische Kriegsführung im Zweiten Weltkrieg in Europa,* München 1974, S. 41 f.

36 Konrad O. Bernheimer: *Narwalzahn und alte Meister,* a. a. O., S. 80.

37 Sippenbericht Band II, Nr. 13, Jg. 18/19, September 1943.

1979

1 Auszug aus Ernest Hemingways Abschiedsbrief, zit. nach »Electroconvulsive therapy | What is ECT?« (cchr.org.uk).

2 Gustave M. Gilbert: *Nürnberger Tagebuch,* a. a. O., S. 19.

3 Ebd., S. 21 f.

4 Ilse Göring: »Weiblicher Einsatz des DRK auf dem Balkan«, in: *Jahrbuch des Deutschen Roten Kreuzes 1942,* Berlin 1942, S. 44 f.

5 Ebd., S. 45.

Teil III

1 Sacha Batthyany: *Und was hat das mit mir zu tun? Ein Verbrechen im März 1945. Die Geschichte meiner Familie,* Köln 2016, S. 253.

2 Günter Grass: *Im Krebsgang,* Göttingen 2002, S. 49.

1941

1 Juliane Grützmacher: »Julianenhof 1933–1955 als Ort von Geld- und Kunsttransfer«; https://www.proveana.de/de/projekt/julianenhof-1933-1955-als-ort-von-geld-und-kunsttransfer

2 Ebd.

3 Richard Wagner Archiv Bayreuth: Protokoll der außerordentlichen Hauptversammlung des Richard Wagner-Verbandes deutscher Frauen e. V., Hannover 30.4.1940.

4 »Zur Eingliederung und über den Einsatz des DRK nach der Neuordnung«, in: DRK *1938,* Heft 1, S. 13.

5 Ebd.

6 Wilma Ruediger: *Frauen im Dienst der Menschlichkeit. Erlebtes im* DRK *von 1914 bis Friedland,* München 1962, S. 83.

7 »Zur Eingliederung und über den Einsatz des DRK nach der Neuordnung«, a. a. O., S. 12.

8 Wilma Ruediger: *Frauen im Dienst der Menschlichkeit,* a. a. O., S. 83.

9 »Zur Eingliederung und über den Einsatz des DRK nach der Neuordnung«, a. a. O., S. 13.

10 Ebd.

11 Zur Balkanreise siehe *Jahrbuch des Deutschen Roten Kreuzes 1942,* a. a. O., S. 44 f. Zu Schweden und Norwegen vgl. https://www.ekeving.se/hg/WW2/1942.html

12 Wilma Ruediger: *Frauen im Dienst der Menschlichkeit,* a. a. O., S. 82.

13 Markus Wicke: SS *und* DRK. *Das Präsidium des Deutschen Roten Kreuzes im nationalsozialistischen Herrschaftssystem 1937–1945,* Potsdam 2002, S. 88.

14 Horst Seithe: »Das DRK 1918–1945. Transformationen des DRK vom Ende des Kaiserreiches bis zum Ende des NS-Regimes«; Online-Tagung: »Das Deutsche Rote Kreuz im Spannungsfeld zwischen humanitärem Anspruch und Realität 1914–1945«, 16.1.2021.

15 Vgl. Bernd Biege: *Helfer unter Hitler. Das Rote Kreuz im Dritten Reich,* Reinbek 2000.

16 Dieter Riesenberger: *Das Deutsche Rote Kreuz. Eine Geschichte 1864–1990,* Paderborn 2002, S. 354.

17 Wilma Ruediger: *Frauen im Dienst der Menschlichkeit,* a. a. O., S. 133.

18 Ebd., S. 204.

19 Ebd., S. 133 und S. 135.

20 »Auch die beiden Schwestern Görings, Paula Hueber und Olga Rigele, sowie seine Nichte Ilse waren Gäste, die häufig und lange in Carinhall wohnten« (Volker Knopf, Stefan Martens: *Görings Reich,* a. a. O., S. 66.).

21 Eitel Lange: *Der Reichsmarschall im Kriege,* a. a. O., S. 55.

22 Ebd., S. 56.

23 Ebd., S. 56 f.

24 Vgl. Christoph Buchheim: »Der Mythos vom ›Wohlleben‹. Der Lebensstandard der deutschen Zivilbevölkerung im Zweiten Weltkrieg«; Institut für Zeitgeschichte, https://www.ifz-muenchen.de/heftarchiv/2010_3_1_buchheim.pdf

25 Eitel Lange: *Der Reichsmarschall im Kriege,* a. a. O., S. 57.

26 Ebd., S. 35.

27 Ebd., S. 71 und S. 104.

28 Volker Knopf, Stefan Martens: *Görings Reich,* a. a. O., S. 148.

29 Lynn H. Nicholas: *Der Raub der Europa. Das Schicksal europäischer Kunstwerke im Dritten Reich,* München 1995, S. 183.

30 Eitel Lange: *Der Reichsmarschall im Kriege,* a. a. O., S. 61.

31 Ebd., S. 104.

32 Lynn H. Nicholas: *Der Raub der Europa,* a. a. O., S. 180. Vgl. auch: David Roxan, Ken Wanstall: *Der Kunstraub. Ein Kapitel aus den Tagen des Dritten Reiches,* München 1966, S. 81.

33 Eitel Lange: *Der Reichsmarschall im Kriege,* a. a. O., S. 70.

34 Hermann Görings Kunstsammlung ist weitgehend erforscht. Vgl. https://www.dhm.de/datenbank/goering/dhm_goering.php?seite=9

35 Zit. nach Andrea Hollmann, Roland März: *Hermann Göring und sein Agent Josef Angerer. Annexion und Verkauf »Entarteter Kunst« aus deutschem Museumsbesitz 1938,* Paderborn 2014, S. 15.

36 Eitel Lange: *Der Reichsmarschall im Kriege,* a. a. O., S. 70.

37 Ebd.

38 Ebd., S. 71.

39 Institut für Zeitgeschichte, ED 180, Göring.

40 Ebd., ED 180/5a.

41 Peter Supf, in: *Der Adler. Zeitschrift des Reichsluftfahrtministeriums,* Heft 16, 19.9.1939.

42 Ernst Udet (26.4.1896–17.11.1941). Vgl. Thomas Menzel: »Ernst Udet – Des Teufels General?«, in: Bundesarchiv, https://www.bundesarchiv.de/DE/Content/Virtuelle-Ausstellungen/Ernst-Udet-Des-Teufels-General/ernst-udet-des-teufels-general.html

43 Eitel Lange: *Der Reichsmarschall im Kriege,* a. a. O., S. 123.

44 Ebd., S. 126.

45 Ebd., S. 124.

46 Ebd., S. 119.

47 Todesanzeige Peter Göring.

48 Institut für Zeitgeschichte, ED 180/ 5a, Göring; demnach haben die Geschwister und Ilse Göring mehrfach gemeinsam Silvester gefeiert, zuletzt 1944/45. Das belegt auch Ilse Diels-Görings Schreiben vom 4.1.1945 an Elisabeth Kunz (verh. Fischer), PA Brigitte Fischer.

49 Eitel Lange: *Der Reichsmarschall im Kriege,* a. a. O., S. 149 f.

1981

1 Vgl. u. a.: Barbara Rütting: *Durchs Leben getobt. Autobiografie,* München 2017.

2 *Darshan Diary,* Talks given from 1/1/80 to 31/1/80:21 January 1980 pm in Chuang Tzu Auditorium, »Dance Till the Stars Come Down From the Rafters«, Archive code: 8001215 http://www.oshofragrance.org/db/books/files/Dance%20Til%20the%20Stars%20Come%20Down%20From%20the%20Rafters.pdf

1944

1 Ruth Andreas-Friedrich: *Der Schattenmann: Tagebuchaufzeichnungen 1938–1945*, Frankfurt am Main 1986, S. 122 (Eintrag vom 3. Januar 1944).

2 Reichspropagandaminister Joseph Goebbels am 18. Februar 1943 im Berliner Sportpalast. Vgl. u. a. Peter Longerich: *Die Sportpalast-Rede 1943. Goebbels und der »totale Krieg«*, München 2023.

3 Wolfram Wette, Ricarda Bremer, Detlef Vogel (Hg.): *Das letzte halbe Jahr. Stimmungsberichte der Wehrmachtspropaganda*, Essen 2001, S. 379.

4 Helmut Heiber: *Lagebesprechungen im Führerhauptquartier. Protokollfragmente aus Hitlers militärischen Konferenzen 1942–1945*, München 1964, S. 150.

5 Ruth Andreas-Friedrich: *Der Schattenmann. Tagebuchaufzeichnungen 1938–1945*, Berlin 1947, S. 122.

6 Vgl. u. a. Guido Knopp (Hg.): *Damals 1944. Das Jahr des Widerstands*, Stuttgart 1994.

7 Die Details über das Leben der jungen Imme Vollhardt verdanke ich ihrer Tochter Juliane (diverse Gespräche 2014 und 2023) und Gudrun Napp, diverse E-Mails 2017.

8 Bezirksamt Berlin, GB Brandenburgertorbezirk, Bd. 16, Einheitswert- und Grundsteuerakten In den Zelten 22; Präsident der Preußischen Bau- und Finanzdirektion an Finanzamt Hansa – Bewertungsstelle, Schreiben vom 31.1.1944, mit Dank an Dr. Monika Tatzkow, Berlin.

9 Bundesarchiv Koblenz, Z/42/IV – Rudolf Diels, Bl. 148, Stellungnahme Ilse Diels-Göring, April 1949.

10 Standesamt Charlottenburg-Wilmersdorf von Berlin: Heiratsurkunde von Rudolf Diels und Ilse Göring vom 17.1.1943 mit Scheidungsvermerk vom 19.12.1944.

11 Bundesarchiv Koblenz, Z/42/IV – Rudolf Diels, Bl. 148, Stellungnahme Ilse Diels-Göring, April 1949.

12 NSHA Han., Nachlass Dr. Rudolf Diels, VVP 46, Nr. 3, Hildegard Mannesmann an R. Diels, ohne Datum, ca. November/Dezember 1940.

13 Lina Heydrich: *Mein Leben mit Reinhard*, a. a. O., S. 81.

14 Klaus Wallbaum: *Der Überläufer. Rudolf Diels (1900–1957). Der erste Gestapo-Chef des Hitler-Regimes*, Frankfurt am Main/Berlin u. a., S. 166.

15 Bundesarchiv Koblenz, Z/42/IV – Rudolf Diels, Bl. 148, Stellungnahme Ilse Diels-Göring, April 1949.

16 Klaus Wallbaum: *Der Überläufer*, a. a. O., S. 215.

17 Bundesarchiv Koblenz, Z/42/IV – Rudolf Diels, Bl. 33–35, Diels, 22.2.1949.

18 Robert Becker: *Die Kölner Regierungspräsidenten im Nationalsozialismus. Zum Versagen von Vertretern einer Funktionselite*, Köln 2018, S. 205 ff.

19 Vgl. Klaus Wallbaum: *Der Überläufer*, a. a. O., S. 235.

20 Bundesarchiv Koblenz, Z/42/IV – Rudolf Diels, 1960/323.

21 Klaus Wallbaum: *Der Überläufer*, a. a. O., S. 217.

22 Heinz Göring an Elisabeth Fischer, Brief vom 26.5.1955, PA Brigitte Fischer.

23 Recherche Benedikt Goebel, Stadtforschung Berlin.

24 Hauptstaatsarchiv Hannover, Nachlass Diels, Diels, R.: Gründung und Wachsen der HGW, 1937–1942; Protokoll für die Nürnberger Prozesse.

25 Klaus Wallbaum: *Der Überläufer*, a. a. O., S. 170 f. Vgl. Peter Witte (Hg.): »Der Dienstkalender Heinrich Himmlers 1941/42«, in: *Hamburger Beiträge zur Sozial- und Zeitgeschichte*, Band 3, Hamburg 1999, S. 485.

26 Wolfram Wette, Ricarda Bremer, Detlef Vogel (Hg.): *Das letzte halbe Jahr,* a. a. O., S. 153. Bericht des Wehrmacht-Propaganda-Offiziers des Wehrkreiskommandos III, Berlin, Oberstleutnant Wasserfall, vom 21.11.1944.

27 Bundesarchiv Koblenz, Spruchakte Rudolf Diels, Bl. 33–35, Lebenslauf vor dem Nürnberger Militärgericht.

28 Ruth Andreas-Friedrich: *Der Schattenmann,* a. a. O., S. 124 (Eintrag vom 26.1.1944).

29 Eitel Lange: *Der Reichsmarschall im Kriege,* a. a. O., S. 182.

30 Ebd., S. 183.

31 Fernschreiben Hermann Görings zur Veröffentlichung in der Presse, 21.7.1944, zit. nach Eitel Lange: *Der Reichsmarschall im Kriege,* a. a. O., S. 186.

32 Bundesarchiv Koblenz, Z/42/IV – Rudolf Diels, Bl. 148, Ilse Diels-Göring, April 1949.

33 Hauptstaatsarchiv Hannover, Nachlass Diels, Diels, R.: Gründung und Wachsen der HGW, 1937–1942. Protokoll für die Nürnberger Prozesse.

34 VVP 46/22: Nürnberg, 17.6.1946.

35 Ruth Andreas-Friedrich: *Der Schattenmann,* a. a. O., S. 96 (Eintrag vom 22.11.1942).

36 Ebd., S. 98 (Eintrag vom 6.2.1943).

37 Heinz Göring an Elisabeth Fischer, Brief vom 9.10.1948, PA Brigitte Fischer. 1955 beantragten er und meine Großmutter eine Hausratsentschädigung.

38 Ada Nolde an Margrit und Bernhard Sprengel, Briefkarte vom 6.5.1943, zit. nach *Emil Nolde und die Sammlung Sprengel 1937 bis 1956, Geschichte einer Freundschaft,* Hannover 1999, S. 71.

39 Ebd.

40 Lost Art-Datenbank: Suchmeldung Emil Nolde, »Brennende Burg« u. a.; https://www.lostart.de/de/verlust/objekt/brennende-burg/584027

41 Ilse Diels-Göring an Rudolf Diels, Brief vom 11.7.1954, NSHA Han., VVP 46/Nr. 12, Nachlass Rudolf Diels.

1981

1 Vgl. u. a. https://www.prem-rawat-bio.org/nrms/info/rajneesh_osho.htm

2 Jörg Andrees Elten: *Ganz entspannt im Hier und Jetzt. Tagebuch über mein Leben mit Bhagwan in Poona,* Hamburg 1979.

2013

1 Vgl. »Schatzsucher, Neugierige und Nazis pilgern nach Carinhall«, in: *Berliner Zeitung,* 9.12.1997.

2 Leo Tolstoi zugeschrieben.

3 Helmut Suter: *Jagd unterm Hakenkreuz. Hermann Göring, Carinhall und das Jagdrevier Schorfheide,* Berlin 2021, S. 7. Die Schorfheide trug ursprünglich die Bezeichnung »magna merica Werbellin« – die große Heide um den Werbellinsee.

4 Ebd., S. 209.

5 Eitel Lange: *Der Reichsmarschall im Kriege,* a. a. O., S. 74 f.

6 *Children of Dictators (Mein Vater, der Diktator),* 4 Folgen, Spot Productions, Ungarn 2015.

7 Eitel Lange: *Der Reichsmarschall im Kriege,* a. a. O., S. 150.

8 Vgl. Volker Knopf, Stefan Martens: *Görings Reich,* a. a. O., S. 109.

9 Zit. nach Lynn H. Nicholas: *Der Raub der Europa,* a. a. O., S. 55 f.

10 Eitel Lange: *Der Reichsmarschall im Kriege,* a. a. O., S. 152.

11 Annett Gröschner: »Auf Carinhall. Schorfheide«, a. a. O., S. 114 f.

12 »Morgenröte des Reichsjägermeisters. Der Schatz vom Döllnsee: Tauchen nach Hermann Görings Sammlung«, in: FAZ, 19.5.1993. Demnach wurden die Figuren von der letzten Regierung der DDR geborgen und im Lager der Stiftung Preußische Schlösser und Gärten Potsdam deponiert.

13 Volker Knopf, Stefan Martens: *Görings Reich,* a. a. O., S. 158 f.

14 Michael Thaidigsmann: »Hochstapler, Lügner und Betrüger. Der israelische Journalist Eldad Beck über die Schattenseiten von Rainer Höß, dessen Nazi-Großvater und den unkritischen Umgang der deutschen Medien mit dem Enkel«, in: *Jüdische Allgemeine,* 11.8.2020.

15 Zit. nach http://www.hitlerschildren.com/t/1320-the-film

1982

1 Paul R. Ehrlich: *The Population Bomb,* New York 1968.

1945

1 Erika Heuser, Gespräch vom 21.10.2017.

2 Karol Małcuzyński: »Görings großer Auftritt«, in: Steffen Radlmaier (Hg.): *Der Nürnberger Lernprozess 1945–1946,* Frankfurt am Main 2001, S. 213 und S. 220.

3 Helmut Krausnick: »Judenverfolgung«, in: Martin Broszat: *Anatomie des SS-Staates,* Band II, München 1994, S. 372.

4 Karol Małcuzyński: »Görings großer Auftritt«, a. a. O., S. 219.

5 Ebd., S. 220.

6 Eitel Lange: *Der Reichsmarschall im Kriege,* a. a. O., S. 193 f.

7 Zit. nach Benjamin Labatut: *Das blinde Licht. Irrfahrten der Wissenschaft,* Berlin 2020, S. 9.

8 Nürnberger Prozesse, 27.5.1946.

9 Eitel Lange: *Der Reichsmarschall im Kriege,* a. a. O., S. 174.

10 Zit. nach Guido Knopp (Hg.): *1944. Das Jahr des Widerstands,* Stuttgart 1993, S. 200.

11 Eitel Lange: *Der Reichsmarschall im Kriege,* a. a. O., S. 189.

12 Ebd., S. 190.

13 Ebd., S. 194.

14 Ebd.

15 Vgl. Volker Knopf, Stefan Martens: *Görings Reich,* a. a. O., S. 123.

16 Zit. nach Eitel Lange: *Der Reichsmarschall im Kriege,* a. a. O., S. 151.

17 Karol Małcuzyński: »Görings großer Auftritt«, a. a. O., S. 222.

18 Ebd.

19 Gudrun Napp, E-Mail vom 12.10.2017.

20 Juliane Grützmacher: »Julianenhof 1933–1955 als Ort von Geld- und Kunsttransfer«; https://www.kulturgutverluste.de/Content/03_Forschungsfoerderung/Projekt/Internationales-Fledermausmuseum-Julianenhof/Projekt1.html

21 Heinz Göring an Elisabeth Fischer, Brief vom 22.2.1948, PA Brigitte Fischer.

1993

1 Zit. nach Frank Bachner: »Das letzte Opfer der RAF«, in: *Der Tagesspiegel*, 1.4.2016.

2 Zit. u. a. nach: »Ex-Aide to Indian Guru Pleads Guilty to Charges«, in: *Los Angeles Times*, 23.7.1986.

3 Erich Follath: »Die Frau an Bhagwans Seite«, in: *Zeit*-Magazin Nr. 10, 27.2.2020.

4 Bhagwan Shree Rajneesh: »Zorba the Buddha«, New Jersey 1982; vgl. https://www.oshotimes.com/insights/lifestyle/spirituality/the-new-man-zorba-the-buddha/

5 Vgl. u. a. https://newrepublic.com/article/147885/valley-death-rajneesh-cult-turns-arms

6 Ebd.

7 Georges I. Gurdjieff (1866–1949). Bhagwan Shree Rajneesh: »Zorba the Buddha«, New Jersey 1982, vgl. https://oshosearch.net/Convert/Articles_Osho/Dhammapada_Vol2/Osho-Dhammapada-Volume-2-00000002.html

8 https://www.oregonlive.com/rajneesh/1985/06/rajneeshees_from_india_to_oreg.html

Epilog

1 Bella Fromm: *Als Hitler mir die Hand küsste*, a. a. O., S. 11. Die Originalausgabe erschien unter dem Titel *Blood and Banquets. A Berlin Social Diary* bereits 1943 in London.

2 Hans Bernd Gisevius: *Bis zum bitteren Ende*, Hamburg 1947, S. 101.

3 @janboehm, Tweet vom 15.12.2016.

4 Nach einer *Zeit*-Umfrage zur Erinnerungskultur wollen 53 Prozent aller Deutschen einen Schlussstrich unter die NS-Vergangenheit ziehen, in: *Die Zeit*, Nr. 19, 29.4.2020.

5 U. a.: Niklas Frank: *Der Vater – Eine Abrechnung*, 6. Aufl., München 2005.

6 »Ohne Zukunft«, Interview mit Timothy Snyder, in: *Süddeutsche Zeitung*, 16.1.2018.

7 Ananya Roy: »Die Menschen retten, nicht den Kapitalismus«, in: *Süddeutsche Zeitung*, 30.11.2019.

8 Norbert Frei: »Amerikas Weg in den Illiberalismus«, in: *Süddeutsche Zeitung*, 7.2.2021.

Bildnachweis

Alle Abbildungen im Innenteil: Archiv Bettina Göring außer S. 63 Mit Dank an Familie Rigele-Kocher; S. 83 Library of Congress, LC-USZ62-29694001; S. 94 INTERFOTO / HERMANN HISTORICA GmbH; S. 106 Archiv Brunhilde Löhner; S. 184 Eitel Lange: Der Reichsmarschall im Kriege. Ein Bericht in Wort und Bild. Stuttgart 1950. Abb. 24.; S. 267 DRK; S. 390 letex publishing services, Leipzig, nach Michael Christian Göring und Melissa Müller

Zitatnachweis

S. 9: © 2016 Europa Verlage GmbH, München; S. 19: Larkin, © Estate of Philip Larkin. Reprinted by permission of Faber and Faber, Ltd.; S. 123 Geoffrey Cocks: Psychotherapy in the Third Reich. The Göring Institute; 2nd Edition, Revised and Expanded, New Jersey 1997, S. 2; S. 261 Günter Grass, © Steidl Verlag, Göttingen 2020 © Günter und Ute Grass Stiftung, Lübeck

»Wir wollen der Geschichte entnehmen,
wer wir sind und was wir hoffen können.
Ist das übertrieben?«

Jan Philipp Reemtsma

Gewidmet meiner Großmutter Ilse Göring,
die als kritischer Geist galt,
aber nicht auf ihn gehört hat,
als es darauf ankam.

Inhalt

Prolog

»Wenn man einen Abgrund zuschütten will,
muss man seine Tiefe kennen.«[1]

– Konrad Heiden

Bettina Göring.
Die.
Der Naziideologie auf den Leim gegangen.
Hat sich, um »keine weiteren Görings zu produzieren«, sterilisieren lassen.
Autoaggressiv ist, wer so entscheidet. Irregeleitet vom Glauben an »das böse Gen«.

So liest man über mich. Schublade auf. *Rein mit ihr.* Stempel drauf. Schwarz. Weiß.

Bettina Göring. Das bin ich. Im Schubladendenken bin ich erfahren. Ich trage eine geballte Ladung Göring in mir. Mein Vater Heinz war ein zweifacher Göring – er stammte väterlicherseits wie mütterlicherseits von der Sippe ab. Ein Göring hatte auf seine Herkunft stolz zu sein. Er war es, und er kam nicht dagegen an. Seine Mutter, meine »Großmutti Ilse«, hatte 1920 ihren Onkel geheiratet, den Halbbruder ihrer Mutter Frieda: Karl Ernst Göring. Ab sofort war Karls jüngerer Bruder Hermann nicht nur Ilses Onkel, sondern zugleich ihr Schwager. Als Karl 1932 überraschend früh starb und die damals vierunddreißigjährige Ilse mit drei Söhnen im Grundschulalter zurückblieb, mittellos, holte der »gute Onkel Hermann«, inzwischen zum Reichstagspräsidenten aufgestiegen, sie nach Berlin.

Ilse – geboren als Tochter eines stolzen Korvettenkapitäns und Enkelin des Rostocker Bürgermeisters – fügte sich blendend ein in die Berliner High Society der 1930er- und frühen 1940er-Jahre, verkehrte in Künstler- ebenso wie in Diplomaten- und Politikerkreisen, war geschätzte Gastgeberin, engagierte Helferin und ernst genommene Vermittlerin. Auf ihren Wohltäter Hermann ließ sie nichts kommen. Nach dem Krieg und je älter sie wurde erst recht nicht.

Meine wütendsten Erinnerungen an die Mutter meines Vaters gehen auf die ausklingenden 1960er-Jahre zurück. Sie verteidigte die NS-Politik, und – das war das Schlimmste für mich und meinen Bruder – sie verharmloste, ja leugnete die Vernichtung der Juden. Hätte ich sie fragen müssen, wie sie zu dieser Haltung gekommen war? Ich war ein Teenager ohne Berührungsängste und stimmte ein in die Forderung nach Gerechtigkeit. Natürlich wollte ich die Welt verbessern. Die Fronten waren klar. Kein Zweifel, in welche Schublade ich Großmutti Ilse zu sperren hatte. Rein mit ihr. Stempel drauf. Schwarz.

Jahrzehntelang wusste ich genau, dass Ilse und Hermann am Unglück meiner Familie schuld waren, dass mein Vater am Anspruch der Göring-Sippe gescheitert, meine Mutter vor ihr in den Alkohol geflüchtet und ich selbst, noch keine vierzehn Jahre alt, deshalb aus meinem Elternhaus davongelaufen war. Pechschwarz.

Später – und es kostete mich Überwindung, den Tatsachen so genau ins Gesicht zu sehen – wollte ich mir selbst ein Bild von Hermann Göring machen, meinem angeblich so großherzigen Großonkel. In Büchern las ich, wie hemmungslos und kaltblütig der loyale Familienmensch gegenüber allen aufgetreten war, die er zum Feind erklärt hatte, und dass er es war, der das Go zur »Endlösung der Judenfrage« gegeben hatte. In psychopathischen Charakteren gehen Sentimentalität und Brutalität eine absonderliche Liaison ein.

Wie sollte ich diesem so fundamental Bösen jemals etwas Adäquates entgegensetzen? Immer wieder ließ diese Frage mich verzweifeln, mehrfach im Leben machte sie mich buchstäblich krank, psychisch krank, immer wieder war sie aber auch Ansporn. Zuerst trieb sie mich nur immer weiter weg von meiner Göring-Verwandtschaft. War es eine Flucht? Das Wort mag ich nicht. Und doch war es wahrscheinlich eine Flucht, vor mir selbst mehr noch als vor meiner Herkunft, dass ich erst von zu Hause wegging, dann aus meiner Heimatstadt Wiesbaden und schließlich aus Deutschland. Ich habe in Südamerika gelebt und in Indien, in England, in den USA und im südostasiatischen Raum. Nur nach Afrika hat es mich nie gezogen. Ob das Zufall ist oder ob ich Abstand zu meinen Vorfahren und ihrem kolonialen Herrschaftsdenken halten wollte?

Den Abstand konnte ich – von Natur aus ein Familienmensch – auf Dauer nur halten, indem ich mir Wahlfamilien suchte. Ich lebte in Wohngemeinschaften, suchte in der Hippieszene, in politischen und später in spirituellen Bewegungen Halt und nahm dafür auch einige Um- und Holzwege in Kauf. Wer auf das ihm gegebene Umfeld nicht bauen kann, entwickelt offenbar ein umso dringenderes Bedürfnis, sich selbst zu erproben.

Dass ich keine Kinder in die Welt setzen würde, nahm ich mir schon als Teenager vor. Ich wollte auch nicht heiraten, ich wollte keine Karriere machen, ich wollte nichts besitzen. Ich wollte nicht sein, was ich für typisch Göring hielt, und folgte damit auch dem Zeitgeist. Anfang der 1970er-Jahre war viel die Rede von Überbevölkerung und Familienplanung. 1972 veröffentlichte der Club of Rome seine Studie *Die Grenzen des Wachstums.* Nun konnte ich mich auch auf meine Pflicht berufen, der Erde nicht noch mehr Menschen aufzubürden.

Der Frage, ob ich in Wahrheit meinen Göring-Genen misstraute, musste ich mich damals nicht stellen. Erst viele Jahre später – andere gewichtige Vorsätze hatte ich längst verworfen und meinen Platz im Leben gefunden, ich war glücklich verheiratet, mein Mann und ich hatten ein Haus gebaut, und ich ging, nach einem Studium der Traditionellen Chinesischen Medizin, in meinem Heilberuf auf – wurde ich vor laufender Kamera mit ebendieser Frage konfrontiert. Hast du dich etwa sterilisieren lassen, weil deine Familie einen Hermann Göring hervorgebracht hat? Befürchtest du, das Böse in dir zu tragen?

Ich mache mir nichts vor; natürlich war meine Entscheidung gegen Kinder auch ein Signal an meine Familie. Verweigerung – das war ein Statement und mein erster Versuch, mich von der Last zu befreien, die ich mir von der Großelterngeneration aufgeladen hatte. Für mein Erbe interessierte ich mich demonstrativ nicht, es reichte mir, zu wissen, wer in welche Schublade gehörte. Indem ich alles, was mit den Görings zu tun hatte, weit von mir wies, besonders alles Materielle, meinte ich, mir einigermaßen treu zu sein. Und auch wenn die Wehmut über das verpasste Mutterglück bis heute manchmal schmerzt wie ein wetterfühliges Wundmal, weiß ich, dass ich mir diesen Weg nicht ersparen konnte. Obwohl ich früh eine gesellschaftliche Verantwortung spürte, die ich aus meiner Herkunft ableitete, musste ich mich erst einmal selbst retten. Das war mein Dilemma. Wenn ich versuchte, eine angemessene Antwort auf Hermann Göring und seine Mitläufer in meiner Familie zu finden, verschlug es mir regelrecht die Sprache. Die Konsequenz: Ich blieb weiterhin auf Abstand. Doch ich wollte in meiner Ablehnung nicht erstarren.

Wie es so ist, wenn eine Absicht langsam reifen darf und immer dringender wird, fügten die Dinge sich schließlich. Die Initiative dazu ging von mir aus. Mitte der 2000er-Jahre nahm ich nach längerer Zeit wieder Kontakt zu meiner Freundin Kerry in Australien auf. Sie unterrichtet Geschichte und unterstützt unter anderem die Bewegung World Peace Flame, die sich für den Dialog zwischen Konfliktparteien einsetzt. Ich erzählte ihr von meinem Plan, meine Familiengeschichte, und wie sie mein Leben beeinflusst hat, aufzuschreiben, ein Plan, den ich schon als Zwanzigjährige gefasst und der immer nur vorübergehend an Dringlichkeit verloren hatte. Ein ermutigender Briefwechsel begann, in dessen Verlauf Kerry mir vorschlug, ihre Freundin Ruth Rich kennenzulernen. Ruth ist Künstlerin und Tochter von Holocaust-Überlebenden. Über E-Mail tasteten wir uns aneinander heran, auf der einen Seite das in seinen Schamgefühlen gefangene Kind der Täter, auf der anderen Seite das Kind der Opfer, dessen Leben im Zeichen von Schmerz und Zorn über das Leid der Eltern und den Tod des Bruders steht. Schließlich saßen wir uns gegenüber. Von der ersten persönlichen Begegnung an lief eine Kamera mit. Auch das hatte Kerry vermittelt. In dem Dokumentarfilm *Bloodlines*, der unter der Regie von Cynthia Connop entstand und 2008 in Israel Premiere feierte, kehrten wir unsere innersten Ängste nach außen, ließen es zu, dass unsere Wunden aufbrachen, und mussten uns buchstäblich wieder neu zusammensetzen. Ruth war es übrigens, die mich als Erste, noch dazu vor laufender Kamera, fragte, ob meine Entscheidung, mich sterilisieren zu lassen, von meiner Verwandtschaft mit Hermann Göring beeinflusst war. Mein spontanes, geradezu reflexhaftes »Ja« sorgte nach der Premiere des Films für Aufgeregtheit in den Medien, für Missverständnisse und Vorurteile, als würde ich den Einfluss der Gene tatsächlich überbewerten.

Warum wir unsere intime Begegnung an die Öffentlichkeit trugen? Für mich war der Film nicht nur mein Coming-out als Bettina Göring, sondern der Versuch, mein Verantwortungsgefühl sichtbar zu machen. Für Ruth war er eine Befreiung. Der Film lief im australischen und israelischen Fernsehen und auch auf einigen europäischen Sendern. In Deutschland wurde er 2009 beim Kasseler Dokumentarfilm- und Videofest gezeigt. Seither habe ich immer wieder Interviews gegeben, unter anderem für den Film *Meine Familie, die Nazis und ich (Hitler's Children),* den auch das deutsche Fernsehen zeigte. Je mehr ich, in knappen Filmsätzen, über meine Familie und mich sprach, umso mehr drängte es mich, nicht mehr nur meine Distanz zu demonstrieren, sondern zu verstehen, warum aus dem Fliegerhelden des Ersten Weltkriegs ein skrupelloser Massenmörder wurde, der in einer luxuriösen Scheinwelt lebte, während er andere für sich morden ließ und seine manikürten Hände in Unschuld wusch. Zu verstehen – noch komplizierter für mich –, warum meine Großmutter, die einst strahlende Ilse Göring, die als junge Frau auch mit späteren Widerständlern befreundet war, dieser Scheinwelt erlag und als verbitterte Alte endete. Zu verstehen, wie sie ihre Rolle an der Seite von Hermann Göring mit der ihr nachgesagten Urteilskraft, ihrer viel gelobten Hilfsbereitschaft und, ja, ihrem Gewissen vereinbarte. Zu verstehen, woran mein Vater tatsächlich scheiterte, dessen beide Brüder als Flieger in Onkel Hermanns Fußstapfen getreten und sehr jung den sogenannten Heldentod gestorben waren, während er selbst so gar nicht Hitlers Ideal von Jugend – »flink wie Windhunde, zäh wie Leder, hart wie Kruppstahl« – entsprach. Zu verstehen, warum so viele aus unserer Sippe auf den Nationalsozialismus und Hermann Göring setzten und nur Einzelne, etwa sein jüngster Bruder Albert, sich verweigerten.

Um der Wahrheit näherzukommen, musste ich meinen eigenen Schubladenschrank entstauben, seine Fächer öffnen und ihren Inhalt endlich genauer ansehen. Es war eine glückliche Fügung, dass sich eines Tages mein entfernter Cousin Michael Christian Göring meldete. Über die Todesanzeige für meine Mutter im *Wiesbadener Kurier* fand er zu uns. Seit Jahren arbeitete er an der Aktualisierung und Vervollständigung der Familienchronik, die unser Ahne Peter Christian Göring im Jahr 1911 vorgelegt hatte. Hundert Jahre später wollte er der Verwandtschaft eine Jubiläumsausgabe präsentieren.

»Bist du ein Nazi, der die Ehre der Familie hochhalten will?«, fragte ich ihn unverblümt, bevor ich mich auf weitere Gespräche einließ. »Nein«, gab er genauso direkt zurück. Wir verstanden uns auf Anhieb. Ich konnte ihm ein paar Daten, Fotos und dazu manche Anekdote liefern. Er revanchierte sich mit einem faszinierenden Fundus an Quellen, der mich monatelang beschäftigte und mir viele Geschichten über die Familie Göring erzählte, die ich davor noch nicht gehört hatte. Dafür und für seine nicht endende Geduld, wenn ich ihn wieder und wieder nach Zusammenhängen fragte, bin ich ihm von Herzen dankbar.

Michael war es auch, der vor ein paar Jahren zum Clantreffen an den Starnberger See rief.* Nach den Jahrzehnten des Abstands folgte

* Der »Clan«, von dem ich spreche, meint die Sippe aus den Familien Göring, Lohe, Lüps und Stein. Für diese Familien hat Peter Christian Göring neben der Familienchronik von 1911 über viele Jahre regelmäßig erscheinende, sogenannte Sippenberichte erstellt. Im Jahrgang 1, Nr. 1, von 1919 heißt es zur »verwickelten Verwandtschaft«: »Weshalb ich darauf kam, gerade die 4 Familien Göring, Lohe, Lüps und Stein in meinen Berichten zusammenzufassen, ergibt sich durch die vielfachen Ehen untereinander, deren ich bis jetzt 21 fand.« Wenn ich von meinen Vorfahren berichte, spreche ich der Einfachheit halber in der Regel vom »Göring-Clan« oder der »Göring-Sippe«.

ich der Einladung gespannt. Was hatte ich zu erwarten? Würde ich auf alte Nazis treffen? Hatten sie womöglich die Dokumentation *Bloodlines* gesehen? Würde ich mich erklären müssen? Die Exotin aus den USA? Gar eine Verräterin? Oder bedeuteten meine Sorgen im Vorfeld vielleicht nur, dass ich mich selbst zu wichtig nahm?

Gut siebzig Menschen kamen, fast ausschließlich Nachkriegsgeborene. Etablierte Leute, die dem bürgerlichen Leben ihrer Vorfahren treu geblieben sind. Anwälte, Ärzte, Lehrer, Architekten. Michael hatte den Tag durchgeplant, Diashows, Schaubilder und ein paar Sätze zu jedem Gast vorbereitet und die inzwischen fertiggestellte Familienchronik ausgelegt. Nachkommen von vier Hauptzweigen des weit verästelten Göring-Clans ortete er im Saal. Eine einzige der anwesenden Personen, sagte er, sei mit allen anderen verwandt. Zu meiner Überraschung zeigte er auf mich und erklärte, wie die Hochzeit zwischen meiner Großmutti Ilse und ihrem Onkel, meinem Großvater Karl Ernst, die Verwandtschaftsverhältnisse neu geordnet hatte.

Nach dem offiziellen Teil beschnupperte ich die anderen Gäste. Ein freudiges Wiedersehen gab es – nach siebenundvierzig Jahren – mit zwei meiner österreichischen Cousinen, den Enkeltöchtern von Hermanns Schwester Olga. Einen Verbündeten im Geiste fand ich auch in einem Cousin, den seine Göring'sche Familientragödie als jungen Mann so sehr belastete, dass er sich nicht nur in Therapie begab, sondern sogar seinen Namen ändern lassen wollte. »Göring?«, wehrte der Standesbeamte jedoch ab. Wenn er Hitler hieße oder Himmler oder Goebbels! Görings gibt es viele!

Cousins, Cousinen, Tanten und Onkel – ihnen allen gilt mein Dank! – unterstützten mich und mein Vorhaben im Lauf der vergangenen Jahre, auch wenn einige für sich selbst entschieden haben, anonym zu bleiben; zum Schutz ihrer Nachkommen und – nach einigem Zögern wurden Einzelne von ihnen deutlich – »weil ohnehin alles gesagt ist über Hermann Göring« und »man die Sache doch endlich ruhen lassen soll«. Es kostet Überwindung, Fragen zu stellen. Die Wunden sitzen tief in meiner Familie, in der nicht nur ich mich quäle mit der Verantwortung, die Erinnerung an die Verbrechen während der Zeit des Nationalsozialismus wachzuhalten und zugleich ein nach vorne gerichtetes Leben zu führen, das für ein aufgeklärtes, vorurteilsfreies, solidarisches Miteinander eintritt und Missstände beim Namen nennt. Wenn es für uns nachkriegsgeborene Familienmitglieder schon so schwierig ist, Brücken zu bauen, um wie viel schwieriger ist es dann für jene, die die Zeit, wenn auch als Kinder, miterlebt haben?

Edda und Roswitha waren dem Familientreffen ferngeblieben. Hermanns Nichte Roswitha, das einzige Kind aus der Ehe seiner Lieblingsschwester Paula mit dem österreichischen Notar Franz Hueber, hat, wie seine Tochter Edda, nur schöne Erinnerungen an ihn. Egal wie dicht sein Terminkalender belegt war, Hermann Göring nahm sich Zeit für die Mädchen, verwöhnte sie und machte sich für sie unersetzlich. Mit Kriegsende fielen auch sie, die eine vierzehn Jahre alt, Edda erst sieben, tief. Kein Wunder, dass ihre Loyalität ihnen stets verboten hat, sich kritische Fragen zu stellen. Vieles haben sie offensichtlich nie an sich herangelassen – nicht nur, weil sie an den Nationalsozialismus glaubten, sondern weil sie Hermann Göring in kindlicher Liebe verbunden waren, bis zuletzt.

Edda habe ich, abgesehen von Begegnungen in meiner Kindheit, an die meine Erinnerungen verblasst sind, nur vom Telefon gekannt. Sie wünschte mir Gelingen für mein Projekt, stellte aber klar, dass sie sich nicht daran beteiligen wolle. Das nahm ich hin. Edda Göring – angeblich nach Mussolinis Lieblingstochter benannt – wurde oft in ihrem Leben vorgeführt. Wo immer ihr Name auftauchte, sorgte das für Aufruhr und Spekulationen. Auch wenn ich mir gewünscht habe, sie möge die Kraft finden, sich und die Rolle, die das Schicksal ihr zugemutet hat, zu reflektieren und auf Abstand zu ihrem Vater zu gehen, kann ich heute nachvollziehen, warum ihr das nie gelang. Sie hatte wenige Vertraute, sie mied nicht nur die Öffentlichkeit, sondern auch die meisten Verwandten. Anfang 2019 wurde sie in aller Stille beerdigt.

Roswitha, die als junge Frau von fünfundzwanzig Jahren auserkoren wurde, meine Patentante zu sein, hat einen scharfen Verstand und ein gutes Gedächtnis, und sie gab sich Mühe, auch auf die Fragen einzugehen, die sie eigentlich in Rage bringen, weil sie ihr beweisen, dass nicht verstehen kann, wer nicht selbst dabei gewesen ist. Durch sie habe ich Einblicke in das Berliner Leben meiner Großmutter und meiner Tanten gewonnen, sie konnte ein Bild meines Vaters als Jugendlichem zeichnen und vieles andere mehr.

Je mehr ich erfuhr, umso mehr lag mir an einem differenzierten Umgang mit der Zeit und ihren Akteuren. Gerecht zu sein ist qualvoll. Den damaligen Motivationen und Lebensumständen nachzugehen, obwohl das Unrecht so schwer wiegt, das der Clanchef verbrochen und seine Familie zugelassen oder gar unterstützt hat, ist ein Tanz über dem Abgrund. Verurteilen fällt leichter. Doch ich wollte das verführerische, weil so praktische Schubladendenken meiner Kindheit hinter mir lassen, das nur Schwarz oder Weiß kannte. Wenn das gelungen ist, hätte sich das Wagnis, mit dieser Familiengeschichte und meinen persönlichsten Erfahrungen in die Öffentlichkeit zu treten, nicht nur für mich gelohnt.

Teil I

»Ohne glückliche Kindheit
führt man ein schöneres Leben.«[1]

– *Yasmina Reza*

»They fuck you up, your mum and dad.
They may not mean to, but they do.
They fill you with the faults they had
And add some extra, just for you.«

– *Philip Larkin: »This Be The Verse«*

1943

Seit dem Frühsommer gilt Berlin offiziell als »judenfrei«.

»Als Ministerpräsident von Preußen tat Göring nichts zur Verhinderung der Massendeportationen aus Berlin. Zu dieser Zeit war Göring allerdings schon so verkommen und Ausschweifungen verfallen, dass er kaum noch aktiv in irgendetwas eingriff, aber es gibt keinerlei Beweise dafür, dass er jemals grundsätzlich gegen die Endlösung auftrat, und seine einzige Verteidigung in Nürnberg war die dumme Ausrede, er habe nichts davon gewusst.«[1]

1977

Ich liege in einem Saal mit dreißig Betten. Die Bettgestelle sind aus Eisen, die Fenster vergittert. Es stinkt nach Desinfektionsmittel und Urin. Der Deckenventilator über mir rattert beharrlich. Immer wieder ertappe ich mich bei dem Versuch, die Umdrehungen seiner Propellerblätter mitzuzählen. Immer wieder verliere ich unter dem metzelnden Brummen den Faden.

Ich bin gefangen. Wir alle sind Gefangene. Im Jahr davor habe ich im Kino *Einer flog über das Kuckucksnest* gesehen, und ja, eben noch habe ich mich wie McMurphy gefühlt, unerschrocken und selten um ein Wort verlegen, eine, die ihre Grenzen austestet und manchmal über das Ziel hinausschießt. Unabhängig und sicher nicht verrückt oder gar krank. Jetzt habe ich Angst. Mit Bildern aus dem Film vor Augen und stechenden Kopfschmerzen liege ich die Nächte wach.

Einige der Frauen sind an Hand- und Fußgelenken an ihre Betten fixiert und starren ins Leere, mich hat man endlich losgeschnallt. Irgendeine von ihnen ist immer in der Krise, schreit oder schluchzt, trotz der Beruhigungsmittel, die man uns in hoher Dosis spritzt. Die meisten Patientinnen hier sind Natives indianischer Herkunft. Eine Frau, drei Betten weiter, ist eine *gringa* wie ich, aber mindestens doppelt so alt. Sie stellt sich mir als Amerikanerin aus Okmulgee County in Oklahoma vor. Das merke ich mir deshalb, weil sie aus demselben Ort wie William Sampson jr. stammt, der in dem Film den baumlangen, vermeintlich taubstummen Verbündeten von Jack Nicholson spielt, Häuptling »Chief Bromden«. Das erzählt sie jedenfalls. Außerdem stammelt sie wirre Geschichten von einem Boyfriend, einem Messer und Drogen.

San José in Costa Rica, der vorletzte Apriltag 1977.

»Hallo, Bettina.« Ich schrecke hoch aus meinem Dämmerschlaf. Ein Mann von höchstens dreißig, akkurat frisiert, beugt sich über mich. Er sieht sehr offiziell aus in seinem grauen Sommeranzug mit weißem Hemd und Krawatte. Mir gelingt ein Lächeln. Er war schon öfter hier, und jedes Mal hat er mir etwas mitgebracht, eine Zeitschrift oder Schokolade. Ich freue mich, ihn zu sehen. Er ist mein einziger Kontakt zur Außenwelt und meine einzige Hoffnung. Die deutsche Botschaft hat ihn geschickt.

»Wie geht es Ihnen heute?«, fragt er mich.

Wie soll es mir gehen nach zwei Elektroschocks? Soll ich ihm die Wahrheit sagen? Beschissen! Oder wird mir das noch mehr schaden? Mein Rücken schmerzt von den Verkrampfungen, mein Kopf fühlt sich wie ein Fremdkörper an, als hätte jemand einen mit schwarzer Farbe getränkten Pinsel über meinem Gehirn ausgeschüttelt und hartnäckige Flecken hinterlassen. Ich antworte nicht, aber er kann meinen Blick lesen.

»Über manches muss man den Mantel des Vergessens legen«, sagt er freundlich, aber so distanziert und eindringlich, dass man ihn auch überheblich finden könnte. Das ist mir jetzt egal. »Wollen Sie hier raus oder noch einmal Strom?« Und dann: »Sie müssen keine Angst mehr haben. Ich habe einen Flug für Sie gebucht. Er geht in drei Tagen. Ihr Bruder wird Sie in Frankfurt erwarten.«

Am 1. Mai holte der Diplomat, dessen Namen ich nie wusste, mich tatsächlich aus dem »Kuckucksnest«, eskortierte mich in einem Mercedes mit Diplomatenkennzeichen zum Flughafen und setzte mich in eine Lufthansa-Maschine mit direktem Ziel Frankfurt. So muss sich eine befreite Geisel fühlen, dachte ich, als die Maschine abhob und eine große Schleife über San José zog, bevor sie in die Wolkendecke eintauchte. Aber mein Albtraum flog mit. Wie hatte ich mich nur in diese Lage bringen können? Ausgebrannt mit zwanzig?

»Zieh dein Abi durch, dann schenke ich dir das Flugticket für eine Fernreise«, hatte meine Mutter mich geködert, als mein Vorrücken in die nächste Klasse wieder einmal gefährdet war und mein Bruder erst die Schule und dann auch noch seine Lehre zum Automechaniker geschmissen hatte, weil er nach drei Monaten der Ansicht war, genug zu wissen, um jeden Wagen wie ein Meister reparieren zu können.

Nachdem ich mit knapp vierzehn von zu Hause weggelaufen war, hatte ich die Schule bestenfalls über mich ergehen lassen, und auch das nur zeitweise. Inzwischen brauchte ich eigentlich keinen Köder mehr. Ich hörte im Unterricht zu, meldete mich zu Wort, und, es stört mich nicht, wenn das verklärend klingt, am Ende hatte ich sogar noch eine erfüllende Schulzeit. Unserem Klassenlehrer Herrn Ratgeber, einem liberalen Mann, traute die Schulleitung zu, unseren Haufen, der sich über die Jahre den Ruf als Problemklasse gesichert hatte, auf das Abitur vorzubereiten. Er verbündete sich mit uns. Als Klassensprecherin und Mitglied des Schulsprechergremiums hatte ich einen direkten Draht zu ihm. Die Deutschlehrerin Frau Lenoir duzte uns im Unterricht und brachte uns nahe, warum wir Bertolt Brecht auf keine Weltanschauung festlegen sollten. Weltbilder seien in aller Regel viel zu mickrig, als dass die Welt in sie hineinpasse, hatte Brecht gesagt, und moralische Überzeugungen seien vor allem dazu da, sie zu überdenken und an die Realität anzupassen. Kunstlehrer Krause unterrichtete uns – *O Captain! My Captain!* – bei sich zu Hause. Er lehrte uns, Goya als Wegbereiter der modernen Malerei zu verstehen und seine Stierkampfzyklen mit denen von Picasso zu vergleichen.

Im Frühjahr 1976, ein paar Wochen vor dem Abitur, hatte Götz, ein Freund meines Bruders, mir spontan angeboten, bei ihm »in Klausur« zu gehen. Seine Eltern hatten ihm eine Wohnung direkt am Wiesbadener Kurpark überlassen. Sie war heller und vor allem ruhiger als mein bisheriges WG-Zimmer, dessen meterhohe Stuckdecke ich gerade erst in Dunkelrot und Gelb gestrichen hatte. Ich zog mich in mein neues Zimmer zurück, freute mich über meine luxuriösen Lebensumstände und lernte.

Dass ich Sitzfleisch hatte, war eine neue Erfahrung für mich. In den Abiturprüfungen schrieb ich Zweien und sogar Einsen, doch meine schlechten Noten aus den Vorjahren vermiesten mir den Schnitt. Mit fünf hatte ich keinen Zweifel gehabt, dass ich einmal Ärztin werden würde, nun schloss der Numerus clausus, gegen den wir lautstark auf die Straße gegangen waren, ein Medizinstudium in Deutschland aus. Daran änderten auch die Beteuerungen von

Kanzler Helmut Schmidt nichts, der den Wählern angekündigt hatte, die »unsinnigen« Zugangsbeschränkungen »alsbald auszusetzen«, weil »die Hochschulen offen sein sollen«.[1] Der NC erwies sich als zäh, bis heute.

Nur drei meiner Klassenkameraden nahmen im Herbst ein Studium auf. Ich haderte nicht. Meinen Vater vor Augen, den ewigen Studenten, kam es mir gerade recht, mich auf ein anderes Ziel festzulegen. Mittelamerika war meine Region der Sehnsucht. María aus Honduras, die für ein Schüleraustauschjahr nach Wiesbaden gekommen und zum Studium geblieben war, versicherte mir, dass ich in ihrem Elternhaus jederzeit willkommen sei. Bei Großmutti Ilses Nichten in Venezuela hatte ich eine weitere Anlaufstelle. Seit einiger Zeit nahm ich deshalb Spanischstunden.

Ein paar Wochen vor dem Abitur schnappte ein Mädchen aus meinem weiteren Schulfreundeskreis einen beiläufigen Schulhofklatsch über meine Reisepläne auf. Ich kannte sie nur vom Sehen. Auf dem Pausenhof passte sie mich ab. Sie wolle nach Mexiko fliegen, sagte sie. Auf den Spuren der Maya, Inka und Azteken. Unbedingt die Sonnenpyramide. Ob wir nicht gemeinsam fahren könnten? Sie klang so schüchtern, als müsste sie sich zu jedem Wort überwinden. Das hätte mich warnen können. Warum nicht, antwortete ich spontan, als gäbe es eine Verpflichtung, ihr die Sorge vor einer Abfuhr zu nehmen. Mexiko als erste Station meiner Reise. Warum nicht! Das war oft in meinem Leben mein Antrieb. Was soll schon schiefgehen …

Mein Reisebudget besserte ich als Tippkraft auf. Seit ich für die Schülerzelle Flugblätter getippt hatte, immer unter Zeitdruck, fühlte ich mich an der Schreibmaschine sicher. Meine Vorfreude trug mich für einige Wochen durch die Monotonie der Arbeit. Parallel schrieb ich mich an der Frankfurter Goethe-Universität ein; Anthropologie, wusste mein Vater, war zulassungsfrei. Mein Antrag auf BAföG wurde für das erste Semester durchgewunken. Meine Mutter zahlte das Geld später zurück.

Eigentlich sollte die Reise drei Monate dauern. Nur meinen Bruder weihte ich ein, dass ich mir bereits zugestanden hatte, den Rückflug verfallen zu lassen. Wir nahmen uns vor, in Kontakt zu bleiben. Für alle Fälle räumte ich ihm Zugang zu meinem Konto ein.

Die ersten Wochen rauschten als Feuerwerk der Eindrücke an mir vorbei. Mexico City. Schon damals lebten dort achteinhalb Millionen Menschen. Besucher brauchen eine Weile, um sich 2400 Meter über dem Meeresspiegel zu akklimatisieren. Mehr als die Hälfte des Jahres nebelt dicke, schwüle Luft das Hochplateau ein, auf dem die Stadt gebaut ist. Die umliegenden Berge lassen wenig Zirkulation zu, Smogalarm gehört zum Alltag.

Es zog uns zur Plaza de las Tres Culturas im Stadtteil Tlatelolco, wo die spanischen Konquistadoren die Azteken in einem blutigen Gemetzel endgültig unterworfen und wo Polizei und Armee vierhundert Jahre später, genau zehn Tage vor Beginn der ersten Olympischen Sommerspiele in Lateinamerika, Anfang Oktober 1968, Hunderte protestierende Studenten ermordet hatten.

Wir liefen schier endlos geradeaus, auf unbefestigten Straßen, staubig wie unsere Feldwege während hochsommerlicher Trockenperioden. Links und rechts von uns breiteten sich molochartig verschachtelte Slums aus, Hütten ohne Strom und ohne Wasseranschluss für Hunderttausende Menschen, Wellblech war eines der besseren Baumaterialien. Nicht vorzustellen, wie diese Verschläge einem Unwetter standhalten sollten. Solche Armut hatte ich noch nie gesehen.

Meine Reisefreundin hatte einen durchgetakteten Besichtigungsplan ausgearbeitet, auf den ich mich anfangs folgsam einließ. Die aztekischen Ruinen beeindruckten und bedrückten mich gleichermaßen, aber am Anstehen in Touristenschlangen verlor ich bald die Lust. Statt Eintrittsgelder an Regierungsorganisationen zu bezahlen, wollte ich Menschen kennenlernen. Sie machen ein Land für mich aus und erst in zweiter Linie seine Städte, seine Landschaften und seine Denkmäler.

Vor den Gefahren, in Mexiko und Mittelamerika zu trampen, wurde auch damals schon eindringlich gewarnt. Am Anfang der Reise nahm ich die Warnung noch ernst. Mit einem Omnibus, unter dessen bunter Lackierung ein ausrangierter amerikanischer Schulbus steckte, und der schnaufte, als würde er die nächsten fünf

Kilometer nicht mehr schaffen, fuhren wir Richtung Meer und an der Südseite des Golfs von Mexiko die Küste entlang bis nach Cancún und zur Isla Mujeres. Durch die rostzerfressene Bodenplatte des Busses wirbelte Staub in den überfüllten Passagierraum. Weil er in jedem Dorf hielt und in jedem Dorf Menschen mit Bergen an Gepäck, auch Lebendgepäck, nämlich Hunden, Hühnern oder einer empört meckernden Ziege, aus- und zustiegen, waren die vierhundert Kilometer bis zu unserem nächsten Zwischenstopp in Veracruz eine Tagesreise.

In die Farben von Veracruz verliebte ich mich augenblicklich. Der Himmel war auch in der Mittagssonne dunkelblau, die typischen Talavera-Kacheln an den Wänden unseres Hotels strahlten in einem lebensfrohen »Alles so schön bunt hier«. An jedem Stand mit traditionellen Yucatán-Blusen hielt ich an. Ihre Stickereien gefielen mir noch besser als die auf Großmutti Ilses rumänischer Folklorebluse.

Im Hinterland der »weißen Stadt« Mérida fotografierten wir mit Tausenden anderen Besuchern die Mayastätte Chichén Itzá, die inzwischen zu einem der Sieben Modernen Weltwunder erklärt wurde. Mehr Zeit verbrachte ich aber bei den Holzschnitzern und bei den Hängemattenwebern von Mérida, die als die besten des Landes gelten, weil die besonders dünnen Baumwollstränge ihrer Matten sich in jede Richtung dehnen lassen wie ein Fischernetz. Schon die Maya kannten die Technik. Wir kauften zwei farbenprächtige Exemplare.

Handwerkern kann ich stundenlang dabei zuschauen, wie sie mit Geschick und Intensität ihrer Arbeit nachgehen. Als Couturière-Tochter, die ihre halbe Kindheit unter dem Schneidertisch verbracht und Stoffe gestreichelt hatte wie andere Kinder Teddybären, wollte ich zudem wissen, wie die Einheimischen ihre Gewebe herstellen. Irgendwann auf der Reise, nahm ich mir vor, will ich weben lernen. Doch vorher musste ich meine Freundin loswerden.

Nach fünf gemeinsamen Wochen überwogen die Unterschiede zwischen uns. Sie wollte jeden Tag vorausplanen, ich wollte ihn auf mich zukommen lassen. Sie wollte alles gemeinsam machen, ich hatte nichts dagegen, auch mal allein durch die Straßen zu gehen.

Sie trug ihr goldblondes Haar offen. Wenn fragwürdige Typen uns auf der Straße ansprachen, blieb sie stehen. Ich eignete mir ein paar unmissverständlich schroffe Ausdrücke auf Spanisch an, um sie uns vom Leib zu halten. Ein paar Mal gab es Stress. Allein reisende *gringas* waren südlich von San Diego Freiwild.

Wir reisten weiter nach Cancún und erwarteten ein karibisches Paradies aus unerforschtem Dschungel, Mangroven und Sanddünen vor unberührten Stränden. Stattdessen trafen wir auf ein Betonmeer aus nagelneuen Hotelburgen und Baustellen. 1976 hatten Magazine wie *Vogue* Cancún als »new place-to-play« ausgerufen.[2] Wir flohen enttäuscht auf die Isla Mujeres, fanden unser Paradies und neue Freunde aus aller Welt dazu. Man kommunizierte auf Englisch; jetzt rächte es sich, dass ich mich in der Schule durch das Fach gemogelt hatte. Mit einem Journalisten von *Le Monde* begann ich eine harmlose Affäre. Er brachte mir Englischvokabeln bei und bestärkte mich, nach allem, was ich ihm erzählt hatte, mich von meiner Reisefreundin zu trennen. Als sie auch noch krank und das Heimweh nach ihrem Freund stärker wurde, redete ich ihr – nicht ohne Skrupel – ein, den Rückflug anzutreten. Mich zog es weiter nach Guatemala.

Die verarmte und unterdrückte Bevölkerungsmehrheit in den mittel- und südamerikanischen Ländern hatte – bewaffnet oder unbewaffnet – Jahre des Aufbruchs hinter sich. *El pueblo unido jamás será vencindo!* – Das vereinte Volk kann niemals besiegt werden! Gegen die USA, die ihre wirtschaftlichen Interessen auf dem Kontinent durchsetzen und ein zweites Kuba auf jeden Fall verhindern wollten, hatte der Vormarsch der linken Bewegungen jedoch keine Chance. Militärs und nationale Eliten konnten sich nordamerikanischer Hilfe sicher sein, wenn sie gegen Oppositionsbewegungen durchgriffen oder – wie im Fall Chiles – eine demokratisch gewählte Regierung stürzten. Mit ihrer Weltsicht des Kalten Krieges und der »Doktrin der nationalen Sicherheit« rechtfertigten die USA, warum sie die Machtübernahmen autoritärer Regime ermöglichten und die Menschenrechtsverletzungen ihrer Diktatoren und Erfüllungsgehilfen duldeten, die ihnen unter anderem den billigen Betrieb gigantischer Monokultur-Plantagen sicherten, während ihre Verbündeten ziemlich einstimmig das Lied von den korrupten Bananenrepubliken Mittelamerikas sangen. Zehntausende Menschen wurden ermordet, Hunderttausende flohen ins Exil.

In Guatemala herrschte schon seit sechzehn Jahren Bürgerkrieg, er gehörte zum Alltag. Am meisten litt darunter die indigene Bevölkerung. Vergiss nicht, dass dich die Leute hier für eine *gringa* halten, hatte man mir auf den Weg mitgegeben. Sag unbedingt, dass du aus Deutschland kommst und nicht aus den USA. Erst 1999 bekannte Präsident Clinton vor dem Volk von Guatemala, dass es falsch von den USA gewesen sei, das »Militär und verschiedene Geheimdienste« des Landes zu unterstützen, die Menschenrechtsverletzungen und »gewaltsame und weit verbreitete Unterdrückung« verschuldet hatten.[3]

Mit meiner Hängematte, einer dünnen Decke, einem Paar Ersatzschuhe und einem spartanischen Set von Wechselkleidung wog mein Gepäck sieben Kilogramm. Als ich in Guatemala ankam, war Tikal in aller Munde. Nach dem aufsehenerregenden Expeditionsprojekt des Penn Museum der University of Pennsylvania in den 1960er-Jahren konnte man die antike Mayastadt mitten im tropischen Regenwald erstmals besichtigen, eine Straße zu dieser größten Ausgrabungsstätte des Landes wurde erst später gebaut.

Nirgendwo sonst in dem Kulturkreis fanden Archäologen so hohe Stufentempel. »Manhattan der Maya« nennt man die Ruinenstadt deshalb auch. Irgendwie fand ich Anschluss an eine Reisegesellschaft und ergatterte einen Platz in einem einmotorigen Viersitzer, der uns über eine überwältigend weite Dschungeldecke nach Tikal flog. Ein paar Luftverwirbelungen lang bedauerte ich meinen Mut, während der Landung auf einer rumpeligen Schotterpiste schloss ich die Augen. Bei Sonnenuntergang knüpfte ich meine Hängematte an die Pfosten eines schilfgedeckten Unterstands. Hier, bei einer Luftfeuchtigkeit von annähernd 99 Prozent, verbrachte ich die Nacht. Ein randalierendes Dschungelorchester aus Brüllaffen, Tukanen und Papageien holte mich früh aus dem Schlaf.

Über Guatemala-Stadt fuhr ich weiter an den Atitlán-See. Die Region um die Hauptstadt war ein knappes Dreivierteljahr vorher vom folgenreichsten Erdbeben der vergangenen hundert Jahre heimgesucht worden. Die Aufräumarbeiten waren noch im Gang. Zehntausende Menschen waren ums Leben gekommen, vor allem Natives, begraben unter ihren Lehmhütten in den Großstadtslums und in den abgelegenen Hochlanddörfern, von denen viele nicht auf Landkarten eingezeichnet waren. Dass Lehm, das einzig erschwingliche Baumaterial für die Armen, kein tödlicher Baustoff sein muss und richtig stabilisiert auch schwere Erschütterungen überdauern kann, weiß man in der Region erst seit den 2000er-Jahren.

Der tiefblaue Lago de Atitlán, umgeben von glücklicher Natur, galt nicht nur Alexander von Humboldt als schönster See der Welt. Drei dreieinhalbtausend Meter hohe Vulkane bewachen den Kratersee. Panajachel, gelegen an der Nordseite und Ausgangspunkt für Erkundungstouren, habe ich als kleines Mayadorf erlebt. Heute ist es eine Stadt mit 12 000 Einwohnern. Ein Lieblingsplatz von Backpackern und Aussteigern aus der ganzen Welt war »Paka«, wie die Einheimischen den Ort nennen, schon damals. Auf dem Wochenmarkt sah ich zum ersten Mal handgewebte *huipiles*. Die traditionelle, mit Ornamenten und Figuren bunt bestickte Mayatracht besteht aus rechteckigen Stoffstücken. Sie werden auf traditionellen Backstrap-Webstühlen hergestellt, zusammengenäht und ähnlich einem Poncho getragen. In jedem Dorf gab es unterschiedliche Muster, und die Bewohner standen in einem immerwährenden Wettbewerb um die schönste Tracht am See. Schon damals begannen die Weberinnen, statt Baumwolle und Naturfarben viel billigeres, synthetisches Material zu verwenden. Ich kaufte schließlich zwei besonders prachtvolle antike Exemplare in Naturfarben, wie sie heute kaum noch zu finden sind, und schickte sie nach Hause. Einen dritten behielt ich fast den ganzen Aufenthalt selbst an. Die Luft am See war erstaunlich frisch.

In Santa Catarina Palopó, einer Siedlung eine knappe Fußstunde südöstlich von Panajachel, boten einheimische Frauen Webkurse an. Für ein paar Quetzal mietete ich eine Lehmhütte an einem

Berghang. Das Dach war mit Schilf gedeckt, der provisorisch begradigte Boden mit Stroh ausgelegt. Um durch die Eingangstür zu gehen, musste ich mich bücken; ich bin 1,68 Meter groß. Immerhin gab es zwei Holzbalken, die stark genug waren, um daran meine Hängematte zu befestigen.

Kein Dorfbewohner konnte Englisch, und kaum einer wollte Spanisch sprechen. Auf mein gebrochenes Spanisch antwortete meine Lehrmeisterin in der Mayasprache Kaqchikel. Anfangs klappte die wortarme Kommunikation am besten mit den Kindern, die erst schüchtern ihre Köpfe aus den Türöffnungen steckten und schließlich neugierig gerannt kamen, sobald sie die »riesengroße, hellhäutige *gringa*« sahen. Während die Frauen von Santa Catarina Palopó von früh bis spät mit manueller Arbeit beschäftigt waren, saßen viele Männer stundenlang herum, tranken und rauchten. Auf den Feldern wirkten sie wie die sporadischen Hilfskräfte ihrer Frauen.

Vor der ersten Webstunde gingen wir in die nächstgelegene Stadt und kauften Garne. Ich entschied mich für Blau und Violett. Als ich gelernt hatte, wie man den hölzernen Webrahmen mit einem Hüftgurt vor dem Körper befestigt und die Kettfäden vor sich aufspannt, saß ich wie eine Einheimische mit ausgestreckten Beinen auf dem Boden und webte mehrere Tage von früh bis spät an einem unifarbenen Stück Stoff. Erst als mein Stoffstück so gleichmäßig gewebt war, dass es der Meisterin gefiel, zeigte sie mir lokale Webmuster.

Die Tage verliefen auf befriedigende Art eintönig, die meiste Zeit verbrachte ich allein und im Stillen. Ich hörte sogar zu rauchen auf, weil ich beim Weben keine Hand frei hatte und Zigaretten ohnehin schwer zu bekommen waren. Und ich schmiedete Pläne. An meinen Bruder schrieb ich, was er sich längst denken konnte: Ich bleibe, und ich habe noch viel vor. Erst Belize. Dann Honduras. Bitte schick mir Geld an die vereinbarte Adresse. Nach einem weiteren Monat hatte ich mein Lehrlingsstück fertiggestellt – es war das einzige Stück Stoff, das die Reise überlebte.

British Honduras hieß erst seit drei Jahren Belize und pflegte sein Image als toleranter Schmelztiegel der Ethnien und Kulturen aus

Maya, Garifuna, Kreolen, Europäern und – so sprechen die Menschen mit europäischen und indigenen Vorfahren in einigen Regionen Mittelamerikas auch heute noch von sich – Mestizen. Von hier schickte ich einen Brief nach Honduras, mit dem ich mich bei Marías Eltern ankündigte. Bis ihre Antwort kam, schnupperte ich Caribbean Feeling, das Land war der Rastafari-Kultur Jamaikas schon immer näher als Lateinamerika.

Mit drei Künstlern aus den USA teilte ich ein Guesthouse am Strand, tagsüber fuhren wir mit den Fischern aufs Meer oder tauchten entlang der Korallenriffe. Abends gingen wir ins Dorf und spielten Pingpong mit den Locals. Entspanntheit als Lebensphilosophie. Umso verblüffter war ich, als ich meine ersten Erfahrungen mit der Wut mancher Einheimischer auf *gringos* machte. Drohende Blicke, aggressive Worte, ein absichtlich in den Weg gestelltes Bein. Wie eine harmlose Provokation wirkte das nicht auf mich. Ich fühlte mich zum ersten Mal auf dieser Reise in Gefahr und zog mich zurück. Abgesehen davon erlebte ich meine Zeit in Belize als Ruhe vor dem Sturm, auch buchstäblich.

Tegucigalpa. Wenn mir damals jemand gesagt hätte, dass es sich bei der Hauptstadt von Honduras um die instabilste und gefährlichste Stadt der Welt handelt, wäre ich trotzdem hingefahren. Bei meiner Ankunft schüttete es. Kurz nachdem ich aufgebrochen war, erfuhr ich später, war tatsächlich ein Sturm über die Küste gefegt, und auch wenn er den hurrikangeplagten Honduranern vergleichsweise mild erschien, schickte er viel Regen.

Marías Eltern waren Nachfahren europäischer Einwanderer und lebten seit mehreren Generationen in Tegucigalpa. Sie arbeiteten als Zahnärzte, bewohnten ein luxuriöses Haus mit einem gepflegten Innenhof und hatten sich auf eine höhere Tochter aus dem behüteten Großbürgerdeutschland eingestellt, die sie für ein paar Tage beherbergen würden. Aber erstens blieb es nicht bei ein paar Tagen, und zweitens fiel es mir zunehmend schwer, das höfliche Mädchen zu mimen, mit dem sie gerechnet hatten. Dabei gaben sie sich große Mühe, zeigten mir die Stadt und stellten mich ihren

Freunden vor. Es waren vor allem deutsche Freunde. Ihr Interesse an mir fand ich überschwänglich, und als ich begriff, dass es sich auf meinen Nachnamen, auf ihre Verehrung für Hermann Göring und mein Verwandtschaftsverhältnis zu ihm bezog, war es mir unangenehm. Eine Frau aus diesem Kreis wuchs mir trotzdem ans Herz. Sie hatte Krebs, und ich saß viele Stunden an ihrem Krankenbett, auch dann noch, als mir klar wurde, dass ihr Mann ein justizflüchtiger Nazikollaborateur war und sie nach dem Krieg, dank katholischer Helfer, auf einer der Rattenlinien nach Lateinamerika geflohen waren.

Meine Ansichten, die politischen wie die religiösen, behielt ich für mich, so viel Anpassung gelang mir. Gegen meine Beklemmungen las ich viel. Marías Mutter Ana, die *señora de la casa,* hatte mich bei meiner Ankunft davor gewarnt, allein auszugehen, und damit ich auf keine übermütigen Gedanken komme, hatte sie mir einen Benutzerausweis für die Bibliothek des Centro Cultural Alemán im Goethe-Institut ausstellen lassen. Ich las die *Buddenbrooks,* fräste mich durch Simmel-Bände und griff, erstaunt, wie umfangreich die Sammlung war, nach Sachbüchern über den Zweiten Weltkrieg. Wenn ich mich recht erinnere, begann ich dort auch Leonard Mosleys Göring-Biografie zu lesen, kam aber über die ersten fünfzig Seiten nicht hinaus.

Mit Ana sprach ich über meine Zukunft. Sie wusste vom Ärztemangel in der Karibik und dass mehrere Universitäten Stipendien vergaben, wenn man sich dazu verpflichtete, nach der Ausbildung im Land zu bleiben, auf Barbados etwa oder auf der Insel Trinidad, und auch auf dem Festland, in Venezuela. Ärztin in der Dritten Welt. Jetzt hatte ich einen Floh im Ohr, mehr noch, einen, wie ich fand, konkreten Plan. Umso besessener war ich davon, meine Sprachkenntnisse zu verbessern.

Ich lernte Englisch und – mithilfe von Marías beiden jüngeren Geschwistern und ihres Kindermädchens – zeitgleich Spanisch. Abends war ich überdreht und konnte nicht einschlafen. Morgens war ich erschöpft und maulig. Dann pfiff ich auf Höhere-Töchter-Höflichkeiten. Der Konservativismus meiner Gastgeber, ihre übertriebene Ehrfurcht vor dem Deutschland Goethes und Schillers belasteten mich zunehmend. Dass auch ich ihnen zur Last wurde, entging mir nicht. Aber ich saß fest. Nach sechs Wochen wartete ich immer noch auf das Geld, das mein Bruder aus Deutschland losgeschickt hatte.

Als Ana eine angebrochene Antibabypillen-Packung fand, die ich, ohne mir etwas dabei zu denken, auf der Spiegelablage des Badezimmers hatte liegen lassen, sorgte sie dafür, dass ich ihr Haus verließ. Als strenggläubige Katholikin zweifelte sie nicht daran, dass ich eine in Sünde gefallene, verlorene Seele war, ohne Maß und ohne Moral. Ihr Mann – schließlich wollte man sich nichts vorwerfen – brachte mich bei einer befreundeten Familie etwa neunzig Kilometer südöstlich der Hauptstadt im landwirtschaftlichen Danlí unter, das für seine Zigarren und für eines der härtesten Gefängnisse der Welt bekannt ist. In deren Obhut durfte ich auf mein Geld aus Deutschland warten. Als es endlich ankam, bedankte ich mich bei meinen Gastgebern, jedenfalls nehme ich das im Rückblick an, und setzte mich ab.

Was danach geschah, kam erst nach vielen Jahren in mein Gedächtnis zurück, als unordentliche Splitter in einem Fragezeichenwald.

»Wenn ein Mensch von einem Erlebnis überfordert ist, wenn er nicht in der Lage ist, ihm einen Platz in seinem Seelenhaushalt zuzuweisen, macht er zuweilen von seiner Fähigkeit Gebrauch, es zu verdrängen, es aus dem Gedächtnis zu streichen … Das funktioniert oft nicht spurlos«, hat Jan Philipp Reemtsma geschrieben.[4] Habe ich mir seine Sätze auch wegen der unheilvollen Beziehung seines Vaters zu Hermann Göring notiert? Philipp Fürchtegott Reemtsma bezahlte 1934 drei Millionen Reichsmark und in den folgenden Jahren jeweils eine Million an Göring, damit dieser dafür sorgte, dass die Ermittlungen wegen Bestechung und Steuerhinterziehung gegen ihn und sein Tabakimperium fallen gelassen wurden. Aus dem Gedächtnis streichen! Tatsächlich erzwangen Stromstöße in mein Gehirn den Erinnerungsverlust, weil Ärzte dachten, sie würden damit meinem Seelenhaushalt helfen.

Wieder allein, ohne mich vor jemandem rechtfertigen zu müssen, aber mit einer aktuellen Ausgabe des *South American Handbook* in der Tasche, das damals der Tripadvisor der Rucksacktouristen aus aller Welt und an einer Busstation liegen geblieben war, mietete ich das billigste Zimmer, das ich in Danlí finden konnte. Die dunklen Skorpione an der Wand über meinem Bett schreckten mich nicht. Mein Sternzeichen, dachte ich nur. Sobald mir danach war, wollte ich mich ohne Eile von Honduras über Nicaragua nach Costa Rica begeben, um im Frühling 1977 von dort oder aus Panama nach Venezuela zu fliegen und mich an der medizinischen Fakultät der Zentraluniversität einzuschreiben.

Typen, die ich untertags kennenlernte, waren abends Verbündete, keine Vertrauten, aber auf eine Art, die wir einander nicht erklären mussten, Verbündete, ich sog ihre Geschichten auf und ihre Geschichten mich. Einige von ihnen waren gezeichnet von der Flucht vor den autoritären Regimen Argentiniens, Chiles oder Perus und von ihrer Angst, hingerichtet zu werden; so, verglich ich, war es den Verfolgten im »Dritten Reich« ergangen.

Ein Peace Corps Volunteer der amerikanischen Entwicklungshilfe, der an einer Schule aushalf, lieh mir seine Ausgabe von Tolkiens *Herr der Ringe*. Nachts kämpfte ich mich durch 1700 Seiten High Fantasy auf Englisch. Ans Schlafen dachte ich über zwei oder drei Wochen so gut wie gar nicht mehr, an Essen selten. Doch jetzt fühlte ich mich nicht erschöpft und maulig wie noch in Tegucigalpa, sondern immer aufgewühlter und dabei wissend und immer wissender, sogar allwissend und stark, *as high as a kite*, ohne Drogen genommen zu haben. Einer der Typen sorgte sich um die überdrehte Europäerin und brachte mich zu einer Krankenschwester. Sie war kaum älter als ich und holte mich mit Diazepam auf den Boden. In einer dieser Nächte hielt mich meine eigene Geschichte wach und der Wunsch, mit meinem Vater Frieden zu schließen. Auf mehreren Seiten öffnete ich mich ihm, wie ich es vorher und nachher nie getan hatte, und bot ihm meine Entschuldigung und meine Hand zur Versöhnung an. Bevor ich nach Nicaragua trampte, brachte ich den Brief zur Post.

Durch Managua wollte ich eigentlich nur durchreisen und blieb doch mehrere Wochen. Auf einem Straßenmarkt ließ ich mich von einem Händler aus Peru ansprechen. Mit meinem wenig ausgeprägten Orientierungssinn wäre ich in dem Netzwerk von Straßen ohne Namen verloren gewesen. An seiner Seite spazierte ich stundenlang durch die Kolonialstadt. Neunzig Prozent der Innenstadt waren im Erdbeben von 1972 zerstört worden. An jeder Ecke stand jemand mit Maschinengewehr, jederzeit schussbereit, bloß keinen Blickkontakt provozieren. »Er ist ein Schweinehund. Aber er ist unser Schweinehund«, soll Franklin D. Roosevelt über Anastasio Somoza García gesagt haben. 1939 hatte der US-Präsident seinen nicaraguanischen Amtskollegen zu einem Staatsbesuch mit allen protokollarischen Ehren, Paraden und Galadiner in Washington empfangen. Mehr als dreißig Jahre später hielt der Somoza-Clan sich mit diktatorischer Gewalt immer noch an der Macht.

In diesem aufgeladenen Umfeld wirkte mein neuer Freund auf mich wie einer, der angekommen ist, einer, der sich hinterfragt, ohne sich übermäßig wichtig zu nehmen, einer, der weiß, wie man Grenzen setzt, und der trotz allem an das Gute im Menschen glaubt, schlicht entspannter als die meisten anderen. Er beschäftigte sich mit alternativer Medizin und der Heilkraft des Meditierens und sprach vom lebenswichtigen Schutz der Natur und von der Würde aller Wesen. Von ihm bekam ich meine ersten Einblicke in die spirituelle Astrologie. Ich ließ mich von ihm faszinieren, und ich vertraute ihm. Wenn er von sich als »New-Age-Hippie« sprach, grinste er unwiderstehlich. Als er sich so sehr an meine Gesellschaft gewöhnt hatte, dass er anfing, anderen Frauen nachzupfeifen, ging ich. Nach außen hin war das die einfachste Sache der Welt – weggehen. Nicht zurückschauen. Ich bin ja so unabhängig. Doch in mir brodelte es.

Ein Männerpaar nahm mich im Auto mit über die Grenze nach Costa Rica. Sie sprachen Deutsch, einer von ihnen hatte eine Weile in Frankfurt studiert, sein Bruder war kurz vorher vom Somoza-Regime hingerichtet worden. Leid und Unheil, so nah. Um mein Visum für Venezuela zu beantragen, musste ich in die Hauptstadt.

Eine Woche wartete ich auf den Termin bei der Einwanderungsbehörde. Eben noch hatte ich es genossen, meine Zeit allein zu verbringen. Jetzt vermied ich es. Tagsüber schloss ich mich einer Gruppe von Freunden aus Toronto an, spätabends setzte ich mich zum Nachtportier des Hotels, unterhielt mich mit ihm und redete mich dabei – das weiß ich heute – zunehmend um Kopf und Kragen. Jede Nacht aufs Neue versuchte ich ihn aus der Reserve zu locken, prahlte, seine Gedanken lesen zu können, und fiel ihm damit bis in den Morgen auf die Nerven. Als ich endlich bei der Behörde vorsprach, war ich so überdreht oder high, dass ich mich im Ton vergriff. Du hältst mich wohl für eine komische *gringa,* die gerade ausflippt, unterstellte ich dem Beamten. Mehr weiß ich nicht mehr. Jedenfalls reichte es für meine Verhaftung. Ich wurde in eine Gefängniszelle gebracht, ohne Stuhl, ohne Bett, nur ein Holzbalken, den ich wütend gegen die Wand schleuderte. Ich hatte doch kein Gesetz übertreten und fühlte mich als Opfer der Willkür. In meiner Panik schrie ich und wehrte mich gegen die Beamten. Die Antwort kam am nächsten Morgen, als man mich aus dem Gefängnis in die Psychiatrie überstellte. Es war der 21. März 1977.

Schizophrene Episode. Erst hielt ich die Diagnose für eine Verwechslung, dann für eine Verschwörung, dann für Verrat. Ich hatte Hannah Greens *I Never Promised You a Rosegarden* gelesen und wusste Bescheid über Psychosen und Stimmen aus der Tiefe der Hölle. Ich war nicht krank! Wer mich ausschalten wollte, hatte sich geirrt. Ich war in Kampfstimmung. Mehrere Pfleger halfen zusammen, um mich ans Bett zu binden.

Als ich, warum auch immer, mit einer anderen Patientin aneinandergeriet, drohte man mir mit Elektroschocks. Ich wehrte mich sehr. Umso überzeugter war man, mich dazu nötigen zu müssen. In zwei Mal dreißig Sekunden zerstörte man nicht nur meine Erinnerungen, sondern auch meine Lebensfreude.

1946

»Er hat sich vergiftet! Weißt du's schon? Er hat sich vergiftet!« Die Mitschülerinnen scharten sich um sie, als Roswitha an jenem Oktobermorgen ins Klassenzimmer kam. Sie ließ den Ansturm über sich ergehen. Ihre Vermieterin hatte ihr schon beim Frühstück vom Coup ihres Onkels erzählt. Natürlich war sie erleichtert. Erleichtert, stolz und, so sagt sie, »einfach glücklich«. Wie die anderen Mädchen empfanden? Er war doch beim Volk beliebt.[1]

Roswitha Hueber war fünfzehn, als Hermann Göring sich in der Nacht vor seiner geplanten Hinrichtung durch den Strang das Leben nahm. Ende April 1945 habe sie ihren Onkel zuletzt gesehen, erzählt sie – wortkarg und widerwillig. Viel mehr kann ich ihr dazu nicht entlocken. Anhand, wen wundert es, sich teils widersprechender Überlieferungen habe ich deshalb zu rekonstruieren versucht, was ihr und den anderen Familienmitgliedern in diesen letzten Kriegsmonaten und ersten Nachkriegstagen widerfahren ist.

Auf Onkel Hermanns Anweisung hatte Roswitha den Waldhof in der Schorfheide bereits gegen Ende Januar 1945 verlassen. Ob sie ahnte, dass der Abschied endgültig war? Zusammen mit ihrer Mutter Paula, Hermanns treu ergebener Lieblingsschwester, vermutlich auch Tante Ole, die Hermann nicht minder ergeben, aber kritischer war, sowie Tante Emmy, Cousine Edda und einem Tross aus Freunden und Personal war sie per Auto nach Berlin und von dort mit dem Sonderzug nach Berchtesgaden gereist. (Tante Ole war es übrigens, die Roswitha gut zehn Jahre später dazu verdonnerte, meine Patentante zu werden – eine dieser gut gemeinten Maßnahmen, zusammenzuhalten, was vom einst so eng verbundenen Göring-Clan noch übrig war.)

Sie hätten alle Menschen mitgenommen, die in Richtung München wollten, schrieb Emmy Göring später über die Reise im überfüllten Zug, und unterwegs mehrere Umwege nehmen müssen, um

Bombenangriffen zu entgehen.[2] In Hermanns »Alpenhaus«[3] auf dem Obersalzberg fühlten sie sich vorerst sicher.

An den Osterfeiertagen, die 1945 auf das erste Aprilwochenende fielen, hatte der Onkel überraschend bei seiner Familie vorbeigeschaut und war gleich darauf wieder nach Berlin und Carinhall zurückgekehrt. Der entscheidende Angriff der Roten Armee auf die Hauptstadt lief bereits, als er Adolf Hitler am 20. April seine Geburtstagswünsche überbrachte. Ihr letztes Zusammentreffen. Noch in derselben Nacht war er schließlich im Automobil in Richtung Obersalzberg aufgebrochen, und wenn man den Tagebucheinträgen seines Adjutanten glauben darf, war er unterwegs auf Menschen getroffen, die ihn »umringten« und »begeistert begrüßten«.[4]

Dann überschlugen sich die Ereignisse. Die Bombenangriffe der Royal Air Force vom 25. April 1945 auf die Gegend von Bad Reichenhall bis Berchtesgaden, bei denen auf dem Obersalzberg neben dem Führerhauptquartier auch das Alpenhaus zerstört wurde, hatten Roswitha, Paula und Ole, wie Hermann, in einer Art Luftschutzbunker abgewartet. Danach waren sie alle zusammen zu Hermanns etwa einhundert Kilometer entfernter Burg Mauterndorf im Salzburger Lungau gefahren, besser gesagt vom Sicherheitsdienst dorthin verbracht worden; denn bekanntlich war Hermann, nachdem er bei seiner Ankunft auf dem Obersalzberg versucht hatte, sich mit einem Telegramm nach Berlin als Hitlers Nachfolger zu installieren, aller seiner Ämter enthoben, stand unter Arrest und sollte als Verräter hingerichtet werden. Fünfzig Mann einer SS-Einheit bewachten ihn.[5]

Wenige Tage später, am 3. Mai, traf »überraschend noch Hueber auf dem Weg nach M. ein, um seine Frau und Tochter zu holen«, notierte Görings Adjutant.[6] Spätestens dann müssen Roswitha und Paula also von Hermann Abschied genommen haben. Am 7. Mai, als der Onkel sich aus Furcht vor den Russen und weil er in seinem offensichtlich getrübten Realitätsbewusstsein überzeugt war, mit General Dwight Eisenhower über eine Neubildung der Regierung verhandeln zu können, in der Nähe der Burg von einer amerikanischen Infanteriedivision gefangen nehmen ließ, waren Roswitha,

Paula und Franz Hueber bereits daheim. Daheim, das ist bis heute jenes ländliche Haus aus dem 16. Jahrhundert, das der gebürtige Oberösterreicher Franz Hueber 1927 erwarb, nachdem er entschieden hatte, sich in der Gemeinde Mattsee, einem Sommerfrischeort im Salzburgischen, als Notar niederzulassen. Der Ort rühmte sich schon damals als »judenrein«. Seit Anfang der 1920er-Jahre hatte man jüdische Gäste mit wüsten Drohungen und Denunziationen konsequent von dort vertrieben.[7]

Seit Kriegsende bemühte Paula sich, Ruhe und Regelmäßigkeit in Roswithas Leben einkehren zu lassen. Nach den Jahren, in denen Mutter und Tochter auf Zuruf von Onkel Hermann ein Pendlerleben zwischen Mattsee, Franz Huebers Dienstvilla in Berlin-Wannsee, der Schorfheide, dem Obersalzberg geführt hatten, das Mädchen nur sporadisch zur Schule gegangen und zwischendurch auch einmal von einem Privatlehrer unterrichtet worden war, besuchte Roswitha nun ein Gymnasium in Salzburg. Weil die zwanzig Kilometer von Mattsee in jener Zeit zu weit waren, um täglich hin und her zu fahren, wohnte sie zur Untermiete in der Stadt, die Mutter sah sie an den Wochenenden und in den Ferien, der Vater war – offenbar in Roswithas Beisein – verhaftet worden und wartete auf seinen Prozess. Zuletzt war der Jurist, der seinem Schwager Hermann all die Jahre zugearbeitet und von 1940 bis 1942 Kriegsdienst bei einer Flakabteilung geleistet hatte, Präsident des Reichsverwaltungsgerichts in Berlin gewesen.

Paula hoffte auf die Begnadigung des Ehemanns, wie sie offenbar auch auf ein mildes Urteil für ihren Bruder Hermann hoffte. Nicht so Roswitha. Ihr, sagt sie, sei von Anfang an klar gewesen, dass man den »War Criminal Number 1« nicht am Leben lassen würde. Davon, so kann sie sich erinnern, sprach sie sogar in einem ihrer Briefe, die sie dem Onkel nach Nürnberg schicken durfte. Als Emmy und Paula, eine nach der anderen, ihn am Tag vor der Urteilsverkündung besuchten, kam er darauf zu sprechen. Die Einzige in der Familie, die wirklich weiß, was los ist, soll er kommentiert haben, ist Roswitha.

»Es kann kein mildernder Umstand angeführt werden … Diese

Schuld ist einmalig in ihrer Ungeheuerlichkeit. Für diesen Mann lässt sich in dem gesamten Material keine Entschuldigung finden ... Urteil: Tod durch den Strang«, heißt es im offiziellen Urteilsprotokoll.[8] Wie Hermann Göring selbst auf den Urteilsspruch reagierte? Der »Ratgeber, tatkräftige Handlanger Hitlers und einer der allerersten Führer der Nazi-Bewegung« sei gewankt. Das Entsetzen sei ihm im Gesicht gestanden. Am Abend »lag er vollkommen erschöpft auf der Pritsche und wurde immer weniger«.[9]

Nun hatte er schwarz auf weiß, was er erwartet hatte. »Wenn Du diesen Brief lesen wirst, dann ist schon alles vorüber und ich habe die letzte, ewige Ruhe«, so hatte er im November 1945, unmittelbar vor dem Beginn der Nürnberger Prozesse, seinen mehrseitigen Abschiedsbrief an Emmy begonnen.[10] Offenbar hatte er zu diesem Zeitpunkt mit einem schnellen Verfahren und einem schnellen Ende gerechnet.

Ein knappes Jahr später, beim Wiedersehen mit Emmy und Paula, soll er die beiden Frauen gebeten haben, sich keine Hoffnungen mehr zu machen.[11] Ein Schuldgeständnis war das natürlich nicht. Im Gegenteil: Hermann Göring bereute nichts, sah keinen Anlass dazu. »Wir sollen aller Welt als gemeine Verbrecher gezeigt werden. Das mag zurzeit möglich sein, [...], aber einst wird die Geschichte auch dieses Gerichtsurteil kassieren und die absolute Wahrheit wird kommen«, heißt es in seinem Brief vom November 1945; und bei dieser Meinung blieb er. Der amerikanische Gefängnispsychologe Gustave Mark Gilbert, der ihn das Prozessjahr hindurch begleitete und ihn »trotz seines aktiven, aggressiven Charakters« für einen »moralischen Feigling« hielt, der »die Gräueltaten mit Drogen aus [seinem] Bewusstsein zu verbannen suchte«, ordnete diese »absolute Wahrheit« so ein: »Göring starb so, wie er gelebt hatte, als ein Psychopath, der versuchte, alle humanen Werte zu verspotten und seine Schuld durch dramatische Gesten zu vertuschen.«[12] Seinen sorgsam geplanten Selbstmord – »Auf etwas kannst du dich felsenfest verlassen: Sie hängen mich nicht«[13] – empfanden die Familienmitglieder, ebenso wie er selbst, allerdings weniger als dramatische Geste denn als Triumph über die Richter.

Dass er abstritt, in die Verbrechen des nationalsozialistischen Regimes verwickelt gewesen zu sein, dass er sogar vorgab, nichts davon gewusst zu haben, hat mich mein Leben lang empört. Vielleicht noch mehr hat mich aber belastet, wie seine Frau und seine Familie, auch meine Großmutti Ilse, auch mein Papa Heinz, zu ihm hielten, selbst dann noch, als sie es längst hätten besser wissen müssen. Heute kann ich es mir erklären; denn neben seiner unverzeihlichen Skrupellosigkeit standen ganz offensichtlich die sentimentalen und geradezu aufopfernd fürsorglichen, liebevollen Wesenszüge, mit denen er die ihm nahestehenden Menschen an sich band. Seinen engsten Verwandten vermittelte er in überschwänglichen Worten und großzügigen Taten, wie wichtig sie ihm waren. »Was ich Dir an Liebe, an guten Gedanken und an Sehnen senden kann, wirst Du fühlen«, verabschiedete er sich von Emmy. »Er hat mich halt sehr verwöhnt und sehr geliebt«, sagt Roswitha. Schöne Erinnerungen. Darauf beharrt sie.

Anders als etwa Joseph Goebbels dachte Hermann Göring offenbar nie daran, gemeinsam mit Frau und Kind in den Tod zu gehen, als der Untergang sich abzeichnete. Ich habe das immer als ein Zeichen seiner Gesinnungslosigkeit verstanden. Letztlich galt seine Loyalität weder Hitler noch Deutschland, er war vernarrt in Macht und persönlichen Reichtum.[14] In der Haft beschäftigte ihn, wie es nach seinem Tod mit seinen beiden Liebsten weitergehen sollte. »Es gibt vielleicht folgende Möglichkeiten für Euch«, schrieb er. »Das Leben auf Veldenstein, falls man Dir die Burg belässt. Dein kleines Haus in Wenningstedt, [...] Die Auswanderung nach Schweden, falls sie Euch erlaubt wird. Die schwedische Regierung weiß, dass sie mir viel Dank schuldet und dass ich alles getan habe, dass dieses Land nicht in die Kriegsfurie hineingezogen wurde. Sie müsste eigentlich Eure Aufnahme bewilligen. Aber niemals dürft Ihr dabei durch Gebiet fahren, das von den Russen besetzt ist, sondern über England. [...] – Niemals, Emmy, kannst Du mit Edda dort leben, wo russischer oder auch deutscher Bolschewismus herrscht. Das wäre für Euch schlimmer als das Ende.«[15]

Tatsächlich hatten Emmy und Edda sich nach Hermann Görings

Verhaftung zur inzwischen leer geplünderten Burg Veldenstein bringen lassen. An die fünf Monate standen sie dort – bewacht von amerikanischen Soldaten – unter Hausarrest, dann wurde Emmy ins Zuchthaus Straubing überstellt. Bis sie durchsetzen konnte, dass ihre Tochter an ihrer Seite in Haft leben durfte, wurde Edda von einer Bauernfamilie versorgt. Nach ihrer Entlassung Mitte 1946 führte ihre Suche nach einer Unterkunft die beiden wieder in die Nähe von Veldenstein. Sie durften jedoch nicht, wie von Hermann ersonnen, in seiner Burg wohnen, sondern kamen in einer seiner ehemaligen Dienst- und Jagdhütten in der Einöde von Sackdilling unter, einem kleinen Haus mitten im Wald. Dass es – immerhin – gemauert war, betonten Freunde wie Feinde.

Und wo erfuhr meine Großmutter Ilse vom Selbstmord ihres Onkels und Schwagers?

Die letzten Kriegstage und die bedingungslose Kapitulation der deutschen Wehrmacht hatte sie als Schwesternhelferin des Deutschen Roten Kreuzes in Lübeck erlebt. Neben dem DRK-Krankenhaus waren dort seit 1944 zahlreiche Notlazarette in Schulen und Pensionen für die aus allen Richtungen in die Stadt strömenden Lazaretteinheiten eingerichtet worden. Als ehemalige DRK-Generaloberin war sie vermutlich dorthin gegangen, wo ihre Hilfe besonders dringend gebraucht wurde. Und: Hauptsache weg aus Berlin! Ihre Grunewalder Villa hatte 1944 gebrannt und war seither nicht mehr bewohnbar.[16]

Wann sie die untergehende Stadt endgültig verlassen, ob ihr guter Onkel Hermann die Dinge ein letztes Mal für sie in die Hand genommen oder sie ihre Entscheidungen allein getroffen hatte – das kann ich nicht sagen. Jedenfalls war sie, nachdem sie den Dienst im Sommer 1945 quittiert hatte, im niedersächsischen Poggenhagen gelandet, damals ein Vorort von Neustadt am Rübenberge und – das dürfte bei ihrer Entscheidung eine wesentliche Rolle gespielt haben – in der britischen Besatzungszone gelegen. Hier wurde ihr, wie sie schrieb, »noch auf meine alten Tage eine regelrechte Lehre zuteil«.[17]

Mittlerweile achtundvierzig Jahre alt, lebte sie in »einem ganz kleinen Zimmerchen«[18], als sie von Hermanns Tod erfuhr, und – »mit ihrer Energie ist sie ja zu bewundern«[19] – hatte eine Lehre zur Schneiderin begonnen.

Wer ihr dort, im Raum Hannover, half? Eben noch im Göring'schen *inner circle,* war sie ohne Zweifel tief gefallen – und verlassen. »In der ganzen Zeit lebte ich gänzlich einsam«, schrieb sie später an Rudolf Diels.[20] Ihr Ex-Mann, von dem sie 1944 nach anderthalb Jahren Ehe geschieden wurde, hielt sie auf Distanz. Ihre Söhne hatte sie verloren. Die beiden jüngeren, Peter und Helmuth, waren 1941 und 1944 ums Leben gekommen. Kampfflieger. Heldentod. Mein Vater Heinz galt als vermisst.

Ob sie in ihrer Not – die materielle und die seelische Not dürften einander die Waage gehalten haben – an die Zeit vor 1933 anzuknüpfen versuchte, als sie ausgerechnet in Poggenhagen ihren Neustart versuchte? Schließlich hatte sie mit ihrem ersten Mann Karl Ernst Göring bis zu dessen Tod im Oktober 1932 im nur etwa fünfundzwanzig Kilometer entfernten Hannover gelebt. Oder ob sie trotz allem die Nähe zu Diels suchte, wie einige Jahre später in Berghausen auch? Als ehemaliger Gestapo-Chef und Regierungspräsident erst von Köln, später von Hannover war er für die Briten ein interessanter Informant: Im Sommer 1945 hatte er sich als Mitarbeiter in deren Hauptquartier in Bad Oeynhausen angedient. Oder ob sie glaubte, sich in der britischen Besatzungszone unauffälliger bewegen zu können, sich dort einfach sicherer fühlte als anderswo? Musste sie nicht, schon wegen ihrer vielfältigen politischen und sozialen Kontakte in Berlin, damit rechnen, von den Alliierten verhört zu werden? Sie habe »über alles geschwiegen wie ein Grab«, hinterließ sie kryptisch.[21]

Immerhin hatte sie ab August 1946 Gewissheit, dass ihr ältester Sohn noch lebte. »Heinz sitzt leider nun schon ein Jahr in kleiner Zelle mit 3 anderen Deutschen im Gefängnis in Prag, bei wenig Brot, Kartoffeln und 2x die Woche Bohnen«, so Ilse.[22] Zuletzt war Oberleutnant Heinrich Otto Göring – Heinrich nach seinem Großvater Heinrich Ernst Göring, Otto nach dem Korvettenkapitän

Otto Friedrich Burchard, seinem Großvater mütterlicherseits, aber immer »Heinz« gerufen – als Volkssturmführer in Niederösterreich im Einsatz gewesen. Am 1. Mai 1945 geriet er dort, schlechter hätte er es aus Göring-Sicht nicht treffen können, in sowjetische Kriegsgefangenschaft und war zunächst für ein halbes Jahr im Lager Wiener Neudorf interniert, bis Kriegsende eines der vielen Außenlager des Konzentrationslagers Mauthausen. Nach Aufzeichnungen des Roten Kreuzes wurde er am 1. Januar 1946 an die Tschechoslowakei ausgeliefert und durchlief bis zu seiner Entlassung mehrere Gefängnisse.[23]

Als Kind habe ich in Bruchstücken aufgeschnappt, was ihm in der Gefangenschaft widerfahren ist. Später habe ich ihn nicht mehr danach gefragt. Seit mir zahlreiche Briefe an seine Jugendliebe und Lebensfreundin Elisabeth in die Hände gefallen sind, kann ich seine Heldengeschichten, die von waghalsigen Fluchtversuchen und Sprüngen von Lastfahrzeugen handelten, besser einordnen. »Meine Erlebnisse waren nicht ganz uninteressant: Nach Kriegsende in Östreich [sic], dann 6 Monate in schwerer GPU-Haft – Flucht auf dem Transport nach Russland in Polen, C.S.R. 11 Monate Staatsgefängnis ›Pankrac‹«, schreibt er darin, »Sippenhaft ohne Anklage und Urteil. Dann ½ Jahr Unterbringung im Zuchthaus.«[24]

Als die Nachricht von Hermann Görings Selbstmord die Runde machte, wurde mein Vater also in Pankrác festgehalten, das unter der NS-Herrschaft ein Untersuchungsgefängnis der Gestapo war und schließlich eine berüchtigte Hinrichtungsstätte, wo mehr als eintausend Regimegegner und Widerstandskämpfer ermordet wurden. Was mein Vater über seinen Gefängnisalltag im heutigen Verwaltungsbezirk Prag 4 schrieb, sagt einiges aus über sein tagträumerisches Naturell und seine ausgeprägte Gabe, Tatsachen zu ignorieren: »Mich konnte aber nichts erschüttern, es blieb immer viel Zeit für philosophische Studien …«[25]

***

Mein Vater Heinz als Oberleutnant, ca. 1943.

Während das Kriegsende für die meisten aus dem Göring-Clan Niederlage und Untergang hieß, soll mein Großvater mütterlicherseits ein weißes Leintuch aus dem Fenster gehängt und die eintreffenden Amerikaner als Befreier begrüßt haben. Und als sie Anfang Oktober 1945 sein Haus beschlagnahmten, um es als Offiziersbüro zu nutzen, nahm Opa Wilhelm Heuser das als notwendiges Übel hin.[26] In Wiesbaden richteten die Amerikaner ihr Headquarter ein, die amerikanischen Offiziere und ihre Familien brauchten Unterkünfte. Meine Großeltern und ihre inzwischen erwachsenen Kinder – der älteste Sohn war heil aus Stalingrad zurückgekommen, den jüngeren hatten sie mit Mühe davor bewahren können, sich im Frühjahr 1945 in Hitlers Kinderarmee rekrutieren zu lassen, von den drei Schwestern war nur meine Mutter weg gewesen und von ihrem Einsatz als Krankenschwester in Worms zu Fuß zurück nach Wiesbaden gelaufen; nun wohnten alle fünf Geschwister wieder zu Hause –, sie alle sollen einen Nachmittag lang Zeit bekommen haben, das Notwendigste zu packen, Kleider, Bettwäsche, ein paar

Küchengeräte, und ihr Einfamilienhaus in der Lahnstraße freizugeben. Später hörte ich sie manchmal darüber scherzen, wie sie nachts in ihr eigenes Haus eingedrungen waren und leiterwagenweise Kohle davongeschleppt hatten.

Opa Heuser stand im sechzigsten Lebensjahr und arbeitete als Büroleiter einer Anwaltskanzlei und Hausverwaltung. Auf die Rückkehr von Justizrat Moritz – oder Moriz – Marxheimer wartete er vergeblich; vermutlich im Lauf des Jahres 1946 erfuhr er, dass sein erster Chef und großzügiger Förderer Ende Oktober 1942 im KZ Mauthausen zu Tode gekommen war.[27]

Opa Heuser war das Gewissen meiner Kindheit, meine moralische Instanz, und ich frage mich, ob er sich auch zu dem überzeugten Pazifisten entwickelt hätte, als den ich ihn kennenlernte, wenn er wehrtauglich gewesen wäre. Ob er sich, als Nachbarn, Kollegen und Freunde mit wehenden Fahnen zur NSDAP überliefen, auch treu geblieben wäre, wenn er Moritz Marxheimer nicht gekannt und verehrt hätte.

Im ersten Nachkriegsherbst machte sich seine Haltung jedenfalls bezahlt. Über seinen Arbeitgeber bekam er Zugang zur leer stehenden Beletage eines Gründerzeithauses in der Goebenstraße 17. Das Westend war von Bombenangriffen weitgehend verschont geblieben, die Vormieterin war zu Verwandten nach München gezogen. Die Familie meiner Mutter betonte stets, dass die Wohnung nicht enteignet worden war. Ich habe das gern geglaubt – meine geliebte Goebenstraße – und fand, als ich schließlich bei den Ämtern nachforschte, keine Gegenbeweise.

1962

In jenem Sommer verlor ich wieder einmal den Glauben an meine Eltern. Ich war fünf Jahre alt. Der Tag hatte so unharmonisch begonnen wie alle Tage, an denen wir zu einer gemeinsamen Fahrt aufbrachen. Wie immer hatte meine Mutter bis zur letzten Minute gearbeitet, wahrscheinlich hatte sie sogar durchgemacht. In solchen Nächten kippte sie gläserweise Sekt, davon hörten wir Kinder von ihren sensationslüstern besorgten Angestellten.

Wie immer war sie uneins mit meinem Vater, was eingepackt werden sollte und was nicht. Wie immer stieß ihr gerade jetzt auf, wie er durch den Tag flanierte und kaum je etwas zum Unterhalt der Familie beitrug, während sie sich für ihn und uns Kinder aufrieb. Wie immer fielen verletzende Worte, bis wir, auch die Kinderlaune am Tiefpunkt, endlich losfuhren. Drei Wochen Spanien – das klang verheißungsvoll.

Was ich mir als Fernreise ins Paradies ausgemalt hatte, endete vierzig kurvenreiche Kilometer hinter Wiesbaden; für mich jedenfalls. Wahrscheinlich begriff ich nicht, worauf meine Eltern hinauswollten, als nach dem Losfahren mit einem Mal ein freundlich fürsorglicher Ton in den Fond des Wagens wehte. Bettinchen darf der Großmutti helfen, nicht wahr, Bettinchen? Mein Bruder kniff mich in die Seite. Vielleicht war das als Aufmunterung gedacht. Mir war übel. Damals wurde mir bei jeder Autofahrt übel. In drei Wochen holen wir dich wieder ab.

Es war schon später Nachmittag, als mein Vater unseren Borgward Hansa die weit geschwungene Straße hügelaufwärts und an der Ortstafel vorbeilenkte. Eine Kehre in der Ortsmitte, dann bog er scharf nach links durch das breite Tor und schaukelte über das Kopfsteinpflaster auf den Hof. Ein paar hochgescheuchte Hühner flatterten schimpfend zur Seite. Der Wagen stand noch nicht still, da trat, als hätte sie hinter der Tür gelauert, die Großmutter aus dem Haus. Großmutti! Auf das freundliche i am Ende legte sie Wert, und meistens gelang es mir, es nicht zu verschlucken. Sie begrüßte uns gewohnt knapp und spitzlippig. Die Eltern hatten noch einen weiten Weg vor sich und schoben mich – so fühlt es sich auch mehr als sechzig Jahre später noch an – regelrecht aus dem Wagen. Die alte Dame übernahm meinen Koffer und ging voraus zu einer kargen Kammer im Obergeschoss. Ich trottete hinterher. Als ich wieder auf den Hof gelaufen kam, war das Elternauto weg.

Die kleine Ortschaft Berghausen gehört zur Verbandsgemeinde Katzenelnbogen und liegt im heutigen Rhein-Lahn-Kreis an der Grenze von Rheinland-Pfalz zu Hessen, etwa auf halbem Weg zwischen Wiesbaden und Koblenz, in jenem Teil des nordwestlichen Taunus, dem man vor mehr als tausend Jahren den Namen »Einrich« gab. Das Land fällt zur Lahn hin sanft ab, Anfang der 1960er-Jahre lebten noch fast alle Bewohner von Landwirtschaft und Viehzucht. Das deutsche Wirtschaftswunder war – vom frischen Asphalt auf der Durchgangsstraße abgesehen – hier noch nicht angekommen.

Das Gehöft der Großmutter an der Hauptstraße 11 war einmal ein stolzes Anwesen gewesen, nun lag es so düster und ungepflegt da, dass es selbst ein Kind von fünf Jahren abschreckte. Im Jahr 1857 hatte die alteingesessene Bauernfamilie Diels – aus ihr stammte der zweite Mann meiner Großmutter – das Grundstück übernommen und dort neben Ställen, Remisen und dem Torhaus für die Knechtschaft ein stattliches Wohnhaus bauen lassen. Das Fachwerk wurde, so war es hier üblich, feuerfest verschiefert und gilt heute als Kulturdenkmal.

Wer es sucht, muss nach der »Strauche« fragen. Den Namen eines Hofs leitete man in der Gegend vom Familiennamen des Vorbesitzers ab. In den ersten Tagen des 19. Jahrhunderts war das eine Familie Strauch, und im Platt der Dorfbewohner kommt zum Strauch ein E. Strauche. »Das war einmal der bedeutendste Hof im Dorf«, hörte ich die Großmutti öfter sagen. Ich konnte mir das damals nicht vorstellen und glaubte es ihr ebenso wenig wie ihre gern wiederholte Bemerkung, sie sei einst das schönste Mädchen von ganz Kiel gewesen.

Selbst bei Sonnenschein schaute mich die Schieferfassade mürrisch an. Immer wieder stellte ich mich vor ihr auf und zeichnete, Arm und Zeigefinger hochgereckt, ihr akkurates Muster aus Rauten und Kreuzen in die Luft. Sie blieb abweisend. Efeu überwucherte Eingang und Küchenfenster, und die Holztür stemmte sich mir jedes Mal so knarrend entgegen, dass ich das Haus in meinen Spielen, die ich, sonst war ja niemand da, mit mir selbst spielte, das Hexenhaus nannte. Wenn die Großmutter – Großmutti! Denk an das i, Bettinchen – die Hexe war, wer war dann ich?

Kinder passen sich in der Regel schnell an. Ich war wütend, dass mein Bruder mit den Eltern mitfahren durfte, ich fühlte mich verraten, ich war einsam, ich litt an Heimweh, aber ich kann mich nicht erinnern, geweint oder mich hängen gelassen zu haben. Die Großmutter arbeitete den ganzen Tag und kümmerte sich wenig um mich. Man kann auch sagen, sie ließ mich laufen, so wie man die Kinder damals eben laufen ließ. Ob ich das für Freiheit hielt? Oder ob es mir gefallen hätte, wenn sie sich ab und zu für mich interessiert hätte? Ich nahm die Umstände, wie sie waren, erforschte das Haus, den Garten, die Umgebung und traute mir recht viel zu, manchmal zu viel. Täglich wurde mein Erkundungsradius größer.

Auf dem Dachboden fand ich ein altes Spinnrad und ein Regal voller Bücher. Ich erinnere mich an eine Ausgabe von *Der Glöckner von Notre-Dame* und – in der untersten Regalreihe – an einen Schwung *National Geographic*-Hefte, deren gelbe Titelblätter mich durch eine Staubschicht anlachten. Die Buchstabenfolgen in den Heften können mir, obwohl ich schon leidlich lesen konnte, nicht viel gesagt haben. Englisch. Aber die Abbildungen faszinierten mich, und ich kam immer wieder zurück, um in den Heften auf Fernreisen zu gehen.

Die modrige Kühle unter dem Dach mochte ich lieber als den säuerlichen Geruch, der einem aus der Küche entgegenschlug. Dorthin trieb mich nur der Hunger. In meiner Erinnerung ist der Raum stickig und düster, in dem großen Bauernherd brennt von früh bis spät ein Feuer, hinter den Fensterscheiben hängt wie ein dunkler Vorhang der Efeu, die schwarz-roten Bodenkacheln verschlucken nicht nur die wenigen Lichtstrahlen, die sich hereinverirren, sondern auch den Schmutz und die Blutspritzer. Am Schlachttag und an den Tagen danach stolpert man leicht über einen der achtlos herumliegenden Hühnerköpfe, die Großmutter bückt sich nicht gern und verlangt von mir, sie einzusammeln, ich ekle mich und esse viele Jahre kein Hühnerfleisch mehr.

Ilse Diels-Göring betrieb in Berghausen eine Hühnerzucht, zog Küken groß, hütete die Legehennen, mistete den Stall aus, verkaufte die Eier, schlachtete eigenhändig. Sie hatte den Betrieb 1954 von ihrem geschiedenen Mann Rudolf Diels übernommen – er war ein Günstling, mehr noch, ein Teil des Imperiums ihres Onkels Hermann Göring gewesen, der zwischen 1933 und 1945 auch ihr Leben entscheidend bestimmt hatte. Die Berliner Jahre waren vielleicht nicht ihre glücklichsten, aber es waren ihre besten.

In jenem Sommer, als meine Eltern mich ihr anvertrauten, lebte die Großmutter im achten Jahr in der Abgeschiedenheit Berghausens, und dass sie nicht zur Dorfgemeinschaft gehörte, entging selbst mir Wildfang nicht. »Hinkelfrau« hieß sie bei den Einheimischen – ein Hinkel ist auf Platt ein Huhn – oder, nach dem Ex-Mann, der im Ort so bewundert wie umstritten war, »die Dielsen«. In den Kommentaren der Dorfbewohner klingt bis heute eine distanzierte Mischung aus Häme und Mitleid, Verwunderung und heimlicher Achtung für die Fremde mit.

Ich kannte Großmutti nur als Bäuerin, die knochigen Hände aufgearbeitet, das graue Haar achtlos zerzaust, das eingefallene Gesicht verbittert, der Blick vorwurfsvoll. Sie war damals etwa so alt, wie ich es heute bin. Ich fand sie alt, unheimlich alt; buchstäblich. Als sie die Arbeit angetreten hatte, war sie sechsundfünfzig und hoffte auf einen Neuanfang. »Wenn ich dort wirklich eine Heimat und Ruhe finden könnte, sollte ich wohl alles, was ich kann, daransetzen, um Dir den so schön begonnenen Betrieb zu halten und aufbauen zu helfen«, hatte sie im Vorfeld an Rudolf Diels geschrieben.[1] Der hatte das Interesse an der Hühnerfarm verloren und mehrere vergebliche Anläufe genommen, sie loszuwerden. Die Hoffnungen meiner Großmutter kamen ihm recht.

Seit Kriegsende hatte sie nach einem Hafen gesucht: »Ja, die harten neun Jahre, die ich überstanden habe, lehrten mich viel.«[2] Sie ließ also die Stadt hinter sich, las sich in die Tücken der Hühnerzucht ein, band eine Schürze um und packte zu, geradezu übereifrig. Mit einer Selbstverständlichkeit, die von großer Gefühlskälte zeugt oder von großer Anpassungsfähigkeit oder von großer Not, hackte sie den Vögeln die Köpfe ab. Von den Anwohnern hielt sie sich fern. Eine Nachbarin um Hilfe zu bitten, kostete sie Überwindung.

Sie habe den Hof abgeriegelt wie ein Gefängnis, erinnern sich die älteren Dorfbewohner, niemals habe sie an Dorffesten teilgenommen. Hochmut? Unsicherheit? Verzweiflung? Wenn Rudolf Diels sein Heimatdorf besuchte, habe er sich stets abfällig über die »alte Ziege« geäußert, mit der er »nichts am Hut habe«. Es sei der merkwürdigen alten Dame anzusehen gewesen, wie sie sich quält. Das Eisentor an der Hofeinfahrt sollte neu gestrichen werden. Tagelang habe sie kniend vor dem Tor verbracht, Sandpapier zwischen den Fingern, und den Rost abgeschliffen. Schmutzig und abgekämpft sei sie von der Sisyphusarbeit gewesen – und habe doch nur Spott geerntet für ihr Unvermögen.

Niemand kann sich erinnern, Ilse jemals jammern gehört zu haben. Jammern entsprach nicht ihrem Naturell, und erst recht nicht ihrer Herkunft. Aufgeben? Tut man nur Briefe. »Ich kann vermelden, dass … das Tor endlich gemacht ist«, schrieb sie schließlich einer Freundin. »Hoffentlich gehen die Verschönerungen langsam weiter.«[3] Das Selbstmitleid, das nach all den Schicksalsschlägen vermutlich auch sie gelegentlich streifte, kaschierte sie mit Härte gegenüber sich selbst und abweisender Hochnäsigkeit gegenüber ihren Mitmenschen. Bis zuletzt klammerte sie sich an ihren Stolz. Doch für solche Erkenntnisse war es zu früh, ich war ja erst fünf Jahre alt und glaubte allein, was ich sah und was man mich fühlen ließ.

Vielleicht wäre vieles anders gekommen, wenn meine Großmutter mich einmal auf ihren Schoß gehoben, mir einmal übers Haar

Aus der Mitte der Berliner Gesellschaft auf die Hühnerfarm: mit meiner Großmutter Ilse in Berghausen, ca. 1962.

gestrichen oder mit mir gescherzt hätte. Aber nichts Herzliches war an ihr, das mir geholfen hätte, über ihr kantiges, hageres Äußeres hinwegzusehen und sie lieb zu haben. Mit ihrer schroffen, wortkargen Begrüßung hatte sie den Ton zwischen uns gesetzt. Wenn sie mich ansprach, dann geschah das, um mir einen Auftrag zu erteilen, mich zu belehren oder zu ermahnen – so habe ich es jedenfalls in Erinnerung. Halte dich gerade. Wasch dir die Hände. Wie hältst du wieder das Besteck! Hat dir denn noch niemand einen Knicks beigebracht? So wird aus dir nie eine Dame. Ihre Abschätzigkeit verunsicherte mich. Und mit jeder neuen Verunsicherung holte mich ein stechendes Heimweh ein. Draußen in der Natur konnte ich es hinter mir lassen.

Der Weg in den Garten war eine Mutprobe. Am hinteren Ende des Hofs führte er durch eine Remise, ihr verstaubtes Durcheinander aus ausrangierten Arbeitsgeräten, alten Pferdegeschirren und löchrigen Zinkwannen, bis heute unverändert, verschwand unter

Schleiern aus Spinnweben, an denen Generationen von Spinnen ungestört gearbeitet hatten. So schnell ich konnte, hüpfte ich durch den dunklen Gang und rettete mich in ein Meer aus Blumen, Kräutern und Gemüsepflanzen. Hier streifte ich mein Unbehagen ab und vergaß, dass ich unfreiwillig in dieser Idylle gelandet war. Großmutti Ilse, das muss ich ihr lassen, hatte einen grünen Daumen und Sinn für Schönes.

Die Obstbäume an der Grundstücksgrenze waren meine Freunde, auf jeden einzelnen kletterte ich hinauf und naschte von seinen Früchten. Kirschen, Pflaumen, Mirabellen. Oft stopfte ich so viel Steinobst in mich hinein, dass ich mich am Abend mit Bauchschmerzen krümmte. Trost und Fürsorge? Stattdessen blieb ich mir mit einem »Wie kannst du nur« selbst überlassen.

In die beiden Hühnerställe – der eine ein früheres Wirtschaftsgebäude gleich neben dem Wohnhaus, der andere ein Holzverschlag am hinteren Ende des Gartens – verirrte ich mich selten. Lieber strich ich durch die umliegenden Felder oder nahm den Weg hügelabwärts zum Bach und sah von der schmalen Holzbrücke aus dem Wasser beim Fließen zu.

Immer wieder zog es mich zum Friedhof am Ortseingang. Von seiner Mauer konnte ich über die umliegenden Felder und Waldstreifen schauen und sinnlosen Fluchtgedanken nachhängen. Die akkurat gepflegten Gräber imponierten mir, jede Blume hatte ihren Platz. Mit dem Entziffern der Namen, Daten und Inschriften auf den Grabsteinen vertrieb ich mir die Zeit. Damals bekam ich Routine im Alleinsein. Keines der Dorfkinder spielte mit mir. »Deine Großmutter ist eine böse Frau«, hörte ich sie sagen, und obwohl ich eigentlich nicht auf den Mund gefallen war, spornte nichts mich an, sie zu verteidigen. Einen einzigen Jungen konnte ich gelegentlich mit Süßigkeiten bestechen, Zeit mit mir zu verbringen. Sonst erinnere ich mich nur an zwei Menschen aus dem Ort, die mir Aufmerksamkeit schenkten – und interessanterweise erinnert sich auch niemand im Ort an mich.

Da war der Gehilfe der Großmutter, ein aufmunternd lächelnder Kerl, kein Junge mehr und noch kein Mann, der beim Einfangen der frei laufenden Hühner half, Eier wusch und verpackte und oft einen Schubkarren über den Hof schob. Einmal folgte er mir in die Scheune und hielt mich fest, ich hatte Angst vor ihm und machte künftig kehrt, wann immer ich ihn sah. Und da war die Lehrerin. Sie wohnte im Haus gegenüber. Während die meisten Frauen im Dorf dunkel gekleidet waren – selbst ihre gemusterten Schürzen habe ich grau in grau in Erinnerung – und, wie die Großmutti, wahrscheinlich älter aussahen, als sie waren, trug sie weit schwingende Kleider in bunten Farben, und ihr Petticoat knisterte, wenn sie sich vor mich hinhockte, um mit mir zu sprechen. Weil sie mich dabei vertraut an den Schultern fasste, mir in die Augen sah und lächelte, war sie meine Hoffnung und mein Anker.

Irgendwie kam ich zu einem Fahrrad, das klein genug für mich Fünfjährige war. Ich erkundete die Feldwege, und bei jeder Ausfahrt wagte ich mich ein bisschen weiter vom Hof weg. Schließlich landete ich in einem der Nachbarorte. Es wird wohl das eineinhalb Kilometer entfernte Allendorf gewesen sein. Heutzutage streunt bei uns kein fünfjähriges Kind halbe Tage lang allein durch die Weltgeschichte. Damals bewegten wir uns grundsätzlich selbstständiger und unbeobachteter durchs Leben, und ich war schon aus Wiesbaden gewohnt, mich ohne Aufsicht auf der Straße herumzutreiben. Der Hunger war meine innere Uhr.

Jeden Tag kam ich mit neuen Schrammen auf den Hof zurück, kleinere oder größere Verletzungen nach einem Sturz vom Baum, Schürfwunden und blaue Flecken, wenn ich die Kontrolle über das Fahrrad verlor. Beunruhigt war ich nur, wenn meine Kleider litten, denn dann gab es Ärger mit der Großmutter. Als ich beim Spielen einmal mit dem Kopf gegen einen verrosteten Eisenhaken stieß und mir eine Platzwunde riss, schimpfte sie über die Blutspritzer auf meinem Kleid. Noch als sie mir einen notdürftigen Verband anlegte und mich damit zum Arzt brachte, zeterte sie in einem fort. Im Schmerz fühlte ich mich besonders allein. Dann kam Tante Ole zu Besuch.

Olga Rigele, geborene Göring, sorgte nach dem Krieg dafür, dass der traurige Rest des einst so stolzen Göring-Clans nicht den

Kontakt zueinander verlor. Sie war Hermanns vier Jahre ältere Schwester.

Weil meine Großmutti Ilse in erster Ehe Karl Ernst Göring, den älteren Bruder von Olga und Hermann, geheiratet hatte, war sie mit den beiden verschwägert. Die Verwandtschaftsverhältnisse waren aber noch komplexer: Weil Ilses Mutter Frieda eine Halbschwester von Karl Ernst, Olga und Hermann war (und zwei weiteren Kindern aus der zweiten Ehe ihrer aller Vater Heinrich Göring, nämlich Paula und Albert) und Ilse also innerhalb der Familie geheiratet hatte, nämlich ihren Onkel, oder – streng genommen – ihren Halbonkel, waren ihr Schwager und ihre Schwägerin zugleich ihr (Halb-)Onkel und ihre (Halb-)Tante. Weil die inzestuöse Beziehung zwischen Onkel und (Halb-)Nichte und die daraus entstandenen zusätzlichen Verbindungen innerhalb der Sippe nicht nur zahlreiche Historiker und Göring-Biografen durcheinandergebracht haben, sondern selbst Familienmitglieder, weil sie aber von großer Bedeutung für die Familie und nicht zuletzt für deren berüchtigtsten Spross, Hermann Göring, waren, werde ich später noch ausführlich davon erzählen.

Olga und die neun Jahre jüngere Ilse jedenfalls waren, obwohl sie unterschiedlicher kaum hätten sein können, über die interessanten Familienbande hinaus aneinandergebunden und wahrscheinlich sogar eng befreundet. Offenbar wusste die bayerisch-österreichisch geprägte Olga, wie sie ihre sperrige Verwandte aus dem fernen Schleswig-Holstein anzupacken hatte. Im nationalsozialistischen Berlin und auf Reisen hatten sie – Ilse seit 1932 verwitwet, Olga seit 1937 – auffallend viel Zeit miteinander verbracht, sehr oft in allernächster Nähe von Hermann Göring. Bei Olga hatte Ilse sich auch rückversichert, bevor sie nach Berghausen gezogen war: »Übrigens ist Olga sehr für den Plan Hühnerfarm und Landleben.«[4]

Die überlieferten Fotos zeigen Tante Ole mit weichen, aber eher derben Gesichtszügen, ähnlich korpulent wie ihr Bruder Hermann. In der Beschreibung meiner Verwandten ebenso wie in meiner eigenen Erinnerung war sie jedoch eine elegante Erscheinung. Wann immer ich an sie denke, sehe ich sie mit einer Pelzstola vor mir, die sie größer und vornehmer erscheinen ließ, als sie war, höre ihren heiteren süddeutschen Akzent mit Salzburger Einschlag und fühle ihre uneitle Warmherzigkeit. Sie war immer lieb zu mir, sie brachte mir immer Schokolade mit, und sie sprach immer nett über meinen Vater. Das konnte man von der Großmutti nicht behaupten. Ihre Bemerkungen über ihren Ältesten, meinen Papa Heinz, klangen allesamt abfällig. Das belastete mich schon als kleines Mädchen.

Tante Ole war den mühsamen Weg aus Mauterndorf im österreichischen Lungau gekommen und hatte gewiss mehrfach Station gemacht, bevor sie am Bahnhof Katzenelnbogen in das Taxi gestiegen war, das dort schon auf sie und ihr Trinkgeld gewartet hatte. Mir kam sie vor, als wäre sie von einem anderen Stern gelandet. Kaum hatte sie ihre weit gereiste braune Ledertasche im Hauseingang abgestellt und uns umarmt, blühte auch die Großmutti auf. Sie hatte die fleckige Arbeitsschürze abgelegt, sich um ihre Frisur gekümmert, und mit einem Mal ging sie wieder aufrecht. Sie trug ein schmal geschnittenes Kostüm, selbst genäht, dazu goldene Ringe und eine Brosche und sah nun aus, als wäre auch sie nur auf Durchreise in dieser Einöde. Mit Ole teilte sie ihre Erinnerungen an bessere Zeiten.

Im Haus duftete es der Tante zu Ehren nach frisch geschnittenen Gartenblumen. Sogar auf den Nachttisch in meiner Kammer hatte die Großmutter eine kleine Vase mit Blumen … es könnten Buschrosen und Vergissmeinnicht gewesen sein … gestellt. Die Wohnstube hatte bisher in einem düsteren Schlaf gelegen. Nun verhüllte ein weiß gemustertes, damastenes Tafeltuch den abgenutzten Bauerntisch. Aus einem Schrank, zu dem der Zugang mir streng verboten war, hatte Großmutti Stoffservietten in silbernen Serviettenringen, englisches Porzellan, Kristall und sogar Kerzen gezaubert.

Ilse Diels-Göring konnte kochen. Geldsorgen – »Ich werde noch lange am Hungertüchelchen nagen müssen«[5] und »Geradezu katastrophal ist meine Kassenlage …«[6] – waren ihr Alltag. Doch Hof und Garten gaben, ebenso wie Wald und Wiese, genug her, aus dem

Rückhalt für unsere Familie: Tante Olga »Ole« Rigele-Göring, hier mit meinem Bruder Carl Christian, und mein Großvater Wilhelm Heuser, Wiesbaden, 1955.

sie schmackhafte Mahlzeiten zauberte: Brennnesselsuppe, Kräutersalate, Frikassees, Eiersoufflés, rote Grütze mit Sahne – das Essen in Berghausen schmeckte mir. Auch für Tante Ole hatte Großmutti, wie sie sagte, ein »feines Süppchen« gekocht. Beim Essen lauschte ich verwundert, wie die sonst so einsilbige Großmutter auch sein konnte: entzückt, beinah fröhlich. Nicht nur gutes Essen lobte sie wortreich, sondern auch über ein angenehmes Gespräch oder einen bezaubernden Anblick konnte sie ins Schwärmen geraten. Sie malte übrigens Stillleben. Zwei ihrer Bilder hingen an der Wand meiner Kammer. Jahrzehntelang gestand ich mir nicht ein, dass sie mir gefielen und mich trösteten, als ich allein auf dem fremden Bett lag und einschlafen sollte; denn die Harmonie hielt nie lang.

Mag sein, dass ich etwas zu begeistert einhieb, mag sein, dass ich schlürfte oder schmatzte oder beides. Jedenfalls stützte ich mich mit dem Ellbogen auf dem Tisch ab, und das missfiel der Großmutter derart, dass sie meinen Arm ohne Vorwarnung packte, hochriss und grob auf den Tisch krachen ließ. Ich sprang auf und schrie laut nach meiner Mama. »Aber Ilsai«, hörte ich meine Beschützerin mahnen, »so geht man doch mit keinem Kind um. Das führt doch zu nichts.« So entsetzt war Olga Rigele, dass sie die Geschichte auch Jahre später noch ihren Enkelkindern erzählte. Das führt doch zu nichts. Meine Großmutter Ilse beeindruckte das nicht. Es war nicht das erste Mal, dass ihre rüden Erziehungsmethoden mich in die Flucht trieben, und nicht das letzte Mal. Sie wurde immer unerbittlicher.

Endstation Berghausen? Ich zählte die Tage, sehnte die Eltern herbei und, obwohl er mich so oft triezte, sogar meinen Bruder. Drei Wochen – eine Ewigkeit. Sie mussten doch endlich um sein. Tante Ole war längst wieder abgereist, da erwähnte meine Großmutter mit einer Beiläufigkeit, die man nur Menschen zumutet, die man nicht für voll nimmt, dass meine Eltern mich nicht wie vereinbart abholen würden. Es habe eine Verzögerung gegeben. Ich müsse mich noch gedulden.

Ich verstand die Welt nicht mehr. Täglich lief ich zum Ortseingang und wartete zähe Stunden lang auf den Borgward. Immer wieder ließ ich mir von der netten Lehrerin versichern, dass meine Eltern mich lieb hatten und mich bestimmt bald abholen würden. Mit jedem Tag, der verging, fiel es mir schwerer, ihr zu glauben. Erst viel später erfuhr ich, was geschehen war.

Auf der Rückreise von Andalusien besuchten die Eltern Madrid. Sie stellten den Wagen auf dem Paseo del Prado ab, und als sie einige Stunden später aus dem Museum kamen, fanden sie ihn mit eingeschlagener Seitenscheibe vor. Leichtsinnigerweise – Leichtsinn war der ständige Begleiter meines Vaters – hatten sie Pässe, Geld und den Schmuck, auch die geliebte Korallenkette meiner Mutter, im Wagen gelassen.

Die deutsche Botschaft half, aber sie bewegte sich genauso langsam wie die spanische Bürokratie. 1962 waren die Kontrollen trotz des aufkeimenden Massentourismus noch sehr streng, nicht nur im franquistischen Spanien, Passanträge wurden mit der Post zwischen Heimatland und Botschaft hin und her geschickt, es gab auch keine Geldautomaten. Inzwischen wurde in Berghausen der Zuckermais reif.

Als sie mindestens drei Wochen später endlich kamen, wollte ich mich freuen. Doch das Warten hatte mich überanstrengt. Eine Tür zwischen mir und meinen Eltern war ins Schloss gefallen, und ich konnte sie viele Jahre lang nicht wieder öffnen. Nicht mich betrachteten sie als Opfer dieses Zwischenfalls, sondern sich selbst. Mich und mein Einfühlungsvermögen überschätzten sie. Bettinchen ist stark. Bettinchen ist autark. Eine wie Bettinchen lässt sich nicht unterkriegen. Das war meine Rolle.

1894

Das wenige, was über Franziska Göring, geborene Tiefenbrunn, bekannt ist, verleitete schon manche Historiker zu erstaunlichen Kurzschlüssen. Und auch ich muss meine Fantasie zügeln, wenn ich vor meiner Urgroßmutter Fanny stehe.

Die Gemeinde Tweng im Lungau. Über viele Jahre Fannys bevorzugtes Jagdrevier. Hirsche, Gämsen, Rehe, Hasen, Auerhähne, Schildhähne. Sie war eine sichere Schützin. Zumindest darin sind die Quellen sich einig. Das stattliche Jagdhaus an der Tauernstraße nach Mauterndorf, mit reichlich Platz für Jagdaufsicht und -gäste, ging in den 1930er-Jahren an Fannys Tochter Olga, meine Tante Ole, und ist heute immer noch im Familienbesitz. Meine Cousine Huberta, eine von Oles Enkelinnen, betreibt dort eine Frühstückspension.

In die Gästezimmer ist zeitgemäßer Komfort eingezogen, im Treppenhaus lebt die Vergangenheit. Großformatige Porträtgemälde verstorbener Familienmitglieder hängen in goldplattierten Barockrahmen neben imposanten Hirschgeweihen. Mindestens zwei, liest man auf den Trophäenbrettern, stammen aus der Schorfheide, dem einstigen Jagdrevier der Könige nahe Berlin, das nach der Machtübergabe Hermann Göring vereinnahmte. Seine Schwester Ole, ebenso leidenschaftliche Jägerin wie die Mutter, wird die Tiere dort erlegt haben, vielleicht auch der Reichsjägermeister selbst. Das Jagen hatte bekanntlich Familientradition.

Auf dem Treppenabsatz zum dritten Obergeschoss stehe ich vor Fannys Porträt in Öl. Ihr Anblick verschlägt mir den Atem. Fast lebensgroß sitzt sie da auf einem roten Brokatstuhl, den Kopf zur Seite gewandt, und das ist schade, denn es sollen gerade ihre – ohne Übertreibung – kristallblauen Augen gewesen sein, ihr durchdringender, nach Bedarf fordernder, gelegentlich frivoler und immer furchtloser Blick, warum viele Menschen ihr nicht widerstehen konnten. Um ihre Mundwinkel hingegen liegen die Bestimmtheit und Strenge, vor denen man auf der Hut sein musste, weil sie augenblicklich in Ungehaltenheit umschlagen konnten.

Bis heute spricht die Familie mit ehrfürchtiger Verwunderung von Fannys Autorität, und wenn ich mit meinen Cousinen zusammensitze, kommt die Rede bestimmt wieder auf die von Tante Ole gepflegte Anekdote, die mich schon als Kind tief beeindruckte. Sie handelt von einer auf Krawall gebürsteten Durchsetzungsfähigkeit, die Fanny offenbar auch beherrschte. Während einer Bahnreise nämlich fand sie die Luft in ihrem Abteil mit einem Mal unerträglich stickig und wollte das Fenster öffnen – nicht ohne vorher um Zustimmung der anderen Fahrgäste zu fragen, wer weiß, vielleicht sogar höflich. Sie lehnten jedoch ab. Das muss Fanny derart in Rage gebracht haben, dass sie, ohne Rücksicht auf Oles Gegenwart, ihren Stockschirm kurzerhand zum Schlagstock umfunktionierte und sich Luft verschaffte, indem sie die Fensterscheibe zertrümmerte. Welche Folgen ihre Zerstörungswut für sie hatte, ist nicht überliefert. Wer verschenkt schon gern eine Pointe.

Dass die Dame auf dem Twenger Gemälde derart randalieren konnte? Tatsächlich steht ihre Ausstrahlung in einem merkwürdigen Gegensatz zu ihrem mädchenhaften Kleid. Aufwendig gerafft changiert es in zarten Cremetönen, silberne Spitzenbordüren schließen den tiefen Ausschnitt ab. Auf dem Schoß hält sie einen Muff oder auch eine Tasche aus verschwenderisch verarbeitetem Hermelin. Der Winterpelz des Tieres war seit dem frühen Mittelalter den Rittern und Doktoren vorbehalten. Das sprichwörtlich makellose Weiß symbolisiert Unschuld und Reinheit – beides verbindet man nicht auf Anhieb mit Franziska. Vermutlich sollte er ihr die aristokratische Würde verleihen, die ihr nicht angeboren war.

Bis dahin hatte ich Hermann Görings Mutter nur auf Schwarz-Weiß-Fotografien gesehen, in hochgeschlossenen Kostümen oder in Jagdkleidung, die stimmiger wirken an ihrer robusten Figur, zu ihren Erdhänden, ihrem dunklen, wild gelockten Haar, das sie in einem Nackenknoten bändigte. (Nicht nachzuvollziehen, warum es gelegentlich als blond beschrieben wurde.) Verkleidet wirkt sie auf diesem Ölbild, und ich frage mich: Wer wollte sie so sehen? Ihr Ehemann Heinrich? Sie sich selbst? Oder Hermann Epenstein, Freund und Gönner der Familie – und damals womöglich ihr Geliebter?

Meine Urgroßmutter Franziska »Fanny« Göring,
Öl auf Leinwand.

So darf man sie sich jedenfalls vorstellen, als sie, Mitte dreißig, vierfache Mutter, das fünfte Kind unter dem Herzen, so kurz, dass sie es vielleicht selbst gerade erst zu ahnen begann, in den letzten Julitagen 1894 mit Heinrich nach Mauterndorf kam, in die älteste Marktgemeinde im Land Salzburg. Schlüsseltage im Leben des Ehepaars Göring. Schlüsseltage auch für die Kinder, allen voran, wie wir noch sehen werden, für Hermann.

Die Murtalbahn, die damals im Bau befindliche Schmalspurbahn mit Endstation Mauterndorf, ging erst einige Monate später, im Oktober 1894, in Betrieb. Für das letzte Stück Weg nahm man also, während in Paris an jenen Tagen das erste Autorennen der Weltgeschichte ausgetragen wurde,[1] die Postkutsche und übernachtete auch in der »Post«.[2] Das belegt das Gästebuch des Hotels, »bereits im 19. Jahrhundert eine beliebte Absteige des europäischen königlichen Hochadels, aufkommender Industrieller, Politiker …«[3]

Und auch über den Zweck der Reise gibt es keinen Zweifel. Man besichtigte die Burg Mauterndorf. Eine typische Wehranlage ihrer Zeit mit Palas, Kapelle, imposantem Bergfried und Wehrmauer. 1253 erstmals urkundlich erwähnt, jahrhundertelang Sitz der Erzbischöfe aus der Gegend – deshalb sprach man damals vom Schloss und nicht von der Burg Mauterndorf. 1832 jedenfalls war die Anlage zur Ruine erklärt worden und hatte danach noch mehrfach den Besitzer gewechselt. Nun suchte sie dringlich einen Käufer, der die Mittel hatte – das war eine Bedingung für den Zuschlag –, sie binnen drei Jahren wieder bewohnbar zu machen.

Mein Urgroßvater Heinrich Ernst war zu jener Zeit sechsundfünfzig Jahre alt und – als amtierender Kaiserlich Deutscher Ministerresident für Haiti und die Dominikanische Republik – auf Heimaturlaub. Dass er kurz vor seiner Pensionierung stand, war ihm wahrscheinlich bewusst, denn seine Kräfte ließen nach. Unerfreuliche Wochen lagen hinter ihm, nach einer Bronchitis und einer Lungenentzündung dürfte er zusätzlich geschwächt gewesen sein.[4] Er hatte jedoch für vier, und eben bald fünf, kleine Kinder zu sorgen. Das älteste, mein Großvater Karl Ernst, feierte wenige Tage später, am 3. August 1894, seinen neunten Geburtstag, und weil er dort die Schule besuchte, wohnte er zu dieser Zeit in Fürth bei Fannys bester, mit dem Königlich Bayerischen Steueroberkontrolleur Andreas Graf verheirateter Schulfreundin Therese Gabriel.[5]

Wenn das so stimmt, dann verbrachte Karl Ernst zumindest einen Teil seiner Kindheit mit seinem jüngeren Bruder Hermann, den die Mutter schon als drei Monate alten Säugling, im März 1893, Therese anvertraut hatte.* Das würde erklären, warum die beiden Brüder als erwachsene Männer ein vertrautes Verhältnis hatten.

* Hermann Görings Biografen sind sich einig, dass er seine ersten drei Lebensjahre im Hause Graf in Fürth verbrachte, ohne seine Eltern und im Besonderen ohne seine Mutter zwischendurch zu sehen. Auch ich habe diese Version im Familienkreis gehört. Das mag daran liegen, dass Hermann selbst sie erzählte, z. B. auch bei den Nürnberger Prozessen. Fuerthwiki.de hingegen zitiert Unterlagen des Stadtarchivs Fürth, nach denen er am 10.7.1894 bei Familie Graf abgemeldet wurde. Setzte Hermann Göring den Mythos des von der Mutter verlassenen Kindes also tatsächlich selbst in die Welt?

Heinrich Ernst hatte sich, kurz gesagt, für seine Liebe zu der nahezu einundzwanzig Jahre jüngeren Franziska und gegen die sichere Karriere in seiner Heimat entschieden. Dabei war sie ihm in die Wiege gelegt worden. Die Vorfahren, ursprünglich Gering, dann Goering – auch Heinrich Ernst unterzeichnete noch mit Goering –, stammten aus Pommern, Heinrichs Familienzweig brachte es in der Hansestadt Emmerich an der Grenze zu den Niederlanden zu Ansehen. Sein Großvater und sein Vater waren beide Juristen im öffentlichen Dienst, Justizkommissar der eine, Landgerichtsdirektor der andere. Und auch für Heinrich war der Beamtenweg vorgesehen. Scheinbar fand er das wenig spannend, und auch wenn das nicht verbürgt ist wie vieles in unserer Familiengeschichte, stelle ich mir vor, dass er ursprünglich gar nicht der Langweiler war, als den man ihn später beschrieben hat.

Nach dem Abitur studierte er, wie es von ihm erwartet wurde, Jura in Bonn. Promotion 1861. Referendarjahre. Militärdienst in Wetzlar. Reserveoffizier in Neuwied. Politisch unruhige Zeiten. Noch war man Preuße, oder Sachse, oder Bayer, und noch nicht Deutscher. 1866 entzweiten sich die ewigen Rivalen Preußen und Österreich – seit dem Wiener Kongress aneinandergebunden – im Streit um die Verwaltung der Herzogtümer Holstein und Schleswig jedoch endgültig. Der preußische Ministerpräsident Bismarck verstand das als Gelegenheit, sein Ziel eines vereinigten Deutschen Reichs voranzutreiben und Österreich in den Krieg zu zwingen. Für Heinrich hieß das: Fronteinsatz in der Entscheidungsschlacht bei Königgrätz. Daraus – oder aus seiner späteren Rolle als Etappenoffizier im Deutsch-Französischen Krieg 1870/71 – eine besonders enge persönliche Verbindung mit Bismarck abzuleiten, für die sich die Geschichtsforschung stets sehr interessiert hat, ist vielleicht gewagt und geht wohl auch auf seinen Sohn Hermann Göring zurück.

Anders als später seine Söhne stand der Soldat Heinrich Ernst Göring auf der Siegerseite. Und auch seine zivile Karriere lief vorerst nach Plan. Vermutlich Anfang 1869 wurde er im rheinland-pfälzischen Dierdorf zum Kreisrichter ernannt. Er war einunddreißig Jahre alt und bereit, eine Familie zu gründen. Wer ihn bei den Remys im etwa fünfundzwanzig Kilometer entfernten Neuwied einführte, eine der bedeutendsten Unternehmerfamilien im weiten Umkreis, ob das tatsächlich erst 1869 geschah oder bereits einige Jahre vorher, als er dem Landwehr-Infanterieregiment Neuwied zugeordnet war, ist nicht überliefert.

Die Remys, die ihre Ahnenreihe lückenlos ins 16. Jahrhundert zurückführen können und ursprünglich aus der Kannenbäckerzunft, also der Tonwarenproduktion kamen, interessieren mich natürlich schon deshalb, weil meine Großmutti Ilse mütterlicherseits von dieser weitverzweigten Familie abstammt. Sie hatten sich einen Namen als Pioniere im Erzbergbau gemacht sowie in der Blei- und Silbergewinnung. Seit den 1770er-Jahren widmeten sie sich der Eisen- und Stahlverarbeitung – als größter Arbeitgeber der Region.[6] Sie stellten, beispielsweise, Blechgeschirr her. Sie walzten die Schienen für die erste Eisenbahnstrecke Deutschlands von Nürnberg nach Fürth; das war 1835. Seit etwa Mitte des Jahrhunderts produzierten sie Weißblech, unter anderem für die Massenfertigung von Konservendosen. Ida, die Erstgeborene von Albert Remy, Hüttendirektor auf dem Rasselstein in mindestens dritter Generation, und seiner, sozusagen aus der Branche stammenden Frau Friederike Ida Wandesleben, war nicht nur apart, sondern eine ausgesprochen gute Partie.* Im Juli 1869 wurde Hochzeit gefeiert.

In unserer Familie hieß es stets, die Göring-Männer hätten bei der Wahl ihrer Ehefrauen grundsätzlich eine kluge Hand bewiesen. Nun, das entsprach der Zeit. Eheliche Verbindungen waren kalkulierte Geschäfte. Um das Ansehen der Familie zu steigern, und oft auch aus finanziellen Überlegungen, tendierte gerade das bürgerliche Beamtentum dazu, in das Großbürgertum oder in Adelsfamilien einzuheiraten. Das galt auch für Heinrich Ernsts Vater Wilhelm und seine Frau Caroline aus dem Patriziergeschlecht de Nerée, Hu-

* Friederike Idas Vater, der Arzt Friedrich Wilhelm Wandesleben, hatte in die Familie Sahler eingeheiratet, denen die Eisenhütte Stromberger Neuhütte im Hunsrück, etwa 75 Kilometer südlich von Neuwied, gehörte. So wurde er zum Hütten(mit)besitzer. Die Geschäfte führten aber bemerkenswerterweise seine Schwiegermutter und später seine Frau Ida.

genotten, die aus dem vorrevolutionären Frankreich in die Niederlande geflohen waren. Vor allem Hermann war mächtig stolz auf sein Adels-Gen, das er von der Großmutter väterlicherseits ableitete. Die Herkunft seiner Großeltern mütterlicherseits hingegen vertuschte er tunlichst.

Fannys Vater (somit einer meiner Ururgroßväter) Peter Paul Tiefenbrunn war der Sohn eines Maurers aus der Gemeinde Ehenbichl bei Reutte in Tirol, geboren im Juli 1816, während einer der schlimmsten Hungerkatastrophen der Neuzeit, »ein sehr großes Unglücksjahr, [...] Historiker haben nicht Worte genug, um das Elend, um die Noth und die Armuth zu schildern, die in diesem Jahre [...] herrschten«.[7] Dabei hatte Tirol sich gerade erst von der Vorherrschaft Bayerns befreit.

Noch einmal – von 1845 bis 1847 – verursachten katastrophale Naturereignisse extreme Hungersnöte. Spätestens dann dürfte Peter Tiefenbrunn endgültig nach München gegangen sein, das er vermutlich schon die Jahre davor als Saison- oder Wanderarbeiter kennengelernt hatte. Dass Handwerker ihren Lebensunterhalt den Sommer über im Ausland verdienten und erst im Herbst wieder in die Heimat zurückkehrten, war üblich.[8] In der aufstrebenden Stadt München gab es im Baugewerbe viel zu tun.

Zweifellos hat Peter Tiefenbrunn sich durchs Leben gekämpft. In den Überlieferungen wird er als Tagelöhner, als Fabrikarbeiter, als Tändler oder Trödler und, einigermaßen hochtrabend, als Kaufmann bezeichnet – Letzteres in einem offiziellen Stammbaum Hermann Görings aus dem »Dritten Reich«.

Fest steht, dass er sich mit seiner zehn Jahre jüngeren Ehefrau Elisabeth März in Pasing niederließ, damals eine Gemeinde im Westen der Residenzstadt München, und dort im größten Industriebetrieb anheuerte, der 1843 gegründeten Pasinger Maschinen-Papierfabrik.[9] Geheiratet hatte das Paar im Mai 1851, im April 1859 kam Franziska zur Welt. Über das Verhältnis zu ihrer älteren Schwester Rosine wissen wir lediglich, dass sie – zumindest auf dem Papier – eine Patin von Paula war, Fannys drittem Kind.

1866 zog die Familie ins Angerviertel der Münchner Innenstadt, Peter Tiefenbrunn hatte sich inzwischen zum Werkführer hochgearbeitet.[10] Die Wohnbedingungen waren für die weniger wohlhabenden und armen Bevölkerungsschichten denkbar schlecht, es war die Regel eher als die Ausnahme, sich Unterkünfte zu teilen. Vorübergehend wohnte man bei Elisabeth März' Bruder Johann Baptist, der sich zu jener Zeit als Bettenverleiher und Bettfederreiniger führen ließ.[11] Vater März war Anfang des Jahrhunderts aus Türkheim hinter Landsberg am Lech zugezogen und hatte sein Geld als Vermieter von Armenunterkünften im isarnahen Herbergsviertel der Vorstadt Au verdient.*

In der Folge änderte sich die Anschrift der Familie Tiefenbrunn innerhalb des Münchner Altstadtviertels laufend, und 1869/70, im Alter von dreiundfünfzig Jahren, sattelte Fannys Vater noch einmal um, ließ sich als Tandler lizenzieren und versuchte sich offenbar als Gebrauchtwarenhändler. (Aus der damals immer noch abwertend genutzten Berufsbezeichnung – Tandler wurden in einem Atemzug mit »Bierwirthen, Juden [...] Pfuschern, Geldauftreibern, Hausknechten ...«[12] genannt – machte Hermann Göring schließlich den Kaufmann.)

In Fannys Kindheit gab es jedoch eine prägende Konstante. Für »benachteiligte« katholisch getaufte Mädchen wie sie hatte die als Karolina Gerhardinger geborene Ordensschwester Maria Theresia von Jesu die Kongregation der Armen Schulschwestern von Unserer Lieben Frau und in der Folge weit über zweihundert Institute gegründet – »als bestes Mittel, um der drohenden Verarmung im Volke vorzubeugen«, wie König Max II. zitiert wird.[13]

Fanny soll das fußläufig gelegene, 1843 eröffnete Unterrichts- und Erziehungsinstitut am Anger besucht haben, mit vierjähriger Volks- und sechsjähriger, der heutigen gymnasialen Mittelstufe entsprechenden höheren Schule.[14] Das war ihre Rettung, denn im

* Bis zur Regulierung der Isar ab Mitte des 19. Jahrhunderts wurden die Isarhänge immer wieder verheerend überschwemmt. Deshalb wohnte hier nur, wer sich keine bessere Gegend leisten konnte. 1854 wurde die Vorstadt Au in die Königliche Haupt- und Residenzstadt München eingemeindet.

Frühjahr 1872 verstarben im Abstand von nur zwei Wochen erst ihre Mutter, dann ihr Vater.

Eine Woche vor dem Tod der Mutter hatte Fanny ihren dreizehnten Geburtstag gefeiert, gut möglich, dass sie zu der Zeit bereits Internatsschülerin der weiterführenden Sprachlichen Schule der Armen Schulschwestern war, wo Englisch, Französisch und Italienisch auf dem Lehrplan standen.

Vielleicht fragte der Vater, wie es immer wieder erzählt wird, aber auch erst nach dem Tod seiner Frau (und demnach wenige Tage vor seinem eigenen Tod) um Aufnahme der Tochter als »Sprachenschülerin« an.

So oder so ebnete ihr das ihren Weg; denn dort wurden ihr die Umgangsformen vermittelt, um sie nach ihrem Abschluss als Gouvernante in gehobene Haushalte zu empfehlen. Nach Stationen in Genua und Paris landete die junge Frau irgendwann zwischen 1878 und 1880 bei der Familie Göring-Remy … und verdrehte Heinrich Ernst – einundvierzig Jahre alt, Landgerichtsrat in Metz, weitere Beförderungen vorprogrammiert – den Kopf.

***

Die Liebe ist immer ein Risiko.

Wusste Heinrich Ernst Göring, worauf er sich einließ, als er seine Frau fünfzehn Jahre später, an jenem 30. Juli 1894, nach Mauterndorf begleitete? War ihm, frage ich mich, schon klar, dass *er sie* und nicht, wovon unter weniger außergewöhnlichen Umständen auszugehen gewesen wäre, *sie ihn* an diesen abgelegenen Ort begleitete? Oder ist das nur ein hartnäckiges Gerücht, und tue ich den Akteuren womöglich unrecht?

Sie kamen auf Einladung von Doktor Hermann Epenstein, praktischer Arzt aus Berlin. Vierundvierzig Jahre alt. Junggeselle. Erbe. Aus Fannys Sicht märchenhaft reich, sein Vater war ein gutes Jahr vorher verstorben.

Sein Großvater Louis Epenstein – um die Wende zum 19. Jahrhundert aus Oberschlesien nach Berlin zugewandert – hatte mit edlen Stoffen gehandelt, als Hofagent im Dienst des preußischen Königshofs gestanden und zudem mit glücklicher Hand in Immobilien investiert.[15] Tüchtigkeit und Geschäftssinn hatte er seinem Sohn vererbt. Zum Portfolio der Familie gehörten Häuser Unter den Linden und ein ganzer Straßenzug im Stadtteil Reinickendorf, damals noch ein Berliner Vorort. Bis heute erinnern dort die Epensteinstraße und der Epensteinplatz an die Familie.

Großvater Louis Epenstein rang um Gleichberechtigung und um Anerkennung als Deutscher. Nicht religiös, sondern gesellschaftlich motiviert trat er 1801 vom Judentum zum evangelischen Glauben über – wie so viele andere auch.[16] Allein in Berlin konvertierten zu jener Zeit jährlich etwa hundert Juden.[17]

Selbstverständlich wurde auch der einzige Sohn, Jahrgang 1821, getauft. Ludwig Hermann Traugott Epenstein – Namen aus den Top Ten der damals beliebtesten deutschen Rufnamen. Begeisterung oder vorauseilender Gehorsam? Man darf nicht vergessen, dass das preußische Emanzipationsedikt, das Juden endlich als gleichberechtigte Staatsbürger anerkannte, erst neun Jahre vorher, 1812, erlassen worden war.

Bis dahin hatten sie sich den Status des »Schutzjuden« erkaufen müssen – auch Louis Epenstein. Mehr als ein Jahrzehnt vor seinem Tod ließ der Philanthrop sich auf dem evangelischen Dreifaltigkeitsfriedhof II in Kreuzberg zwischen Ehrengräbern und Mausoleen angesehener Berliner Bürger eine üppige Begräbniskapelle bauen.[18]

Sein Enkel, der 1850 geborene Hermann Epenstein, wuchs mit neureichem Stolz auf sein Preußentum auf. Die Selbstgewissheit etwa des Göring-Clans dürfte ihm jedoch gefehlt haben. Das könnte seinen Drang erklären, gesellschaftlich zu glänzen; in seiner Begeisterung für die Aristokratie kam er wohl nach seinem Großvater Louis. Sein bisheriges Leben hatte er als Assistenzarzt im Militärdienst, als sporadisch ordinierender »praktischer Arzt, Wundarzt und Geburtshelfer« mit eigener Praxis in Berlin und – vor allem – auf Reisen verbracht. So lernte er Heinrich Ernst Göring näher kennen. Und Fanny.

In unserer Familie erzählt man sich, dass Hermann Epenstein mit Ende dreißig an depressiven Verstimmungen litt, ausgelöst von seinem Kummer über eine unerfüllte Liebe. Sein Vater Ludwig riet ihm deshalb zu einer Weltreise – und sprach darüber mit seinem Bekannten Heinrich Ernst Göring, meinem Urgroßvater. Das war Anfang 1888, bevor dieser zu seinem zweiten Aufenthalt in Deutsch-Südwestafrika aufbrach.

Drei Jahre vorher hatte Witwer Heinrich Ernst den damals unüblichen Weg gewählt und, als sie sein Kind erwartete, seine Beziehung zu dem Kindermädchen Fanny offiziell gemacht. Die Konsequenzen kannte er; er musste sein Amt als Richter aufgeben.*

Fanny ging mittellos in die Ehe. Was anderes kann sein Schritt also gewesen sein als ein hinreißender Liebesbeweis von einem, der dachte, dass er mehr zu gewinnen als zu verlieren hat? Immerhin gelang es ihm, relativ nahtlos eine bezahlte berufliche Alternative im Kolonialdienst zu finden. Das war in vielerlei Hinsicht unsicher, und in Wahrheit war es mit dem gesellschaftlichen Abstieg verbunden. Aber es war mutig.

Die Nacht-und-Nebel-Hochzeit in London – der jüngste Sohn aus erster Ehe, Heinrich Karl, wurde gerade eingeschult, Fanny war im siebten Monat schwanger – stelle ich mir, auch wenn sie in der würdigen German Royal Chapel des St. James's Palace gefeiert worden sein soll, wehmütig vor. Von der Familie Göring zeigte sich, obwohl Heinrichs erste Frau Ida schon fünf Jahre tot war, nur ein Bruder Heinrichs – als Trauzeuge. Wenige Wochen später zog Fanny sich ins oberbayerische Rosenheim zu ihrer Schulfreundin Therese zurück und bereitete sich auf die Geburt meines Großvaters Karl Ernst vor. Als er auf die Welt kam, war Heinrich bereits in Afrika. Auf Otto von Bismarcks Geheiß war er über Madeira und Kapstadt ins heutige Namibia gereist und hatte seinen Dienst als

* Bis dahin hatte Heinrich Ernst Göring als Friedensrichter in Altkirch (ab 1871) und ab 1873 als Landgerichtsrat in Metz gearbeitet. In Metz lebte er mit seiner ersten Frau Ida und seinen Kindern Friedrich Wilhelm, Ernst Albert, Friederike und Heinrich Karl. Weil ihre Tochter Ilse, meine Großmutter, Friederikes Halbbruder Karl Ernst heiratete, ist Friederike auch meine Urgroßmutter.

»erster deutscher Reichskommissar für das südwestafrikanische Schutzgebiet« angetreten.[19]

Das Deutsche Reich hinkte Großbritannien, Frankreich, den Niederlanden deutlich hinterher im Wettstreit um kolonialen Einfluss in der Welt. Nachdem der Bremer Tabakhändler Franz Adolf Eduard Lüderitz im Verlauf des Jahres 1883 weite Landstriche Südwestafrikas, etwa doppelt so groß wie das damalige Preußen, zusammengekauft hatte – genau genommen den Einheimischen trickreich und für eine Bagatelle abschwätzen ließ –, wollte er sie »möglichst germanisieren« und wandte sich deshalb an die Heimat.[20] Der deutsche Kaiser erklärte sie daraufhin gegenüber den europäischen Konkurrenzmächten zu seinem »Schutzgebiet«.

Ausgestattet mit einer Vollmacht von Wilhelm II. sollte Heinrich Ernst nach dieser Absichtserklärung Fakten schaffen, wie man heute sagt, handfeste Freundschafts- und Schutzverträge abschließen, Gebietsansprüche beurkunden und möglichst auch noch Frieden stiften zwischen den zum Teil blutig rivalisierenden Volksstämmen, etwa den Herero und den Nama. Schließlich wollten die deutschen Kolonialherren das Gebiet künftig für Ackerbau und Viehzucht kultivieren und vor allem seine Bodenschätze ausbeuten. »Die Machtmittel aber, die man ihm mitgab, waren lächerlich gering«, wusste ein mitleidiger Missionar.[21]

Tatsächlich war der Diplomatenneuling Heinrich Ernst auf eine Handvoll Mitarbeiter, vergleichsweise dürftige Finanzmittel und auf Ochsenkarren als Fortbewegungsmittel gestellt, als er das Wüstenland bereiste und Kontakt zu den Stammesführern suchte.[22] Seine Fremdsprachenkenntnisse halfen ihm; Englisch und Niederländisch beherrschte er fließend. Über eine dringend nötige »Schutztruppe« verfügte er aber nicht.*

* Erst unter der Führung von Heinrich Ernst Görings Nachfolger Hauptmann Curt von François wurde 1890 wegen zunehmender Spannungen mit der einheimischen Bevölkerung eine »Schutztruppe« aufgestellt und bald vergrößert. Sie schlug 1893/94 den Widerstand der Nama unter der Führung von Hendrik Witbooi nieder und sicherte so die deutsche Kolonialherrschaft in Südwestafrika.

»Trostlos. Sand, soweit man sieht«, klagte er.[23] Die Verhandlungen liefen zäh, und es fehlten ihm offenbar nicht nur Mittel, sondern auch Visionen: »Wie sich meine Stellung hier im großen südwestafrikanischen Schutzgebiet, was jetzt größer als das Deutsche Reich ist, gestalten wird, weiß ich nicht. Ich habe auf das Gedeihen dieser ersten deutschen Colonie nicht viel Vertrauen«, schrieb Heinrich Anfang 1886.[24]

Ein gutes Jahr später – dazwischen lag ein mehrmonatiger Heimatbesuch – sprach er gar von der »unglückseligen Kolonie, über der von Anfang an ein Unstern schwebt«.[25] Letztlich änderte sich daran auch nichts, als Goldfunde die vage Hoffnung aufkeimen ließen, endlich mit einer Erfolgsmeldung glänzen zu können. Trotzdem nahm er – jährliche persönliche Berichterstattungen in Berlin gehörten weiterhin zu seinen Dienstverpflichtungen – im Frühjahr 1888 Fanny und den zweieinhalbjährigen Karl Ernst mit an seinen Amtssitz in der Wüste Namib. Ein ehemaliges Missionsgebäude, vom englischen Freihafen Walvis Bay etwa zweihundert Kilometer oder vierzehn Tagesfahrten im Ochsenkarren entfernt.

Wie Fanny den afrikanischen Alltag meisterte, können wir nur erraten, denn die überlieferten Briefe, die Heinrich Ernst zwischen 1885 und 1889 an seine Mutter, an die Kinder aus erster Ehe oder an die Ex-Schwiegermutter schrieb, erwähnen seine neue Familie mit keinem Wort. Seine farbigen, gelegentlich selbstkritisch humorvollen Berichte über das beschwerliche Wüstenleben, seine Jagderfolge – auch er war begeisterter Jäger –, seine zähen Verhandlungen mit den Einheimischen oder seine Probleme mit den britischen Gegenspielern klingen für sich genommen sympathisch bodenständig und ehrlich. Dass Heinrich Ernst einen bedeutenden Teil seines neuen Lebens aussparte, machen sie tragisch. Gut möglich, dass den Kindern Willi, Ernst, Frieda und Heini aus der ersten Ehe zunächst vorenthalten wurde, dass der Vater ein neues Glück gefunden hatte und die Zahl der Halbgeschwister wuchs. Die Ex-Schwiegermutter hingegen wird Bescheid gewusst haben. Man wahrte die Fassade. Man spielte Theater. Alles andere wäre damals wahrscheinlich undenkbar gewesen.

Fanny, inzwischen wieder schwanger, soll jedenfalls Mut bewiesen haben, als die Familie nur Wochen nach ihrer Ankunft von aufgewiegelten Einheimischen vertrieben wurde. Ein britischer Unterhändler hatte erfolgreich verbreitet, Heinrich Ernsts Schutzverträge seien wertlos. Deutsche Zeitungen berichteten einigermaßen fassungslos über die gelungene Propaganda der Gegenspieler: »Dr. Göring und die deutschen Missionare [...] erscheinen [...] bis zur Sprachlosigkeit niedergeschmettert und als gänzlich unfähige Menschen, während Lewis [der Unterhändler] die feierliche Bekräftigung seiner Ansprüche [...] würdevoll entgegennimmt. Schließlich wird behauptet, Dr. Göring habe zugeben müssen, daß er kein Recht im Land habe, und sei Hals über Kopf nach der Walfischbai abgereist.«[26]

Tatsächlich floh die Familie, während ihr Amts- und Wohnsitz in Brand gesteckt wurde, nach Walvis Bay. Dort brachte Fanny im Januar 1889 ein Mädchen zur Welt, das Olga Sophie Therese heißen sollte. Olga, weil – so behauptet eine weitere Familienanekdote – kurz vor ihrer Geburt die SMS Olga, die nach der Großfürstin Olga von Russland benannte Korvette der Kaiserlichen Marine, in Walvis Bay eingelaufen sei. Angeblich mit an Bord: Stabsarzt der Reserve Hermann Epenstein.

So kann es allerdings nicht gewesen sein, das ergibt sich aus der Biografie eines weiteren meiner Urgroßväter. Korvettenkapitän Otto Burchard, neuntes von zwölf Kindern des Rostocker Bürgermeisters Peter Burchard und damals noch Unterleutnant zur See, wurde nämlich am 28. Dezember 1888, also zwei Wochen vor Olgas Geburt, just auf jener SMS Olga »im Gefecht mit Aufständischen [...] durch zwei Schüsse schwer verwundet.«[27] Nicht etwa in afrikanischen Gewässern war er unterwegs gewesen, sondern 15 000 Kilometer entfernt, unmittelbar vor Samoa. Dort, im Hafen von Apia, lag das Schiff auch noch, als im März 1889 ein Zyklon über die Inselgruppe fegte und mehrere Schwesterschiffe samt Besatzung untergingen. Die schwer beschädigte SMS Olga hingegen ließ ihr Kapitän in einer waghalsigen Aktion auf einen Sandstrand auflaufen und rettete sie so. Nach ihrer Reparatur kehrte sie im

Herbst 1889 mitsamt dem notdürftig behandelten Otto Burchard nach Deutschland zurück.[28]

Ob er den Kaiserlichen Kommissar Heinrich Ernst Göring zu jener Zeit bereits kannte? 1896 heiratete er jedenfalls dessen Tochter aus erster Ehe, Frieda Göring. Ob große Liebe im Spiel war, ist nicht überliefert. Aber sie teilten ein Schicksal. Beide hatten früh die Mutter verloren. Als Ottos Mutter Marie starb, war er gerade neun geworden. Frieda war bei Ida Remys Tod noch keine vier.

Mein Urgroßvater Heinrich Ernst Göring ist also der Schwiegervater meines Urgroßvaters Otto Burchard, und die abenteuerlichen Geschichten um die SMS Olga, die nach 1889 zum Schul- und Expeditionsschiff umgerüstet und 1908 abgewrackt wurde, belegen vor allem, wie eng die Sippe miteinander verzahnt ist.

Dass Hermann Epenstein, wie ich von Familienmitgliedern immer wieder gehört habe, im Januar 1889 von Bord der SMS Olga an Fannys Entbindungsbett gerufen wurde, um Olga, meiner Tante Ole, auf die Welt zu helfen, ist also eine Familienlegende, an der zumindest so viel wahr ist: Ungefähr zu jener Zeit begann die Freundschaft zwischen ihm und den Görings zu wachsen, und man blieb auch in Kontakt, als Fanny, während Heinrich Ernst seinen Dienst in Deutsch-Südwestafrika fortsetzte, mit den beiden Kindern nach Deutschland zurückkehrte und wieder bei ihrer Freundin Therese Graf einzog. In Rosenheim brachte sie nach einer weiteren Deutschlandvisite Heinrich Ernsts im Mai 1890 das dritte gemeinsame Kind zur Welt, Paula. »Ah, der Heinrich kommt, setzt die ›Gluck‹ und fährt zuruck.« Der Spruch blieb in der Familie bis in meine Generation lebendig.

Ende 1890 wurde Heinrich Ernst aber endgültig aus Deutsch-Südwestafrika abberufen und nach etwa einem halben Jahr im Berliner Außenamt als Konsul nach Port-au-Prince versetzt. Fanny folgte ihm mit den Kindern. Schon ein halbes Jahr später schiffte sie sich, abermals in Erwartung, jedoch wieder ein, und wieder nahm sie Quartier in Rosenheim. Die Kinder blieben bei Vater und Kindermädchen auf Haiti.

Spätestens jetzt soll sich das Verhältnis zu Hermann Epenstein intensiviert haben, der Fanny bei der Geburt ihres vierten Kindes tatsächlich beistand. Zur Welt kam am 12. Januar 1893 im Sanatorium Marienbad Sohn Hermann. Ob Fanny den Namen mit Heinrich Ernst abgesprochen hatte? Hermann Epenstein ließ sich jedenfalls als Pate eintragen.

***

Gegen so negative Eigenschaften wie seine Geltungssucht, die Epenstein angelastet wird, steht seine Großzügigkeit; denn nicht nur Hermanns Pate war er, sondern auch für dessen drei ältere Geschwister fühlte er sich von nun an zuständig. Offenbar aus tiefer Zuneigung zu Fanny übernahm er letztlich eine Patenschaft für ihre gesamte Familie.

Während der Säugling Hermann bei den Grafs in Rosenheim blieb, reiste Fanny ein weiteres Mal nach Haiti, aber schon im Sommer 1894 kam die Familie zurück nach Europa. Der richtungsweisende Höhepunkt dieser Tage war schließlich jener Abstecher, den Fanny und Heinrich Ernst Ende Juli nach Mauterndorf unternahmen. Einen Tag nach den beiden traf Epenstein ein. Gemeinsam besichtigte man die Burg. 3000 Gulden sollte sie kosten. Am 20. August 1894 unterzeichnete Epenstein den Kaufvertrag.

Franziska Tiefenbrunn als, zumindest inoffizielle, Schlossherrin? Ein märchenhafter Aufstieg – mit allen dunklen Seiten, die Märchen an sich haben. Nicht von ungefähr gehen mir Fragen über Fragen durch den Kopf: War die Liebe zwischen Fanny und Heinrich Ernst Ende Juli 1894, nach den zehrenden Jahren des Reisens und immer wieder langer Trennungen, tatsächlich abgekühlt? Hatte Fanny sich in den Freund der Familie verliebt, so wie er – Epenstein – sich in sie? Oder hatte er sie mit dem Himmel auf Erden gelockt? War Franziska also berechnend? Griff sie, um ihre Familie

Fanny Göring mit ihren Kindern (v. l.) Albert, Hermann, Paula und Olga, ca. 1900. Der älteste Sohn, mein Großvater Karl Ernst, fehlt auf dem Bild.

versorgt zu wissen, nach Epensteins Reichtum? Ohne Zweifel war sie eine Überlebenskünstlerin. Aber warum spielte Heinrich Ernst mit? Durchschaute er das wahre Wesen der Dreiecksfreundschaft zu spät? Hatte ihn sein Leben so erschöpft, dass er sich Hörner aufsetzen ließ? War er bereits dem Alkohol verfallen, wie auch kolportiert wurde? War er vielmehr erleichtert, seine junge Frau in treuen Händen zu wissen, und gar Fannys Komplize? Oder haben damalige Beobachter – Freunde und Verwandte – falsche Schlüsse gezogen?

1956

Ich war noch nicht geboren, da wussten meine Eltern schon, dass sie sich ineinander geirrt hatten. Zu beschäftigt war jeder der beiden mit der Last, die er in die Ehe mitgebracht hatte. Zu gegensätzlich waren die Welten, aus denen sie kamen. Enttäuschungen, traumatische Verluste. Unterdrückte Sehnsüchte. Scheue Hoffnungen. Verletzte Seelen machen sich gern etwas vor. Dabei hatte nur drei Jahre vorher alles recht unbekümmert begonnen.

Nimmt man seine Briefe aus jener Zeit wörtlich, kann man denken, mein Vater habe den Krieg, die Jahre im Gefängnis und den Verlust von Status und finanziellem Komfort einigermaßen unbeschadet weggesteckt. »Man muss sich immer das Beste im Schlechten heraussuchen« war eine seiner Weisheiten mit viel Deutungsspielraum.[1]

Seit seiner Entlassung aus der Gefangenschaft im Sommer 1948 war er auf seine unstete, oft recht salopp klingende, aber immer humorige Art damit beschäftigt, im Leben Fuß zu fassen oder – so sollte man eher sagen – den Überlebensgroschen zu sichern. Seinen Traum vom Studium der Anthropologie und Archäologie hatte er schon nach dem Abitur hintanstellen und sich auf den Krieg vorbereiten lassen müssen – stets im Schatten seiner jüngeren Brüder, die ihrem Onkel Hermann so erfolgreich nachgeeifert hatten. Für Heinz hingegen war eine Heldenkarriere als Kampfflieger an vorderster Front nicht infrage gekommen. Seine Fehlsichtigkeit war die willkommenere Erklärung als sein versponnenes Naturell.

Auch jetzt war an eine Ausbildung nach seinen Neigungen nicht zu denken. Stattdessen die Aussicht auf eine »gärtnerische Umschulungsstelle in Hamburg-Wandsbek«.[2] Nein, doch nicht. »Kaufmännischer Angestellter in einer Papier- und Möbelgroßhandlung«.[3] Nicht von Dauer. »Schon seit vier Tagen Bürohengst und Sesselschaber«.[4] Keine weitere Erwähnung wert. »Volontär in Kettwig bei entf. Verwandten in einer Wäschefabrik«.[5] Immerhin für drei Monate, »mit erheblichem Spaß«[6] und immer auf der Suche nach Nebeneinkünften, experimentierfreudig, als Nachtwächter oder als Vertreter einer Buchgemeinschaft zum Beispiel, ohne nennenswerten Erfolg, »aber was nicht ist, kann noch werden«.[7] Anschließend »Praktikantenzeit bei Leineweber in Herford«.[8] Noch so ein Intermezzo, »... kaum jemals länger als 6–10 Wochen«,[9] schließlich jedoch der Plan, sich zum Textilingenieur ausbilden zu lassen, die Mönchengladbacher Textilingenieurschule hatte im »Dritten Reich« einen guten Ruf genossen, nun nahm sie Kriegsteilnehmer, Spätheimkehrer und Versehrte vorrangig auf. Ein verknitterter Studentenausweis im Nachlass meines Vaters erzählte mir von dieser Absicht, sein Leben in konkrete Bahnen zu lenken, »hauptsächlich, um in einem Mutti verwandten Beruf zu sein und eventuell später etwas zusammen zu unternehmen«.[10] Der junge Schöngeist – bei Kriegsende Berufssoldat von vierundzwanzig Jahren, drei weitere Lebensjahre in der Gefangenschaft liegen gelassen – wollte sich also dem Leben stellen, aber, so war er nun einmal gestrickt, »immer noch mit Fantasie«.[11] Sein Standesbewusstsein war ihm jedenfalls nicht abhandengekommen.

Es wird vor allem finanzielle Gründe gehabt haben – »... die monatlichen Zuschüsse bereiten mir jedesmal Alpdrücken«, schrieb seine Mutter Ilse[12] –, warum er die angekündigte fünfsemestrige Ausbildung in Mönchengladbach-Rheydt nach zwei Semestern beendete – immerhin »mit einem Gut« –, seiner Mutter nach Wiesbaden folgte und sich »ins Berufsleben stürzte«.[13]

Großmutti Ilse Diels-Göring war auf Umwegen in die Stadt gekommen. An ihrer Lehrlingsstelle war ihr »wegen der Währungsreform gekündigt« worden, aber fünfzig Kilometer weiter hatte sie, mittlerweile fünfzig Jahre alt, einen »einigermaßen bezahlten Arbeitsplatz«[14] als Zuschneiderin »in einer kleinen Kleiderfabrik, wo sie auch gleichzeitig eine Meisterstelle ausfüllt mit 200 DM« gefunden. »Vorher bekam sie höchstens ein Drittel«, dort, in Wietze bei Celle, ging es nun »langsam, langsam aufwärts«.[15]

Die Hoffnung, »die Fabrik später event. überhaupt zu übernehmen«,[16] zerschlug sich jedoch schnell. »Leider schloss dieses Unternehmen im Juli 49 aus Kapitalmangel seine Pforten«, und es begannen »sorgenvolle Monate: Was nun? Es ist unendlich schwer, halbwegs ausreichend bezahlte Posten zu bekommen, wenn man nicht wirklich jahrelange Erfahrungen in leitender Position nachweisen kann«, schrieb die einstige Grande Dame der Berliner Gesellschaft, die seit 1945 in »fremden Dachkämmerchen« und Untermietzimmern »in spartanischer Einfachheit in allen materiellen Dingen« unterschlüpfte wie einst ihre Dienstboten. »Ob man sich wie Preußen hochhungern kann?«[17]

München stand zur Diskussion, um »eine alte Berliner ... Verbindung aufzunehmen«.[18] Und Wiesbaden.

Im Herbst 1949 zog meine Großmutter schließlich »mit Hilfe einer Anleihe, die gute und großzügige Freunde mir gewährten« und in der Hoffnung, »unabhängig und Niemandem zur Last zu sein durch nützliches und kultiviertes Arbeiten«,[19] in die hessische Landeshauptstadt. Das lag auch deshalb nahe, weil zwei ihrer Onkel dort lebten, die – schon sind wir wieder bei unseren unübersichtlichen Familienverhältnissen – zugleich ihre (Halb-)Schwager waren: Friedrich Wilhelm Göring, genannt Willi, und Heinrich Karl Göring, unser Onkel Heini.

Ilses Großvater mütterlicherseits – Heinrich Ernst Göring – hatte, davon habe ich bereits gesprochen und will es, auch wenn ich mich zum Teil wiederhole, zum besseren Verständnis des familieninternen Beziehungsgeflechts und aller damit verbundenen Befindlichkeiten noch genauer erzählen, insgesamt zehn Kinder. Besser gesagt neun oder womöglich nur acht.

Fünf, von denen eines im Babyalter starb, schenkte ihm seine Frau Ida Remy. Onkel Willi war ihr Erstgeborener, trat in den Militärdienst ein und suchte sein Glück in Deutsch-Ostafrika. Frieda oder Friedel, Großmutti Ilses Mutter und eine meiner vier Urgroßmütter, war die Vierte, und Onkel Heini war der Jüngste. Er brachte es als Augenarzt zu Ansehen und leitete lange Jahre die Wiesbadener Augenheilanstalt. Seine Geburt hatte Ida Remy nur um zwei Wochen überlebt.

Dass Heinrich Ernst Göring sich nach dem Tod seiner Ehefrau

mit der Gouvernante seiner Kinder zeigte, empörte die Familie Remy. Franziska – Fanny – Tiefenbrunn war zwölf Jahre jünger als Ida, doch das war nicht das Schlimmste. Die Arbeitertochter schadete in den Augen der Remys deren Ruf, und weil sie sich Heinrich Ernst schon zu Idas Lebzeiten hingegeben, bei Idas Beerdigung lautstark Trauer geheuchelt und mit einem unangemessen üppigen Totenkranz auf sich aufmerksam gemacht haben soll, hielten sie die unbefangene Münchnerin außerdem für stillos. So geht die gehässige Version der Anekdote, die sich die Nachkommen der Remys gemerkt haben. Fannys Familienbogen legt jedoch eine andere Version nahe: Demnach lebte und arbeitete sie in München, als Ida Remy starb, und meldete sich erst im Oktober 1883 endgültig zum Dienstantritt nach Metz ab. Spätestens dann kamen Heinrich Ernst und Fanny sich zum Missfallen der Schwiegereltern näher.

Die Remys sorgten nicht nur dafür, dass die vier Kinder – Willi war nun etwa neun oder zehn Jahre alt – aus dem Einflussbereich des Vaters und seiner Geliebten entfernt wurden und unter der vornehmen Fürsorge der Großeltern und Idas jüngerem Bruder Fritz Remy auf dem Rasselstein bei Neuwied aufwuchsen, sondern sie sollen sich auch aktiv daran beteiligt haben, den angesehenen Juristen und hohen Verwaltungsbeamten ins gesellschaftliche und berufliche Abseits zu drängen.

Zwei Monate nach Heinrich Ernsts, nun, in vieler Augen war es eine Skandalhochzeit mit Fanny, meiner zweiten von vier Urgroßmüttern, kam Karl Ernst zur Welt – mein Göring-Großvater. Vier weitere Kinder folgten: Olga Sophie Therese – meine geliebte Tante Ole. Paula Rosa Elisabeth, die Mutter meiner Patentante Roswitha. Hermann Wilhelm – Hermann! Und als Jüngster Albert Günther, von dem bis heute erzählt wird, dass er gar nicht Heinrichs leiblicher Sohn war. Insgesamt also vier plus vier oder fünf Kinder, die getrennt voneinander aufwuchsen – die einen hochwohlgeboren, die anderen, inklusive Hermann, vorerst mit dem Proletarier-Stigma.

Dass sie untereinander umso vielfältigere Kontakte pflegten, je älter sie wurden, ist freilich kein Geheimnis – spätestens mit Heinrich Ernsts Tod 1913 dürften sie näher zusammengerückt sein;

man fand nun Gelegenheiten, über die obligatorischen Familienfeste und Beerdigungen hinaus in Verbindung zu bleiben. Meine Urgroßmutter Frieda beispielsweise schickte ihre Tochter, meine Großmutti Ilse, aus der Kieler Heimat zur ihrem (Halb-)Bruder Hermann nach Bayern. Die (Halb-)Nichte und der nur fünf Jahre ältere Onkel versuchten sich miteinander bei Bergtouren und auf Skiern. Das belegen Fotos, die an Hermanns Urlaubstagen von der Front im Ersten Weltkrieg geschossen worden sein dürften. Besonders Flieger mussten sich zwischen ihren Einsätzen erholen.

Folgenschwerer war Ilses Ausflug nach Bremerhaven. Im Januar 1920 sollte sie dort Hermanns älteren Bruder, ihren (Halb-)Onkel Karl Ernst, vom Schiff abholen. Nach einer schweren Verwundung, die er sich in Afrika zugezogen hatte, war er nicht reisefähig und kehrte deshalb reichlich verspätet aus dem Großen Krieg zurück. Zuletzt war er 1913 auf Heimaturlaub gewesen.[20] Gut möglich, dass er bei der Gelegenheit auch mit der damals fünfzehnjährigen Ilse zusammengetroffen war.

Zwischen dem Kriegsheimkehrer und der nun Zweiundzwanzigjährigen soll es auf der Stelle gefunkt haben, so geht eine weitere, vermutlich romantisierende Familienanekdote. Nur drei Monate später feierten sie Hochzeit, nach neun Monaten kam mein Vater Heinrich »Heinz« Otto zur Welt. Als Kind irritierte mich der merkwürdige Umstand, dass er und Großmutti Ilse – Sohn und Mutter – in Heinrich Ernst ein und denselben Großvater hatten. Erst viel später leuchtete mir ein, warum der Göring-Tiefenbrunn-Zweig diese familieninterne Heirat so wichtig nahm. Durch Großmutti Ilse war er der Sippe entscheidend näher gerückt, und das wusste, so wird sich noch zeigen, vor allem auch Hermann Göring zu schätzen – und zu nutzen.

Dass die Eheleute blutsverwandt waren, kam in der weitläufigen Familie Göring häufiger vor und scheint kaum jemanden erschüttert zu haben; von der »verwickelten Verwandtschaft« war die Rede.[21] Man freute sich über die Beziehung und verklärte sie zu einer großen Liebesgeschichte. Mich verblüfft sie bis heute, denn we-

Hermann Göring auf Fronturlaub in Bayern.
Beim Skifahren mit (v. l.) meiner Großmutter Ilse, meiner Urgroßmutter Franziska »Fanny« und Fanny Graf, ca. 1917.

der Karl Ernst, der schon auf den Fotos aus seiner Kindheit eine unkindlich ernste Kriegermiene trägt, noch der dreizehn Jahre jüngeren Ilse, die mir als herrische Großmutter in Erinnerung blieb, traute ich große Gefühle zu. Eher konnte ich mir vorstellen, dass Frieda ihre Tochter versorgt sehen wollte.

***

Ab Herbst 1949 lebte Ilse also in Wiesbaden – und lange Zeit dachte ich, ihre Onkel hätten sie aufgefangen. Wohlhabend seien sie gewesen, durch ihre Beteiligung an der Rasselsteiner Eisenwerksgesellschaft sogar reich, hörte ich von meinen Eltern. Während Willi, seit dem Tod seines Vaters Heinrich Ernst und bis zum kometenhaften Aufstieg seines (Halb-)Bruders Hermann Göring der offizielle Familienvorstand, als Major a. D. schon lange Jahre privatisierte, hatte Augenspezialist Heinrich Karl sich erst 1947 zur Ruhe gesetzt – möglicherweise nicht ganz aus eigenem Antrieb; denn er hatte sich Hermann nicht nur als Verwandter, sondern auch ideologisch verbunden gezeigt und war, während Willi offenbar Distanz gehalten hatte, im Mai 1933 der NSDAP beigetreten. Als »die originellste Figur des Familienvereins, die oft im Stabsamt und in Carinhall auftauchte und unter den Auguren stets große Heiterkeit erregte« beschrieb ihn Hermann Görings Hausfotograf Eitel Lange, schon berufsbedingt ein akribischer Beobachter: »Er wurde von Göring stets mit besonderer Zuvorkommenheit begrüßt.«[22]

Im Sommer 1947 hatte sich Professor Göring unter großem Medieninteresse vor der Spruchkammer Wiesbaden verantworten müssen. »Ihre Grundsätze [die der NSDAP] erschienen mir 1933 richtig«, hatte er ausgesagt. Bedenken wären ihm aber gekommen, als »man gegen die Logenmitglieder vorging«. Und »die Gewalttaten, die man auf die Juden ausübte«, lehnte er »natürlich vollkommen ab«. Schließlich war er, mehr konnte er sich nicht erhoffen, lediglich als »Mitläufer« eingestuft worden. Mehrere ehemalige Patienten und selbst der Oberbürgermeister von Wiesbaden hatten auf seinen anständigen, geraden Charakter verwiesen. Und die Behörde wollte sich in seinem Fall offenbar nicht der Sippenhaft verdächtigen lassen: »Die Kammer lehnt es ab, eine größere Verantwortung und eine höhere Belastung des Prof. Dr. med. Heinrich Göring aus der Tatsache abzuleiten, dass sein Stiefbruder Hermann Göring war.«*

* Als Mitläufer der Gruppe 4 wurde Heinrich Karl Göring zu 2000 DM Sühnegeld und der Übernahme der Gerichtsgebühren von 3789,85 DM verurteilt; in: HHStAW, Spruchkammern Wiesbaden, Abt. 520/Wi, W 638. Heinrichs ältester Bruder (Friedrich) Wilhelm Göring wurde als »vom Gesetz nicht betroffen« eingestuft; in: HHStAW Abt. 520/ Wi (NB) A-Z, Göring, Wilhelm.

Auf ihrer Hochzeitsreise im April 1935 hatten Hermann, inzwischen das Oberhaupt des Göring-Clans, und seine Frau Emmy bei der Wiesbadener Verwandtschaft Station gemacht. Nach 1945 wurde die Nähe zu den Hermann nach wie vor verbundenen »Berliner Görings« wie meiner Großmutter jedoch, sagen wir, nicht nachdrücklich forciert.* Man schickte Ilse Kundschaft in ihren »kleinen Modesalon«, tatsächlich eher eine Näherei.[23] Angeheiratete Göring-Tanten und deren Freundinnen. Aber nichts weist darauf hin, dass Ilse von Heinrich oder Willi aufgenommen wurde oder gar an ihrem Wohlstand teilhatte. Vielmehr mühte sie sich ab als »alte Nähgeiß«,[24] hatte zwar »ganz gut zu tun«, aber, auch weil »sie noch sehr an den Handwerkerkosten zu knabbern« hatte, ließ der Ertrag selbst ein Jahr nach der Eröffnung auf sich warten.[25]

Daran hatte sich auch wenig geändert, nachdem Heinz seiner Mutter im Herbst 1950 in ihr Wiesbadener »Bodenzimmerchen« gefolgt war und »sich ins Berufsleben gestürzt« hatte.[26] »Natürlich bringt mein Beruf auch Freuden, das künstlerische Schaffen, aber niemand, der ihn nicht selbst ausübt, kann ahnen, welchen Moloch die viele damit verbundene Kleinarbeit bedeutet«, schrieb Ilse.[27] Das klang diesmal nicht schicksalsergeben, sondern ernüchtert.

Heinz hingegen war voller Pläne, schlug sich anfangs als Handelsvertreter für »Bett-, Tischwäsche, Kinderartikel, Wolle, Handtücher ...«[28] durch und konnte ein gutes Jahr später berichten, dass er zwar immer noch »am Existenzaufbau krabble«, »das schöne aber« sei, dass »mit meinem Auslieferungslager, meiner Vertretung und meinen Strumpfverkäufen meine Existenz so einigermaßen gesichert ist«. Allerdings sei er »nach wie vor unbeweibt«.[29]

Immer wieder hatte er durchblicken lassen, dass an eine Beziehung schon deshalb nicht zu denken war, weil er sie sich schlicht nicht leisten konnte. »Mit den Mädchen habe ich vorläufig nichts im Sinn, das kann ja noch ein paar Jahre verschoben werden«, hatte er frisch heimgekehrt geschrieben; und: »Ja, ich bin auf dem bes-

* Die »Wiesbadener Görings« folgten auch nicht der Einladung zur Hochzeit meiner Eltern. Das erzählte mir meine Tante Erika Heuser, die sieben Jahre jüngere Schwester meiner Mutter, in einem Gespräch am 21.10.2017.

ten Wege, ein Hagestolz zu werden.« Denn »Familie kann man wohl keine … ernähren«.[30]

Die Sehnsucht nach einer Lebenspartnerin dürfte jedoch eine stete Begleiterin gewesen sein – »Herz, wappne dich also mit Geduld«[31] –, vielleicht war es aber auch nur das Gefühl, »man«, seine Mutter, die Gesellschaft … würde von ihm erwarten, sich endlich zu verehelichen. »Gedanken an eine sehr liebe Frau in Wien«[32] verflogen offenbar im Wind, und auch 1953 blieb er bei einer »gewissen geschäftlichen Stagnation« vorerst mit seinem »Auto verheiratet«.[33]

Dann stand er vor Elisabeth Heuser.

***

Meine Mutter Elisabeth. Aus den Fotos der 1940er- und 1950er-Jahre schaut sie mir wie die Piaf entgegen oder wie Lotte Lenya, das gewellte Haar zu einem Kurzhaarschnitt gebändigt, eine Anti-Diva mit wachen Augen, in denen ihre quirlige Energie und ihr Eigensinn mit ihrer Empfindsamkeit konkurrieren. Herb und herausfordernd, und doch so verwundbar. Bei Kriegsende war sie siebenundzwanzig Jahre alt, zwei Verlobte waren gefallen. Eine zarte Frau von kaum mehr als einem Meter fünfzig, geboren am 14. Juli 1918, als im Deutschen Reich die Hoffnung auf einen militärischen Sieg verloren und die Versorgungslage katastrophal war, gezeichnet von der Mangelernährung und einer schweren Rachitis in ihrer frühen Kindheit, aber fröhlich und entschlossen. Und ziemlich unangepasst. »Ich bin schließlich während des Sturms auf die Bastille geboren«, scherzte sie gern. In ihrer Familie galt sie in der Tat als Rebellin. Gelegentlich rechthaberisch. Die Geschwister nannten sie irgendwann nur noch »die Queen«.

Sie hatte zwei Ausbildungen abgeschlossen, eine zur Krankenschwester und eine zur Damenschneiderin, jahrelang hatte sie als OP-Schwester im Stadtkrankenhaus Worms gearbeitet und so viel Leid gesehen, dass, wie sie gelegentlich einwarf, sie so schnell nichts mehr erschüttern konnte.

»Vorerst mit dem Auto verheiratet«: mein Vater und meine Großmutter vor ihrem alten BMW Dixi, ca. 1952.

Als man endlich wieder vorwärtsschaute, hatte mein Großvater sie angespornt, ihrem Talent zu folgen, und ihre Meisterprüfung finanziert. Sie legte sie mit Auszeichnung ab. Und als das Atelier Larouette in der Wiesbadener Adelheidstraße, bei dem sie bereits seit einer Weile angestellt war, samt Inventar und einem überschaubaren Kundenstamm zum Verkauf stand, griff mein Großvater seiner Lieblingstochter abermals unter die Arme.

Später nannte meine Mutter die kargen Nachkriegsjahre die besten Jahre ihres Lebens. So viel nachzuholen. Ausgehen. Theater. Kino. Konzerte. Staunen und lachen. Endlich wieder lachen. Männermangel, natürlich. Fünf Millionen deutsche Soldaten waren im Krieg gefallen, direkt nach Kriegsende waren zwölf Millionen in Gefangenschaft. Aber meine Mutter hatte wenig Zeit zu grübeln. Wer es sich leisten konnte, ließ sich ein neues Kleid oder Kostüm anmessen. Ihre Kundschaft empfahl sie weiter, Larouette wurde zu einer der ersten Adressen in der Stadt. Sie fertigte Vorführmodelle für Modemagazine nach der Art von *Burda Moden,* und schließlich bekam sie einen Fuß ins Filmgeschäft. Die »Filmstadt Wiesbaden« erlebte eine Blütezeit, meine Mutter schneiderte Kostüme für Stars wie Magda Schneider oder Lilo Pulver und schnupperte – die Kostüme mussten den Schauspielern am Drehort an den Leib gepasst werden – mit Begeisterung Set-Luft. Die Queen. Dass sie inzwischen Mitte dreißig und immer noch ohne Mann war, sorgte meinen Großvater. Und sie selbst?

Erfahrene und realistische Frauen, die einen Beruf haben und sich selbst versorgen können, legte die damals wohl beliebteste Frauenzeitschrift *Constanze* ihren Leserinnen nahe, hätten keine Veranlassung, ihre Freiheit und Selbstständigkeit gegen die Risiken einer Ehe einzutauschen. Der Zeitgeist der anbrechenden 1950er-Jahre? Trost für die Generation der Trümmerfrauen? Ihr Leben war erfüllt, bekräftigte meine Mutter später und klang dabei immer ein bisschen trotzig. Mit dem Thema Heirat und Kinder hatte sie abgeschlossen.

Dann stand Heinz Göring vor ihr.

Dass die Nähgarne, Knöpfe und Schneiderkreide, die er ihr feilbot, nicht seine Leidenschaft waren, bemerkte sie schnell, und es scheint ihr gefallen zu haben. Seine amüsanten Bemerkungen, sein versponnener Blick, sein sanftes Upperclass-Lächeln. In seinem abgetragenen Anzug und mit der runden Hornbrille auf der Nase kam er ihr nicht etwa wie ein armer Schlucker vor, sondern wie der Bohemien, der er nicht nur sein wollte, sondern durch und durch war.

Heinz Göring polarisierte. Manche schwärmten von seinem Charme, andere, und das dürfte die Mehrheit gewesen sein, hielten ihn wegen seiner flotten Sprüche für einen leichtsinnigen Schlingel; seine Cousine Roswitha beispielsweise, die einzige nahe Verwandte, die mir noch aus seiner Kindheit und Jugend erzählen kann, empfand ihn als verantwortungs-, gar gewissenlos. Meine Mutter scheint das nicht gleich bemerkt, jedenfalls nicht gekümmert zu haben. Sie, die sich inzwischen gut selbst versorgen konnte, suchte

Meine Eltern nach ihrer kirchlichen Trauung, 1954.
Vordere Reihe, v. l.: Erika Heuser, Opa Wilhelm Heuser, Oma Else, Großmutti Ilse, Tante Olga Rigele-Göring, dahinter die Geschwister, Schwager und Schwägerinnen meiner Mutter.

keinen Versorger. Dass er außerdem drei Jahre jünger war als sie und ihr den Hof machte, schmeichelte ihr.

Zu Neujahr 1954 brachte Heinz seine Verlobte zu seiner Mutter, und die dachte praktisch. »Elisabeth Heuser ist mir als Schwiegertochter sehr willkommen. Im gleichen Alter wie Heinz, steht sie als Meisterin und Inhaberin eines Modesalons auf eigenen Füßen, was für eine junge Ehe ja eine große Hilfe bedeutet«, schrieb Ilse ihren Freunden und Verwandten.[34] Im April 1954 feierte das ungleiche Paar Hochzeit.

***

Der deutsche Sommer 1956 soll besonders nass und ungemütlich gewesen sein. Meine Mutter lebte in ihrem Modeatelier, das Geschäft lief weiterhin blendend. Mein Vater suchte nach Ausflüchten. Er begann eine Affäre, und er gab sich offenbar so wenig Mühe, sie geheim zu halten, dass alsbald alle Welt davon wusste, die Nachbarn ebenso wie die engsten Verwandten meiner Mutter. Nur meine Mutter ahnte nichts. Sie ging in ihrer Arbeit auf – ihre Kundschaft war anspruchsvoll. Sie hatte ihren Erstgeborenen zu versorgen, mein Bruder Carl Christian war knapp eineinhalb Jahre alt und lernte gerade laufen. Und sie erwartete ihr zweites Kind. Sie war im siebten oder achten Monat schwanger, es muss also im September gewesen sein, als auch mein Großvater Wind von der verbotenen Liebschaft bekam.

Wilhelm Heuser war zu geradlinig, um diplomatische Überlegungen anzustellen, und eröffnete seiner Tochter, dass ihr feiner Ehemann sie betrog, noch dazu, als wäre das nicht schon pikant genug, mit ihrer jüngeren Schwester, die – als Mitarbeiterin von Larouette – täglich bei ihr ein und aus ging.

Meine Mutter tobte. Die Treulosigkeit meines Vaters, sagte sie später, erschütterte sie weniger als die Tatsache, dass ihr Umfeld – schamvoller als mein Vater – seine Machenschaften gedeckt hatte. Sie stellte ihn zur Rede, und er – so liberal? So naiv? So kann-denn-Liebe-Sünde-sein-dreist? Oder doch so kaputt? – schlug ihr allen Ernstes vor, eine »offene Dreierbeziehung« zu erwägen, am liebsten unter einem Dach, es sei schließlich echte Zuneigung, Liebe sogar und nicht etwa Abenteuerlust. Meine Mutter lehnte empört ab, Erika musste verschwinden. Es dauerte Jahre, bis sich die Schwestern wieder in die Augen schauen konnten, und erst im Alter wuchsen sie wieder eng zusammen.

Am 2. November 1956 meldete ich mich schließlich ins Leben. Von meiner Geburt hieß es später nur, dass meine Mutter sie rasant erledigte. Das war typisch für sie. Bis zuletzt stand sie im Atelier. Als die Wehen einsetzten, gab sie »ihren Damen«, zwei oder drei Gesellinnen und einem Schwung Lehrmädchen, noch ein paar Anweisungen. Die Queen. Dann stieg sie ins Taxi zum Städtischen Krankenhaus. Eineinhalb Stunden später war ich auf der Welt. Wo mein Vater sich zu jener Zeit aufhielt, habe ich ihn nie gefragt. Bis in die 1970er-Jahre waren werdende Väter am Geburtsgeschehen nicht beteiligt, sondern blieben dezent im Hintergrund, meiner offenbar überdurchschnittlich dezent. Jedenfalls soll er an einem der nächsten Tage eine Schachtel Pralinen in die Klinik gebracht haben. Er hielt das für eine großzügige Geste.

Mein Bruder Carl Christian hieß nach unserm Großvater Karl Ernst Göring, so war es Tradition, und so wollten es mein Vater und meine Großmutter, als könnten sie mit dem Stammhalter an vergangene Tage anknüpfen. Nun setzte meine Mutter sich durch und ließ mich auf den Namen Bettina taufen. Nur Bettina, nach Bettina von Arnim, deren Leidenschaft und Unbestechlichkeit im Kampf um die Emanzipation der Frauen und gegen soziale Ungleichheit ihr imponierten. Sie duldete keinen weiteren Vornamen, um nur ja niemandem aus dem Göring-Clan die Ehre zu erweisen.

Reichlich Auswahl hätte es gegeben. Ilse. Johanna. Luise. Katharina. Ada. Allein Großmutti Ilse hatte fünf, zugegeben wohlklingende, Vornamen vorzuweisen. Sie verdaute die Zurückweisung meiner Mutter schlecht und versäumte es auch später nicht, uns immer wieder an ihren Vornamenreigen zu erinnern. Ihr näselndes Wir-sind-eben-etwas-Besseres-Schwärmen provozierte uns.

Dabei war die Haltung meiner Mutter gar nicht so eindeutig. Sie ließ sich gern mit Frau Göring ansprechen. Die Heirat war ein gesellschaftlicher Aufstieg für sie, wenn auch ein hypothetischer. Außer seinem Namen und seinem ohne Frage eindrucksvollen Stammbaum hatte mein Vater Heinz Göring seiner Frau wenig zu bieten, nach den Maßstäben der deutschen Mittelschicht fasste er nicht wieder Fuß; doch sie war seiner galanten Unbekümmertheit erlegen, lang genug jedenfalls, um meinen Bruder und mich in die Welt zu setzen.

1932

Das politische Schicksalsjahr der Weimarer Republik – es war auch ein Schicksalsjahr für meine engsten Vorfahren.

Seinen Geburtstag am 12. Januar, den neununddreißigsten, wird Hermann Göring nicht groß gefeiert haben. Erst drei Monate vorher war Carin gestorben, mit ihr hatte er nicht nur die große, romantische Liebe verloren, die einzige Frau, die »den jungen Löwen bändigen konnte«,[1] sondern seine einflussreiche politische Verbündete und treibende Kraft – »eine königliche Erscheinung, die echt weibliche Anmut mit Klugheit, Feingefühl und Stärke des Charakters verband und alle Menschen, die mit ihr in Berührung kamen, in ihren Bann zog«. So schwärmerisch gedachte der Göring-Clan der Toten in seinem Sippenbericht.[2]

Für Hermann hatte die Schwedin mit westfälischen Wurzeln sich über alle Konventionen hinweggesetzt. Für ihn hatte sie Ehemann, Sohn und Sicherheit verlassen. Wohlstand kann langweilen. Er, gab sie ihm zu verstehen, war der Held, auf den sie immer gewartet hatte. Ihre Hingabe habe seinen Größenwahn befördert, brachte er später als Angeklagter der Nürnberger Prozesse zu seiner Verteidigung vor. Tatsächlich trat er schon vorher alles andere als bescheiden auf – und genau damit dürfte er die Aristokratin fasziniert haben. Bereits 1919, als er sich zum Kriegshelden stilisierte und dafür zu seinen nachweislichen Abschusserfolgen im Geschwader Richthofen einige besonders spektakuläre dazuerfunden haben soll, sah er sich selbst als Kandidat für das Amt des Reichspräsidenten.[3]

Als wolle er nun erst recht den großen Schritt tun, für den Carin und er sich gemeinsam in Position gebracht hatten, machte er sich im Lauf des Jahres 1932 von einem Außenseiter in der NSDAP – ohne Lust auf ideologische Diskurse und ohne Interesse an den Hierarchien des Parteiapparats, aber mit unverkennbarem Talent zum Repräsentieren und angeborenem Machtbewusstsein – zu Hitlers unverzichtbarem Komplizen. Ein Strippenzieher ohne Berührungsängste, nach eigenen Worten Adolf Hitler »vom ersten Augenblick […] mit Haut und Haaren ergeben«.[4] Carin hatte gar spintisiert, für Hitler und seine »Freiheitsbewegung« in den Tod gehen zu wollen, und das bezog sie nicht auf ihre Krankheit.[5] Seit vielen Jahren litt sie unter einer Herzschwäche, war deshalb besonders anfällig für Infektionen aller Art und häufig im Krankenbett. Dass das über kurz oder lang auch ihre mentale Gesundheit angriff, ließ sich offenbar nicht verheimlichen. »Geistige Verwirrung überschattete ihre letzte Lebenszeit«, wusste man in ihrem Bekanntenkreis.[6]

Zweifellos war sie – willensstark und noch das, was man geistig gesund nennt – die Fanatischere der beiden. Der Nationalsozialismus wurde zu ihrer Ersatzreligion, Hitler war ihr Messias, ihr »Genie voller Liebe zur Wahrheit«.[7] Seine Reden bezeichnete sie als »Predigten«.[8] Die Aussicht auf den »Wiederaufstieg des deutschen Vaterlands durch den nationalen Gedanken« hatte sie berauscht.[9] Außerdem war sie eine eiserne Antisemitin. Seit 1928 lebte das Ehepaar in Berlin. Hermann war nationalsozialistischer Abgeordneter im Reichstag, nach der Septemberwahl 1930 ernannte Hitler den Gefolgsmann zu seinem politischen Bevollmächtigten in Berlin. Mit Feinden verhandeln, wusste er, das könne Göring besser als er. Die turbulenten Jahre davor hatten Hermann und Carin eng zusammengeschweißt. Eher zufällig, behauptete er später, habe er sich der NSDAP angeschlossen: »[…] so war ich – ich habe ja kein Hehl daraus gemacht – von Anfang an bereit, mich an jeder Revolution zu beteiligen, gleichgültig wo und von wem sie ausging, außer wenn sie von links gekommen wäre …«[10] Wie viele Deutsche stellte Hermann Göring sich gegen alles, was sich damals angstschürend als »Bolschewismus« verteufeln ließ, er hing dem Kaiserreich nach und misstraute der Demokratie. Wie viele empörte er sich über die Höhe der seinem Heimatland aufgebürdeten Reparationszahlungen. Wie viele schmiss er mit Begriffen wie Schande und Schmach und Ehre und Unehre und Verrat und Vaterlandsliebe um sich. Wie viele verstieg er sich in Fantasien von der notwendigen »Befreiung Deutschlands«. Nur hochmütiger als viele war er.

Carin und Hermann Göring in den Bergen in der Nähe von Bayrischzell, ca. 1920.

So gestimmt war er im Herbst 1922 Adolf Hitler begegnet, und dem war der Pour-le-Mérite-dekorierte Fliegeroffizier auf der Suche nach einer bezahlten Aufgabe mit seinen, qua Geburt, Kontakten in die sogenannte gute Gesellschaft gerade recht gekommen. Bereits im Frühjahr 1923, ein paar Wochen nach seiner Heirat mit der eben erst geschiedenen Carin,* ließ der bis zur Großspurigkeit selbstbewusst auftretende Hermann sich mit Führung und Ausbau der – damals noch in den Kinderschuhen steckenden – paramilitärischen »Sturmabteilung« (SA) zu einem einschüchternden Machtinstrument der Partei betrauen. Um Deutschlands Reparationsleistungen zu erzwingen, hatten französische und belgische Truppen inzwischen das Ruhrgebiet besetzt. Göring verstand sich fortan als »Hirn und Arm« der SA.[11] Der Begriff Sozialismus im »Nationalsozialismus« war ihm jedoch suspekt, und deshalb wollte er ihn als

* Hermann Göring und Carin Freiin Fock, geschiedene von Kantzow, heirateten am 25.1.1923 in Stockholm. Am 3.2.1923 wurde die Trauung in Obermenzing bei München wiederholt.

»interimistische Formel für eine ›national-deutsche Revolution‹« verstehen.[12]

München, »die Hauptstadt der Bewegung«, war jetzt der Lebensmittelpunkt des Paars, nur Carins schwächelnde Gesundheit trübte das Glück. Auch Fanny lebte seit zehn Jahren wieder in ihrer Heimatstadt. Wenige Monate hatte sie sich die Wohnung in der Schwabinger Tengstraße noch mit ihrem Ehemann Heinrich Ernst geteilt, seit seinem Tod im Dezember 1913 wohnte sie dort allein. Hermann soll sich in dieser Zeit treu um seine Mutter gekümmert haben. Nach den luxuriösen Jahren als, zumindest inoffizielle, Herrin der Burgen Mauterndorf und Veldenstein lebte sie gewissermaßen auf einem Abstellgleis. Ihr Tod mit gerade vierundsechzig Jahren Mitte Juli 1923, sechs Monate nach seiner Hochzeit, hatte sich nicht angekündigt und traf Hermann hart – und wohl auch Carin, die sich ihr gerade erst angenähert hatte. Obwohl oder weil sie selbst jahrelang zwischen zwei Männern gestanden hatte, soll Fanny auf ein geordnetes Verhältnis des Sohnes zu seiner fünf Jahre älteren Geliebten gedrängt haben.

Weil Carins Ex-Mann sie offenbar weiterhin finanziell unterstützte, konnte das verliebte Paar sich ein schmuckes Haus mit rundherum viel Natur im damaligen Münchner Vorort Obermenzing leisten. Seit dem frühen 20. Jahrhundert entstanden auf den Wiesen zwischen Obermenzing und Pasing, Fannys Geburtsort, Kolonien moderner Architektenvillen. Dass die Familie mütterlicherseits nahezu ums Eck in großer Armut gelebt hatte, wird Hermann vermutlich verschleiert haben, wie er später seinen Stammbaum frisierte und aus seinem Großvater Peter Tiefenbrunn einen Kaufmann machte.

Nach Hermanns späteren Maßstäben war das Haus in der Obermenzinger Reginbaldstraße jedenfalls unauffällig und bescheiden. Umso gewaltiger waren die beruflichen Pläne. Nichts weniger als den Sturz der bayerischen Regierung heckte der Politneuling an Hitlers Seite aus, Mussolini mit seinem »Marsch auf Rom« war das Vorbild.

So krachend der Putsch vom 8. und 9. November 1923 misslang, so sehr spielte er Adolf Hitler letztlich in die Hände. Die einen unterschätzten den Gescheiterten und sein »Kasperltheater«, die anderen mythologisierten, wie Carin Göring, fortan seine Opferbereitschaft. Selbst die bayerische Justiz verharmloste seine Attacke auf die Demokratie und bescheinigte ihm, dass sein »Tun von rein vaterländischem Geist und dem edelsten selbstlosen Willen geleitet« war.[13] Mildernde Umstände. Statt – wie bei Hochverrat üblich – zu »lebenslänglich«, wurde Hitler zu fünf Jahren Gefängnis verurteilt, von denen er bekanntermaßen lediglich sechs Monate absitzen musste.

Hermann hingegen konnte schwer verwundet nach Österreich fliehen – eine Kugel hatte ihn in der Leistengegend erwischt. Nun rächte es sich allerdings, dass er sich, obwohl das Bayerisch-Österreichische ihm mütterlicherseits so nah war, gegenüber den bodenständig, bierlaunig bayerischen Parteikollegen bisher als arroganter preußischer Eliteabkömmling inszeniert hatte, statt Seilschaften innerhalb der NSDAP zu knüpfen. Von der Partei kam kein Rückhalt, auch finanziell hing er in der Luft. In einer Innsbrucker Klinik wurde er langwierig behandelt. Die Wunde eiterte, die Heilung zog sich hin, gegen die Schmerzen half nur Morphium. Schon nach wenigen Wochen war er davon abhängig – wieder; denn anders, als es meist erzählt wird, hatte er das berauschende Gift schon im November 1916 für sich entdeckt, als er nach einem Beindurchschuss und einem Steckschuss in der rechten Hüfte so schnell wie möglich zurück an die Front wollte. »Das konnte nur durch die Schmerzstillung mit Morphium erreicht werden, wodurch die Abhängigkeit begann«, ist von seinem Freund, Oberleutnant Bruno Loerzer, überliefert.[14]

Erst im Herbst 1927, nachdem der Haftbefehl gegen ihn offiziell aufgehoben und das Verfahren wegen Hochverrats eingestellt worden war, kehrte er nach vier Jahren im Exil – Österreich, Italien, Schweden –, diversen Klinikaufenthalten – Drogenmissbrauch, beängstigende Gemütsschwankungen zwischen überaktiven Hochphasen, unkontrollierbaren Ausrastern und wiederkehrenden Depressionen, Selbstmordfantasien, »Drohte damit, sich ein Schwert in den Leib zu stoßen«, liest man in seiner Krankenakte, Zwangsjacke, noch mehr Drogen – und dem vergeblichen Versuch, wieder Fuß zu fassen, nach Deutschland zurück. Instabil. Mit drückenden Geldsorgen. Aber mit einem überhöhten Anspruch an sich selbst: einmal Held, immer Held. Ein Oszillierender zwischen Größenwahn und Minderwertigkeitsgefühlen. Er werde entweder »ein ganz großer Mann«, soll seine Mutter prophezeit haben, »oder ein großer Krimineller«; da war er noch ein Kind. »Göring hat zu Beginn seiner politischen Laufbahn in einer racheschnaubenden Rede verraten, welchen Beweggrund sein Wüten gehabt hatte: Revolutionäre haben ihm, dem Offizier, im November 1918 auf offener Straße die Epauletten von der Uniform gerissen«, erklärte sich der Publizist und Regimekritiker Karl Scheffler die ungebremste Hassgetriebenheit. »Diese Schande glaubte er mit Blut abwaschen zu müssen …«[15]

Die kleine Obermenzinger Villa, in der sich die Verschwörer von 1923 immer wieder getroffen hatten, um ihre Pläne auszuhecken, hatte Carin inzwischen verkauft. Ein Neuanfang in Berlin stand an. Erste Anlaufstelle waren Hermanns Fliegerkameraden aus dem Ersten Weltkrieg. Sie sollten ihm ein Auskommen in der Flugzeugindustrie verschaffen, als Handelsvertreter und Lobbyist. Kontakte knüpfen, Seilschaften bemühen, Deals aushandeln. Darin sah er seine Stärken und seine Chance, sich finanziell abzusichern und Carin, die während seiner vier Jahre im Exil hauptsächlich in Schweden gelebt und immer wieder monatelang im Krankenhaus gelegen hatte, nach Berlin zu holen. Doch schon nach der ersten Unterredung mit Adolf Hitler landete er wieder in der Politik.

Warum Hitler ihm bei den Reichstagswahlen vom Mai 1928 einen sicheren Listenplatz überließ und damit ein ordentliches Gehalt? Hermann Göring teilte dessen Ehrgeiz und seinen Hass auf die Linke, aber seiner Umwelt präsentierte er sich weniger verbissen, dafür abwägender, emotionaler, optimistischer, humorvoller, manchmal sogar selbstironisch. Diese Art von anscheinender Umgänglichkeit, das wusste Hitler bestimmt, würde seiner »Bewegung« helfen, in die gesellschaftliche Mitte vorzurücken, und vielleicht ahnte er auch schon, dass Hermann Göring bei aller Jovialität einen gnadenlosen Durchsetzungswillen in sich trug, der sich im Zweifel keine Gewissensfragen stellte. Eine Version besagt, dass Hitler ihn als moderates, konservatives Gegengewicht zu Revolutionären wie Goebbels installierte. Bezeichnenderweise äußerte gerade der sich bewundernd über Görings Härte: »Er hat das Zeug dazu, ganz radikale Sachen zu machen, und auch die Nerven, um einen harten Kampf durchzustehen.«[16] Dass er sich weiterhin nicht in die Parteihierarchie einordnen musste, sondern sich als eine Art persönlicher Diener seines Herrn inszenieren konnte, passte Hermann Göring dabei ins Konzept.

Sicher ist, dass er in seiner Funktion als Abgeordneter der damals noch 2,6-Prozent-Partei sein Netz sogleich auszuwerfen begann: in die Finanzwirtschaft, in die Industrie, in die Aristokratie – insbesondere zu Kronprinz Wilhelm von Preußen – und in die internationale Diplomatie. Der fatale Börsencrash an der Wall Street vom Oktober 1929 spielte ihm dabei in die Hände. Bei den Reichstagswahlen im September 1930 legte die NSDAP um 15,5 Prozent zu. Das rechtskonservative Lager hörte ihm jetzt zu. Spätestens seit dem Winter 1930/31 hatte er Zugang zu Leuten wie dem Bankier Hjalmar Schacht oder dem Großindustriellen Fritz Thyssen. Von deren Geld gönnte er sich fortan seinen schamlos unbesorgten Lebensstil. Thyssen sei nie ein besonders heller Kopf gewesen, soll der frühere, nationalliberale Finanzminister Hans von Raumer geurteilt haben, »gerade dumm genug, um sich vor dem Kommunismus zu fürchten, ohne sich dabei zu fragen, ob das Mittel dagegen vielleicht nicht noch schlimmer ist als das Übel«.[17]

***

Bei den nächsten Wahlen im Juli 1932 verdoppelte die NSDAP ihre Stimmen und stand nun bei 37,3 Prozent. Die politische Konkurrenz bestürzte das. Wundern musste es sie nicht. Drastische Rückgänge in der Industrieproduktion und im öffentlichen Dienst hatten die Arbeitslosenquote zuletzt auf fast dreißig Prozent explodieren lassen. Die vehemente Sparpolitik – Kürzungen an allen Enden, bei den öffentlichen Gehältern, bei den Sozialleistungen ... – hatte Millionen Menschen verängstigt und verärgert, durch alle Bevölkerungsschichten, aber gerade auch in der bürgerlichen Mittelschicht.

Als bei Weitem stärkste Partei wollte die NSDAP in die Regierungsverantwortung, doch die Verhandlungen zwischen Reichspräsident Hindenburg, Hitler, dem deutschnational gesinnten Zentrumsmann Franz von Papen als amtierendem Reichskanzler und Hermann Göring scheiterten an der kalkulierten Kompromisslosigkeit der Nationalsozialisten. Hindenburg beauftragte von Papen mit der Regierungsbildung. Zuwege brachte er nichts.

Am vorletzten Augusttag dann so etwas wie ein persönlicher Teilerfolg Görings: Mit den Stimmen aller bürgerlichen Parteien, die dem SPD-Kandidaten und bisherigen Vorsitzenden geschlossen eine Absage erteilten, wurde er als neuer Reichstagspräsident installiert. Für viele Familienmitglieder war er damit bereits der Vorzeigemann, nach dem sie sich schon lang gesehnt hatten: »Möge endlich der *Held* entstehen, der dem Namen Göring seit Jahrhunderten gefehlt hat [...].«[18]

Der Göring-Clan bekannte sich in seiner Mehrheit zum Nationalsozialismus – schon vor 1933. Beamtenfamilien, ehemalige Militärangehörige, Juristen, Mediziner ... einigermaßen situiert, aber selten mit großem Spielraum, dafür mit umso mehr Elite-, aber auch Pflichtbewusstsein. Treue, dünkelhafte Nationalisten. Auch sie ließen sich von der Angst und vom Ärger über eine ungesicherte Zukunft und den womöglich finalen Statusverlust treiben, und von ihrem Heimatstolz. Bei manchen von ihnen wuchs er sich zur Hysterie aus. Das machte sie so empfänglich für das völkische und antisemitische Gedankengut, das Hitler predigte.

»Gerade in diesen schweren Zeiten ist der feste Zusammenhalt einer großen Familie ein dringendes Gebot für unser Vaterland«, hatte Hermann den Verwandten mit heute so befremdlich klingendem Pathos zugerufen, als er – zu beschäftigt! – wieder einmal nicht am Familientag teilnehmen konnte.[19] Die Antwort »unseres Verbands zur Erhaltung der Familie und damit zugleich des deutschen Volkstums«, der damals nach eigener Aussage bereits »zum großen Teil der NSDAP angehörte«, kam ganz in seinem Sinn: Von der Hoffnung auf die Wiedergeburt Deutschlands und auf eine »bessere Zukunft für unsere Jugend« sprach man, vom Abstreifen der »Fesseln des Marxismus und der Korruption« und vom Stolz, dass »einer der Unsern an führender Stelle« bei dieser Neuordnung mitwirke.[20]

Aus seinem Enthusiasmus für den Nationalsozialismus und für die Ambitionen seines kleinen Bruders machte auch mein Großvater Karl Ernst Göring kein Hehl, und wenn er nicht gestorben wäre, hätte Hermann ihm im »Dritten Reich« gewiss offizielle Aufgaben übertragen, so wie er den Ehemännern seiner Schwestern Paula und Olga Aufgaben übertrug und anderen Familienmitgliedern auch.

Mein Großvater Karl Ernst Göring taugt zum Lehrbuchbeispiel im Unterkapitel »Ehemalige Militärangehörige und der Nationalsozialismus«. In meiner Erinnerung trägt er einen Tropenhut und lehnt an einem mächtigen Schwarzbüffel, den er kurz davor erlegt hat und hinter dessen kolossalen Hörnern und Schädel er – eigentlich ein hochgewachsener Mann – beinah schmächtig aussieht. Mit ernster Ausdruckslosigkeit schaut er in die Kamera oder eher durch sie hindurch. Ich jedenfalls kann keine Gefühlsregung erkennen. Seit ich mich erinnern kann, nannte ich ihn »den Krieger«.

Sein Foto als Großwildjäger stand jahrelang auf der marmorgedeckelten Truhe in unserem Wohnzimmer. Großmutti Ilse erzählte mir, dass Karl schon als Kind nichts anderes sein wollte als Soldat, am liebsten, wie sein ältester Halbbruder und Vorbild Friedrich »Willi« Wilhelm Göring, im Kolonialdienst. Von der Kadettenschule Bensberg führte sein Weg in die Königlich Preußische Hauptkadettenanstalt in Berlin Groß-Lichterfelde, die bedeutendste Kaderschmiede des Reichs. Die »Lichterfelder«, sie bildeten die militärische Elite. Zu Karl scheint der harte Umgangston gepasst zu haben.

Fünf Jahre Inlandserfahrung als Leutnant musste er vorweisen, dann konnte er bei der Kaiserlichen Schutztruppe für Deutsch-Ost-

Mein Großvater – Großwildjäger und Hauptmann in Paul von Lettow-Vorbecks »Schutztruppe für Deutsch-Ostafrika«, ca. 1914.

afrika anheuern, in der zehn Jahre vorher Willi gedient hatte. Heinrich Ernst Görings zweiter Erstgeborener auf den Spuren von dessen (fünfzehn Jahre älterem) erstem Erstgeborenen. 1909, dem Jahr, als auch Hermann von den »Lichterfeldern« aufgenommen wurde, bereitete Karl sich am praxisorientierten Orientalischen Seminar in Berlin auf seinen Auslandseinsatz vor. »Als er dann im Jahre 1913 nach einem ersten Heimaturlaub nach Ostafrika zurückkehrte«, liest man über ihn, »ahnte er nicht, dass er die Heimat erst nach sieben Jahren voller Entbehrungen und Anstrengungen wiedersehen sollte.«[21]

Das Deutschland, das er bei seiner Rückkehr im Februar 1920 vorfand, hatte für ihn nichts mehr mit der Heimat zu tun, aus der er losgezogen war. Die neue Staatsform einer parlamentarischen Demokratie war ihm fremd. Wenige Tage vor seiner Ankunft war der Versailler Vertrag endgültig in Kraft getreten. Sämtliche Kolonien waren dem Land nun entzogen, und – was sollte jetzt aus dem

Krieger werden? – das deutsche Militär musste zur Bedeutungslosigkeit verkleinert werden. Sogar die Schließung seiner ehemaligen Schule war im Vertrag festgeschrieben. Mit einem Schlussappell am 20. März 1920 wurde die Lichterfelder Kadettenanstalt in ein ziviles Realgymnasium umgewidmet. »Im Hinblick auf die [...] Verminderung der Reichswehr zog er es vor, sich zur Schutzpolizei zu melden« – das Dilemma des Berufssoldaten Karl Ernst Göring.[22]

Zweierlei behinderte seine Karriere in der Weimarer Republik. Zum einen war es seine Gesundheit. Als Folge seiner schweren Kriegsverletzung entwickelte sich »eine gewisse Schwäche innerer Organe«.[23] Zwerchfellbruch, Darmschlingenverlagerungen – die Schmerzen müssen zeitweise unerträglich gewesen sein. Im Frühjahr 1931 ging es ihm so schlecht, dass er seiner Schwester Paula die Bitte abschlagen musste, die Patenschaft für deren neugeborene Tochter Roswitha zu übernehmen.[24]

Zum anderen war es seine politische Gesinnung. »Es dürfte keinem Zweifel unterliegen, dass die führende Rolle seines Bruders Hermann in der nationalsozialistischen Bewegung ihn den bisherigen Machthabern verdächtig erscheinen ließ und sie ihn daher in kleinlicher Weise dies fühlen ließen«, erklärte sich die Familie den Karrierestillstand.[25] Verdacht auf Sippenhaft. Damit machte sie es sich zu einfach. Er selbst sah Gemeinsamkeiten zwischen seinen Werten und denen, auf die die Nazis so wortgewaltig pochten. Die Dolchstoßlüge vom »im Felde unbesiegten deutschen Heer«, dem in der Heimat Quertreiber aus der sozialdemokratischen und vor allem aus der bolschewistisch-jüdischen Ecke in den Rücken gefallen seien, prägte auch seine Wahrheiten. Von der Republik fühlte der reaktionäre Polizeimajor aus dem kaiserlichen Offizierskorps sich nicht wertgeschätzt. Das machte ihn umso empfänglicher für Verschwörungstheorien. Die ersten freien Wahlen hatte er als schwer verwundeter Kriegsgefangener verpasst – von der Demokratie als Staatsform hielt er ohnehin nichts. Die nationale Propaganda von den angeblich unerträglich harten Bedingungen des Friedensvertrags von Versailles verinnerlichte er hingegen. Ein starker »Führer« als Nachfolger des Kaisers – daran knüpfte er

Hoffnungen. Nach allem, was ich weiß, halte ich Karl Ernst für den ideologisch Fixierteren der beiden Brüder. Der zuletzt rasante Aufstieg der NSDAP dürfte ihn ermutigt haben; in Thüringen regierte die Partei bereits seit 1930 mit.

Trotz seiner angegriffenen Gesundheit begleitete Karl den Bruder im Oktober 1931 zur Beerdigung von Carin Göring nach Stockholm. Zwei Wochen vorher hatte sie, bereits todgeweiht, Hermann nach Berlin geschickt. Tagelang hatte er an ihrem Bett gewacht, doch dann hatte sie darauf bestanden, dass er Hitlers Anweisung folgte und für ihn die Verhandlungen mit Reichspräsident Hindenburg führte. Damit hatte sie auch erreicht, dass sie selbst endlich loslassen und in Ruhe sterben konnte. So verklärte es später ihre Schwester.* Auf Karl stützte sich der verzweifelte Witwer, als er sich ein letztes Mal von seiner Frau verabschiedete.

Zwölf Monate später starb mein Großvater.

»Die Zwerchfellverletzung führte 1932 zu erneuter Operation, bei der der Darm stillgelegt werden musste. Leider trat dieser trotz aller Bemühungen nicht mehr in Tätigkeit, sodass dieser tapfere Offizier am 4.X.1932 in Hannover als 47-Jähriger verstarb.« Mein Vater Heinz schrieb diese Zeilen nachträglich auf die letzte Seite eines Exemplars von Karls Ostafrika-Aufzeichnungen, die dieser Mitte der 1920er-Jahre überarbeitet und zu *Meine Kriegserlebnisse* hatte binden lassen. Im Postskriptum heißt es: »Seine Beförderung zum Oberst am Tag vor seinem Tode am 3. 10. 32 hat er nicht mehr wahrgenommen.«[26] In seinem Nachruf beklagte die Familie eine »tragische Fügung des Schicksals«. Mir klingt es eher nach einem Last-minute-Hilfsakt des guten Onkels – und guten Bruders. Für den Reichstagspräsidenten waren die starren Stellenkegel der Schutzpolizei keine Hürde für Karls Beförderung. Die höhere Witwenpension eines Oberleutnants kam nun meiner Großmutter Ilse und den Söhnen zugute. Heinz, Peter und Helmuth waren erst elf, zehn und acht Jahre alt.

* Fanny v. Wilamowitz-Moellendorff: *Carin Göring*, a. a. O., S. 150. Verschiedene Göring-Biografen warfen Hermann Göring hingegen vor, dass er aus Karrierebewusstsein nach Berlin zurückfuhr und seine sterbende Frau ihrem Schicksal überließ.

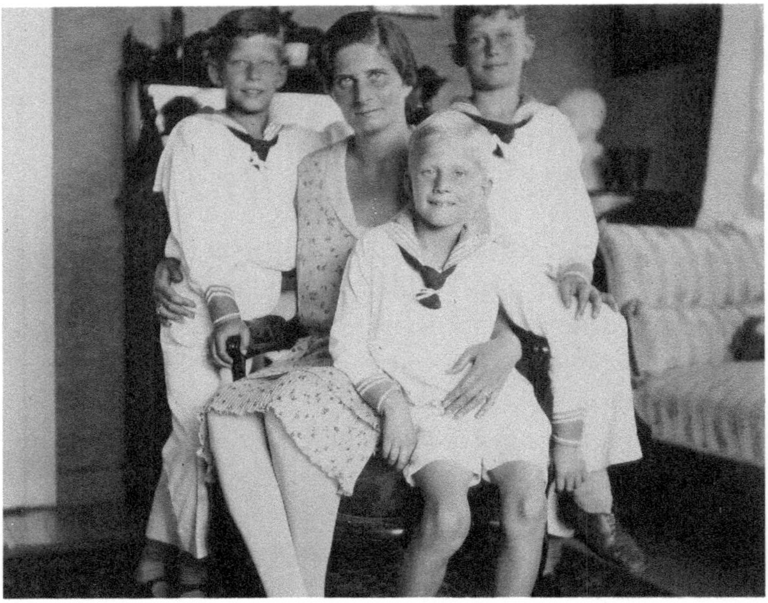

Meine Großmutter Ilse als junge Mutter mit (v. l.) Peter, Heinz und Helmuth, ca. 1928.

Das Schicksal wiederholte sich. Meine Großmutti Ilse Göring war noch keine sieben gewesen, als ihr Vater, gerade einmal vierzig, an einer Knochenmarkentzündung im rechten Bein als Spätfolge der Verletzungen starb, die er im Einsatz auf der SMS Olga vor Samoa erlitten hatte, und die damals dreißigjährige Frieda mit vier kleinen Mädchen zurückließ. Sie schuf ihnen »eine sonnige Jugend« – bis sie selbst an Multipler Sklerose erkrankte. Ihre letzten beiden Lebensjahre bin zu ihrem Tod 1929 verbrachte sie im Rollstuhl.[27] Todesfälle schweißen zusammen, erst recht in so unruhigen Zeiten. Für die Familie Göring galt das zweifellos.

***

Die politische Lage spitzte sich weiter zu. Im Herbst 1932 gehörten Straßenkämpfe zur Tagesordnung. Die Angst vor einem Bürgerkrieg wuchs. Bei der nächsten Reichstagswahl im November, einen

Monat nach Karls Tod, blieb die NSDAP trotz deutlicher Stimmeinbußen die mit Abstand stärkste Partei. Die liberalen Medien machten sich etwas vor. Hitler habe seine Chance verpasst, mutmaßte die *New York Times,* und die *Frankfurter Zeitung* träumte gar davon, dass »der gewaltige nationalistische Angriff auf den Staat abgeschlagen« sei.[28] Hermann Göring wurde in seinem Amt als Reichstagspräsident bestätigt. »Wenn mir jemand sagt: ›Ich bin kein Nazi, aber…‹«, schrieb die Schriftstellerin Annette Kolb in ihrem zu Jahresanfang 1932 erschienenen *Beschwerdebuch,* »dann weiß ich schon, dass er einer ist.«

Keine Frage, wem Großmutti Ilse ihre Stimme gegeben hatte. Sie stellte nun – das war außergewöhnlich für Frauen, die nur etwa fünf Prozent der Mitglieder ausmachten – auch einen Antrag auf Mitgliedschaft in Hitlers »Elitepartei« und wurde als Mitglied 1476362 eingetragen. Von ihrem Schwager und Onkel Hermann kam ein weiterer Impuls, der ihr Leben verändern sollte: Er holte sie aus Hannover nach Berlin. Als Witwer könne er gut eine Hausdame gebrauchen. Zwar hielt ihn seine Trauer um Carin nicht davon ab, schon wieder zu flirten – Carin lebte noch, da hatte er die Schauspielerin Emmy Sonnemann kennengelernt, nun traf er sie häufiger und korrespondierte vertraut. Aber er lebte allein. Außerdem betrachtete er ab sofort nicht nur meinen Vater Heinz, sondern auch Peter und Helmuth als seine Patensöhne. Wie selbstverständlich trat er so in die Fußstapfen seines Patenonkels Hermann Epenstein, der so viele Jahre für Hermann und seine Geschwister aufgekommen war.

Ein paar Tage nach der Wahl forderten führende Wirtschaftsvertreter, unter ihnen Fritz Thyssen, in der sogenannten Industrielleneingabe an Hindenburg Hitlers Ernennung zum Reichskanzler. Hitler sollte die Mehrheit im Parlament hinter sich bringen. Darauf ließ er sich aber nicht ein und machte sich stattdessen rar. Hermann Göring verhandelte inzwischen ehrgeizig weiter und stand im parteiinternen Streit um eine drohende Spaltung der NSDAP und ihre künftige politische Ausrichtung eng an Hitlers Seite.

Den Privatmenschen Göring beschäftigten Probleme mit seinem

Seltener Auftritt der Geschwister als Quintett: (v. l.) Albert Göring, Olga »Ole« Rigele, Ilse Göring (stellvertretend für ihren verstorbenen Mann Karl Ernst), Paula Hueber und Hermann Göring.

Gewicht und sein unmäßiger Schlaftablettenkonsum. Typisch für ihn ließ er keine Gelegenheit zur Selbststilisierung aus. Gegen Ende November war er zu Besuch bei Mussolini. Um an den Gesprächen zur Regierungsumbildung teilzunehmen, brach er seinen Aufenthalt in Italien ab und flog zurück. Das Steuer der Junkers Ju 52, so ließ er später verbreiten, übernahm er unterwegs selbst, und natürlich stellte er einen neuen Flugrekord auf. Rom – Berlin in weniger als sechs Stunden.[29]

Seit Anfang Dezember amtierte mit Kurt von Schleicher der zwölfte und schwächste Regierungschef der Weimarer Republik. Die NSDAP wartete ab. Die folgenden Wochen waren eine Phase aberwitziger politischer Intrigen und dramatischer Zuspitzungen, in der sich die Widersacher rücksichtslos bekämpften, aber fatalerweise in einer Sache einig waren: Die Demokratie hat ausgedient.

Hermann Göring verbrachte den Jahreswechsel bei der angeheirateten Verwandtschaft auf Schloss Rockelstad südwestlich von Stockholm. Für meine Großmutti Ilse gab es hingegen wenig Zeit, um innezuhalten. Der Umzug der jungen Witwe und ihrer drei Söhne nach Berlin stand unmittelbar bevor.

1963

Erinnerung ist kein Naturereignis. Wir schaffen sie uns selbst. Aber welche Erfahrungen hütet unser Gedächtnis, während es andere, die wir eben noch für wesentlich hielten, verblassen lässt oder aussortiert? Wovon lässt es sich über die Jahre beeinflussen? Warum macht es manches zur eigenen Geschichte und vergisst anderes? Und warum sehen wir das eine so viel dunkler, anderes wiederum lichter, als es in der Realität gewesen sein kann? Trügerisches Farbenspiel.

Meine Kindheit war von Unbeständigkeit geprägt, bis heute ergeben die Bruchstücke in meinem Gedächtnis kein harmonisches Ganzes. Viele heitere Episoden kommen mir in den Sinn und ebenso viele verstörende, unbeschwerte wie unverantwortliche, liebevolle wie, ja, auch lebensbedrohliche. Datieren kann ich sie meist nur vage. Manche sind mir sehr unangenehm, und wahrscheinlich wollte ich sie gar nicht in ihrer ganzen, schmerzhaften Wahrheit speichern. Den viel zitierten roten Faden, von dem es heißt, dass er sich durchs Leben zieht und ebendiese Bruchstücke der frühen Jahre zusammenhält, den Faden, aus dem wir letztlich unser Selbstbild weben – ich sehe ihn nicht. Da ist bestenfalls eine unordentliche Zickzacknaht, die die Extreme auf beiden Seiten meiner Familie lose zusammenhielt und aus dem heillosen Durcheinander ein irgendwie stringentes Drama machte.

Ich kann mir kein stärkeres Bedürfnis eines Kindes vorstellen als das, von den Eltern beschützt zu werden, wird Sigmund Freud zitiert. Meine Eltern waren kinderliebe Leute, aber sie waren mit sich selbst beschäftigt und versuchten erst gar nicht, die klassischen Rollen nach den bürgerlichen Erwartungshaltungen auszufüllen. Nestwärme fand ich bei Käthemam. Sie hatte drei Kinder und wohnte in der Wohnung neben uns. Ich wurde ihr viertes Kind.

Verglichen mit dem, was noch kam, war das unkonventionelle Durcheinander meiner frühen Kindheit und Vorschulzeit in der Goebenstraße jedoch meine heile Welt. Dort, im Wiesbadener

Westend, ist meine Kinderseele bis heute zu Hause – vielleicht auch nur, weil es in so klarem Gegensatz zu allem steht, was ich mit den Görings verbinde. Das Viertel zählt zu den am dichtesten besiedelten Stadtteilen Deutschlands und gilt heute als ein Brennpunkt der Nationen, Kulturen und Religionen, manchen als Ghetto, anderen als bunter Mikrokosmos mit enormem Potenzial. Nach den Wirren des Zweiten Weltkriegs war es ein Schmelztiegel der sozialen Klassen. Damals wie heute eine brüchige Harmonie, ein inhomogenes Neben-, immer wieder aber auch ein hilfsbereites Miteinander.

Nach der Geburt meines Bruders hatte die junge Familie ihr »neues Domizil, ein Zimmer bei den Schwiegereltern« in der Goebenstraße bezogen. »Diese warten nämlich immer noch auf die Freigabe ihres von den Amerikanern beschlagnahmten Hauses, dann können wir später hier die 4 Zimmer übernehmen«, freute sich mein Vater.[1] Kurz vor meiner Geburt oder auch ein paar Wochen danach war es so weit. Mehr als zehn Jahre hatte es gedauert, bis die US Army ihr *housing problem* in den Griff bekommen und ausreichend Unterkünfte für ihre Mitarbeiter errichtet hatte.

Endlich allein, ohne die Alten, möchte man denken. Doch diese junge Familie war allein nicht lebensfähig. Sie brauchte einen Anker wie meinen Opa Heuser. Er blieb bis zu seinem Tod präsent, war Ratgeber und Ruhepol für uns Kinder – mein Schutzpatron! – und diskreter Helfer meiner Eltern. Auch nachdem er uns die Goebenstraße überlassen hatte, schoss er manchmal Geld zu. Ob er aus purer Herzensgüte einsprang oder doch, weil der Puritaner in ihm den Schein wahren wollte? Jedenfalls kam seine Hilfsbereitschaft nicht nur meinem Vater zugute, der nach Opa Heusers Überzeugungen ohne Frage die Unmoral in Person war. Auch meine Mutter wurde jahrelang davon aufgefangen.

Denke ich an meine Vorschulzeit in der Goebenstraße zurück, sehe ich, klein, wie ich war, zuerst den unendlich langen Flur vor mir, an den Wänden Kunstdrucke prähistorischer Höhlenmalereien aus dem Fundus meines Vaters, und tatsächlich war es dort höhlenartig düster, weil die abgehenden Türen für gewöhnlich geschlossen

links: Kurzes Liebesglück: meine Eltern mit Carl Christian im Sommer 1955. (Mit Dank an Brigitte Fischer) rechts: Mein Vater und ich im Hinterhof der Goebenstraße, Frühling 1958.

waren, die Welten dahinter voneinander abgeschnitten und die Klüfte dazwischen von Jahr zu Jahr größer.

Die erste Tür rechts führte in die Schneiderwerkstatt. Über mehrere Jahre war das mein Lieblingsraum, jedenfalls ab Mittag, denn dort konnte ich meiner Mutter auf unkomplizierte Weise nahe, vielmehr in ihrer Nähe sein, während sie – da schaute ich noch zu ihr auf – buchstäblich in ihrem Element war und sich nicht weiter um mich kümmern musste. Unter den Schneidertischen imaginierte ich mir mein Spielreich, die überhängenden Enden der weißen Bügeltischlaken erklärte ich zu den Mauern meiner Burg. Die Görings und ihre Burgen und Schlösser! Aus der Ferne hörte ich das Treiben von Mamis »Damen«, in der Blütezeit des Ateliers waren es bis zu fünf oder sechs Gesellinnen und ebenso viele Lehrmädchen, und obwohl ich die einzige Person im Raum war, die unbegrenzt Zeit hatte, während alle anderen einem strammen Terminplan hinterherhechelten, kam mir die Atmosphäre in aller Regel gelöst vor, und irgendeine von ihnen, allesamt meine »Tanten«, hatte – anders als meine Mutter – immer einen Augenblick Zeit für mich. Besonders klar erinnere ich mich an die herzliche Frau Bućan und ihren hölzernen Akzent – sie und ihr Mann waren 1945 aus Polen geflohen – und an die Gesellin Uta, die viele Abende in der

Werkstatt verbrachte, um an den filigranen Kostümen zu arbeiten, in denen sie zu Turniertänzen antrat.

Meine Mutter war eine großzügige Chefin. Sie meinte es gut mit ihren Angestellten, forderte von ihnen aber den Perfektionismus und die Rund-um-die-Uhr-Ausdauer, die sie sich selbst abverlangte. Die Queen. Um durchzuhalten, erzählte sie mir später öfter, hätten sie ihre Füße sprichwörtlich in Sekt gebadet. Oft ganze Nächte.

Wie schwierig und letztlich aussichtslos das Geschäft mit der Maßkleidung schon damals war, ahnte ich natürlich nicht. Ein figurbetontes Kostüm so zu schneidern, dass es Mamis Ansprüchen genügte, dauerte eine Woche, ein Ballkleid auch deutlich länger, allein das Aufnähen der Pailletten beschäftigte zwei flinke Hände mehrere Tage, von 150 Stunden war die Rede. Gegen die massengefertigte Konfektion von der Stange war dieser Aufwand nicht zu kalkulieren. Opa Heuser war wieder zur Stelle und kam still für das Minus auf, über Jahre.*

An Kundschaft war hingegen auch weiterhin kein Mangel, immer noch bedachten namhafte Modejournale Larouette mit ansehnlichen Aufträgen, und die Mundpropaganda funktionierte. Meine Mutter gefiel sich als Modeschöpferin; dass diese Rolle ihres Lebens sie mehr und mehr überforderte, konnte sie eine ganze Weile kaschieren. Die »feinen Damen« aus den Adels- und Großbürgerkreisen des Rheingaus vertrauten ihr, Metternich, Henkel, Asbach, *drop the names,* einige hatte Großmutti hochwohlgeboren Ilse empfohlen; ohne Zweifel wusste sie um ihre eigenen Grenzen an der Nähmaschine. Wenn eine von ihnen zur Anprobe ins Atelier kam, kroch ich, um sie zu bestaunen oder gar mit ihr ins Gespräch zu kommen, hinter meinen Burgmauern hervor. Berührungsängste kannte ich offenbar nicht. »Bist du eine Königin?«, soll ich, hingerissen von der Paillettenpracht einer solchen Abendrobe, ihre Trägerin gefragt haben.

* Meine Tante Erika war – nach einer Ausbildung an der Fachschule für Modedesign – im Atelier Larouette unter anderem für das Schnittzeichnen verantwortlich. So wollte es Opa Heuser, und »was der Vater sagte, daran hielt man sich natürlich«. Gespräch mit Erika Heuser, am 21.10.2017.

Größer war mein Glück nur noch, wenn ich mich nützlich machen durfte, etwa wenn man mich ins Kurzwarenkaufhaus Kopp schickte, zwanzig Minuten zu Fuß, auf Kinderbeinen länger, um Kostümknöpfe mit Stoff überziehen zu lassen, oder – auch das kam vor – wenn ich, längst noch kein Schulkind, die Monatseinnahmen des Ateliers zur Bank bringen sollte. Oder wenn ich selbst zur Anprobe gebeten wurde. Aus den edlen Stoffresten nähten die Lehrmädchen Kleider für mich, manchmal legte meine Mutter selbst Hand an, dann war sogar Großmutti Ilse entzückt von mir.

Eine Wand trennte Emsigkeit von Müßiggang – nebenan, im Reich meines Vaters, spielte Zeit keine Rolle, und bis heute weiß ich nicht, ob er seine groß angekündigten Anstrengungen, Geld zu verdienen, um eine Familie ernähren zu können, schamlos versanden ließ, sobald er meine fleißige Mutter gefunden hatte, ob es eine Absprache gab zwischen ihr und ihm oder ob sie ihn gar dazu ermutigt hatte, es mit dem schnöden Broterwerb nicht zu übertreiben und endlich das Archäologiestudium zu beginnen, von dem er seit Jugendtagen geträumt hatte.[2] Im eifrigen Wirtschaftswunderdeutschland blieb er jedenfalls ein Außenseiter, und dass man ihm das ansah, kümmerte ihn nicht. Weil sie sein Sakko unmöglich zerschlissen fand, schenkte ihm seine Jugendliebe Elisabeth Fischer, mit der ihn weiterhin eine enge Freundschaft verband, ein modisches Tweedjackett aus dem Traditionshaus Peek & Cloppenburg. Er trug es täglich, und nach einem halben Jahr war der Stoff wieder abgewetzt, und die stets vollgestopften Taschen standen hoffnungslos ausgebeult ab. So war er eben. Heute würde man ihn in seinem Vintage-Look vermutlich einen »Hipster« nennen.[3]

Solange ich noch nicht in den Kindergarten gehen musste, legte ich mich gegen zehn oder elf Uhr vormittags zu ihm. Im ganzen Haus war bekannt, dass Papa Heinz sich sein Frühstück ans Bett bringen ließ und erst gegen Mittag aufstand. Sein »unter chronischem Kapitalmangel leidender Zwergengroßhandel«[4] bestand zwar weiterhin, die Geschäftszeiten des Einmannbetriebs bestimmte er jedoch selbst.

In ständigem Wettstreit: mein Bruder Carl Christian und ich in den frühen 1960er-Jahren.

Als kleines Mädchen störten mich die abfälligen Bemerkungen nicht, die es über ihn aufzuschnappen gab. In dieser Vormittagsstunde gehörte er mir allein. Carl Christian, der Stammhalter, ja, so nannten sie ihn, immer schneller, besser, richtiger, bevorzugter als ich, ja, so sah ich das, immer mein Herausforderer, immer Rivale, mit dem ich Kartoffelpuffer um die Wette aß, essen musste, ja, so dachte ich, bis mir übel war, und armdrückte, bis ich vor Schmerz aufschrie, CC, seit seiner Lungenentzündung unser aller Sorgenkind, er war zum Glück in der Schule. Dann war mein Vater mir so nah, wie ich meiner Mutter als Kind nie kam, und zweifellos hat er bei diesen Gelegenheiten auch seine Liebe zu Papier an mich weitergegeben.

Das Bett meines Vaters roch nach Zigarettenrauch und Druckerschwärze, und ich musste mir meinen Platz zwischen Stapeln von Büchern und Zeitungen suchen. Ich kann mich nicht erinnern, dass er sich je von mir gestört fühlte. Obwohl er unentwegt las, wandte er sich mir zu, ich durfte ihn kitzeln und er mich, und gelegentlich wird er mir wohl auch vorgelesen haben. So muss es gekommen sein, dass ich schon als Vorschulkind lesen lernte.

Er erklärte mir Zusammenhänge, und er wusste, wie man Geschichten verpackt. Wenn ich heute von Roswitha höre, wie sie als Vier- oder Fünfjährige »auf Onkel Hermanns Schoß« saß und er mit ihr über die Lichtgeschwindigkeit sprach, so kommt mir diese Art, Zuneigung zu zeigen, bekannt vor. »Wenn jemand auf der Sonne sitzt und deine Mutter gibt dir hier auf der Erde eine Ohrfeige, dann sieht er das acht Minuten später«, soll Hermann zu seiner Nichte gesagt haben.[5]

Mein Vater sprach selten über seinen Ersatzvater und Patenonkel, aber wenn, dann in einem »Das waren noch Zeiten, das hättest du mal erleben müssen«-Ton, bewundernd und irgendwie zärtlich. Auf die goldene Armbanduhr, die Hermann ihm zur Konfirmation geschenkt hatte, war er stolz. Noch stolzer erzählte er, wie er die Uhr kurz vor Kriegsende einer Liebschaft in Wien anvertraut hatte, die sie für ihn aufbewahrte, bis er aus der Gefangenschaft entlassen wurde.

Dass man ohne Fahrzeug nicht existieren kann, muss ihm auch der Onkel eingeimpft haben. Nach dem Motorrad, das er noch vor dem Abitur von ihm bekommen hatte und auf dem er zwischen Berlin und seiner Schule in Potsdam hin und her gefahren war, kam das erste Auto. In den Nachkriegsjahren empfand er es offenbar als Ausdruck seiner Würde und Selbstbestimmtheit und deshalb als lebensnotwendig, trotz seiner Geldsorgen möglichst schnell wieder ein Fahrzeug zu besitzen, und war es fürs Erste auch nur eine Schrottkarre.

Papas Storys über Hermann Görings ritterliche Anwesen, die Burg Mauterndorf im Lungau und die Burg Veldenstein in Franken, beschäftigten meine Fantasie, und eine Zeit lang war ich sicher, dass wir Görings von forschen Rittern abstammten, die dereinst eine Burg am Rhein bewohnten und Schiffs- und Wegzoll eintrieben. Das Göring'sche Wappen auf dem Siegelring meines Vaters hielt ich für eine Darstellung aus dem Mittelalter und die Bestätigung meiner Traumbilder. Es zeigt einen Arm in silberfarbenem Rüstzeug auf rotem Grund, der sich an einem goldenen Ring hochzieht. Tatsächlich ließ unsere Familie ihr Bürgerwappen wohl frühestens in der zweiten Hälfte des 19. Jahrhunderts anfertigen.

Ansonsten blieb bei mir damals kaum mehr hängen, als dass Hermann Göring ein berühmter Pilot, Reichsminister der Luftfahrt, unermesslich reich und ebenso großzügig war, dass es schon einen Grund hatte, warum die Menschen ihn verehrten, und dass ich seine markanten Ohren geerbt hatte. Offensichtlich genoss er selbst in den frühen 1960er-Jahren noch einen ansehnlichen Ruf. Jedenfalls eckten wir mit unserem Namen nirgendwo an, im Gegenteil, vorn rum begegnete man uns mit Respekt, der mir erst später sauer aufstieß.

Als Großmutti Ilse eines dieser unkaputtbaren Opel-Ballonräder aus den frühen 1930er-Jahren – viel zu groß für mich! – nach Wiesbaden schickte, staunten die Hausbewohner so wortreich über Hermann Görings Fahrrad, dass ich einige Jahre selbst glaubte, es hätte einmal Onkel Hermann gehört, und auch als ich das schwarze Ungetüm mit türkiser Ölfarbe überpinselte, hieß es weiter das »Rad vom Dicken«. Unvergesslich blieb es mir aber vor allem deshalb, weil es uns eine Weile als Zirkusrad diente. Bettinchen, das Maskottchen der Goebenstraße. Wolfgang aus dem Parterre rechts, neun Jahre älter als ich, ein beschwingter Teenager mit lachenden Augen und mein erster Schwarm, hob mich auf seine Schultern – wäre ich ängstlich gewesen, hätte ich im Wettstreit mit meinem Bruder nicht bestanden! –, stieg auf das Rad und kurvte mit mir unter dem Applaus der anderen Kinder durch den Hinterhof. Dazu sang er das legendäre Lied vom Zirkus Sarrasani, nicht irgendwie, sondern mit der hoffüllenden Baritonstimme des künftigen Opernstars.*

***

* Wolfgang Brendel debütierte 1971 in Kaiserslautern in *Così fan tutte* und wurde ein weltberühmter Bariton.

Meine ersten tiefen Zweifel an Papa Heinz säte ausgerechnet Käthemam, und wahrscheinlich haben ihre Worte mich deshalb so nachhaltig beeindruckt, weil ich damals niemandem inniger vertraute als ihr.

Käthemam hieß natürlich Käthe, die Mam hängte ich ihr an und manifestierte damit, was ich für selbstverständlich nahm: Sie hatte die Verantwortung für mich. Und nicht nur für mich, sondern auch für unseren Haushalt, unser Essen, unsere Wäsche, die Verpflegung von Mamis »Damen« und zunehmend für meine Mutter selbst.

Ich weiß nicht, ob Käthemam jemals feste Arbeitszeiten hatte, sie musste schließlich auch ihre eigene Familie versorgen, ihren Mann Willi und ihre drei Kinder, das jüngste, Gudrun, zehn Jahre älter als ich. Die Eingangstüren unserer beiden Wohnungen waren jedenfalls durchlässig, ich konnte jederzeit zu ihr gehen, und dieses Jederzeit nahm ich umso wörtlicher, je tiefer meine Eltern in ihrem Drama versanken und je öfter ich mir selbst überlassen war oder meinem wüsten Bruder ausweichen wollte.

Während ich, besonders an den Wochenenden und wenn das Wetter nasskalt wurde und man nicht einfach auf den Hof oder die Straße verschwinden konnte, zu Hause bisweilen in Deckung ging, weil meine Eltern sich angifteten, sobald sie sich in einem Raum aufhielten, oder aber weil klaustrophobisch geschwiegen wurde, als ob sie voreinander auf der Lauer lägen, konnte ich in die ungefiltert bodenständige Atmosphäre in Käthemams Küche so hineinplappern, wie es offensichtlich meinem Naturell entsprach. Vielleicht fühlte ich mich auch deshalb so wohl bei ihr, weil in unserer Wohnung die Vergangenheit herumstand, während bei ihr die Gegenwart eingezogen war. Ehrwürdige Intarsienschränke bei uns, Serienmöbel aus dem Einrichtungshaus dort. Bücher bis zur Decke bei uns, *Micky Maus* und *Fix und Foxi* dort. Rühr-mich-nicht-an-Kartons mit den Briefmarken- und Münzordnern meines sammelwütigen Vaters bei uns, ein viel genutzter Spieletisch dort. Mühle, Dame, Schach. Und ein Schallplattenspieler. Frank Sinatra und Freddy Quinn auf Vinyl. *Strangers in the Night* und *Junge, komm bald wieder*. Mein Vater fand diese Musik vulgär.

Was von Käthemams zupackender Art auf mich abgefärbt hat, habe ich mir bis heute bewahrt. Sie kam aus Bonn, der Begriff rheinische Frohnatur könnte für sie erfunden worden sein, sie wusste über jeden im Haus Bescheid, und sie hatte zu jedem eine Meinung. Warum sie das rumänische Roma-Mädchen aus dem zweiten Hinterhaus »keinen Umgang für unser Bettinchen« nannte, versteht keine Fünfjährige, und weil meine Mutter nicht danach fragte, mit wem ich meine Zeit verbrachte, blieb sie meine Freundin, und ich zog weiterhin mit ihr um die Häuser.

In meiner Erinnerung trägt Käthemam ein kariertes Kittelkleid, das uneitel an ihr herabhängt und ihre üppigen Rundungen verschwinden lässt. Wenn ich Kuschelnähe brauchte, drückte sie mich an sich, ich spürte ihren weichen Körper und roch den Kümmel, den sie beim Kochen kaute. Als Käthemam mir an einem dieser Samstage oder Sonntage wieder einmal die Tür öffnete, muss ich besonders aufgewühlt oder empört, verunsichert oder ratlos auf sie gewirkt haben, und vielleicht begann ich auch gleich, ihr von einem Krach meiner Eltern zu erzählen. Oder davon, wie befremdlich – damals natürlich nicht mein Wortschatz – meine Mutter sich benahm, vielleicht dass sie wieder wie benebelt durch mich durchgeschaut und unverständlich gesprochen, mag sein gelallt hatte, mit der trotzigen, orientierungslosen Gehässigkeit – das wurde mir freilich erst Jahre später klar – einer verletzten Frau.

Warum sonst kann Käthemam auf die Idee gekommen sein, mich nicht wie gewöhnlich zu sich in die Küche zu lotsen, sondern die Treppe hinunter ins Halbdunkel des Zwischengeschosses, wo niemand uns zuhören konnte. Was dort in einer unheilvollen Melange aus Beschützerinstinkt und Sensationslust auf mich einprasselte, lag so außerhalb meiner kindlichen Vorstellungswelt, dass ich alles wörtlich nahm, auch wenn ich kaum etwas davon verstand: Dein Vater ist an allem schuld. Dein Vater hat deine Mutter betrogen, als du noch in ihrem Bauch warst. Er allein, dieser angeblich so noble Herr Göring, trägt die Verantwortung für das Unglück eurer Familie. Er hat deine Mutter im Stich gelassen und tut es jeden Tag aufs Neue. Und nur deshalb benimmt sie sich so – und lallt.

Begeisterte Beifahrerin meines Vaters beim Eiertransport zwischen Berghausen und Wiesbaden. Im Hintergrund Großmutti Ilse.

Die Botschaft brannte sich mir ein wie der Geschmack des Kakaos, den Käthemam im Anschluss für mich kochte, wie immer mit einer Überdosis Zucker. An beides muss ich denken, wenn ich auf meine »raue Haut« angesprochen werde; denn die verstörende Treppenhausszene war im Rückblick nur eine der Ausnahmesituationen, die mich, es kann gar nicht anders sein, trotz meiner grundsätzlichen Unbeschwertheit und dem Zufluchtsort, der mir verlässlich offenstand, heillos überforderten. Erinnerungsfetzen.

Buchstäblich aus der Bahn geworfen wurde ich mindestens einmal, als ich meinen Vater auf einer seiner nachmittäglichen Geschäftstouren begleitete. Er handelte weiterhin mit Kurzwaren, und er lieferte Eier aus, die Berghausener Eier von Großmutti Ilses Hühnerfarm. Wie nichts ihr entging, war Käthemam auch nicht entgangen, dass sie ungekühlt im Auto standen, oft wochenlang. Sie war deshalb überzeugt, dass er sie bloß zum Vorwand nahm, um wegzufahren und heimlich Frauen zu treffen, und fühlte sich bestätigt, als er einmal von seinen »Alibi-Eiern« sprach. Das erzählte Käthemams Tochter Gudrun mir erst, als wir beide erwachsen waren. Wer einmal fehltritt …

Heinz Göring, ein Balztänzer? Zweifellos ein Wortjongleur. Selten um einen Witz verlegen. Toleranter, als die meisten Menschen vertragen können. Eine Provokation nicht nur für Käthemam. Sie hielt ihn für überheblich. Und er hielt sich für überlegen, ihr gegenüber und auch gegenüber meiner Mutter. Das Klassendenken war ihm anerzogen worden, und – Toleranz kann sich auch von oben herab geben – dass er sich davon nie freigemacht hat oder erst ganz am Ende seines Lebens, war vielleicht seine größte Schwäche. Aber ein notorischer Frauensammler? War er dazu nicht viel zu sehr mit sich und seinen Gedanken, seinen Büchern, Münzen und Briefmarken beschäftigt? Tatsächlich war er gern unterwegs, Autofahren war eine Leidenschaft, egal wie altersschwach sein »Wüstenschiff« war. Zwischendurch ein launiger Verkaufsplausch mit einem Kunden, dann ein Stopp bei einem Freund. Langweilig war mir auf den Touren mit Papa Heinz nicht.

Ob sie defekt war oder er sie mit der für ihn typischen Flüchtigkeit nicht fachgerecht verschlossen hatte – darüber wurde im Nachhinein nicht gesprochen; jedenfalls sprang auf einer dieser Fahrten die Fondtür auf, während wir in flotter Fahrt einen Hügel hinabrollten, und ich fiel aus dem Wagen. Immerhin bemerkte er es. Das müssen wir der Mami nicht sagen! Wundersamerweise überstand ich den Stunt ohne dramatischere Blessuren.

Weniger zum Lachen ist mir, wenn ich daran denke, wie meine Eltern eines Abends allen Ernstes das »Papa und Mama haben sich nicht mehr lieb«-Gespräch eröffneten und von mir wissen wollten, ob sie sich nicht doch besser trennen sollten. Ich war inzwischen ein Kindergartenkind, auf dem Sprung zur Schule. Zu Ostern 1963 sollte ich eingeschult werden.

Ich weiß nicht mehr, ob mein Bruder dabei war – im Zweifel verschonten sie ihn mit ihren Problemen, er war ja das von Infekten gebeutelte Sensibelchen. Ich weiß auch nicht mehr, ob ich überhaupt ein Wort herausbrachte. Ich weiß nur noch, dass ich bitterlich weinte und mich erst beruhigte, als ich endlich in Käthemams Armen lag, und dass ich von ihr wissen wollte, welche Schuld mich an dem Elend traf.

Was Käthemam darauf antwortete? Ob sie mich diesmal wie ein Kind behandelte? In meiner Erinnerung hat sie mich jedenfalls gerettet. Wie so oft. Wie an dem Tag, als ich mich verbrannte.

»Unser Bettinchen hat sich gestern nach dem Baden am Ofen so verbrannt, dass sie wahrscheinlich 10–14 Tage im Krankenhaus bleiben muss.«[6] In seiner Sachlichkeit klingt der Satz meines Vaters auf einer Postkarte vom 22. März 1962 an seine Jugendfreundin Elisabeth Fischer unpassend beiläufig, jedenfalls für meine Ohren, eingestreut zwischen den üblichen Höflichkeiten, Reiseplänen und – wieder einmal – einem dezenten Hinweis auf seine Geldsorgen; er hilft mir allerdings, den Vorfall zeitlich einzuordnen.

Vielleicht sollte ich die knappen Worte meines Vaters als Beleg dafür nehmen, dass im Hause Heinz und Elisabeth Göring tatsächlich, wie ich es empfinde, eine Ausnahmesituation die nächste jagte. Da fasst man sich schon mal kurz. Wenn er mit seiner Version recht hatte, dann ereignete sich das Unglück jedenfalls an einem Mittwoch, und das ist seltsam, denn Badetag war für uns Kinder samstags.

An einem Samstagabend spielt demnach jene Version, die ich seit Kindertagen im Kopf habe: Es muss kalt gewesen sein, denn der Ofen im Kinderzimmer war angefeuert, ein Kohleofen aus geschliffenem Gusseisen, gut einen Meter hoch und halb so breit, mit einem abgerundeten Deckel und einem imposanten Rauchrohr, das etwas unterhalb der Decke in der Wand verschwand. Im angrenzenden Badezimmer CC und ich bei unserem wöchentlichen Ritual. Chaoten unter sich. Planschen, Spritzen, Untertauchen, Kichern und Kämpfen, und auch ein bisschen Waschen. Meine Mutter steckte gelegentlich den Kopf rein, kam und ging, bis das Wasser abgekühlt war und wir aus der Wanne steigen sollten.

Dann parkte sie uns direkt vor dem Kinderzimmerofen, mich auf meinen Schemel, sitzend oder stehend, das weiß ich nicht mehr, und verschwand wieder. Das Kichern und Kämpfen ging wohl weiter, bis ich gegen den Ofen … nun … halb zog er sie, halb fiel sie hin … und daran kleben blieb. Ich muss vor Entsetzen – schwere Verbrennungen tun im ersten Moment nicht besonders weh – so gellend geschrien haben, dass nicht nur meine Mutter angerannt kam, sondern auch Käthemam und Gudrun, die mich in der Nachbarwohnung gehört hatten. Meine Mutter zupfte mich vom Ofen, doch zu schreien hörte ich erst auf, als Käthemam mich auf ihren Arm nahm.

Per Taxi in die Klinik. Verbrennungen zweiten und dritten Grades auf Po und Rücken und an den Armen. Hauttransplantationen. Zehn bis vierzehn Tage, wie mein Vater gedacht hatte, reichten nicht, es wurden gut vier Wochen im Krankenhausbett. Hauptsächlich auf dem Bauch liegend, zeitweise festgebunden, denn die heilende Haut juckte, und ich sollte mich nicht kratzen. Es gibt keine Kindheit ohne Notfall, heißt es. Viele Jahre später entschuldigte sich mein Bruder bei mir. Natürlich war es keine Absicht gewesen. Schwamm drüber.

Bis Gudrun mir eine dritte Version erzählte, nach der ich verzweifelt brüllend auf dem glühend heißen Ofen saß, als sie an der Seite von Käthemam ins Kinderzimmer gestürmt kam. Für die beiden stand fest, dass meine Mutter mich dort hinaufgesetzt hatte. Versehentlich. Gedankenlos. Unzurechnungsfähig. Betrunken. Eher sturzbesoffen.

Bis heute kann ich mir nicht vorstellen, dass meine Mutter solch einen Aussetzer gehabt haben soll. Eher, denke ich, hat die Geschichte sich in Käthemams Familie verselbstständigt. Malt die Erinnerung sich die schlimmste Version einer Geschichte aus, wenn man einem Menschen alles zutraut?

Ohne Frage trug meine Mutter die Verantwortung. Schließlich war es fahrlässig, genau genommen gemeingefährlich, zwei einander aufgekratzt triezende Kinder vor einem glühenden Ofen sich selbst zu überlassen. Schlimm daran ist auch, dass CC und ich in dem Glauben gelassen wurden, er allein hätte den Unfall leichtfertig verschuldet. Meine Mutter hatte offensichtlich etwas zu verbergen.

Bis dahin, wusste Gudrun zu erzählen, war über ihre Trinkgewohnheiten geschwiegen worden. Nun war es mit einem Mal publik. Elisabeth Göring hat – volltrunken – ihre Tochter in Lebensgefahr gebracht. Doch Käthemam klagte sie nicht an. Sie hatte Mitleid mit ihr und auch Verständnis. Und sorgte von nun an eben auch für sie.

Der Sekt im Modeatelier – er reichte ihr längst nicht mehr. Meine Mutter trank heimlich Schnaps, eine ganze Weile wohl aus 20- oder 40-Milliliter-Fläschchen, wie man sie an Supermarktkassen erwerben kann. Offenbar hatte sie in der ganzen Wohnung Depots angelegt. Warum so viele kleine?, fragte Brigitte ihre Mutter Elisabeth Fischer, nachdem sie bei einem Besuch in der Goebenstraße erstaunliche Mengen leer getrunkener Fläschchen im Papierkorb gesichtet hatte. Große Flaschen seien im Verhältnis doch viel billiger.[7]

Käthemam wanderte durch die Wohnung, sammelte das Leergut ein und entsorgte es. Wenn nichts mehr ging, brachte sie erst meine Mutter ins Bett, dann mich, oder umgekehrt. Man kann es das klassische Henne-Ei-Dilemma nennen, dass mein Vater solche Abende gern auswärts verbrachte.

***

Dann kam ich in die Schule. Neugierig. Vorlaut. Selbstständiger als viele. Unnötig, dass die Lehrerin mich von Tag eins an zu verbiegen begann. Ich hielt den Stift in der linken Hand. Sie hielt mich deshalb für verkehrt. Zwangsverordnete Umerziehung. Die Buchstaben, die ich zu Hause mit Schwung und Freude geschrieben hatte, gerieten nun zur krakeligen Qual. Ich litt. Als meine Mutter auch noch mitbekam, dass ich wegen meiner – Göring'schen – Segelohren verspottet wurde, mussten sie schleunigst korrigiert werden.

Tatsächlich erlebte ich meine Ohrenoperation traumatischer als die Verbrennung. Zwei große Schnitte in die hinteren Ohrmuscheln, für Wochen einen Verband wie einen Helm, noch mehr Spott der Kameraden. Ich gebe zu, ich war ein Kampfhahn und leicht zu provozieren. Schläge, Blut und Schmerzen. Von meiner Mutter konnte ich kein Mitleid erwarten. Als OP-Schwester im Krieg habe sie viel Schlimmeres gesehen, waren ihre wenig tröstlichen Worte. Ich fühlte mich von ihr bloßgestellt und ahnte noch nicht, wie typisch diese Haltung für viele Nachkriegseltern war, die damit eine vermutlich ungewollte, aber letztlich heilsame Distanz schufen zur nächsten Generation. Das geschah auf Täter- genauso wie auf Opferseite.

Und doch drängen sich, je länger ich über die Dramen meiner Kindheit schreibe, heitere Erinnerungen an diese ersten Jahre in den Vordergrund. Letztlich gab auch mein Luftikus-Vater unserem Leben eine gewisse Struktur. Als Kind hatte er gelernt, Rituale wichtig zu nehmen. Familienfeste wurden im Göring-Clan mit großem Aufwand zelebriert. Geschenke als Zeichen der Zusammengehörigkeit. Davon erzählen auch Hermann Görings Notizbücher, in denen er auflistete, was er wem zu schenken gedachte.[8] Auch Roswitha erwähnte, welchen Spaß Onkel Hermann hatte, ihre Wünsche zu erfüllen. Als sie sich – folgt man seinen Aufzeichnungen, dürfte es Ostern 1935 gewesen sein – eines dieser mit Konfekt gefüllten Pappmaschee-Eier just in Rot und Blau wünschte, es aber nirgendwo ein rot-blaues Ei gab, besorgte er eben zwei Eier, ein rotes und ein blaues, und setzte jeweils eine rote und eine blaue Pappmaschee-Hälfte zu Roswithas »Wünscheei« zusammen.[9]

Wenn Festtage anstanden, blühte mein Vater auf. Meiner Mutter war die Kraft für derlei Aufwand entglitten, aber Papa Heinz bestand darauf, dass es Weihnachten wurde in der Goebenstraße. Für uns Kinder richtete er Adventsteller mit Sultaninen und Orangen, Schokolade und Marzipankartoffeln, er kaufte Delikatessen, für die meine Mutter keinen Sinn hatte, und offenbar war er es auch, der für einen geschmückten Weihnachtsbaum sorgte. Von Käthemam kamen die Plätzchen.

Ich glaubte zu jener Zeit an das Christkind. Es war kurz vor Heiligabend, als mir die Abendröte am Himmel auffiel. Von Käthemams Balkon aus bewunderte ich den Himmel. »Schau doch, wie rot er ist«, soll ich geschwärmt haben. »Natürlich«, antwortete Käthemam, »die Englein backen ja auch. Übermorgen ist Weihnachten.«

Teil II

»Und die Juwelen?«[1]

– Hermann Göring am 12. November 1938 während einer von ihm einberufenen Ministerrunde anlässlich des Führerauftrags, die »Erledigung der Judenfrage jetzt zentral zusammenzufassen«.

»In Nazi Germany, to be a relative of a powerful figure like Hermann Göring was a political imprimatur or, for a rival, most often a sign that nothing was to be done.«[2]

– Geoffrey Cocks

1967

»Warum bleiben wir eigentlich nicht immer hier? Man könnte sich zum Beispiel für lange Zeit hier einmieten, einen Vertrag mit der Schlossdame machen, das wäre bestimmt gar nicht so teuer, und dann für immer: blaue Luft, graue Luft, Sonne, Meeresatem, Fische und Grog – ewiger, ewiger Urlaub.«[1] Ich war zehn Jahre alt, Gymnasiastin im ersten Jahr, und Liebesabenteuer, wie Kurt Tucholsky sie in seiner *Sommergeschichte* so launig beschreibt, brachten mich zum Kichern. Mein *Schloss Gripsholm* – von den Nationalsozialisten während ihrer Säuberungsaktion »wider den undeutschen Geist« ins Feuer geworfen, im Nachkriegsdeutschland ein Bestseller, als Verfilmung ein Straßenfeger – war das kleinere und etwas weiter südlich gelegene, aber genauso backsteinrote Neorenaissanceschloss Rockelstad. Oder Rockelsta oder Råckelsta, das so klingt: Rok-li-stad. Rokli steht im Altnordischen für »kleiner Fels«.

Ich wäre in jenem Sommer 1967 auch gerne noch *ewig, ewig* im schwedischen Södermanland geblieben. Die dicken Schlosstürme, der weitläufige Park, das Paddeln auf dem See Båven mit seinen vielen Buchten und Seitenarmen und kleinen Inseln; es hat gute Gründe, warum manche die Gegend Klein-Amazonas nennen. Tausende Vögel und noch mehr Wasserläufer, am Wasserrand die mächtigen Märchenwaldbäume, blaue Luft, graue Luft, Sonne. Und die Gastfreundschaft der von Rosens. Ein Esstisch wie für eine Ritterrunde, schwedische Grütze mit viel flüssiger Sahne, eine imposante weiße Suppenterrine, in der der Borschtsch gar nicht weniger zu werden schien, obwohl wir wie ausgehungerte Wölfe zuschlugen.

Nach mehreren aufreibenden Ferienfahrten zu viert waren wir diesmal zu dritt verreist. Meine Mutter hatte sich eine Kur verschreiben lassen, drei Wochen ohne Alkohol, zumindest war das die Auflage. Der Campingurlaub am Kalterer See im Jahr davor steckte nicht nur mir in den Knochen.

Es war später Nachmittag, und sie hatte bestimmt schon einige Schnäpse intus, als sie roch, dass das Essen anbrannte. Beim Versuch, zu retten, was noch zu retten war, kippte der Topf, riss den Kartuschenkocher um, und sofort schlugen Flammen hoch. Das kann jedem passieren, aber mit einer Betrunkenen hat kaum jemand Nachsicht. Da hat man das Unglück natürlich kommen sehen. Während mein Vater sich genervt und wahrscheinlich auch peinlich berührt abseits hielt – schließlich saßen unter den biederen Vorzelten der Nachbarwohnwägen Zuschauer –, löschten mein Bruder und ich das Feuer. CC verarbeitete seinen Schreck, indem er zwei Holzstöcke zu einem Kreuz zusammennagelte, in den verkohlten Haufen steckte und ein Foto davon schoss. Mein Vater verarbeitete seinen Schreck, indem er die »Unfähigkeit« der Mutter – das Wort tat ihr weh – ins Lächerliche zog, auch Tage später noch. Und ich verarbeitete meinen Schreck … nun … sie tat mir leid, und ich schämte mich mit ihr und für ihr Lallen.

Auf Rockelstad vermisste ich sie nicht. Eric von Rosens Sohn Carl Gustaf war unser Gastgeber.* Drei seiner Kinder wohnten noch zu Hause. Sie behandelten uns wie liebe Verwandtschaft, und irgendwie waren wir das ja auch, auch wenn ich damals noch nicht so genau verstand, um welches Eck. Astrid, die einige Monate bei uns in Wiesbaden gewohnt hatte, um ihr Deutsch zu verbessern, mit ihrer platinblonden Beehive-Frisur, eine hippe junge Dame. Eric, sechzehn oder schon siebzehn, strohblond gelockt und bestimmt ein Mädchenschwarm, auch meiner, aber bereits an Heli vergeben, das englische Au-pair der von Rosens, das er zwei Jahre später heiratete. Und der pummelige Carl Gustaf, ein Jahr älter als mein Bruder. Ein zwangloses Miteinander, als würden wir uns schon immer kennen. Dazwischen mein Papa Heinz, fröhlich-ausgelassen, fast wie eine von Tucholskys Romanfiguren. Diese Harmonie hätte ich gern festgehalten.

Ich wurde gelegentlich gefragt, ob ich die Hakenkreuze gesehen hätte auf Rockelstad. Nein, 1967 sah ich dort keine. Aber im Febru-

* Eric von Rosen hieß mit vollem Namen Carl Gustaf Bloomfield Eric von Rosen. Sein Sohn war Carl Gustaf Ericsson von Rosen.

ar 1920, als Papas Patenonkel Hermann Göring das Schloss zum ersten Mal betrat, sollen ihm die Swastikas im Kaminzimmer gleich ins Auge gestochen sein. Uralte Symbole des Lebens und der Fruchtbarkeit, der Sonne und des Glücks, seit dem Aufkommen der »völkischen Bewegung« im späten 19. Jahrhundert aber auch ein »Heilszeichen« der »Arier«, Symbol des »Germanentums« und bereits da antijüdisch und antibolschewistisch aufgeladen. Unklar, wie vertraut Hermann Göring mit den Bedeutungen des Zeichens damals schon war.

Nach dem Ende des Ersten Weltkriegs hatte er erst als Militärberater in Dänemark, dann bei Fokker in Schweden Fuß zu fassen versucht. Nach dem Versailler Vertrag war es Deutschland ausdrücklich untersagt, weiterhin eine Luftwaffe zu unterhalten. Er hatte deshalb seinen Abschied von der Reichswehr eingereicht. Statt Zahlungsansprüche geltend zu machen, hatte er sich – erfolgsgewisser Überflieger – nachträglich zum Hauptmann befördern lassen. Anfang August 1919 hatte er schließlich eine schwedische Fluglizenz erworben und als Pilot bei der Svensk Lufttrafik AB in Stockholm angeheuert. Pionier der zivilen Luftfahrt – das klang durchaus nach einer beruflichen Option. Doch weil der Aufbau eines Streckennetzes nicht von heute auf morgen ging, jobbte er zunächst als Taxi- und Transportflieger. Die Ereignisse jenes Februarwochenendes 1920 – wieder und wieder erzählt – mystifizierte er später zu so etwas wie seiner Initialzündung.

An dem Tag tobte über Stockholm und Södermanland ein Schneesturm. Der Zugbetrieb war eingestellt worden. Auf dem Flugplatz fragte Eric von Rosen nach einem Piloten, der ihn aus der Hauptstadt nach Hause bringen würde. Ein Abenteuer nach Hermann Görings Geschmack und sicher gut bezahlt. Kein anderer war angeblich bereit, das Risiko einzugehen.

Im Tiefflug brachte er den Grafen ins knapp achtzig Kilometer Luftlinie entfernte Rockelstad, landete die Maschine auf dem zugefrorenen Båven und band sie an der Bootsanlegestelle fest. Sein prominenter Passagier lud ihn ein, im Schloss zu übernachten. Als er sich im Kaminzimmer aufwärmte, kam, nein, schwebte Carin von Kantzow die Treppe hinunter. Sie besuchte an diesem Wochenende ihre Schwester Mary und deren Ehemann Eric.

Nach Carins Tod blieben Hermann und sein Schwippschwager in gutem Kontakt – auch aus politischen Gründen. Mit Anfang zwanzig hatte Eric von Rosen ein immenses Vermögen geerbt, seinem Großvater mütterlicherseits hatte die damals größte Papierfabrik der USA gehört. So konnte er Gut Rockelstad zu einer »romantischen Miniatur des königlichen Renaissance-Palastes Gripsholm« ausbauen.[2] Ich sage es ja, »mein Gripsholm«. Und er konnte ein unabhängiges Leben als Globetrotter und Privatgelehrter führen, unter anderem tat er sich als Ethnologe hervor, etwa als Entdecker des Batwa-Stammes in Zentralafrika, als Ägyptologe, Großwildjäger, Gründer von Naturparks, Schriftsteller und Komponist.

Nicht erst seit der Oktoberrevolution hatte er sich in der Öffentlichkeit als Antikommunist positioniert. Zu seinen rechtsextrem-nationalistischen Überzeugungen dürften wirtschaftliche Überlegungen gekommen sein, als er schließlich den NSB mitbegründete, den schwedischen Nationalsozialistischen Block, mit dem Ziel, die unterschiedlichen rechtsextremen Splittergruppen Schwedens zu einen, den Nationalsozialismus im Land zu stärken und enge Verbindung zum »Dritten Reich« zu halten. Während der Wirtschaftskrisen von 1929 und 1932 hatte Eric von Rosen einen Großteil seines Vermögens verloren, eine finanziell sorglose Zukunft seiner bisher vom Leben verwöhnten Familie war jetzt nicht mehr sicher. Nach der sudetendeutschen Krise soll er allerdings auf Distanz zu Berlin gegangen sein. Hitlers Expansionspolitik missfiel ihm. Die Freundschaft mit Hermann Göring soll darunter nicht gelitten haben.

Während unserer Ferien auf Rockelstad kam das alles nicht zur Sprache, zumindest nicht vor uns Kindern. Unser Gastgeber Carl Gustaf hatte ein gespaltenes Verhältnis zu seinem berühmten Vater. Zwar war auch er zum Abenteurer geboren, von Eric von Rosens Herrenrassedenken hatte er sich aber distanziert. Schon als Kind galt er als unangepasst und draufgängerisch. Für manche in seiner

Familie war er deshalb das schwarze Schaf, so wie mein Vater einigen in seiner Familie als schwarzes Schaf galt, und vielleicht verstanden Papa Heinz und Carl Gustaf sich auch deshalb gut. Jedenfalls konnte mein Vater nachvollziehen, wie es für Carl Gustaf war, als Bub vom Vater mit einer afrikanischen Nilpferdpeitsche gezüchtigt zu werden.[3] Auch mein Papa Heinz fürchtete sich vor seinem Vater, wenn der ihn mit gnadenloser Kolonialherrenstrenge übers Knie legte und ihm buchstäblich einbläute, dass er seinen Vorstellungen nicht genügte.

Seine Freunde bewunderten Carl Gustaf jedoch, den Berufspiloten aus Leidenschaft, und sahen in ihm einen Pionier und Menschenrechtsaktivisten, einen »Ritter auf Abwegen« und ewigen Idealisten.[4] Im Zweiten Weltkrieg wurde er der Spionage gegen das Deutsche Reich verdächtigt und von der Gestapo verhaftet. Hermann Göring musste für ihn intervenieren. Der »gute Onkel« hatte ihn schließlich mit dem Pilotenvirus infiziert, als er ihn und seine Schwester Birgitta am Sonntagvormittag jenes Wochenendes im Februar 1920 zu einem Rundflug über den vereisten Båven einlud. Richtungsweisende Tage also nicht nur für den Hals über Kopf verliebten Hermann, sondern auch für den damals zehnjährigen Carl Gustaf. Bei Kriegsende soll er KZ-Überlebende nach Schweden geflogen haben, danach setzte er sein Know-how jahrzehntelang in verschiedenen afrikanischen Ländern ein, auch in Diensten der UNO. Als er im Juli 1977 bei Bekannten in der äthiopischen Stadt Gode übernachtete, überfielen somalische Guerilleros das Haus. Acht Menschen wurden ermordet, darunter Carl Gustaf. Vier Jahre zuvor hatte die Familie Schloss Rockelstad verkauft.

***

Am Ende der Sommerferien wartete eine Überraschung auf mich, und es kann gut sein, dass ich die Tage auf Rockelstad auch deshalb so nachhaltig verklärte.

Wir kamen gut gelaunt aus Schweden. Mami kam gut erholt von ihrer Kur. Doch ihre Sorgen holten sie schnell ein, wir versteckten den Schnaps, sie kaufte neuen, ihre Stimmung schwankte zunehmend unberechenbar zwischen kämpferisch und am Boden zerstört, zänkisch und benebelt. Ihr Atelier Larouette war nicht mehr zu retten, sie entließ auch ihre letzte Gesellin, über ihrem kleinen Reich, vertrautes Spielzimmer meiner frühen Kindheit, lag eine bedrückende Endzeitstille. Falls darüber nachgedacht wurde, was aus dem Salon nun werden sollte, bekam ich davon nichts mit, denn am ersten Schultag nach den Sommerferien zog ich bei Opa Heuser ein.

Wenn ich Opa Heuser sage, dann meine ich meine Großeltern Heuser, aber Oma Else blieb – mit meinen Großmüttern hatte ich kein Glück! – auf unnahbar wortkarge Weise, meist irgendwie unpässlich, im Hintergrund. Früh kam bei mir an, dass der Opa »hochgeheiratet« hatte. Die »Oma Else Zeppenfeld aus Wanne-Eickel« hatte man nach der Volks- und höheren Mädchenschule als Kochlehrfräulein nach Wiesbaden geschickt. Das war während des Ersten Weltkriegs. Bei »irgendeiner kirchlichen Sache« hatte sie Wilhelm Heuser kennengelernt. Dass sie »aus einer besseren Familie« war als Opa, imponierte mir schon damals nicht, im Gegenteil befeuerte es meine Etwas-Besseres-sein-Allergie, die ich also offenbar nicht nur der Göring'schen Seite meiner Familie verdanke. Und es nahm mich noch mehr für meinen Opa Heuser ein.

Als kleine Kinder hatten wir trotzdem regelmäßig bei der Oma vorbeigeschaut. Mein Bruder und ich kletterten in die tief liegende Korbwanne unseres Kinderwagens, und Käthemams Tochter Gudrun schob uns aus dem Westend des Wiesbadener Kessels stadtauswärts über Stock und Stein den Kirschenpfad an Feldern, Schrebergärten und Baumschulen vorbei bergauf in die Lahnstraße. Das dauerte eine gute halbe Stunde, aber oft ließen wir uns Zeit. An den besonders steilen Stellen scheuchte Gudrun uns aus dem Wagen, und wir zottelten ihr hinterher. Wenn wir Glück hatten, schenkte Oma Else uns Früchte aus dem Garten, dunkle Herzkirschen und Stachelbeeren oder Rote und Schwarze Johannisbeeren im Frühsommer, Walnüsse im Herbst, und Gudrun einen großen Silberling, so nannten wir die Eine-Mark-Münzen. War sie schlecht gelaunt, dann waren wir ihr zu lebhaft. Und wenn wir ihr zu lebhaft waren, dann schmiss sie uns hinaus oder ließ uns erst gar nicht rein. Lebhaft, das war ein Vorwurf wie heute hyperaktiv.

Lebhaft war ich auch noch mit elf. Und angeblich auch dickköpfig. Aber nun konnte Oma Else mich nicht mehr rausschmeißen, nun wohnte ich in ihrem Haus. Dass im Garten gerade die Äpfel und Pflaumen reif waren, tröstete mich nicht. Meine Eltern hatten mich mit derselben Beiläufigkeit abgeschoben, mit der sie mich als Fünfjährige bei Großmutti Ilse in Berghausen deponiert hatten, während mein Bruder – das war auch diesmal das unmittelbar Bitterste daran – bei ihnen bleiben durfte. Dass mein Weg ins Elly-Heuss-Gymnasium jetzt fast vier Mal so lang war wie aus der Goebenstraße, dass meine neuen Schulfreundinnen aus der Welt waren, dass ich in der Klasse nicht mitreden konnte über angesagte Fernsehserien wie *Fury* oder *Lassie* oder *Bonanza* oder den neuesten Kinofilm – lauter Zumutungen. Auf Rockelstad hatte ich *San Francisco* angeschaut, den monumentalen Blockbuster von 1936 mit Clark Gable als weltmännischem Tanzlokalbesitzer, der erst durch das große Erdbeben zu seinem Glück findet, seither faszinierten mich diese Hollywoodschinken, doch in Opa Heusers Augen beförderten sie bloß Hirngespinste. Und nicht einmal von Käthemam hatte ich mich vor meiner Verbannung verabschieden und trösten lassen können.

Auf die Idee, dass meine Eltern mich in guter Absicht verpflanzt hatten, kam ich nicht. Selbst das tägliche Kräftemessen mit CC, das so oft in eine wüste Schlägerei ausartete, fehlte mir jetzt. Ich fühlte mich wieder einmal von ihnen im Stich gelassen, und damit brachten sie mich in ein Dilemma, denn eigentlich hing ich sehr an Opa Heuser und war – grundsätzlich – gern bei ihm. Neben Käthemam war er der Anker meiner Kindheit, die einzige Person, die mir, Enkel Nummer sieben von irgendwann dann sechzehn, konsequent Grenzen aufzeigte, stets mit einem Lächeln. Wie eine Nummer fühlte ich mich bei ihm nie.

Oma Else dagegen blieb mir weiterhin seltsam fremd. Erst nach ihrem Tod erfuhr ich, dass sie die Überlebende von Zwillingen war und wie sehr sie darunter litt. Solange sie lebte, wich ich ihr aus, so gut es ging, und hielt mich an Opa Heuser und an Mamis jüngere Schwester Erika. Sie wohnte im Obergeschoss des Hauses in der Lahnstraße, die Tür zu ihrem Zimmer stand fast immer offen. Unten, im Wohnzimmer, war es unfröhlich finster, den Caspar David Friedrich, den Opa Heuser so liebte, *Mondaufgang am Meer,* auf Leinwand gedruckt, fand ich niederschmetternd braun und lila, und gewöhnte mir an, an ihm vorbeizuschauen. Oben warteten viel Licht und Erikas Leichtigkeit auf mich. Die Leichtigkeit einer Menschenfreundin.

Erikas Zimmer strahlte in Blau- und Türkistönen. Nach dem Krieg hatte sie die Fachschule für Mode besucht, das Geschick meiner Mutter an der Nähmaschine fehlte ihr zwar, aber sie zeichnete virtuos, bis zum großen Eklat war sie für die Entwürfe und Schnittvorlagen im Atelier Larouette verantwortlich gewesen. Von diesem großen Eklat, dem Betrug meines Vaters an meiner Mutter nämlich, mit dem unsere kleine Familie bereits vor meiner Geburt zur Farce verkommen war, wusste ich von Käthemam, und in deren Erzählung hatte es klare Fronten gegeben, den Täter und das Opfer, meine Mutter, genau genommen – das verstand ich allerdings erst viel später – zwei Opfer, meine Mutter und Tante Erika. Gut möglich, dass mein Vater Erikas erste Liebe war. 1967 beschäftigte mich das nicht, und ich wusste auch nicht, dass Opa Heuser – vielleicht weil sie jünger und schöner war als meine Mutter – Erika als triebhafte Ehezerstörerin verurteilt hatte. Demütigende Anschuldigungen. Das Selbstbewusstsein, sich dagegen aufzulehnen, hatte sie nicht. Mir gegenüber muss sie sich gut verstellt haben.

Inzwischen arbeitete sie als Lektorin bei der für ihre Schnittmuster berühmten Zeitschrift *Burda Moden*. Ein paar Mal nahm sie mich mit in die Redaktion und zeigte mir die neuesten Kreationen, die dort für das Magazin fotografiert wurden. Im Musterverkauf erstand sie für mich einen beigen Zweiteiler aus einem sanft schwingenden Midirock und einer schmal sitzenden Weste mit bunten Häkelbordüren aus kleinen Karos. Eine Weile trug ich ihn mit Stolz, Beige war eigentlich nicht meine Farbe, aber edle Stoffe begeisterten mich, und bis heute kann ich die Finger nicht still halten, wenn Seide, Samt oder fein gewobene Wolle vor mir liegen.

Erika blieb ohne Mann und ohne Kinder. Vor einigen Jahren verstand ich, warum sie mir damals so viel Zeit schenkte. Ihre Affäre mit meinem Vater war auch im hohen Alter ein unverdautes Tabu, aber von ihrer Kindheit in den späten 1920er- und beginnenden 1930er-Jahren erzählte sie ohne Groll und mit einer Offenheit, der immer noch ein Staunen innewohnte, über sich selbst mehr noch als über ihre Umwelt. Von den strengen Regeln im Elternhaus, von vielen Verboten und wenig Handlungsspielraum, dem puritanischen Miteinander und einem Mangel an Zärtlichkeit, der sich, auch Jahrzehnte später, wie eine verpasste Chance anfühlte. Man habe sich grundsätzlich nicht berührt, zum Geburtstag gab es einen Händedruck, mehr körperliche Nähe hätten die Eltern nicht zu bieten gehabt. Um als liebesbedürftige Jüngste im Haus auf sich aufmerksam zu machen, kauerte sie sich eines Tages in ein Eck und wartete auf das Glück, gefunden zu werden. Als es draußen dunkel wurde und keiner der Eltern nach ihr gesucht, nicht einmal nach ihr gerufen hatte, kam sie aus ihrem Versteck hervor, und das Leben ging weiter. Mit der Geburt von Nachzügler Walter war ihr dann auch noch die Einzigkeit als Jüngste im Haus genommen. Walter wurde Oma Elses Liebling.

Auch nach Stunden saß sie noch mit geradem Rücken und ohne sich anzulehnen auf ihrem Sessel und schaute mich aus weit geöffneten Augen an, als wollte sie sichergehen, dass sie mir nicht leidtun muss, und wir waren uns einig, dass es eben sehr unterschiedliche Arten von Nestwärme gibt. Sie habe ihrem Vater hundertprozentig vertraut, fügte sie hinzu. »Wo er war«, drückte Erika sich aus, »habe ich mich sicher gefühlt!«[5] Von Roswitha hörte ich das fast wortgleich über ihren Onkel Hermann Göring.

Hinter seinem Rücken nannten seine Kinder Opa Heuser trotzdem »den Missionar«. Sein asketisches Äußeres allein sei es nicht gewesen. Er habe sie außerdem zu einem Leben als Sonderlinge verdonnert, jeden Sonntag mussten sie zur »Versammlung« ihrer freikirchlichen evangelischen Gemeinde, das musste sonst niemand aus der Schule, vor jedem Essen dankten sie Gott, mehrere Bibelausgaben lagen griffbereit im Haus. »Lest die Bibel, Kinder!« Das puritanische Vorurteil gegen Romane hatte er ins 20. Jahrhundert getragen, Lektüre sollte den Geist heben und nicht etwa zu Fantastereien verführen und von der Realität ablenken. Es gab sie trotzdem im Haus, die Groschenromane und Courths-Mahler-Schmöker. Erika und ihre Geschwister liehen sie hinter dem Rücken des Vaters in der Bibliothek und lasen sie heimlich. In der Badewanne, unter der Bettdecke, auf der Toilette. Das ging gut, denn er spionierte ihnen nicht hinterher und zeigte keinen Argwohn, zumindest ließ er sie in dem Glauben. Ein Mann mit Prinzipien, aber nie päpstlicher als der Papst. Dass keines seiner Kinder religiös wurde, nahm er irgendwann hin.

Mit knapp vierzehn, es muss an der Wende zum 20. Jahrhundert gewesen sein, hatte sein Vater ihn aus Katzenelnbogen – nur zufällig ein Nachbarort von Großmutti Ilses Hühnerfarm-Berghausen – in die Stadt geschickt. Auf dem Hof, auf dem karge und sektiererisch strenge Verhältnisse geherrscht haben sollen und man sich vor dem Teufel fürchtete, konnte er den schmächtigen Jungen, der bei knapp 1,60 Meter zu wachsen aufhörte, nicht gebrauchen. Als Kind schnappte ich allerlei Bemerkungen über Opa Heusers Zangengeburt auf, die meine Fantasie beschäftigten. Das grobe Werkzeug soll seinen rechten Arm so verhängnisvoll gequetscht haben, dass er – Schauermärchenstoff für mein Kopfkino – verkümmert blieb. Tüchtig wurde mein Großvater trotzdem. Er bewirtschaftete zwar keinen Bauernhof, wie es ihm als Erstgeborenem bestimmt gewesen wäre, aber er schloss eine kaufmännische Lehre ab und zeigte Organisationstalent. In Moritz Marxheimer, genannt Max, fand er seinen Mentor.

Seit 1899 war Marxheimer in Wiesbaden als Rechtsanwalt zugelassen, seine erste Kanzlei eröffnete er in der Kirchgasse. Nach dem Großen Krieg tat er sich mit den Kollegen Alfred Landsberg und Karl Weber zusammen, die Kanzlei wuchs schnell und galt bald als eine der größten und besten der Stadt für Zivil- und Strafrecht. Opa Heuser machte sich dort als leitende Bürokraft unentbehrlich.

Als »Altanwalt« konnte Justizrat Marxheimer seine Zulassung zwar nach der Machtübergabe an die NSDAP und dem Erlass des diskriminierenden »Gesetzes über die Zulassung zur Rechtsanwaltschaft« vom April 1933 zunächst noch halten, doch sein jüdischer Sozius Landsberg emigrierte, und sein christlicher Sozius Weber machte sich notgedrungen selbstständig – zumindest offiziell, denn tatsächlich soll er weiterhin vertrauensvoll mit Marxheimer zusammengearbeitet haben.

Mitte September 1935 verkündete Hermann Göring in seiner Rolle als Reichstagspräsident die »Nürnberger Rassegesetze«, und seither wurde auch Marxheimer skrupellos verfolgt. Erst verlor er sein Notariat. Mit dem endgültigen Berufsverbot Anfang Dezember 1938 wurde schließlich sein Name von den Anwaltslisten gestrichen.[6] Seine Villa musste er, um die »Reichsfluchtsteuer« und andere von den Nationalsozialisten auferlegte Fantasieabgaben bedienen zu können, zu einem Spottpreis verkaufen. Alle Anläufe, zu emigrieren, ließ er versanden, weil er die jüdische Gemeinde seiner Heimatstadt nicht im Stich lassen wollte. Seit 1923 war er ihr erster Vorsitzender.[7]

Im Januar 1942 wurde er in »Schutzhaft« genommen, nachdem er sich auf der Straße mit einer sogenannten deutschblütigen Person aus dem Kollegenkreis unterhalten hatte und angeschwärzt worden war. Sein Leidensweg führte im September 1942 über die Sammelstelle in Frankfurt nach Theresienstadt und wenige Wochen später weiter nach Mauthausen. Dort überlebte er nur vier Tage. Als Todesursache wurde eine Gehirnblutung vermerkt.*

Wenn ich die Umstände recht deute, so hat Rechtsanwalt Karl Weber meinen Großvater als Mitarbeiter übernommen, möglich aber auch, dass er bald in eine andere Wiesbadener Kanzlei wechselte. Leider habe ich ihn nie danach gefragt. Moritz Marxheimer

* Moritz Marxheimer wurde am 1.9.1942 nach Theresienstadt und von dort am 22.10.1942 ins KZ Mauthausen deportiert. Dort kam er als Häftling 13812 am 27.10.1942 zu Tode. Angaben des Roten Kreuzes Bad Arolsen; zit. nach Hans-Jürgen Anderle: »Jüdische Mitglieder des Nassauischen Vereins für Naturkunde in der Zeit des Nationalsozialismus«, a. a. O., S. 32.

blieb er jedenfalls bis zu dessen Deportation eng verbunden – und er machte, so erzählte Tante Erika, auch kein Geheimnis daraus. Dass er dafür als »Judenknecht« beschimpft wurde, hielt ihn nicht ab. Nach Marxheimers Deportation soll Opa Heuser vor Gericht interveniert haben. Nur weil die Beamten ihn kannten, hatte sein gewagter Auftritt keine Folgen. Man beließ es bei einer Ermahnung.

Respekt und Dankbarkeit prägten die Beziehung zu »seinem« Justizrat, ohne dessen Hilfe Opa Heuser es wohl nicht zu einem eigenen Haus mit Garten gebracht hätte. Wohnraum war knapp nach dem Ersten Weltkrieg und die Wirtschaftslage schlecht. Der Durchschnittsbürger konnte vom eigenen Haus nur träumen – auch in Wiesbaden, wo es viel Bauland in angenehmer Stadtrandlage gab. Der Initiative eines Wiesbadener Architekten ist es zu verdanken, dass in den frühen 1920er-Jahren die Siedler-Vereinigung Eigene Scholle als gemeinnützige Genossenschaft mit dem Ziel gegründet wurde, an der Lahnstraße bezahlbare Doppel- und Einfamilienhäuser zu schaffen.[8] Schlichte, zweistöckige Gebäude, der Ästhetik des Biedermeiers nachempfunden, mit Gärten zur Selbstversorgung nach den Idealen des um die Jahrhundertwende geborenen Gartenstadtkonzepts. Rau geputzte Fassaden. Hohe, schiefergedeckte Walmdächer mit Wohnraum bis in die Giebel. Anders als in den Gründerzeitvillen der Innenstadt kein Quadratmeter verschwendet.

Mit monatlichen Beiträgen kauften die »Genossen« sich in das Projekt ein, von den frühen 1930er-Jahren an wurden die Häuser dann nach und nach ins Eigentum übergeben. Trotz des bodenständigen Finanzierungsmodells waren die Belastungen für die Hausbesitzer in spe so hoch, dass sie sich, so geht die Geschichte, jahrelang nur von Milchreis ernähren konnten. Im Volksmund heißt der längst denkmalgeschützte Straßenzug deshalb bis heute die »Reisbreisiedlung«.

Auch Opa Heuser trat der Genossenschaft bei. Die Nassauische Landesbank vergab großzügige Kredite, den notwendigen Eigenkapitalanteil schoss Moritz Marxheimer zu. Die Baupläne für das Heuser-Haus auf der rechten Seite der Lahnstraße – in den Plänen für diesen letzten Bauabschnitt der Siedlung trägt es die Hausnummer VIII, später bekam es die Nummer 79 – wurden Ende April 1928 eingereicht, spätestens im Sommer 1929 zog die Familie aus ihrer Zinswohnung im Innenstadtkessel in die bessere Luft der Lahnstraße und pflanzte den Walnussbaum, der über die Jahrzehnte zum Familienmitglied wurde, dazu die Kirsche, eine Schattenmorelle, eine Pflaume, eine edle Birne, verschiedene Apfelsorten, die heute als historisch gelten, und jede Menge Strauchobst und Gemüse – ein Segen während der Krisenzeiten. Walter, der Jüngste, war gerade erst geboren. Nach dem tragischen Tod des ältesten Sohns Erich, der sich im Park an Beeren des Seidelbastes vergiftet haben soll, war die Familie nun wieder zu siebt. Meine Mutter war zu der Zeit elf – genauso alt wie ich, als ich achtunddreißig Jahre später in das Haus verpflanzt wurde.

***

Opa Heuser stand im achtzigsten Jahr und ging fast jeden Tag ins Büro, und wenn ich »ging« sage, meine ich es wörtlich. Anders als mein Vater, der selbst zum Zigarettenholen den Motor anwarf, verließ er sich auf seine Füße. Bergab in die Innenstadt, steil bergauf nach Hause. Nun, im Alter, dürften seine regelmäßigen Kanzleivisiten, obwohl man ihm genug Arbeit gab, vor allem den Weg zum Ziel gehabt haben. Die Routine brachte ihn außer Atem und hielt ihn jung.

Auch für mich waren die täglichen Fußmärsche selbstverständlich. Der Bus fuhr einen Umweg, war deshalb kaum schneller, und außerdem ging es Opa gegen den Strich, Geld für Fahrkarten zu verschwenden. Wer im Alltag spart, kann sich eher einmal etwas gönnen. Getreu dieser Devise kaufte er mir ein paar weiße Lackstiefel, die für Füße im Wachstum unvernünftig teuer waren. Wochentags verschönten sie mir den Weg in die Schule, und sonntags trugen sie mich an Opa Heusers Seite in die Kirche. Er war aktives Mitglied im christlichen Verein CVJM, und weil das M seit den frühen 1960er-Jahren nicht mehr für Männer, sondern für Menschen stand, also auch für Mädchen, nahm er mich mit zu allerlei Jugendtreffen und Tagungen. Dort gefiel es mir auf Anhieb, es wurde wenig gepredigt und viel diskutiert, und jeder sollte seine Meinung sagen. Wie konform die Meinungen der Vereinsmitglieder waren, bemerkte ich nicht. Jedenfalls störte es mich da noch nicht.

Pastor Richard Wurmbrand war ein Dauerthema. Nach Jahren in kommunistischen Kerkern Rumäniens war er 1964 von norwegischen Christen für angeblich 10 000 Dollar freigekauft worden und trat fortan im Westen auf. *Gefoltert für Christus* – als Elf- und Zwölfjährige fiel es mir nicht schwer, mich mit ihm zu solidarisieren. Kaum war er auf Deutsch erschienen, schenkte Opa Heuser mir Wurmbrands Bestseller. Ich verschlang ihn wie vorher Karl May und Mark Twain und Erich Kästner, und stimmte ein in die allgemeine Empörung über die bösen Kommunisten.

Ulrike aus der Gemeinde, Tochter Vertriebener, war jetzt meine Freundin. Ich besuchte sie in ihrer Wohnung in einem dieser gesichtslosen Neubauten in Klarenthal, über ihrem Bett hing Bob Dylan mit zerzausten Locken. Sie nannte sie »Afrohaare«, ich fand Afrohaare wunderschön und stieg ein in die populäre Rockmusik. The Beatles, Cream, The Nice. Um ihre Songs zu hören, musste ich außer Haus gehen.

Auf Matthias mit seiner ansteckenden Fröhlichkeit hatte ich ein Auge geworfen. Der Pfarrerssohn, mein Jahrgang, der dem Christentum treu blieb und selbst Seelsorger und Liedermacher wurde, durfte jemanden zu einer Abendvorstellung im Kurhaus mitnehmen.* Seine Wahl fiel auf mich. Strawinskys *Feuervogel*. Ernst und andächtig ließen wir uns auf die flirrenden, farbenreichen Klänge ein.

Dann tauchte Gerd im CVJM auf, ein kleiner, zäher Typ, höchstens zwei, drei Jahre älter als ich, aber schon einen großen Schritt weiter. Weiter links. Er redete von der Unterdrückung der Armen, auch durch die Kirche und von ihrer falsch verstandenen Barmherzigkeit. Er wetterte gegen den Vietnamkrieg und die bösen Amerikaner, und er warf Schlagwörter in die Runde wie »wahre Gerech-

* Pfarrer Matthias Laubvogel starb am 5.1.2006 an Lungenkrebs.

tigkeit«, »Solidarität« und »klassenlose Gesellschaft«. Ich hörte ihm aufmerksam zu. »Das unwahrscheinliche Jahr« nannte der Historiker Norbert Frei das Jahr 1967, in dem die Revolte begann.[9]

***

Über meine Zeit in der Lahnstraße kann ich nichts Negatives sagen, und doch muss es in mir gebrodelt haben. Als Opa Heuser mich, weil die jährliche Routineuntersuchung anstand, zum Zahnarzt brachte, fiel der beinah vom Stuhl. Siebzehn, tatsächlich siebzehn kariesbefallene Stellen fand er in meinem Mund. Im Jahr davor hatte er noch kaum etwas zu beanstanden gehabt. So etwas, entfuhr es ihm, habe er in seiner Laufbahn noch nicht gesehen.

»Mitunter sitzt die ganze Seele / In eines Zahnes dunkler Höhle«, reimte Wilhelm Busch im 19. Jahrhundert. Heute weiß man sicher, dass seelische Ohnmacht die Zähne angreifen kann. 1967 stopfte man mir die Löcher und Löchlein mit Amalgam und ließ mich in dem Glauben, dass ich meine Zähne besser putzen müsse. Wenig später schlug meine Musiklehrerin Alarm, weil ich schmerzgekrümmt im Unterricht saß. Sie war Opas Nachbarin in der Lahnstraße und kannte unsere Familienverhältnisse besser, als mir bewusst war. Jedenfalls sorgte sie dafür, dass meine Mutter mich aus dem Unterricht abholte und in die Viktoriastraße mitnahm, nein, nicht nach Hause in die Goebenstraße. Meine Eltern waren inzwischen umgezogen und – das musste ich mir zusammenreimen – hatten Großmutti Ilse zu sich geholt. Sie brauchte jetzt Pflege.

Ich war also zu Gast in der Küche meiner Eltern. Alles dort war neu für mich und fremd. Nach der Pleite meiner Mutter hatte Papa Heinz argumentiert, dass er mit seiner Raucherlunge nicht länger Treppen steigen könne. Er handelte nun mit alten Münzen, eröffnete sogar ein Geschäft und dachte, wie es seine Art war, größer, als die Umstände es zuließen. Zu groß für sein Portemonnaie. Die neue Wohnung in Wiesbadens Villenviertel lag im Parterre, die Räume waren höher, das Parkett eleganter als in der Goebenstraße, der alte Baumbestand im Garten wirkte würdevoll und nahm viel

Licht. Doch, ja, das erste Zimmer gleich rechts hinter der Eingangstür war mir zugedacht, aber nein, noch nicht, ich hätte es doch so gut bei Opa Heuser. An jenem Tag konnte ich mich auf keine Diskussionen einlassen, ich weinte vor Schmerzen, und meine Mutter brachte mich ins Krankenhaus. Akute Appendizitis. Ich wurde sofort operiert. Was heute nach drei Tagen im Krankenhaus erledigt ist, dauerte damals drei Wochen. Gelegentlich kamen meine Eltern an meinem Krankenbett vorbei. Am Tag der Entlassung holte mich Opa Heuser ab und brachte mich in die Lahnstraße. Natürlich gingen wir zu Fuß.

1936

Seit er an der Macht ist, lässt Adolf Hitler gezielt gegen die Bestimmungen des Versailler Vertrags verstoßen. Am 7. März setzt er sich über den Rat seiner Generäle und auch über Hermann Görings Bedenken hinweg und schickt 30000 Soldaten der Wehrmacht ins Rheinland, obwohl den Deutschen jede militärische Mobilmachung in dem Gebiet verboten ist. Der Einmarsch ist als ultimative Provokation gedacht und kündigt den endgültigen Bruch mit der Friedensordnung an. Hitler & Co. rechnen mit einer harschen Reaktion Frankreichs und Englands und können kaum fassen, was in den folgenden achtundvierzig Stunden geschieht – nämlich nichts. »Und niemand ist Hitler entgegengetreten«, staunt die ins einflussreiche Berlin vernetzte Reporterin Bella Fromm.[1] »Der Führer strahlt«, frohlockt Joseph Goebbels, »England bleibt passiv. Frankreich handelt nicht allein. Italien ist enttäuscht und Amerika uninteressiert. Wir haben wieder die Souveränität über unser eigenes Land.«[2]

Zögerlich fällt auch der internationale Aufruf zum Boykott der Olympischen Sommerspiele in Berlin knapp fünf Monate später aus. »Ein Regime, das sich stützt auf Zwangsarbeit und Massenversklavung; ein Regime, das den Krieg vorbereitet und nur durch verlogene Propaganda existiert, wie soll ein solches Regime den friedlichen Sport und freiheitlichen Sportler respektieren?«, macht sich Heinrich Mann im Exil gegen sein Heimatland stark. »Glauben Sie mir, diejenigen der internationalen Sportler, die nach Berlin gehen, werden dort nichts anderes sein als Gladiatoren, Gefangene und Spaßmacher eines Diktators, der sich bereits als Herr dieser Welt fühlt.«[3] Doch die Befürworter eines breiten Boykotts sind in der Unterzahl. Als die, wenn auch knappe, Mehrheit der amerikanischen Amateur Athletic Union für die Teilnahme stimmt, schließen sich alle Nationen an. Nur die Sowjetunion bleibt fern – wie von allen Olympischen Spielen seit dem Ende des Ersten Weltkriegs.

Die nationalsozialistische Diktatur präsentiert sich und ihren Sportkader in jenen Augusttagen 1936 selbstsicher und weltoffen. Die antijüdischen Maßnahmen in Berlin werden auf Anweisung des Propagandaministeriums ausgesetzt. Alle hetzerischen Plakate müssen vorübergehend aus dem Straßenbild verschwinden. Selbstverständlich sind deutsch-jüdische Sportler von den Wettkämpfen ausgeschlossen. Dass schließlich auch die USA mehrere jüdische Sportler zurückziehen, als wären Jesse Owens' Auftritte schon Zumutung genug für Hitler, kann für die Gastgeber nichts anderes sein als Genugtuung und Ermutigung.

Hermann Göring, heißt es, wohnt der Eröffnungszeremonie tief bewegt bei.[4] Er inszeniert sich in einer vermeintlich harmlos himmelblauen Luftwaffenuniform, und das ist, wie wir sehen werden, kein Zufall. Ansonsten tut er, was er vielleicht am besten kann. Er tritt als Gastgeber auf Staatskosten hervor. Um seinen Rivalen Goebbels auszustechen, der auf der Pfaueninsel bei Potsdam zweitausend olympische Gäste unterhalten hat, lässt er im Park seiner Berliner Residenz ein Oktoberfest nachstellen, mit einem Rummelplatz einschließlich Riesenrad, Karussells, Schießbuden, Wurstbraterei, Ochsen am Spieß, Bierfässern und einer bayerischen Blaskapelle. Auf dem Höhepunkt der Nacht muss das Ballett der Städtischen Oper antanzen, und Görings Jagdfliegerfreund Ernst Udet zeigt direkt über dem Park eine waghalsige Flugshow.

***

1936 war ein Schlüsseljahr für Deutschland – und für Hermann Göring. Ohne ihn ging jetzt nichts mehr. Die Massen jubelten ihm zu. Dass er schlauer war und hemmungsloser, nervenstärker und raffinierter als die meisten seiner Mit- und Gegenspieler im Land, ist oft beschrieben worden. Doch es waren vor allem sein Ehrgeiz und seine Bereitschaft zum Opportunismus, mit denen er sich als Hitlers Vollstrecker unentbehrlich machte. Im Grunde bestehe »eine Fremdheit zwischen beiden«, bemerkte Hitlers erster Biograf Konrad Heiden, »die von Zeit zu Zeit immer wieder wie eine Feindseligkeit ausbricht«.[5] Tatsächlich sollen Hitler und Göring häufig anderer Meinung gewesen sein, gerade in außenpolitischen Fragen neigte Hermann Göring zu einem gemäßigteren Gang. Genauso oft musste er aber hinnehmen, dass er Hitlers Willen nichts entgegenzusetzen hatte. Ob er wirklich so berauscht war, blind an »seinen Führer« zu glauben, wie er es so oder so ähnlich selbst geäußert hat, ob Ehrfurcht und Hingabe eine bequeme Rechtfertigung waren für seine gewissenlose Machtgier und wie viel Angst im Spiel war, dessen Gunst zu verlieren, macht im Ergebnis keinen Unterschied. In der übersteigerten Anpassungsfähigkeit eines Musterschülers und mit gnadenlos aggressiver Rhetorik ließ der »Hohepriester des Hasses«[6] verlässlich umsetzen, was Hitler, den er sein Gewissen nannte, ihm auftrug. Gegner, sagte er in öffentlichen Reden, würde er »vernichten und ausrotten« lassen, und das waren keine Worthülsen. So rücksichtslos und böse ließ er handeln, dass Hitler ihn trotz der »vielen Sünden und Dreistigkeiten, die [er] einem anderen kaum verziehen hätte« für unersetzlich hielt und ihm immer mehr Ämter – und damit vor allem Titel – übertrug, obwohl er ihm seine Selbstbedienungsmentalität und seine Bestechlichkeit von Anfang an übel nahm.[7] Und seine Begünstigungspolitik; denn so brutal er zuschlagen ließ, so unbekümmert machte Hermann Göring Ausnahmen, wenn Vertraute aus seiner Entourage sich für jemanden einsetzten, eines seiner Geschwister etwa oder meine Großmutti Ilse. Herr zu sein über Gedeih oder Verderb, Leben und Tod, Milde zu demonstrieren, die man als Mitgefühl fehldeuten kann – das befriedigt Psychopathen ohne Schuldgewissen. Bewusst war er sich seiner Grenzüberschreitungen allemal. Seine Familie bereite ihm viele Sorgen und Mühe. Er wolle aber doch nicht in den Verdacht kommen, dass er Nepotismus und Familienpolitik treibe, soll er zu einem Mitarbeiter gesagt haben.[8] Viele hielten ihn auch deshalb für »in jeder Hinsicht menschlich«.[9]

Bald nach seinem Machtantritt hatte Hitler seinen »treuesten Paladin« auf dessen Drängen zum General ernannt und damit nicht nur Reichspräsident Hindenburg, sondern die gesamte Reichswehr brüskiert. Vom ehemaligen Hauptmann direkt zum General – das war in der militärischen Hierarchie eigentlich undenkbar. Neben seinem Amt als Reichstagspräsident hatte er zudem zahlreiche weitere politische Aufgaben übernommen und nannte sich nun unter anderem preußischer Ministerpräsident, Reichsstatthalter von Preußen, Reichsforstminister, Reichsjägermeister, seit 1935 auch Reichsluftfahrtminister und Oberbefehlshaber der Luftwaffe und seit 1936 – im Zeichen der Aufrüstungspolitik und ausgestattet mit zahlreichen Sondervollmachten – zudem Reichskommissar für Rohstoffe und Devisen sowie Hitlers Beauftragter für den Vierjahresplan. Als solcher sollte er die deutsche Wirtschaft kriegsfähig machen und hatte faktisch die Hoheit über die gesamte Wirtschafts- und Arbeitseinsatzpolitik, vorbei am Wirtschaftsministerium, das sich zu seinem Handlanger herabsetzen ließ. Der amtierende Reichswirtschaftsminister und ehemalige Reichsbankpräsident Hjalmar Schacht musste die Finanzierung von Hitlers und damit Görings gigantomanischen Ansprüchen sicherstellen – natürlich auf Kosten des Volkes. Er verbot die Ausfuhr deutschen Geldes, untersagte deshalb auch den Großteil aller Importe und ließ bestimmte Lebensmittel rationieren wie in Kriegszeiten. Kein Wunder, dass er rückblickend ätzte: »Görings Kenntnisse waren auf allen Gebieten, die ein Regierungsmitglied beherrschen muss, gleich Null, am meisten aber auf wirtschaftlichem Gebiet. Er hatte von all den wirtschaftlichen Dingen, die Hitler ihm im Herbst 1936 anvertraute, nicht den leisesten Schimmer.«[10] Genauso vernichtend urteilte der antifaschistische Publizist Norbert Mühlen über den »populären Gewaltmenschen«.[11] »Seine sachliche Qualifikation zum deutschen Wirtschaftsdiktator mag es kaum erhöht haben, dass er sich in seinem Privatleben als eine Art Wirtschaftszauberer bewährt hat. Ohne Einkommen und Besitz, hat er lange Zeit durch Heirat, durch Provisionsgeschäfte, durch Erwerb von ›Geschenken‹ seitens aviatischer Firmen in seiner Eigenschaft als Flieger, und endlich am häufigsten durch einfachen Pump, mit Vorliebe bei jüdischen Geschäften, auf großem Fuße leben können«, schrieb er in seinem Buch, das 1938 in Zürich verlegt wurde.[12]

In selbstherrlicher Machtvollkommenheit und mit einer rhetorischen Überzeugungskraft, die die Opferbereitschaft des Volkes beschwor und über die selbst seine schärfsten Kritiker staunten, zog Hermann Göring sein Programm jedoch vorerst durch. Das eigentliche Wesen seines riskanten Spiels – und seines Erfolgs beim Volk – benannte sein Geldgeber Fritz Thyssen. Göring habe zwar keine Ahnung von Wirtschaftsfragen, aber »er ist der erste, der das zugibt. Seine Rezepte hält er jedoch für unfehlbar«, sagte der Industrielle, nachdem er mit dem nationalsozialistischen Regime gebrochen hatte. Gut sechs Jahre vorher hatte Thyssen sich als Preußischer Staatsrat »auf Lebenszeit« und Parteimitglied anwerben lassen. Schließlich hatte er sich – früher als viele – eingestanden: »Sechs Jahre lang habe ich mich getäuscht.«* Göring habe einfach »Bestellungen aufgegeben«, gab Thyssen zu Protokoll, »›Baut eine Fabrik‹, sagt Göring, ›die hunderttausend Tonnen Gas pro Jahr produziert.‹ Und die Fabrik muss gebaut werden. [...] Er meint, es genügt, etwas zu wollen, um Erfolg zu haben.«[13] Dabei wisse er lediglich, wie man Geld ausgibt.[14] »Nachdem mir der Führer das schwere Amt übertragen hat, werde ich alles einsetzen. Nicht als Fachmann. Das sage ich ganz offen. Nicht als großer Wirtschaftskopf und noch größerer Unternehmer. Aber mit unbändigem Willen und einem glühenden Glauben an die Größe meines Volkes und mit einem leidenschaftlichen Herzen, aus dem allein Großes geschaffen werden kann.« Mit solchen »Geständnissen« wickelte Hermann Göring die Deutschen um den Finger.[15]

Mehr Ahnung, könnte man von einem ausgebildeten Jagdflieger meinen, sollte er von der Luftfahrt haben. Doch »dass er einmal ein

* Emery Reves (Hg.): *Fritz Thyssen: I Paid Hitler*, a. a. O., S. 67. Die Authentizität des Buchs und sein Wert als historische Quelle sind umstritten. Von Ghostwriter und Verleger Emery Reves geschrieben und publiziert, sind es keine authentischen Lebenserinnerungen. Zudem enthält das Buch zahlreiche, zum Teil grobe Faktenfehler. Seine Einschätzungen Hermann Görings scheinen mir jedoch, auch vorsichtig genommen, treffend. Fritz Thyssen floh Anfang September 1939 mit seiner Familie erst in die Schweiz. Während eines längeren Aufenthalts in Südfrankreich wurde er Ende 1940 verhaftet und nach Deutschland ausgeliefert. Bis 1945 blieb er in verschiedenen deutschen Konzentrationslagern interniert. Als Gefangener der Alliierten wurde er nach seinem Entnazifizierungsverfahren 1948 freigelassen.

tüchtiger Flieger gewesen war«, stellte ein Beobachter klar, »qualifizierte ihn für den Ministerposten ebenso wenig, wie der tüchtigste Lokomotivführer nicht zum Verkehrsminister qualifiziert ist«.[16] Nach der Besetzung des Rheinlands kam er aus der Deckung: Erstaunliches sei in den vergangenen beiden Jahren im Geheimen geleistet worden, prahlte er. Aus dem Nichts sei das großzügig angelegte Fundament der aufstrebenden deutschen Luftwaffe entstanden.[17] Für die Elitetruppe, die er sich vorstellte, brauchte er mehr Flugzeuge auf dem neuesten Stand der Technik und genauso dringend qualifiziertes Personal.

Das wird der Grund gewesen sein, warum er im Lauf des Jahres 1936 die Napola Potsdam besuchte, wahrscheinlich die erste nationalsozialistische Eliteschule des Landes, und ich gehe davon aus, dass auch mein Vater Heinz und seine beiden Brüder vor ihrem Patenonkel strammstanden, als er – vermutlich in Luftwaffenuniform wie bei der Eröffnungsfeier der Olympischen Spiele – vor Lehrern und Schülerschaft den »Fliegerzug« von Potsdam ankündigte, in dem die begabtesten Flugschüler aus allen Napolas des Landes zusammengezogen und ausgebildet werden sollten – die Flieger-Hundertschaft des Reiches.

Für Hermann Göring war klar: »Jeder richtige deutsche Junge will Flieger werden.«[18] Auch der Weg von Heinz, Peter und Helmuth war damit vorgegeben.

Die Nationalpolitische Lehranstalt – »Napola« – Potsdam soll bereits am »Tag von Potsdam« am 21. März 1933 eingeweiht worden sein, auf dem Hitler sich anlässlich der Eröffnung des ersten Reichstags unter den Nationalsozialisten als legitimer Nachfolger von Friedrich dem Großen, Bismarck und Hindenburg verstanden wissen wollte.[19] Das Preußentum holt sich sein Gelände zurück, hieß es hochtrabend, als der Unterricht im ehemaligen Königlichen Kadettenhaus an der Saarmunder Straße 23 aufgenommen wurde.*

* Saarmunder und Drevesstraße wurden 1950 unter dem Namen des Schriftstellers Heinrich Mann zusammengelegt; die Liegenschaften befinden sich heute in der Heinrich-Mann-Allee 107 und sind Sitz verschiedener Ministerien sowie der Brandenburgischen Landeszentrale für politische Bildung.

Dabei war der Schulalltag auch während der Weimarer Republik militärisch und sportlich geprägt geblieben, trotz des humanistischen Bildungsauftrags als Staatliche Bildungsanstalt Potsdam (Stabila) und obwohl die Friedensvertragsbestimmung jede militärische Erziehung der deutschen Jugend untersagte.

Ein Volk von Gelehrten könne den Himmel nicht erobern, schrieb Hitler schon in *Mein Kampf*, in einem völkischen Staat müsse deshalb unendlich mehr Zeit für körperliche Ertüchtigung frei gemacht werden. Er forderte ein dreiteiliges Erziehungskonzept: Nichts ging ihm über die sportliche Erziehung, um als »Herrenmenschen« jedem Gegner körperlich überlegen zu sein. Unter charakterlicher Erziehung verstand er die Anleitung zu unbedingtem Gehorsam nach soldatischem Vorbild. Die, erst an dritter Stelle genannte, traditionelle Wissensvermittlung müsse dem Ziel folgen, der Jugend nationalsozialistische Ideale einzutrichtern. Im Biologieunterricht stand die Rassenlehre im Vordergrund, in Geschichte und Deutsch hatte der Nationalstolz gefördert zu werden, und selbst in Mathematik ging es ideologisch zu. »Der Bau einer Irrenanstalt erforderte sechs Millionen Reichsmark. Wie viele Siedlungshäuser zu je 15 000 RM hätte man dafür bauen können?« ist eines jener Rechenbeispiele, die jungen Menschen die Belastung der Gemeinschaft durch »unwertes Leben« vor Augen führen sollten.[20]

Ein hervorragendes Volksschulzeugnis war Voraussetzung für die Aufnahme in den elitären Kreis der »Jungmannen«, dazu unter anderem völlige Gesundheit, Herkunft aus einer »arisch wertvollen Sippe«, ein »Führereigenschaft« genanntes Durchsetzungsvermögen gegenüber Mitschülern, Mut, Aggressivität und eine schnelle Auffassungsgabe. Ich versuche mir vorzustellen, wie mein Vater – falls bei ihm und seinen Brüdern keine Ausnahmen gemacht wurden – die sogenannte Prüfungswoche an der Napola Potsdam überstanden hat, ein ausgedehntes Aufnahmeverfahren inklusive rassenkundlicher Untersuchung samt Schädelvermessung, bei der die Herrenrassemerkmale klassifiziert wurden: Nordisch I, Nordisch II, Fälisch und so weiter.

Die Göring'sche Sippe verstand sich zweifellos als »arisch wertvoll« – nicht erst seit 1933. Als das sogenannte Gesundheitsstammbuch eingeführt werden sollte, drängte man alle Sippenmitglieder dazu, es anzuschaffen – »einstimmig, keine Diskussion über den Antrag«.[21] Ausgestellt vom Amt für Volksgesundheit, war es »der entscheidende Ansatzpunkt für reine Gesundheitsführung und Erbpflege« im Sinne rassenbiologischer Zielsetzungen. Was sich »rassenbiologische Prophylaxe« nannte, war darauf ausgerichtet, »die erblich wertvollen Menschen künftig von den minder wertvollen unterscheiden zu können«.[22] Jene Sippenmitglieder, die zögerten, ihre Krankheitsgeschichten offenzulegen, lockte man mit Kostenübernahme: »Die Untersuchungskosten könnten aus der Sippenkasse bestritten werden.«[23]

Während seine Brüder – aus damaliger Sicht – mit nordisch blonden Vorzeigehaaren gesegnet waren, dunkelten die meines Vaters schnell nach. Außerdem brauchte er schon als Kind eine Brille. Dass er die Ausbildung zum Flieger trotzdem machen durfte und später zumindest als Aufklärungsflieger – wenn schon nicht als Jagdflieger wie seine Brüder – eingesetzt wurde, hatte er bestimmt seinem Namen zu verdanken.

Er war ein guter Schüler und mit seinem breiten Interesse an den Geisteswissenschaften im Grunde ein Negativexempel für Hitlers intellektuellenfeindliche Ausbildungsziele. Mit seiner legeren Lebensweise als Erwachsener glaubte er wohl, sich aus den Fesseln befreit zu haben, die ihm als »Jungmann« gegen sein Naturell auferlegt wurden. Eingliedern und Anpassen als zentrale Erziehungsziele. Marschieren und Drill zur Einübung von absolutem Gehorsam. Gefühle? Gar Schwäche? Verbirgt man vor den anderen. Bloß nicht auffallen! Bloß sich nicht lächerlich machen! Für meinen verträumten Vater muss das Dauerstress bedeutet haben, aber mit seinem Humor und einer gewissen, nur vorübergehend gesunden Gleichgültigkeit ging er den schulischen Weg, der von ihm erwartet wurde. In seinem Fundus befand sich eine Zeichnung von ihm als Abiturient. Sie zeigt ihn als Fantasten, oder als Idealisten, der geistesabwesend aus einer Dachluke schaut. Er lachte, als er sie mir zeigte. Die anderen Schüler habe man als Generäle, Piloten, Anwälte oder Ärzte dargestellt.

Mein Vater sprach nie negativ von seiner Schulzeit. Irgendwann in den 1960er-Jahren begleitete ich ihn zu einem Klassentreffen in Rothenburg ob der Tauber. Er war gesprächig und fröhlich und sicher kein Außenseiter in der Runde. Die meisten seiner Klassenkameraden hatten inzwischen Karriere gemacht, manche waren für das Treffen aus dem Ausland angereist, aus Frankreich oder England. Als Teil der »Elite der Nation«, hört man immer wieder, erlebte man damals eben nicht nur Drill, sondern auch eine kameradschaftliche Verbundenheit, wie man sie danach nie wieder fand.

Trotz allem, *obwohl* er anders war, als man – und nicht zuletzt meine ehrgeizige Großmutti Ilse – von ihm erwartete, oder *weil* er anders war, war er offenbar ein stolzer Absolvent der Napola Potsdam. Stolz, sich überwunden und es geschafft zu haben? Oder stolz, zur Elite zu gehören? Oder sind solche Fragen über jemanden, der als Jugendlicher auf den Krieg vorbereitet und noch nicht volljährig in den Kampf geschickt wurde, unangebracht?

Auch ohne Hermann Görings Stellung im NS-Staat wäre es für die Familie Göring selbstverständlich gewesen, an die Familientradition anzuschließen und ihre Söhne auf militärische Eliteschulen zu schicken. Mein Großvater Karl Ernst war als Elfjähriger in das preußische Kadettenkorps eingetreten. Siebzehn Jahre alt und das Zeugnis der Primareife in der Tasche, war er als Fähnrich dem Infanterieregiment Nr. 98 in Metz zugeteilt worden.[24] Und auch Hermann Göring sah sich von klein auf in Uniform. Er wurde erst strebsam, als sein Vater ihn ins Königlich Preußische Kadettenhaus Karlsruhe einschrieb. Davor war er mit seiner aufwieglerisch-vorlauten Art und seinen »Kriegsspielen« an mehreren humanistisch geprägten Schulen aufgefallen. »Heute würde man von einem ADHS-Kind sprechen«, sagt eine meiner Cousinen dazu, eine Psychotherapeutin.[25]

»Nur für die Höhen bin ich geboren, fremd blieb ich immer des Alltags Geschrei. Fühle mich näher der Ewigkeit Toren, schreit' über Höhen ich heiter und frei.« – Diese Zeilen übertrug Hermann

Göring in sein Knabentagebuch. Das behauptet die *Lebensskizze*, die er, kaum Reichstagspräsident, von sich veröffentlichen ließ und die das Bild eines selbstsicheren, in jeder Lebenslage überlegenen Kämpfers zeichnet.[26] Mit diesem Selbstverständnis war er als Teenager, in den Fußstapfen seines älteren Bruders, aus Karlsruhe an die Hauptkadettenanstalt in Groß-Lichterfelde gewechselt. 1911 absolvierte er dort das Fähnrich-Examen mit Auszeichnung und dem Prädikat »vorzüglich«. Im Januar 1913 bestand er das Abitur. Der Versuch des »Offiziers im Rang eines Hauptmanns«, nach dem Ersten Weltkrieg ein ziviles Studium aufzunehmen, verlief allerdings im Sand. Mit fast dreißig fehlten ihm Geduld und Vision, sich in Lehrbuchtheorien zu vertiefen. Nur ein Semester, das Wintersemester 1922/23, war er als Student der Staatswissenschaften und Geschichte an der Münchner Ludwig-Maximilians-Universität eingeschrieben.[27] Dann hörte er auf einer Münchner Protestversammlung Adolf Hitler reden …

***

Während für ihre Söhne die Weichen gestellt waren, musste meine Großmutti Ilse 1936 eine neue Rolle finden. Seit sie in Berlin lebte, hatte sie Hermann Göring den Haushalt geführt, anfangs noch, davon kann man ausgehen, in seiner Mietwohnung am Kaiserdamm, ab 1934 am Leipziger Platz, wo sie als leitende erste Hausdame das Personal seiner Dienstvilla anwies, die Albert Speer im typisch monumentalen NS-Stil ausgebaut hatte; für Kritiker ein »Ausdruck überkompensierter Minderwertigkeitskomplexe«.[28]

Großmutti Ilse war jetzt Mitte dreißig und, wie wir bereits wissen, ebenso jung verwitwet wie ihr Onkel und Schwager. Warum sie mindestens eine halbe Stunde Fahrzeit entfernt in ein Reihenhaus der Gemeinnützigen Bau- und Siedlungs-AG Heimat nach Berlin-Zehlendorf zog, das nagelneu war, aber nichts Großbürgerliches an sich hatte, ob sie das selbst entschied oder Hermann für sie, weiß ich nicht. Ich kannte sie als eine Frau, die gern und aus meiner Sicht penetrant oft auf ihre großbürgerliche Herkunft verwies, aber vielleicht tat sie das so vehement erst nach dem Krieg, als das Schwelgen in der Vergangenheit ihr einziger Trost war. Praktisch an der »Heimat« war jedenfalls, dass sie etwa auf halbem Weg zwischen ihrem Arbeitsplatz und Potsdam lag, von wo Heinz, Peter und Helmuth am Wochenende aus dem Napola-Internat nach Hause kamen.

Hermanns Schwester Ole logierte dagegen mit ihrer Familie auf Staatskosten im Reichstagspräsidentenpalais, über das er qua Amt verfügen konnte. Nach nationalsozialistischen Terroraktionen in Österreich, Toten und in der Folge dem Verbot der österreichischen NSDAP hatte Oles österreichischer Ehemann, der Notar Fritz Rigele, als bekennender Nationalsozialist Mitte 1933 aus seiner Heimat fliehen müssen. Hermann hatte seinem Schwager eine Stelle mit einem regelmäßigen Einkommen in der Reichstagsverwaltung vermittelt.

Undenkbar für Hitler. Als William, der in England und den USA aufgewachsene Sohn seines Halbbruders Alois, seinen Onkel anpumpte, wies der ihn scharf zurück: Er könne doch nicht jedem helfen, der durch Zufall seinen Namen trägt.[29] Auch wenn der Vergleich hinkt, weil die Beziehung zwischen Hermann Göring und seinem Schwager über viele Jahre gewachsen war und tief ging, während Hitler seinen Neffen kaum kannte, illustriert er Haltung und Gesinnung dieser beiden so gegensätzlichen Männer. Adolf Hitler sorgte dafür, dass über seine Familie kaum etwas in die Öffentlichkeit drang. Hermann Göring stand zu seiner Verwandtschaft. Doch er war nicht nur ihr Gönner. Er brauchte seine Sippe um sich. Sie gab ihm Halt.

Auch Großmutti Ilse ging im Reichstagspräsidentenpalais ein und aus. Mit der neun Jahre älteren Ole verband sie eine Freundschaft der Gegensätze – und viele gemeinsame Bekannte aus dem diplomatischen Korps. Dass die Schreckgestalt meiner Kindheit eine geschätzte Tischdame war, ist belegt. »Sehr verständig im Urteil« und »immer als Barometer interessant«, fand etwa der Diplomat Ulrich von Hassel, der sich, in der Hoffnung, besänftigend einwirken zu können, vielleicht aber doch nur aus karrierebewusstem

Opportunismus, jahrelang dem nationalsozialistischen Regime und im Besonderen Hermann Göring antrug, bevor er frustriert ins Widerstandslager wechselte und nach dem 20. Juli 1944 als Opfer seiner Illusionen hingerichtet wurde.[30] Dabei hatte er schon im Sommer 1923 Kontakt zu Hitler gesucht, den er und seine Frau für »eine Kraft im Werden« hielten, »die vielleicht Deutschland retten könnte«.[31]

Ins Schwärmen geriet Militärattaché Paul Stehlin, nachdem er im Reichstagspräsidentenpalais einen Abend an Ilses Seite verbracht hatte. Bei Tisch saß der Elsässer zwischen der Dame des Hauses Ole und »deren Schwägerin [Ilse], einer eleganten, sportlichen, sehr attraktiven Frau. Es fiel mir schwer, mich zwischen meinen beiden Nachbarinnen zu entscheiden; zu der einen musste ich höflich sein, während es mir großes Vergnügen bereitete, mich mit der anderen zu unterhalten.«[32]

***

Nachdem Hermann wieder geheiratet hatte, brauchte er Ilses Hilfe in seinem Haus nicht mehr. Zu seinem engsten Kreis gehörte sie aber weiterhin. Vielleicht war also auch Rivalität im Spiel, dass die beiden Frauen über einen freundlich verwandtschaftlichen Umgang miteinander nie hinauskamen.

Die Schauspielerin Emmy Sonnemann war auf dem Sprung zu einer Theaterprobe, als sie Hermanns Stimme aus dem Badezimmer vernahm. Mit den Worten: »Ich muss dir etwas ganz Wichtiges sagen«, soll er sie zu sich gerufen haben. Dann drückte er ihr einen Zettel in die Hand, auf den sie erst schaute, als sie aus dem Haus war. »Magst du mich Ostern heiraten? Der Führer ist unser Trauzeuge.«[33]

Von sich aus wäre Hermann Anfang 1935 wohl nicht bereit für eine neue Ehe gewesen. Doch Adolf Hitler drängte darauf, Emmy hatte augenscheinlich das Selbstbewusstsein, in eine Dreiecksbeziehung mit Hermanns großer Liebe, der toten Carin, einzusteigen, und sie akzeptierte auch, dass ihr Ehemann fortan ständig zwei Eheringe trug – jenen, in den Carins Name graviert war, und ihren.[34] Hermann rechnete ihr das so hoch an, dass er sie künftig auf Händen trug.[35] »Emmy kann Hitler dankbar sein«, fand Bella Fromm. »Der Dicke hätte wahrscheinlich nie daran gedacht, sie zu heiraten.«[36] In ihren Memoiren lernt man sie als ergebene Frau kennen, arglos und unkritisch.[37] Wer sie persönlich kannte, beschreibt sie als mitfühlend mütterlich und, wie Hermanns Nichte Roswitha, als »besonders liebenswert«.[38] Obwohl die »unbedeutende Schauspielerin« es durch die Beziehung mit Hermann aus der Provinz auf die Bühne des Berliner Staatstheaters geschafft hatte, war die Aussicht auf eine Lebensrolle als First Lady des »Dritten Reichs« verlockend. »Es mag ein in Erfüllung gegangener Traum sein«, notierte Bella Fromm, »aber ich habe doch das Gefühl, dass Emmy ein besseres Los verdient hätte, […] als die Frau des zweitgrößten Mörders des Dritten Reichs zu werden.«[39]

Einmal beschlossen, konnten die Hochzeitszeremonie im Berliner Dom und die drum herum arrangierten Feierlichkeiten samt Bankett im Grandhotel Kaiserhof gegenüber der Reichskanzlei nicht glanzvoll genug zelebriert werden. »Ein Fremder, der nach Berlin kam, hätte denken können, die Monarchie sei wieder eingeführt worden und er erlebe die […] Hochzeit eines Angehörigen des Königshauses«, schrieb ein britischer Diplomat über den 10. April 1935. »Die Straßen waren geschmückt, in der Innenstadt stand der Verkehr still, mehr als 30 000 Angehörige der paramilitärischen Verbände standen Spalier, während Hunderte von Militärflugzeugen über die Stadt kreisten und im richtigen Augenblick das glückliche Brautpaar vom Brandenburger Tor zum Dom eskortierten.«[40] Vier kleine Mädchen in Satinkleidern gingen der Braut an den Altar voraus, eine von ihnen wird Hermanns damals vierjährige Nichte Roswitha gewesen sein. Zwei Hitlerjungen trugen die Schleppe.[41] Das waren Peter und Helmuth.[42] Mein Vater Heinz war mit seinen vierzehn Jahren – ebenso wie Tante Oles Söhne Hansjörg und Klaus – dem Brautkinderalter entwachsen.

»Hermanns Hochzeit hat Schacht 50 000 Goldmark in Auslandsdevisen gekostet«, schrieb Bella Fromm über den »kronprinzlichen« Auftritt, und dass »es kein geringes Kunststück ist, eine solche Summe bei Schacht locker zu machen«.[43]

Unter allen anwesenden und nicht anwesenden Menschen, denen Hermann Göring etwas beweisen wollte, wird auch Vitus Mauser gewesen sein. Seiner Familie hatte die Schlossruine Mauterndorf gehört, bevor Hermanns Patenonkel Hermann Epenstein sie übernahm und restaurierte und Hermann als Kind und junger Mann dort aus und ein ging. Als vierundzwanzigjähriger Oberleutnant und Kommandant der Jagdstaffel 27 hatte er im November 1917 um die Hand von Mausers Tochter Marianne angehalten. Er kannte sie seit der Kindheit. Im Januar 1918 war die Verlobungsanzeige verschickt worden.[44] Im November desselben Jahres musste das Deutsche Kaiserreich seine Niederlage eingestehen. Vitus Mauser änderte seine Meinung und versprach Marianne einem Gutsbesitzer. Was er seiner Tochter jetzt zu bieten habe, soll er Hermann vorher noch zur Rede gestellt haben – per Telegramm. Der antwortete postwendend: Nichts![45]

Diese, zusätzlich zum militärischen Desaster Deutschlands, persönliche Schmach wird er nicht vergessen haben. Für seine unersättliche Gier und seine Korruptionsbereitschaft dient sie aber allenfalls als Ausrede. Die Hochzeitsgeschenke füllten mehrere Räume und Bankkonten. Wie es um seine Erwartungen stand, war weithin bekannt. Die großen Würdenträger des NS-Staates ließen sich von allen Seiten offen beschenken, Hermann Göring ließ das besonders weit gehen. »Er nimmt!«, hieß es aus der Großindustrie.[46] Wer von ihm zu einem Festessen geladen war, wusste, dass er unter der Serviette zumindest eine goldene Zigarettendose hinterlassen musste, besser noch einen Scheck; weniger als fünfstellig durfte der darauf festgeschriebene Betrag nicht sein. Schon 1934 hatte er sich von Hitler einen privaten Dispositionsfonds genehmigen lassen, in den mäzenatisch einzahlte, wer sich davon Vorteile versprach. Der Hamburger Zigarettenfabrikant Philipp Fürchtegott Reemtsma soll als Dank für die Annullierung seines Steuerverfahrens über Jahre insgesamt etwa 13 Millionen Reichsmark für »kul-

Standesamtliche Trauung von Hermann Göring und Emmy Sonnemann durch den Berliner Bürgermeister Heinrich Sahm mit den Trauzeugen Adolf Hitler und »Reichskirchenminister« Hanns Kerrl am 10.4.1935 in Berlin.

turelle Zwecke, Naturschutz und Waidwerk« an Göring überwiesen haben. Ähnlich lag der Fall bei dem Bauunternehmer Kurt Hermann. Auch er stand wegen Steuerhinterziehung mit dem Rücken zur Wand und zeigte seinen »unermesslichen Dank und tiefste Ergebenheit« mit Millionenbeträgen.[47] Kein König von Preußen habe jemals so prächtig von seinen Untertanen gelebt, fand Fritz Thyssen: »Was Preußen gehört, verleibt [Göring] sich ein.«[48] Über das Selbstverständnis, mit dem er sich bereicherte, ohne jemals satt zu wirken, und »[Hermanns und Emmys] kindliche Freude an ihrer Pracht und den Hochzeitsgeschenken, einschließlich Weinen« staunte der Diplomat Ulrich von Hassel, als er im Juli 1936 zum Frühstück »im Familienkreise« geladen war.[49] »Bei Göring kommt immer eine merkwürdige Naivität zum Vorschein …«[50]

An der Hochzeitstafel kam Großmutti Ilse zwischen dem Herzog von Sachsen-Coburg und Gotha und Reichsjustizminister Franz

Hochzeit als Staatsakt: Hermann Göring und Emmy Sonnemann nach ihrer Trauung im Berliner Dom. Die Brüder meines Vaters – Peter und Helmuth – hinter dem Brautpaar.

Gürtner zu sitzen. Näher zum Bräutigam saßen nur Emmys Schwester Else und Tante Ole. Während Heinz, Helmuth und Peter außer Sichtweite am untersten Ende der mehrarmigen Festtafel platziert und von Ilses drei Jahre jüngerer Schwester Erika Rode beaufsichtigt wurden, die mit Ehemann und Kindern aus Venezuela angereist war, hatte Großmutti Ilse unter vielen anderen Prominenten Richard Wagners Schwiegertochter Winifred im Blick. Göring »bildet sich wahrscheinlich ein, es sei ›schick‹, mich einzuladen«, hatte sie mit fünf Ausrufezeichen gespottet – »Es wird ja eine fürchterliche Angelegenheit« – und war der Einladung doch gefolgt.[51]

Winifred und Ilse sollen sich gut verstanden haben.[52] Über Hitler waren sie allerdings gegensätzlicher Meinung. Während die eine ihren Freund »Wolf« bekanntermaßen bis zu ihrem Tod verehrte, hätte Großmutti Ilse – ebenso wie Tante Ole – Hitler für nicht salonfähig und eben genau nicht verehrungswürdig gehalten. So hörte ich es immer wieder aus dem Familienkreis. Im Lauf der Zeit scheint sie, wie etwa Ulrich von Hassel beklagte, der regelmäßig mit ihr ausging, jedoch immer mehr Verständnis für ihn gezeigt zu haben.*

Solche Sympathien spielten allerdings keine Rolle, als Winifred Wagner, die Leiterin der Bayreuther Festspiele, in Görings engstem Dunstkreis um Beistand für den seit 1909 bestehenden Richard-Wagner-Verband Deutscher Frauen warb. Gegründet, um die noch von Wagner selbst ins Leben gerufene Stipendienstiftung zu stärken, stand der Verein nun unter Dauerbeschuss von Goebbels. Als die Vorsitzende im Ortsverband Berlin, Elisabeth Kekulé von Stradonitz, zwei Monate nach der Hochzeit von Hermann und Emmy überraschend starb, übernahm interimistisch Ole, und von ihr, noch im selben Jahr, Großmutti Ilse.

Winifred Wagner gelang mit der Einbindung des Göring-Clans zu ihren Zwecken ein Coup gegen das Propagandaministerium, und Ilse hatte nun also ihre erste gesellschaftliche Funktion. Für die damit verbundenen Repräsentationsaufgaben war das Reihenhaus in der Zehlendorfer »Heimat« tatsächlich zu eng. Im Lauf des Jahres 1936 vermittelte ihr Onkel Hermann eine herrschaftliche Wohnetage zwischen Spree und Tiergarten, in Sichtweite des Reichstags.

Mitte des 18. Jahrhunderts war das ehemals als Exerzierplatz genutzte, noch außerhalb Berlins liegende Gelände nordwestlich des Brandenburger Tores zu einer Gartenanlage umgestaltet worden. Zahlreiche Vergnügungslokale in einfachen, wetterfesten Zelten etablierten sich als beliebte Ausflugsziele.[53] Im frühen 19. Jahrhundert wurde das Viertel in den Städtebau einbezogen, mehrere Straßen wurden angelegt, von denen eine den historisch naheliegenden Namen In den Zelten bekam, und herrschaftliche Häuser errichtet. In den Zelten wohnten und arbeiteten im 19. und im frühen 20. Jahrhundert berühmte Menschen wie meine Namenspatronin Bettina von Arnim, Max Liebermann, Max Reinhardt, der dort auch seine Schauspielschule eröffnete, oder Magnus Hirschfeld. 1933

* In einem Brief vom 28.3.1938 schreibt von Hassel an seine Frau: »Gestern Abend mit [Ilse Göring] und deren Neffen und Nichte in einer reizenden Aufführung von Madame Sans Gêne. […] Sie schien mir mehr für [Hitler] als bisher …«, in: Ulrich Schlie (Hg.): *Ulrich von Hassel,* a. a. O., S. 99.

Dem Luxus und seinen Verlockungen erlegen: meine Großmutter Ilse im Nerzmantel an der Seite ihres Onkels.

plünderte die Gestapo dessen weltweit geachtetes Forschungsinstitut für Sexualwissenschaft. Schon vorher war Hirschfeld massiven Hetzkampagnen und brutalen Attacken der Nationalsozialisten ausgesetzt. Seit 1931 lebte er deshalb im Ausland.*

Als Großmutti Ilse die zweite Etage In den Zelten 22 bezog, gehörte das Gebäude längst dem preußischen Fiskus, und eigentlich war es zum Abriss freigegeben. Schon Ende der 1920er-Jahre hatte man überlegt, das Areal am Spreebogen der Reichsregierung zuzuschlagen und alle Ministerien dort anzusiedeln. Albert Speer griff die Idee nach Hitlers »Germania«-Plänen auf und ließ zuerst mit dem Abriss des benachbarten Alsenviertels und seinen Botschaften beginnen. Den Umgestaltungsplänen In den Zelten kam schließlich der Krieg dazwischen.

Großmutti Ilse scheint als Gastgeberin in ihrem Element gewe-

* Der deutsch-jüdische Arzt und Aktivist Magnus Hirschfeld (1868–1935) war ein maßgeblicher Pionier der Sexualwissenschaft. Er starb an seinem siebenundsechzigsten Geburtstag in Nizza. Seine Analyse der nationalsozialistischen Rassendoktrin, in der er den Begriff Rassismus prägte, wurde unter dem Titel *Racism* posthum 1938 in London publiziert.

sen zu sein, und auch sonst dürfte es ihr – dank ihres »guten Onkels« – an nichts gefehlt haben. »Er hat Ilse Göring (nach den Pelzgeschenken an alle seine Damen im letzten Jahr) jetzt ein Auto verehrt«, beanstandete Ulrich von Hassel den Göring'schen Nepotismus. »Das ist alles etwas unheimlich, gerade weil man im Sinne des Staatsgedankens auf ihn setzen muss.«[54]

In den folgenden Jahren führte Ilse ein offenes Haus ohne Geldsorgen, sowohl für ihre Verwandtschaft aus der verzweigten, kinderreichen Burchard-Familie als auch für die Berliner Gesellschaft. Für den Richard-Wagner-Verband Deutscher Frauen rief sie regelmäßig zu Hauskonzerten und sammelte Spenden. An einem dieser Abende dürfte sie sich in Rudolf Diels verliebt haben.

1970

Seit meine Mutter wieder in ihrem zweiten Beruf als Krankenschwester arbeitete, ging sie selten an die Nähmaschine. Als meine Konfirmation anstand, nahm sie meine Maße für ein Kostüm, und dass ich mich nicht einmal an seine Farbe erinnere, wundert mich nicht, denn eigentlich nähte sie es nicht für mich, sondern für Opa Heuser. Die Bluse unter dem Blazer war weiß. Meine Mutter bestand darauf, dass ich einen BH darunterzog und sie bis oben hin zuknöpfte.

Wir feierten am zweiten Maisonntag, und es war das letzte Familienfest, an dem ich teilnahm. Ich erinnere mich noch an den sorgfältig gedeckten Wohnzimmertisch, ausnahmsweise hatte meine Mutter weißen Damast aufgelegt, im Alltag war ihr seine Reinigung zu mühsam, außerdem aßen wir in der Regel in der Küche. Dass wir alle gemeinsam um den schweren Bauerntisch saßen, der mit Großmutti Ilse bei uns eingezogen war, kam allerdings nur noch selten vor, meine Eltern hatten unterschiedliche Essgewohnheiten. Während meine Mutter ihre paar Happen im Vorbeigehen hinunterschlang, zelebrierte mein Vater jede Mahlzeit wie ein Weltmann, und wenn sie nicht dreigängig war, schlug das auf seine Laune.

Die silbernen Serviettenringe, die meine Mutter zur Feier des Tages hervorgeholt hatte, kannte ich auch aus Berghausen, inzwischen wusste ich, dass ihre Gravur das Göring'sche Wappen darstellte. Einige waren zudem mit einem Monogramm versehen: H.G. Ich habe nie nachgefragt, ob das H für Hermann stand oder für meinen Papa Heinz. Ich erinnere mich auch, dass Opa Heuser mir gegenübersaß, vermutlich mit maximalem Abstand zur Großmutti. Seit er ihr beigesprungen war, die Hühnerfarm zu verkaufen, und sie sich von ihm finanziell benachteiligt gefühlt hatte, waren ihre Anmaßungen, in denen wie das Amen im Gebet Spitzen zu seiner angeblich minderen Herkunft mitschwangen, selbst ihm zu viel geworden.

Kein »Mach *mir* doch …«, sondern ein gut gemeintes »Mach *dir* doch nichts vor« las ich in seinem Gesicht, als wisse er längst, wie es um meinen Kirchenglauben stand und dass ich mich überhaupt nur ihm zuliebe umgezogen und konfirmieren lassen hatte. Ich war dreizehn, und es war mir egal, was andere von mir dachten. Nur meinen Opa Heuser wollte ich nicht enttäuschen und nahm doch hin, dass es nicht ausblieb. Ich hatte meinen Opa Heuser lieb, lieber als sonst jemanden in der Familie, aber ich war zu eigensinnig, vielleicht auch einfach zu abgehärtet und innerlich frei, um deshalb ein schweres Herz zu haben.

Der Tag war dunkelgrau und regnerisch. Historische Wetterberichte kann man heutzutage im Internet nachlesen.[1] Ich war Zaungast auf meiner eigenen Feier, und wie ich mich kenne, gab ich mir wenig Mühe, den Gästen etwas vorzuspielen. Dass es der zweite Sonntag im Mai war, weiß ich aus einem Brief der Jugendliebe meines Vaters. Offenbar hatte ich mir eine Lampe gewünscht, oder er fand sie ein angemessenes Geschenk für mich. »Im 5. Geschäft bekamen wir dann die gewünschte Lampe in Gelb zu einem uns angenehmen Preis«, bemerkte sie zu der »Lauferei«.[2] Opa Heuser schenkte mir das Klavier, das ich mir lange gewünscht hatte, und Klavierunterricht dazu. Die Lehrerin ließ mich spüren, dass ich kein Talent hatte. Nach ein paar Wochen verflog meine Leidenschaft, und auch beim Judo, das ich – im ewigen Wettbewerb mit meinem ehrgeizigen Bruder – mit Eifer bis zum grünen Gürtel betrieben hatte, zeigte ich mich nur noch selten.

Merkwürdigerweise gibt es kein Foto von dem Tag. Seit einer Weile fotografierte Papa Heinz kaum noch, wahrscheinlich hatte er auch genug zu tun, die Runde bei Laune zu halten, denn auf meine Mutter war ab Mittag kein Verlass, und wir waren schon erleichtert, wenn sie nicht auffiel. Wer noch an unserer Tafel saß, kann ich also nur raten. Meine Käthemam? Großmutti Ilse mit ihrer »akuten Dünkelverhärtung« hätte Personal am Tisch wohl nicht geduldet. Akute Dünkelverhärtung. Das Copyright für einen unserer Lieblingssprüche jener Tage liegt wahrscheinlich bei meinem Bruder.

Aus Tweng dürfte Tante Ole angereist sein, ein letztes Mal, sie starb noch im selben Jahr. Mit Mamis jüngstem Bruder Walter wechselte ich wahrscheinlich kein Wort. Er war zwar mein Patenonkel, aber ohne Beziehung zu mir und schon deshalb aus der Heuser-Art geschlagen, weil er als Einziger der Familie Autofahren gelernt hatte. Aus Wien soll Patentante Roswitha einen Umschlag geschickt haben – mit 100 Schilling oder 100 Mark, ich weiß es nicht mehr. Sie hingegen weiß bis heute, dass ich mich nicht bedankt habe.

Für die Münchner Verwandtschaft kam Tante Imme. Sie war Papas Lieblingscousine (zweiten Grades), die Großväter der beiden – Korvettenkapitän Otto Burchard und der acht Jahre ältere Walter, der wie viele aus Großmutti Ilses polyglotter Burchard-Familie sein Glück als Kaufmann in Südamerika gesucht hatte – waren Brüder.

Imme Vollhardt war meine zweite Patentante – ich hatte zwar nur einen Vornamen, aber drei Paten –, und seit sie mir im Sommer davor München gezeigt hatte, mochte ich sie sehr, wahrscheinlich auch, weil sie, ganz wie Tante Ole, meinen Papa Heinz so nahm, wie er war, und ihre Geschichten über ihn mit Zuneigung und Humor erzählte. Etwa jene, die in den frühen 1940ern spielt, als er auf Fronturlaub in Berlin war und bei einer Art Hausparty auf sich aufmerksam machte. Ein verspielter Kindskopf unter jungen Erwachsenen, der sich an den Lichtschalter stellte und – aus, ein, aus, ein – ein zuckendes Blitzlichtgewitter provozierte. Die meisten Gäste fanden das blöd. Imme konnte darüber lachen. Überhaupt lachte sie gern. »Wenn die Görings kommen«, sagte sie auch später noch, »ist immer High Life.«

Sie war in Madrid aufgewachsen, seit 1939 hatte sie in Berlin gearbeitet und zeitweise bei Großmutti Ilse gewohnt. 1947 ging sie nach Buenos Aires, als deutscher Ingenieur war ihr Mann dort gefragt. Dann geriet er jedoch unter die Räder des Kalten Krieges, und die Familie setzte sich nach Deutschland ab. Ihre erste Anlaufstelle im Winter 1954/55 war Berghausen – für Großmutti Ilse eine Gelegenheit, die alte Entourage auf ihre Hühnerfarm zu lotsen, Tante Ole etwa oder Klara »Klaruschka« Ungewitter, die einst den Berliner Vorsitz im Richard-Wagner-Verband Deutscher Frauen von ihr übernommen hatte. Finster und streng sei die zur Bäuerin mutierte Ilse gewesen, empfanden Immes Kinder, aber ungebeugt.[3]

Ende der 1960er-Jahre klang ein heiteres Gemisch aus Deutsch und Spanisch durch die Münchner Wohnung der Vollhardts, und *native art* – indianische Stoffe, Skulpturen und Töpferarbeiten in leuchtenden Farben – dominierte die Einrichtung. Mein Fernweh nach Südamerika war geweckt. Aus Tante Immes Sammlung von Schmucksteinen – früher sagte man Halbedelsteine – durfte ich mir aussuchen, was mir gefiel. Über die Jahre fädelte sie mehrere Ketten für mich.

Imme verkörperte, was meine Mutter nie war: eine zufriedene Hausfrau und lockere Gastgeberin. Bei ihr aß ich zum ersten Mal Fleischfondue mit bunten Saucen, das damals in Deutschland in Mode kam. Immes Töchter zeigten mir den Englischen Garten, die alternative Szene am Monopteros und die Nacktsonner am Eisbach. Und sie nahmen mich mit zu einem Schwabinger Happening. »Everything is art, art is everything.«[4] Auf einem großen Bildschirm lief *White Room*. Eric Clapton, Jack Bruce, Ginger Baker. Das Farewell-Concert von Cream.

München galt als tolerant, Schwabing als Metropole der Gammler. Inzwischen nannten sie sich Hippies und interessierten sich für Politik. Staunend stand ich zwischen unrasierten Typen mit ungeschnittenen Haaren und hängenden Jeans und fühlte mich erwachsen. Einer bot mir seine Zigarette an. Von meinem Vater sagten wir, man würde ihn erst riechen und dann sehen, weiße Rauchwolken gehörten zu ihm wie sein zu markant geratenes Brillengestell. Sein Qualmen hatte mich immer gestört. Nun nahm ich meinen ersten Zug.

***

Bettina sitzt am Mauritiusplatz und alle um sie rum.

Aus München hatte ich eine abgetragene Levi's 501 mitgebracht, die Immes Sohn im Schrank gelassen hatte, als er nach Amerika ausgewandert war. Und das Hippievirus. Nach der Schule ging ich nun selten nach Hause, es gab aber auch Tage, an denen ich morgens in Richtung Schule aufbrach und nicht dort ankam. Meistens zog es mich dann zum Mauritiusplatz mit seinen beiden mächtigen Platanen, dem Nabel der Wiesbadener Altstadt, Mittelpunkt des bürgerlichen Lebens schon seit der Römerzeit. Vor dem Krieg standen in dem Karree drei Kaufhäuser, ehrwürdige Gründerzeitbauten, zwei davon in jüdischem Besitz. Alle drei ließ der Karstadt-Konzern 1968 schleifen, um dort einen Wirtschaftswunderkoloss ohne Gesicht hinzustellen. Ambitionierte Baustellen gehörten damals mehr noch als heute zum Straßenbild, auch die Fußgängerzone in den Altstadtgassen rund um den Mauritiusplatz war gerade erst im Werden.

Just hier hingen die Wiesbadener Hippies ab, Aug in Aug mit dem Größer-teurer-mehr der Karstadt-und-seinesgleichen-Philosophie, und an Sommertagen auch am Warmen Damm im Kurpark, eingebettet zwischen der Wiesbadener Flaniermeile und den herrschaftlichen Villen rund um das Staatstheater. Wir waren ein Dorn im Selbstverständnis der Leistungs- und Konsumgesellschaft auf Wohlstandssuche, die die Mondlandung feierte und gerade lernte, mit Schecks zu bezahlen. Ich war deutlich jünger als die meisten und schnell mittendrin in der Szene. Alle Klischees trafen auf uns zu: Wir trugen locker sitzende Kleidung, wechselten sie selten, schonten unsere Schuhe, und unsere Haarsträhnen – die der Jungs waren oft länger als die der Mädchen – hielten wir mit Stirnbändern aus dem Gesicht. Die cremefarbene Musselinbluse aus Großmutti Ilses Kommode zog ich kaum noch aus, eine Folkloretunika aus Rumänien, golden und schwarz bestickt. Dass sie im Sonnenlicht meine Haut durchscheinen ließ, bemerkte ich erst, als mich die musternden Blicke der Passanten trafen. Angenehm war mir das nicht, aber ich gewöhnte mich daran.

Meine Mutter hatte eine pragmatische Ader. Oder einen Floh im Ohr. Und das Bedürfnis, aufgeschlossen zu sein und toleranter als ihre Eltern. Wenn Bettina sich schon rumtreibt, soll sie wenigstens nicht schwanger werden. Seit sie dafür gesorgt hatte, dass ihre Gynäkologin mir die Pille verschrieb, war ich quasi über Nacht sehr – wie man damals so schön sagte – »fraulich« geworden. Keine meiner Freundinnen trug einen »Büstenhalter«, BHs waren für

Spießerinnen. Aus einem afrikanisch gemusterten Vorhang in Rot und Schwarz, der in der Goebenstraße als Raumteiler gedient hatte, nähte meine Mutter ein bodenlanges Kleid für mich, »in welchem Bettina als auffallende Erscheinung barfuß durch Wiesbaden läuft und ihre Figur spazieren führt«.[5] Die Studenten und älteren Schüler aus unserem Tribe betrachteten mich als ihr Küken und passten auf mich auf.

»Bettina sitzt am Mauritiusplatz und alle um sie rum.« Den Satz prägte meine Tante Erika. Wir belagerten die Plattform in der Mitte des Platzes oder hockten im Schneidersitz unter einer der Platanen, wir hatten Meinungen zu Ausbeutung, Verrat und Korruption, und wir wetterten gegen die Hierarchie der Konzerne und gegen militärische Gewalt. Ich bemerkte, dass ich mir Gehör verschaffen konnte. Zu meinen engeren Freunden zählten jetzt Falk. Und Wolfgang. Wolfgang Grams, den wir »Gaks« nannten. Er war drei Jahre älter als ich. Ein fürsorglicher Typ. Nachdenklich. Dichte, blonde Haare. Von ihm hörte ich viel über den Vietnamkrieg. Seine Eltern waren 1945 aus dem Osten geflohen – der Vater aus Pommern, die Mutter aus Ostpreußen –, und 1948 hatte es sie nach Wiesbaden verschlagen, das weniger zerstört war als andere deutsche Großstädte. Seit Kurzem wohnten sie, wie meine Freundin Ulrike, in der Neubausiedlung in Klarenthal, die an den Hängen des Taunus im Stil einer Satellitenstadt aus dem Boden gestampft worden war. Quadratisch praktische Wohneinheiten aus Fertigteilen. Bescheidener Wohlstand. Fleiß als die wichtigste Tugend. Den Kindern soll es einmal besser gehen. So anders als bei uns daheim.

Gelegentlich fielen wir in der Küche von Gaks' Mutter ein, ich kann mich nicht erinnern, dass sie mich jemals direkt angesprochen hat. Die Eltern sorgten sich um ihren Sohn und wollten ihm Grenzen setzen. So anders als bei uns daheim. Ein paar Mal trieb uns der Kuchenhunger auch in die Viktoriastraße, das Guglhupfrezept kannte ich auswendig, wir fanden alle Zutaten. Wie stolz wir waren, als wir das gelungene Stück zu unseren Freunden in den Kurpark trugen!

Wir hielten uns für die bedürfnislosen Nachfahren von Diogenes, hatten viel Zeit – Verweile, Augenblick! – und kein Geld, aber auch keine Scheu, Passanten um ein paar Pfennige anzuschnorren für ein paar Brötchen. »Geht doch rüber (in den Osten), wenn es euch hier nicht passt.« Das war die harmlose Variante. »Ins Arbeitslager gehören solche wie ihr« und »Das hätte es unterm Führer nicht gegeben« konnte uns auch passieren. Nur in der Gruppe konnte ich das an mir abprallen lassen. Einer war immer da, der Gitarre spielte, oft war das Gaks, dem man ein absolutes Gehör und das Talent zum Berufsmusiker nachsagte. Und einer war immer da, der einen Joint herumreichte. Leonard Cohen war jetzt mein Held, auch wenn ich seine Texte erst viele Jahre später zu verstehen begann.

***

Irgendwann im Lauf des Jahres 1968 hatte ich das Zimmer bezogen, das meine Eltern – immerhin! – für mich frei gehalten hatten. Ganz stimmt das nicht, denn mittendrin stand, als mächtiger Raumtrenner, ein Kleiderschrank, der einzige in dieser großen Wohnung mit Kleiderstangen. Mami, Papa Heinz, Großmutti Ilse, alle drei nutzten ihn, nur mein Bruder nicht, und auch wenn sich die Schranktüren der Zimmertür zuwandten, gab es Tage, an denen mich das Kommen und Gehen und Klappern so nervten, dass ich laut wurde, um die Eindringlinge zu vertreiben. Erst nachdem ich meine Wände – auch die Rückseite des frei stehenden Schranks – mit den fein gezeichneten Schwarz-Weiß-Abbildungen afrikanischer Ureinwohner tapeziert hatte, begann es sich wie *mein* Zimmer anzufühlen. Mein Großvater Karl Göring soll die Mappe mit Holzschnitten aus jenem Teil Deutsch-Ostafrikas mitgebracht haben, der heute Tansania heißt, und erstaunlicherweise hatte sie den Krieg und Großmutti Ilses zahlreiche Umzüge überlebt. Ob sie zufällig in einem Möbelstück mitgewandert waren oder ob Ilse auf die Bilder aufgepasst hatte, weil sie dem Großvater viel bedeutet hatten, weiß ich nicht. Aber sie protestierte nicht, als ich sie auf den

Verputz klebte, und auch das ist erstaunlich, weil sie sonst alles kommentierte. Ihre Stimme war mit den Jahren noch schriller geworden.

Wir wohnten jetzt Wand an Wand. In ihrem Zimmer roch es modrig, das lag an der Einrichtung, die sie mitgebracht hatte, zu viel für einen Raum, zu viel Vergangenheit für meinen Geschmack. Ein mit Intarsien überladener Sekretär aus Ebenholz, ihr kostbarstes Stück, aber stark transportgeschädigt, mit mehreren Geheimfächern und an die fünfzig geschnitzten Schmuckfiguren, von denen drei abgebrochen waren. Ein Damenschreibtisch im Louis-quatorze-Stil und eine blassgrüne Sitzgarnitur. Ein barockes Sofa, das sich beim besten Willen nicht mehr in das Zimmer drängen ließ und schließlich auf dem Flur vor unserer Eingangstür landete, die, wie schon in der Goebenstraße, ohnehin meist offen stand, und noch mehr Relikte aus ihren besseren Tagen. Naziware, sagte mein Bruder unverblümt, und dass er gar nicht wissen wolle, wie sie an diese wertvollen Möbel gekommen war. Aus dem untergehenden Berlin gerettet ins Salzburgische, auf die Burg des guten Onkel Hermann.

Ein paar Jahre vor meiner Geburt – Papa Heinz war »endlich wieder« motorisiert – hatte er seine Mutter nach Mauterndorf chauffiert, »hinter den letzten Trümmern meiner Habe her«.[6] Schon vorher, im August 1949, hatte sie eine »abenteuerliche Reise nach Mauterndorf … (heute wieder Österreich)« unternommen, »um das dort unterstellte [sic] Restgut meiner Habe loszueisen«. Aber beim »Unterstellen in Göring'schem Besitz« hätten sich »besondere Schwierigkeiten ergeben«, stellte sie fest.[7] Tatsächlich hatten sich unmittelbar nach Kriegsende erst britische, dann amerikanische Soldaten in der Burg bedient, aber auch Zivilbevölkerung hatte das Durcheinander genutzt, um Möbel, Teppiche und Kunstgegenstände fortzuschleppen.[8] 1948 hatte die österreichische Finanzprokuratur ein Strafverfahren gegen den toten Hermann Göring angestrengt, verhandelt wurde auch über das Burgerbe. Der Rechtsstreit zog sich hin. 1953 wurde die Republik Österreich zu Hermann Görings Rechtsnachfolger bestimmt. Emmy und Edda Göring hatten keinen Anspruch angemeldet.

Mein Bruder und ich wussten, dass Großmutti Ilse krank war, zu krank, um weiterhin den Berghausener Hühnerhof zu versorgen, und wir hatten auch mitbekommen, dass sie an den Folgen einer unbehandelten Syphilisinfektion litt und dass die Familie ihren zweiten Ehemann Rudolf Diels dafür verantwortlich machte, aber wir brachten ihre raue, oft geradezu feindselig besserwisserische Art nicht damit in Verbindung, und schon gar nicht sahen wir sie ihr nach. Akute Dünkelverhärtung! »Versuche nun tüchtig gegen dein Leiden anzugehen«, hatte man ihr geraten. »Es quält dich sonst immer mehr und das wäre ja fürchterlich für dich.«[9] Sie hielt Diät, doch ihr Zustand verschlechterte sich. »Es war noch erschütternder als sonst«, hieß es im November 1968, als wir bereits nebeneinander in der Viktoriastraße wohnten, »Tante Ilse hat unendliche Schmerzen u. wir wollen hoffen, dass sie nicht solch ein starkes Herz hat, damit sie bald von dem Übel erlöst wird. Da es ja eine Nervensache ist, ist sie selbst auch machtlos gegen die Schmerzen und Auswirkungen.«[10]

Aus dem Haus ging sie kaum noch. Die äußerlichen Anzeichen ihrer Krankheit waren ihr künstlicher Darmausgang, den sie allerdings würdevoll verborgen hielt, ihre zunehmende innere Unruhe, eine ausgeprägte Nörgel- und Streitlust und andere typische Verhaltenssymptome. Sie aß salzfrei und trank ausschließlich Fachinger Wasser. Hatte nicht schon Hitler darauf geschworen?

Tagsüber saß sie oft mit starrem Blick in einem Armsessel im Wohnzimmer. Als mein Bruder und ich eine Fernsehdokumentation über die »Endlösung der Judenfrage« und die Befreiung von Auschwitz anschauten, schaltete sie sich ein. Alles Lüge, giftete sie, kein Wort wahr! Vergasungen habe es nie gegeben, und wenn, dann habe Hermann nichts davon gewusst. Ich fuhr hoch, CC griff nach dem Holzschuh zu seinen Füßen, schleuderte ihn in ihre Richtung und traf sie am Kopf. Entsetzt wimmerte sie um Hilfe und hörte erst damit auf, als meine Mutter ins Zimmer kam. Ich verstand den Zorn meines Bruders, ich teilte ihn, aber ich schämte mich, dass er ihn nicht beherrscht hatte. Gewalt, fand ich schon damals, ist keine Antwort. Dass mein Vater, als wir ihn damit kon-

Bildsymbol der Wut meines Bruders auf den Onkel.

frontierten, wie dreist seine Mutter den Holocaust leugnete, keine Haltung zeigte, gab mir den Rest. Ihm war wichtig, dass sein gläserner Schaukasten mit den antiken Öllampen nicht zu Schaden gekommen war. »Du Weichling!«, beschimpfte ich ihn. Ein Tabu war gebrochen.

Etwa zu jener Zeit geriet Großmutti Ilses Fotosammlung in unsere Hände. Ein Porträt des mit Eisernen Kreuzen behängten, huldvoll ins Leere blickenden Hermann Göring brachte meinen Bruder so in Rage, dass er nach dem nächstbesten Kugelschreiber griff und den Mann durchstrich.

Weil ihm das nicht wirkungsvoll genug schien, tätowierte er ihm ein Hakenkreuz auf die Stirn und eines auf die Wange, und zur Bekräftigung zog er die Linien drei-, vier-, fünfmal nach, als ob wir uns mit seiner Brandmarkung ein für alle Mal von ihm distanzieren könnten. Endlich waren mein Bruder und ich uns einig.

***

Harmonie oder Horror – Hauptsache, man weiß, woran man ist. Macht das nicht die Normalität jedes Familienalltags aus?

In unserer Familie gaukelte man sich nichts vor, einzig meine Mutter lebte in dem Irrglauben, dass man heimlich saufen kann, und musste doch regelmäßig gerettet werden. Für gewöhnlich blieb das an mir hängen. In ihrem Job als Hospizschwester zeigte sie offenbar Verantwortung und trank nur so viel, dass sie sich kontrollieren konnte, und ihre Vorgesetzten bei der Caritas hielten an ihr fest, weil die Patienten sie mochten. An ihren freien Tagen frühstückte sie Schnaps, und das Frühstück dauerte den ganzen Vormittag. Wenn ich mittags hungrig von der Schule kam, brachte ich sie erst ins Bett, dann ging ich in die Küche. Irgendwann hatte ich es dann eben nicht mehr eilig, nach Hause zu kommen. Manchmal holte mich die Angst um sie ein. Aber wenn Horror zum Alltag gehört, entwickelt man Überlebensstrategien.

Mein Bruder muss etwa vierzehn gewesen sein, als er mit dem Leistungsschwimmen begann. Sein Sportlehrer an der humanistischen Diltheyschule erkannte sein Talent und weckte einen Traum in ihm: München. Die Olympischen Sommerspiele 1972. Auf die Wand über seinem Bett malte er die fünf verschlungenen Ringe. Sein erstes Etappenziel war das Bundesfinale von »Jugend trainiert für Olympia« im September 1970. Er verbrachte seine Nachmittage im Schwimmclub und spezialisierte sich auf den Schmetterlingsstil. Manchmal schwamm er sechs Stunden. Danach hatte er Hunger und war müde. Zum Finale in Berlin fuhr er nicht. Das Gefühl, gut genug zu sein, um es schaffen zu können, genügte ihm.

Mein Vater benahm sich weiterhin wie ein Gast im eigenen Haus. Von den meisten Hippies hörte man ja, dass sie sich von ihren materialistisch denkenden Eltern gefangen fühlten. Papa Heinz war im Grunde selbst ein Establishment-Verweigerer. Seine Law-and-Order-Erziehung steckte ihm zwar in den Knochen, doch sein träumerisches Gemüt bewahrte ihn vor Selbstzweifel und erst recht vor Selbstvorwürfen. Und seine Ansprüche ans Leben entlarvten ihn. Auf die Idee, dass er mitverantwortlich sein könnte für den Horror in der Familie, kam er noch immer nicht. Stattdessen ignorierte er ihn, erwartete von meiner Mutter, dass sie die siechende Großmutti Ilse pflegte, und zelebrierte seine Individualität.

Seit seiner Kindheit war er – anders als seine zu Jägern geborenen jüngeren Brüder – ein Sammler. Seine Briefmarkensammlung »baute er nach dem Verlust in den Wirren der letzten Kriegstage unentwegt wieder auf«.[11] Kaum ein Brief, den er nicht mit »Bitte Marke wieder aufheben« oder »Wenn es geht, bitte ganze Briefmarkensätze« schloss.[12] Ich sehe ihn vor mir, wie er sich – seine Brille hochgeschoben, die Hände in Baumwollhandschuhen – über den Küchentisch neigt, Briefmarke um Briefmarke von Umschlägen löst und sie zum Trocknen auf weiße Leinentücher legt. Er ließ darin auch nicht nach, als er sich, als Student der Anthropologie und Archäologie im soundsovielten Semester, zusätzlich auf römische Münzen zu spezialisieren begann, über die Jahre tatsächlich zu einer Koryphäe auf seinem Gebiet wurde und die, wie er gern sagte, beste Sammlung Deutschlands aufbaute, für die er sich einen an die zwei Meter hohen, mehrere Hundert Kilo schweren Panzerschrank in den Flur stellen ließ. Und während er sonst mit seinen beiden linken Händen kokettierte, baute er sich sogar einen – funktionierenden – Münzputzautomaten.

Inzwischen warf seine Leidenschaft Geld ab. Er betrieb ein Geschäft in der Wiesbadener Innenstadt, und Sammler aus ganz Deutschland und darüber hinaus vertrauten seiner Expertise. Die finanzielle Verantwortung für die Familie wollte er trotzdem, wie er es jahrelang gewohnt war, meiner Mutter überlassen. Er kam für Strom und Gas auf, mehr, fand er, sei nicht drin. Schließlich müsse er seine Einnahmen reinvestieren, argumentierte er. »Heinz jammert nach [lange] laufenden Münzen«, wussten seine Freunde, »er erhofft sich davon besseren Gewinn.«[13]

Dass unsere Wohnung in der Viktoriastraße, die er allein ausgesucht hatte, über unseren Möglichkeiten lag, kümmerte ihn nicht. Er fand sie standesgemäß. Es kümmerte ihn auch nicht, wenn der Gerichtsvollzieher kam. Er kam öfter, in meiner Erinnerung kam er regelmäßig, mal hatte Papa Heinz sein Zeitungsabonnement nicht bezahlt, mal war es eine andere, mehrmals angemahnte Rechnung, als ob er sich mit solchen Bagatellen nicht abgeben müsse. Aber mit uns nörgelte er, wenn wir ein Licht »sinnlos« brennen ließen oder er sich einbildete, dass man die Heizung drosseln müsse. Großzügig war er, ganz anders als meine Mutter, nur zu sich selbst. Für sich, und nur für sich, – die anderen Familienmitglieder haben leider keinen Sinn dafür! –, kaufte er dekadente Lebensmittel wie Froschschenkel, Kaviar oder Schildkrötensuppe. Wir fanden das obszön.

Meistens gingen meine Eltern sich aus dem Weg. Über Geldfragen gerieten sie nun jedoch in immer wütenderen Szenen aneinander, bis wir Kinder zur Tat schritten. Mein Vater war verreist, als wir einen Tag lang Möbel schoben. Als er wiederkam, teilten wir ihm mit, dass ihm fortan mein Zimmer zugedacht war, während meine Mutter in CCs übersiedelte. Wir beide zogen ins bisherige Elternschlafzimmer – der Anfang vom Ende einer dreizehnjährigen Geschwisterrivalität.

So tolerant und im Grunde gleichgültig mein Vater sonst war, so deutlich zeigte er jetzt seinen Ärger. Die Aktion missfiel ihm, ja beleidigte ihn, und deshalb brachte sie keine Entspannung. Der alles verändernde Krach brauchte dann keinen großen Anlass mehr.

Es war ein Wochentag im Spätherbst, und bis zu meinem vierzehnten Geburtstag waren es wahrscheinlich nur noch ein paar Tage. Wir hatten zu Mittag gegessen – Papa Heinz, CC und ich. Wir hatten den Tisch abgeräumt – CC und ich. Und wir begannen mit dem Abwasch. Mein Vater half grundsätzlich nicht im Haushalt. Vielleicht war es die Zeitung, vielleicht aber auch die Stromrechnung, von der er hochschaute und uns – schon wieder – beschuldigte, zu viel Strom und Gas zu verschwenden. Ich antwortete ihm postwendend, laut, ohne Respekt und ehrlich angewidert. Dass er sich nie herablassen würde, Geschirr abzuwaschen. Dass er sich viel zu viel auf seine feine Herkunft einbilde. Was er eigentlich sei außer ein Parasit? Ja genau, ein Parasit, das sei er! Dann fiel kein Wort mehr.

Er sprang auf, holte aus und schlug mir mit der flachen Hand auf den Hinterkopf. Damit hatte ich nicht gerechnet. Nie vorher hatte er mich geschlagen. Ich drehte mich so ruckartig zu ihm um, dass ich mit meinem Nasenflügel an seinem Siegelring mit dem Göring'schen Familienwappen hängen blieb. Blut tropfte. Ohne zu zögern, ging ich zum Angriff über und benutzte meine Faust. Er wich zurück, ich folgte ihm und ließ erst locker, als er merkwürdig wehrlos auf dem Boden lag. Als mir bewusst wurde, wie schwach er war, flüchtete ich ins Badezimmer und wusch das Blut aus meinem Gesicht. Mein Unterkiefer zitterte unkontrolliert wie bei einem Schüttelfrost. Ich hörte und sah nichts, als ich in mein Zimmer ging. Ich stopfte eine Hose und ein paar Kleinigkeiten in eine Umhängetasche, zog meine Schuhe an, schnappte Großmutti Ilses abgetragenen Pelzmantel und lief davon.

1938

Die Gleichschaltung der deutschen Wehrmacht im Februar.*
Der Anschluss Österreichs im März.
Das Münchner Abkommen am letzten Septembertag, der Einmarsch in die Tschechoslowakei, die Annexion der sudetendeutschen Gebiete.

Das, was man die Geburt Großdeutschlands nannte.

Monat für Monat dreistere und gefährlichere Maßnahmen gegen die Juden im Land und weit mehr als tausend Tote als Folge der antijüdischen Pogrome im November.

»Seit dem Frühjahr 1938 wusste man, dass eine Katastrophe bevorstand«, schrieb der Jurist Kurt Ball-Kaduri. »Im Frühjahr 1938 änderte sich das Zeitmaß der Ereignisse.«[1] Und immer noch, trotz ständiger Gewaltdrohungen, trotz der nicht mehr zu überhörenden Kriegsrhetorik, jubelten viele Menschen, manche euphorischer denn je, auch über eintausend neu gebaute Kilometer Reichsautobahn in einem Jahr.

»Das ereignisreichste Jahr unserer ganzen Geschichte«, nannte Hitler das Jahr der Radikalisierung, nach dem es im Staat »keine Einrichtung« mehr gab, »die nicht nationalsozialistisch ist«.[2] Und Hermann Göring triumphierte in seiner Neujahrsbotschaft größenwahnsinnig: »Das Jahr 1938 ragt wie ein granitener Obelisk über die vergangenen Jahrhunderte. Es beherrscht wie eine mächtige Eiche inmitten von Gestrüpp alles Geschehen der deutschen Geschichte.«[3] Dass das Jahr, in dem auch der private Göring einmalige Erfolge feierte – immerhin wurde im Juni mit Tochter Edda sein einziges Kind geboren, und immerhin hungerte er sich (zumindest vorübergehend) vierzig Kilogramm Übergewicht von den Hüften –, dass dieses Jahr gar nicht in seinem Sinn begonnen hatte, mochte er da schon verdrängt haben.

* Deutsches Reichsgesetzblatt (RGBl. I), 1938, S. 111, Hitlers Erlass vom 4. Februar an die Führung der Wehrmacht: »Die Befehlsgewalt über die Wehrmacht übe ich von jetzt an unmittelbar persönlich aus.«

Als Generalfeldmarschall Werner von Blomberg – seit 1935 Reichskriegsminister und Oberbefehlshaber der Wehrmacht – Mitte Januar in zweiter Ehe eine Berliner Sekretärin heiratete, die nicht nur einunddreißig Jahre jünger war als er, sondern als angebliche Tochter einer Masseuse auch unzulässig weit unter Stand, hatte Hermann Göring vermittelnd eingegriffen, die Eheschließung genehmigt und ihr als Trauzeuge beigewohnt. Er stammte schließlich selbst aus einer nicht gesellschaftsfähigen Liebesbeziehung, und ich würde gern glauben, dass der notorische Stammbaum-Beschöniger sich in Blombergs Situation hineinversetzen konnte. Nur wenige Tage später drehte er dem Konkurrenten, der als gemäßigt, inzwischen als allzu gemäßigt galt, jedoch einen Strick und konfrontierte ihn mit Vorwürfen, wonach die junge Ehefrau für Aktfotos Modell und zudem unter Diebstahlsverdacht gestanden habe. Blomberg blieb nur der Rücktritt. Göring ging davon aus, dass er ihn beerben und endlich selbst Reichskriegsminister und Oberbefehlshaber der Wehrmacht werden würde. Doch zu seiner Enttäuschung entschied Hitler anders. Zwar ließ er an der Spitze der Streitkräfte gehörig »aufräumen«. Die Führung über die nun weitgehend gleichgeschaltete Wehrmacht übernahm er jedoch persönlich. Der ämtersammelnde Luftwaffenchef musste sich mit dem Schmucktitel Generalfeldmarschall zufriedengeben.*

Der Anschluss Österreichs, nämlich die gewaltfreie Machtübergabe der Wiener Behörden an die nationalsozialistischen Besetzer, geriet hingegen zu Görings persönlichem Triumph, auch deshalb, weil er ihn als eine seiner *family affairs* verstand. Beide Schwestern – Olga und Paula – hatten nach Österreich geheiratet. Wie so viele im Land feierten sie die Vorfälle als überfällige »Wiedervereinigung« mit dem Deutschen Reich – und als Befreiung.

»Schon drei Tage gehe ich jetzt wie im Traum einher und kann dieses ungeheure gigantische wunderbare Geschehen nicht fassen. Zutiefst ergriffen bin ich, zu keinem Tun fähig und sitze nur stun-

* Offiziell stand das OKW unter der Führung von Wilhelm Keitel, die Leitung des Heeres übernahm Walther von Brauchitsch.

denlang am Radio u. immer wieder rollen mir die Tränen herunter u. wollen nicht versiegen!« So überschwänglich wandte sich die »tr. Schwester Pauli« nach dem Erlass des Gesetzes über die Wiedervereinigung Österreichs mit dem Deutschen Reich an ihren »über alles geliebten Bruder« und dankte ihm »für die wunderbare Errettung in letzter Stunde«.[4]

Damit umschrieb sie, was nicht nur Göring selbst, sondern seine ganze Familie für einen seiner Geniestreiche hielt. Die von langer Hand geplante, völkerrechtswidrige Invasion in den austrofaschistischen Ständestaat benannte er nämlich kurzerhand in ein Zu-Hilfe-Eilen um, und das rechtfertigte er so: Nach dem erzwungenen Rücktritt des österreichischen Kanzlers Kurt Schuschnigg und der Ernennung des bisherigen Innenministers und NSDAP-Mannes Arthur Seyß-Inquart zu dessen provisorischem Nachfolger versank das Land im politischen Chaos. Es sei mit schlimmsten Gewaltakten zu rechnen! Göring drängte Seyß-Inquart deshalb dazu, einen Hilferuf an die deutsche Reichsregierung zu richten.

In einem Telegramm, von dem bis heute unklar ist, ob es echt oder gefälscht war, bat der Handlanger den großen Nachbarn also um militärischen Beistand. Für Hermann Göring war der Einmarsch der deutschen Wehrmacht in Österreich damit legitimiert – und der Rest der Welt hielt weiterhin still und ließ ihn geschehen. Auch meine Patentante Roswitha, die in jenen Tagen kurz vor ihrem siebten Geburtstag stand, sei sich »dieses ganzen großen Erlebnisses voll bewusst«, schwärmte Paula und zitierte ihre kleine Tochter mit: »Mutti, dies ist mein glücklichster Tag!« Dabei seien auch ihr »voller Ergriffenheit die Tränlein« von den Wangen geronnen.[5]

Paula war seit 1920 mit dem vier Jahre jüngeren Franz Hueber verheiratet. Beide sollen sehr musikalisch gewesen sein und gern gesungen haben. Franz bot gelegentlich sogar öffentliche Ständchen dar.[6] Politisch stand Paula kritiklos hinter ihm. Der promovierte Jurist war ein deutschnationaler Hardliner. Den Vertrag, mit dem die Gründungsmitglieder des Völkerbundes die besiegte Habsburgermonarchie nach dem Ersten Weltkrieg auf ihre »unabänderliche Unabhängigkeit« von Deutschland festgelegt hatten, hielt er, wie so viele, für einen Pfusch. Er schloss sich der österreichischen Heimwehr an, einer bewaffneten Miliz, die sich als militärischer Flügel der Christlichsozialen Partei verstand und auf Republik und Demokratie nichts gab. Ab 1929 stand er der Heimwehr im Land Salzburg vor und unterstützte Carl Vaugoin, der Ende September 1930 österreichischer Bundeskanzler einer Minderheitsregierung wurde und sich gerade einmal zwei Monate im Amt hielt. Ebenso kurz war Franz Huebers Auftritt als dessen, übrigens parteiloser, Justizminister, bevor er in seine Notarkanzlei in Mattsee zurückkehrte. In der Politik blieb er jedoch weiterhin aktiv.

Ab 1933 war er einer von Hermann Görings wichtigsten Kontaktmännern in die nationalsozialistischen Oppositionskreise Österreichs. Dass die NSDAP dort nach einer Serie von Terroranschlägen Mitte Juni 1933 verboten wurde, hinderte ihn nicht daran, beharrlich und in enger Abstimmung mit seinem mächtigen Schwager für Österreichs Anschluss an Deutschland zu agitieren.* Hermann belohnte ihn großzügig dafür.

An den »Anschluss«-Tagen zog Hermann Göring die Fäden von Berlin aus – die Protokolle seiner Telefonate mit Wien ließ er allesamt aufbewahren. Dem späteren Gauleiter von Wien diktierte er das sogenannte Anschlusskabinett:

»[...] Justiz ist klar. Wissen Sie, wen?«

Das »Ja, ja« am anderen Ende der Leitung scheint ihn nicht zufriedengestellt zu haben.**

»Nennen Sie den Namen«, setzte er nach.

»Ja, Ihr Schwager, nicht?«[7]

* Der austrofaschistische Ständestaat erst unter Engelbert Dollfuß, dann unter Kurt Schuschnigg verbot sukzessive die anderen Parteien und parteinahen Organisationen: am 26.5. 1933 die KPÖ, dann den sozialdemokratischen Schutzbund und schließlich die NSDAP. Franz Hueber trat 1934 der illegalen NSDAP bei.

** Das »Ja, ja« kam von NSDAP-Funktionär Odilo Globocnik. Als Gauleiter von Wien war er für die Judenverfolgung mitverantwortlich. Nach der deutschen Besetzung Polens wurde er als SS- und Polizeiführer nach Lublin entsandt, wo ihm als Leiter der »Aktion Reinhardt« unter anderem die Vernichtungslager Belzec, Sobibor und Treblinka unterstanden.

Ullrich, das war Franz Huebers Deckname, war da bereits eingeweiht. Zwei Tage vor dem Einmarsch hatte Hermann den Schwager zu einer Besprechung mit Hitler mitgenommen.[8] Tags darauf hatte er ihn am Telefon auf seine künftige Rolle vorbereitet: »Pass mal auf, Franz, du übernimmst Justiz und auf Wunsch des Führers vorläufig noch mit das Äußere [Ministerium], das kriegt dann später jemand anders.« Zugleich hatte er ihn unmissverständlich aufgefordert, hart gegen die Opposition durchzugreifen: »Und dann noch ein wichtiger Punkt, den ich vorher vergessen habe, der an sich selbstverständlich ist. Rascheste Entwaffnung der Roten [...] und rücksichtslos, das ist ja selbstverständlich.«[9]

Zu mehr als einem kurzen Intermezzo, für das er sein Notariat in Mattsee abermals zurückgelegt hatte und mit Paula und Roswitha nach Wien gezogen war, wurde allerdings auch sein zweiter Anlauf als Justizminister nicht. Zwei Monate nach seinem Amtsantritt wurde Österreich in sieben Reichsgaue aufgeteilt und brauchte kein eigenes Justizministerium mehr. Seine Zukunft war trotzdem gesichert. Hermann brachte den Ehemann seiner Lieblingsschwester als Unterstaatssekretär im Reichsjustizministerium in Berlin unter und ließ ihn schließlich zum Präsidenten des Reichsverwaltungsgerichts bestellen.[10]

Kennengelernt hatten Hermann und Franz sich spätestens 1918, nachdem Franz als Notariatsanwärter in die Kanzlei seines Onkels in Saalfelden am Steinernen Meer, etwa eine Stunde von Salzburg, eingetreten war. Der Gedanke an diesen Onkel trübte Paulas Anschluss-Euphorie: »Darf ich Dir noch eines sagen, dass ich noch nie den Verlust von Fried so schmerzlich spürte wie gerade jetzt«, schrieb sie an ihren Bruder. »Immer u. immer muss ich denken, ach hätte er dies Herrliche doch noch alles erlebt, warum musste er fort, ehe sein Vaterland, sein geliebtes nun frei geworden ist, für das er sich so mit allen Fasern seines Herzens einsetzte!«[11]

Fried – das war Friedrich »Fritz« Rigele und nicht nur ein Onkel ihres Mannes, sondern – seit er 1912 ihre ältere Schwester Olga, meine Tante Ole, geheiratet hatte – auch ihr Schwager. Ganz anders als die musische Paula war Olga eine forsche Draufgängerin, die sich am wohlsten fühlte, wenn sie in der Natur war. Mit der Jagdflinte ging sie ebenso gut um wie ihre Mutter Fanny, und von allen Geschwistern kam sie wohl auch sonst am deutlichsten nach ihr. Ihre Unerschrockenheit brachte ihr im Freundeskreis den Rufnamen »Sepp« ein.[12] Ihren späteren Mann lernte sie dort kennen, wo sie seit ihrer Jugend am liebsten unterwegs war, in den Bergen des Lungaus in nächster Nähe der Burg Mauterndorf, beim Klettern oder beim Skifahren. In beiden Disziplinen galt Fritz Rigele als Koryphäe. Als Alpinist hat er sich einen größeren Namen gemacht denn als Notar.

Soweit ich weiß, kamen »Fried und Sepp« sich durch das spätere Familienoberhaupt Hermann Göring nahe, dem das zu jener Zeit freilich herzlich egal gewesen sein wird. Er war ein Teenager auf dem Sprung in das Königlich Preußische Kadettenkorps und vor allem an waghalsigen Abenteuern interessiert. Unter der Anleitung seines Bergführers Fritz Rigele übte er das hochalpine Klettern. Nicht älter als fünfzehn soll er gewesen sein, als er mit ihm den höchsten Berg Österreichs bestieg – so jedenfalls ließ er es in seiner *Lebensskizze* von 1932 aufschreiben.

»Das schon lang ersehnte Ziel ist der schneebedeckte ›Großglockner‹ mit seiner Höhe von 3797 Metern. Der leichtere Anstieg von Südosten hat natürlich für Hermann Göring keinen Reiz. Es muss gleich über den schweren Nordwestgrat gehen«, liest man dort. Das Erlebnis steckte ihm offenbar auch viele Jahre später noch in den Knochen: »Knirschend dringen die Steigeisen in den hartgefrorenen Firn an der steilen Westwand […] Beim Abstieg fährt der Routinier [Rigele] an den steilen Schneehängen ›stehend‹ ab. Göring, damals noch Anfänger, versucht natürlich dasselbe. ›Hermann, was fällt dir ein!‹ Die Warnung kommt zu spät. Auf dem firnharten Schnee rutscht Göring aus und saust mit rasender Geschwindigkeit in die Tiefe. Dem [späteren] Schwager glückt es jedoch mit ein paar Sprüngen unter ihn zu kommen, die Pickelspitze einzuhauen und ihn abzufangen. Der Zusammenstoß der beiden Körper ist toll, aber Göring ist vor dem Aufschlagen gegen die Felsen bewahrt.«[13]

Selbst wenn das maßlos übertrieben ist, weil man einen mit rasender Geschwindigkeit abwärtssausenden Körper nicht so ohne Weiteres mit einem Pickel aufhalten kann, kann ich mir gut vorstellen, dass dieses Erlebnis Hermann Göring und seinen Retter und bald schon Schwager fortan eng verband. Über die Jahre kam ein tiefes politisches Einverständnis der beiden hinzu, und ich gehe davon aus, dass der fünfzehn Jahre ältere Fritz Rigele – neben dem Taufpaten Hermann Epenstein, der auch die Bergtouren seiner Göring'schen Wahlfamilie finanzierte – eines von Hermanns *role models* war.

Fritz Rigele habe ich mir, seit ich als Kind zum ersten Mal mithörte, als von ihm gesprochen wurde, als sympathischen Menschen vorgestellt. Meine Tante Ole konnte mit einer einzigen, beiläufigen Geste mein kindliches Selbstbewusstsein restaurieren, wenn es unter der spitzen Kritik von Großmutti Ilse litt. Natürlich hatte die liebe Tante einen netten Mann. Was denn sonst. Außerdem war er ein Abenteurer, der mehr Zeit auf dem Berg verbrachte als im Büro. Er hatte den »Eishaken« erfunden und damit das Klettern auf Eis und über Gletscher revolutioniert.[14] Er hatte sich als Erst- und Neubesteiger extremer Routen in den höchsten Gebirgsketten Österreichs und Bayerns eingetragen, und er war Skirennen gefahren. Das alles beeindruckte mich und prägte mein positives Vorurteil, obwohl es mich selbst nie in die Berge gezogen hat. Er hingegen nutzte jede Gelegenheit, um vor gesellschaftlichen Anlässen in die Natur zu fliehen. Das hat seine Mythisierung in der Familie befördert.

Im Oktober 1937, fünf Monate vor dem »Anschluss«, verunglückte er auf dem Hochkalter bei Berchtesgaden. Er soll einem Muli ausgewichen und dabei abgestürzt sein. Am Tag darauf erlag er im Krankenhaus von Bad Reichenhall seinen schweren Kopfverletzungen. Tante Ole in Berlin kam nie darüber hinweg, dass sie erst zwei oder drei Tage nach dem Unglück von seinem Tod informiert wurde und auf seine Beerdigung warten musste, um sich von ihm zu verabschieden. Hermann Göring sorgte dafür, dass diese Beerdigung zu einer Art Staatsbegräbnis geriet – ein schwacher Trost. Er selbst führte seine Schwester und ihre Söhne Jörg und Klaus zum Grab auf dem Parkfriedhof Lichterfelde in Berlin.*

Fritz Rigele war nicht als Privatmann gestorben, sondern bei einer Übung der Gebirgsbrigade der deutschen Wehrmacht, für die er als Ausbilder im Auftrag der nationalsozialistischen Reichsregierung tätig war. Seine politischen Überzeugungen trug er aber nicht erst seit deren »Machtergreifung« in seinem Hochtourengepäck: Als deutschnationaler, vielmehr als deutschvölkischer Bergsteiger oder bergsteigender Völkisch-Nationaler dürfte er zeitlebens ein noch schonungsloserer Hardliner gewesen sein als sein Neffe Franz.

Diese Erkenntnis erschütterte mein Bild von ihm, das ich erst für dieses Buch zu hinterfragen begonnen hatte. Und sie konfrontierte mich mit der Binsenwahrheit, dass Vorurteile – unabhängig davon, ob sie positiv oder negativ überzeichnen – Gefühlssache sind und umso besser funktionieren, je weniger Fakten man kennt. Die Fakten aus dem Leben von Fritz Rigele fügten sich allerdings so stimmig in das Familienbild, dass sie mich nicht weiter verwunderten.

Der Bergsport sei »in Wirklichkeit viel mehr national und volkfördernder« als so mancher politische Verein, sagte er. Als langjähriger Funktionär sowohl im Deutschen als auch im Österreichischen Alpenverein hatte er sich als Antisemit geoutet. In beiden Ländern, die er ohnehin für eines hielt, hatte er gleich nach dem Ende des Ersten Weltkriegs und der Monarchie eine »Säuberung« gefordert und damit die Einführung des Arierparagrafen gemeint. Bereits Anfang der 1920er-Jahre hatten er und seinesgleichen sich durchgesetzt und sich dabei offenbar wie die Retter der Nation gefühlt. Die jüdischen Mitglieder waren aus dem Alpenverein ausgeschlossen worden und hatten notgedrungen eine eigene

* Fritz Rigele verunglückte am 9.10.1937 und starb am folgenden Tag. Die Beerdigung fand am 14.10.1937 statt. Mehrere Minister, der Berliner Oberbürgermeister, der italienische Botschafter und andere waren unter den Gästen. In: *Tagespost,* 16.10.1937; siehe: https://anno.onb.ac.at/cgi-content/anno?aid=tpt&datum=19371016&seite=6&zoom=33

Sektion gegründet.* »Rein sachliche Gründe«, so das Skiass Rigele, hätten auch »für das Fernhalten des Judentums aus dem Österreichischen Skiverband« gesprochen.[15]

Bevor er (wahrscheinlich bald nach ihrer Gründung 1926) der österreichischen »Hitlerbewegung« beitrat, war Fritz Rigele Mitglied in der Landesleitung der paramilitärischen Heimwehr und Gauführer im Pinzgau gewesen.[16] Als 1933 bekannt wurde, dass er »Verbindungen mit hochverräterischen Aktionen« hatte, »die gegen Österreich gerichtet waren« (und deretwegen die Partei verboten wurde), floh er nach Berlin – in die sicheren Arme seines Schwagers Hermann. Die Dreitagesfrist, binnen derer er nach Österreich zurückkehren und sich stellen hätte sollen, ließ er verstreichen.[17] Seine Notariatszulassung wurde ihm deshalb entzogen.

Hermann Göring überließ der Familie nicht nur repräsentative Wohnräume im Reichstagspräsidentenpalais, sondern versorgte sie auch mit Einkünften.** Neben seinen Stellen in der Reichstagsverwaltung und bei der Gebirgsbrigade soll er dem Schwager mehrere Aufsichtsratsposten zugeschanzt haben. Trotzdem blieb diesem noch Zeit, ein Buch über seine Erlebnisse als Bergsteiger zu veröffentlichen. Darin berichtete er unter anderem von Hermann Görings Watzmann-Erkletterungen im Jahr 1933 – vermutlich auf dessen Bestellung, denn dem gnadenlosen Vollstrecker lag nicht nur an seinem Image als Mäzen der schönen Künste und als vorbildlicher Ehemann, sondern besonders an dem des sportlichen Naturburschen, der gerne segelte, ritt, jagte, schwamm … und Berge bestieg. Auf mehreren Buchseiten verbreitete Rigele zudem seine antisemitischen Ressentiments, verstieg sich in »rein sachliche« Begründungen – und klang dabei wie ein Wegbereiter der Katastrophe.[18]

* Die 1921 gegründete Sektion »Donauland« wurde 1924 aus dem Alpenverein ausgeschlossen, sodass die jüdischen Bergsteiger einen eigenen »Alpenverein Donauland« gründen mussten. Mit der Machtergreifung der Nazis wurde er verboten.

** Die Huebers – Franz, Paula und Roswitha – bezogen 1938 eine Villa in Wannsee. Nachdem der Vermieter Eigenbedarf angemeldet hatte, zogen auch sie in das Reichstagspräsidentenpalais. Auskunft Roswitha Theuer (geb. Hueber), Mattsee, 20.8.2014.

Ob Tante Ole, meine Beschützerin, der ich von allen Görings, die ich kennengelernt habe, das größte Herz zuschrieb, seinen Auffassungen jemals widersprach? Wie ging sie damit um, als dieser »sachlich begründete« Antisemitismus schließlich in einen mörderischen Antisemitismus ausartete? Zog sie sich auf ein »So hätte das der Fried nicht gewollt« zurück? Oder bestritt sie den Massenmord an den Juden gar, so wie meine Großmutti Ilse ihn vor mir und meinem Bruder bestritten hatte? 1938 klang ihr Bruder Hermann jedenfalls ganz wie ihr Ehemann. Ende März reiste er durch Österreich. In seiner mehrstündigen »Anschluss«-Rede richtete er »ein ernstes Wort an die Stadt Wien«: Eine Stadt mit 300 000 Juden sei keine deutsche Stadt. Weder in der Kultur noch in der Wirtschaft könne man »auf die Dauer den Juden gebrauchen«, sagte er und kündigte die »Arisierung« der Stadt an, »ganz schematisch mit aller Überlegung« – »nach unseren Gesetzen rechtlich, aber unerbittlich« …[19]

***

Meine Großmutter Ilse schwamm mit auf Hermann Görings Erfolgswelle. Ob die geborene Kielerin in den Freudentaumel über den »Anschluss« einstimmte oder einen größeren emotionalen Abstand dazu hatte als der süddeutsche und österreichische Teil der Familie, weiß ich nicht. Hermanns Österreich-Rundreise, die zu einem Triumphzug inszeniert wurde, verfolgte sie von Berlin aus, und bestimmt erzählten ihre mitgereisten Schwägerinnen Olga und Paula ihr später das eine oder andere Highlight, etwa wie im oberösterreichischen Wels »die Menschen in Jubel ausbrachen, als die kleine Nichte des Generalfeldmarschalls Roswitha Hueber mit einem großen Nelkenstrauß auf ihn zutrat«.[20]

Auch von Hermanns überschwänglichem Empfang in Mauterndorf wird Ilse im Detail gehört haben. Seit seine Verlobung mit der Mauterndorferin Marianne Mauser geplatzt war, hatte er sich an dem Lieblingsort seiner Kindheit und Jugend nicht mehr gezeigt. Nun jubelten ihm bei einer Propagandaveranstaltung mehre-

Nach Mauterndorf kam Hermann Göring gern als Privatmann: mit seiner Schwester Paula, Bruno Loerzer und meiner Großmutter Ilse (re.), hier ca. 1942.

re Tausend Menschen zu.* »Als Feldmarschall seines Führers ist er nun in seine zweite Heimat zurückgekehrt«, berichtete die *Salzburger Zeitung.* »Wie ein Sohn, der fern der Mutter Erde weilte, haben ihn die Mauterndorfer und die Lungauer empfangen.«[21] In der Folge schmückte sich die Gemeinde mit ihm als Ehrenbürger.**

Als Großmutti Ilse meinen damals siebzehnjährigen Papa Heinz und seine Brüder zwei Wochen später, am Karfreitag 1938, nach Mauterndorf schickte, wo sie die Ostertage verbringen sollten, war Hermann schon wieder abgereist. Elisabeth »Lilli« Epenstein sollte die drei empfangen. Seit dem Tod ihres Mannes war sie die Schloss- oder Burgherrin, und obwohl sie 1913 die achtundzwanzig Jahre ältere Franziska »Fanny« Göring sozusagen vom Thron gestoßen

* Die Veranstaltung war am 31.3.1938. Am 10.4.1938 fand österreichweit die (unfreie) Volksabstimmung zum Anschluss mit fast hundertprozentiger Zustimmung statt; vgl. Hanno Bayr: *Berlin trifft Mauterndorf,* a.a.O., S. 176.

** Laut dem Entwurf einer Urkunde wurde Hermann Göring am 25.7.1938 zum Ehrenbürger der Marktgemeinde Mauterndorf ernannt. Ob ihm diese Urkunde je überreicht wurde, ist unklar. Offiziell aberkannt wurde ihm die Ehrenbürgerschaft nie. Laut Gemeinderat gilt sie jedoch seit Görings Tod als erloschen.

und deren angeblich langjährigen Liebhaber (vgl. Kap. 1894) und Göring'schen Familienfinanzier Hermann Epenstein geheiratet hatte, standen sowohl Hermann Göring als auch seine Geschwister in einem guten Verhältnis zu ihr. Großmutti Ilse (als Karl Görings Witwe) immerhin so gut, dass Lilli sie in ihrem Testament mit einer zeitlich unbegrenzten, monatlichen Überweisung von tausend Reichsmark bedachte.* Hermanns jüngster Bruder Albert ging hingegen leer aus, obwohl er Lilli seit Hermann Epensteins Tod immer wieder beigestanden hatte, wenn finanzielle und organisatorische Probleme sie zu überwältigen drohten. Dass sie den »Bertl« in ihrem Letzten Willen nicht einmal erwähnte, kann mehrere Gründe gehabt haben:

Vielleicht störte es sie, dass er sich – was ihm posthum den Beinamen »der gute Göring« einbrachte – vom Nationalsozialismus distanzierte, dem Anschlussjubel verweigerte und für vom Regime Verfolgte einsetzte. Vielleicht missfiel ihr sein unsteter Lebenswandel. Albert Göring war ein Lebemann, ähnlich einem Oskar Schindler. Wie dieser vertrat er aber moralische Prinzipien und zeigte Rückgrat, als es darauf ankam.**

Vielleicht hatte es Auseinandersetzungen zwischen Lilli und Albert gegeben, von denen wir nichts wissen. Vielleicht kam sie aber auch nur nicht darüber hinweg, was hinter vorgehaltener Hand gemutmaßt wurde und ihm ins Gesicht geschrieben stand; dass er nicht nur das Patenkind ihres Mannes war, sondern sein leiblicher Sohn mit Fanny Göring.

Am Karfreitag 1938 lag Lilli, während draußen ein unwirtlicher Schneeregen fiel, mit Fieber und einer starken Erkältung im Bett

* Die Summe wurde im Testament als Legat aus den Erträgen der Berliner Kondomfabrik Fromm festgeschrieben; in: Hanno Bayr: *Berlin trifft Mauterndorf*, a. a. O., S. 188. Mehr dazu siehe Kapitel 1934.

** Im Juni 1945 erstellte Albert Göring aus dem Gedächtnis eine Liste von Menschen, deren Existenz er gerettet hatte, und kam auf vierunddreißig Namen. Angeblich waren es deutlich mehr. Sein Bruder Hermann hatte ihn deshalb im »Dritten Reich« mehrfach vor Konsequenzen bewahrt. Vgl. William Hastings Burke: *Hermanns Bruder. Wer war Albert Göring?*, Berlin 2012; sowie James Wyllie: *Albert Göring*, Essen 2006.

und konnte sich nicht um meinen Vater und seine Brüder kümmern. Weil offenbar sonst niemand dafür vorgesehen war, die drei Jungs zu umsorgen und zu unterhalten, reisten sie schon am nächsten Tag ab.[22]

Wieder versuche ich, mir die damaligen Umstände auszumalen. Womöglich hatte Großmutti Ilse sie deshalb nicht begleitet, weil sie krank oder rekonvaleszent war. Schon damals hatte sie Beschwerden, die sie zu Krankenhausaufenthalten zwangen.[23]

Vielleicht war sie für einen Abstecher nach Österreich auch nur zu beschäftigt. Schließlich war sie in verschiedene Ehrenämter eingebunden. Vielleicht war sie aber auch der Liebe wegen nicht mitgekommen, besser gesagt aus Sehnsucht und in der vagen Aussicht auf Liebe.

»Wo die Liebe hinfällt, bleibt sie liegen, und sei es auf dem Misthaufen«, kommentierte Hermann Göring Ilses Beziehungsleben.[24] Aber damit greife ich vor. Zu Ostern 1938 lebte Ilse in der Hoffnung, dass ihre Affäre mit Rudolf Diels sich zu einer offiziellen Beziehung vertiefen könnte.

Sie war noch neu in Berlin, als sie den Bauernsohn aus Berghausen im Taunus, pardon, den Großbauernsohn, darauf legte sie Wert, kennenlernte, natürlich, wie könnte es anders sein, liegt einem da auf der Zunge, durch ihren Schwager und Onkel Hermann. Dessen Gunst hatte Rudolf Diels sich bereits 1932 als »Dezernent zur Bekämpfung der kommunistischen Bewegung« im preußischen Innenministerium gesichert, als er eine Kartei »Subversiver« aufbaute und ihn, den neu ernannten preußischen Innenminister, mit polizeilichen Informationen über Kommunisten versorgte. Nicht mehr als ein »Hilfsarbeiter« sei er gewesen, spielte der Jurist seine Rolle später herunter.[25]

Für Hermann Göring war er in dieser Phase allerdings so wichtig, dass er ihn schon am Tag der Machtübergabe zum Leiter der Abteilung IA im Berliner Polizeipräsidium, der Zentralstelle der preußischen politischen Polizei, ernannte.

»Ich bin sicher, dass selbst Göring ihm misstraute«, urteilte Martha Dodd, deren Vater William von 1933 bis 1937 die USA in

Berlin vertrat.* So lange lebte auch sie in der Stadt – als umschwärmte Diplomatentochter und umtriebige Journalistin, die kaum einen Empfang, ein Bankett, eine Party ausließ. »Und wenn ich die beiden zusammen beobachtete oder Diels zuhörte, hatte ich sogar das Gefühl, dass Göring sich vor ihm fürchtete.«[26]

Das mag gut beobachtet gewesen sein. Es hinderte Hermann Göring jedoch nicht daran, sein Zweckbündnis mit Diels zu vertiefen. Ende April 1933, als die Polizei landesweit per Gesetz dem Innenministerium und damit Göring persönlich unterstellt wurde, gründete er die Geheime Staatspolizei und beförderte den schlauen Netzwerker Diels zu ihrem ersten Chef. Die »Gestapo« allein war jetzt zuständig für die »Beschränkung der persönlichen Freiheit und des Eigentums«, für Eingriffe in das Brief-, Telegrafen- und Fernsprechgeheimnis, für Überwachung, Bespitzelung, Zensur. Das Gestapo-Hauptquartier war eine der meistgefürchteten Adressen in Deutschland. Die politischen Häftlinge wurden dort hemmungslos gefoltert. Gegen die Übel des Kommunismus ließ sich jedes Mittel rechtfertigen.

»Unverbesserliche Elemente«, vor allem solche, die für ihren Traum von der klassenlosen Gesellschaft kämpften, sollten zeitlich unbegrenzt und zu besonders strengen Haftbedingungen in Konzentrationslager gesperrt werden, forderte Diels. Er zentralisierte die vielen kleinen Lager, die bis dahin unter SA-Führung gestanden hatten, fügte der Gestapo ein »Judenreferat« hinzu und, um Kritiker aus dem Ausland zu beruhigen, genau genommen in die Irre zu führen, begnadigte sogenannte leichtere Fälle. Dass er keineswegs zimperlich war, wusste bald auch Martha Dodd. Für ein Buch über ihre Jahre in Deutschland sprach sie mit mehreren Männern und Frauen, die aus einem Konzentrationslager entlassen worden waren: »Sie sagten mir, dass mindestens zwölf Menschen pro Tag getötet wurden, während Diels Chef der Geheimen Staatspolizei war.«[27] Im Herbst 1933 meldete er seinem Chef Göring in geschick-

* Die anfängliche Begeisterung der Diplomatentochter für Hitler und die NSDAP schlug nach dem Röhm-Putsch in harsche Kritik um. Ebenso erging es ihrem Vater, der vor seiner Berufung in den Diplomatenstand als Historiker an der University of Chicago gelehrt hatte.

tem Gehorsam, dass die Gestapo »den Kommunismus vernichtend geschlagen« und andere »staatsfeindliche Bestrebungen niedergehalten und bis zur Vernichtung bekämpft« habe.[28] »Ich habe wirklich das erfolgreichste Spionagesystem organisiert, das Deutschland je gesehen hat«, sagte er stolz.[29]

Einen der begnadetsten Opportunisten im »Dritten Reich« nannten ihn sowohl politische Gegenspieler als auch Wegbegleiter, der »mit gewöhnlichem Maß nicht gemessen werden kann«, sich aber »zuweilen selbst überschätzt hat«.[30] Der »Mann der Widersprüche« – »ungewöhnlich intelligent, sarkastisch, eitel« – habe – »undurchsichtig« – »immer mit mehreren Bällen gleichzeitig gespielt«. Kein typischer Gesinnungsnazi, ein Karrierist vielmehr und dabei ein »glänzender Unterhalter«, der sich »gelegentlich zu unvorsichtigen und übertriebenen Äußerungen hinreißen ließ«: »Diels' Charakter hatte Mühe, mit seinen außerordentlichen und verführerischen Gaben Schritt zu halten.«[31] Kein Wunder, dass so jemand mit der Nazi-Elite in Konflikt geriet.

Im Machtkampf zwischen seinem Nachfolger als Gestapo-Chef, Heinrich Himmler, und Hermann Göring zogen Göring und mit ihm Diels schon Ende 1933 den Kürzeren. Diels sah sich sogar zur Flucht in die Tschechoslowakei gezwungen, denn Himmler, war er überzeugt, wollte seinen Tod. Göring holte ihn jedoch zurück nach Berlin und machte ihn immerhin zum Polizeivizepräsidenten der Stadt. In der Position hielt er sich ein halbes Jahr. Dann kam der »flatterhafte, spielerische Geselle, der sich letztlich als bürgerlicher Renegat empfand und darum mit mancherlei inneren Hemmungen herumquälte«[32] als Regierungspräsident, weniger einflussreich, aber aus der direkten Schusslinie, zuerst in Köln unter und schließlich, weil er auch dort wieder in Konflikte mit Kollegen geriet, Mitte 1936 in Hannover. Die Stadt war meiner Großmutti Ilse gut vertraut.

»Ich lernte Rudolf Diels als einen Mann kennen, der mit seinen ungewöhnlich mannigfaltigen Gaben in der Welt des Geistes, der Kunst und Wissenschaft über die Menschen hinausragte«, schwärmte sie selbst nach dem Krieg noch über jenen Menschen, der sie wahrscheinlich tiefer verletzt hat als irgendjemand sonst.[33]

Vielleicht glaubte sie wirklich, dass die guten Eigenschaften in ihm überwogen. Vielleicht hielt sie auch nur deshalb so stur an diesem Glauben fest, weil sie sich am Tiefpunkt ihres Lebens nicht auch noch selbst hinterfragen konnte. Jedenfalls lehnte sie sich für mich unverständlich weit aus dem Fenster, um ihm während seines Entnazifizierungsverfahrens beizuspringen: »Jede Starrheit und Härte war ihm fremd.«[34]

Auf Frauen sei seine »faszinierende Wirkung« noch stärker gewesen als auf Männer, hieß es.[35] Groß und schlank, mit dichtem, pechschwarzem Haar und durchdringend dunklen Augen. Das Gesicht seit seiner Studentenzeit von Schmissen gezeichnet. Schon damals sei sein Ruf »nicht eben gut [gewesen], dafür nach studentischen Begriffen sagenumwoben. Mitglied eines angesehenen Korps, schlug er den Rekord im Bierkonsum [und] Weibergeschichten waren ihm schon damals eine Funktion seines aufregenden Lebens«, beobachtete ein Weggefährte.[36]

Auch Martha Dodd hatte sich seiner Ausstrahlung nicht entziehen können. Sie war gerade Mitte zwanzig, als sie »fasziniert und beeindruckt war von diesem menschlichen Ungeheuer mit dem sensiblen Gesicht und der grausamen, gebrochenen Schönheit. Wir gingen viel aus, tanzten und fuhren im Auto über Land.«[37] Da war Diels noch verheiratet.* »Er hatte eine boshafte Freude an seiner mephistophelischen Aura [...] und bei seinem melodramatischen Auftritt«, blickte sie schließlich auf eine intensive Zeit mit ihm zurück. »Ich überprüfte meinen Eindruck bei vielen Freunden, von denen einige allerdings sagten, dass er bei näherem Kennenlernen ziemlich fröhlich, ungezwungen und charmant sei, aber alle bestätigten, dass jedes Treffen mit ihm eine sinistre Seite habe.«[38] Seinen Verstand beschrieb auch sie als brillant, komplex und gefährlich genau. »Die ganze Zeit befürchtete ich, dass Diels mich auf irgendeine raffinierte Weise über meine deutschen Freunde aushorche

* Diels war von 1930 bis 1936 in erster Ehe mit Hildegard Mannesmann verheiratet, Tochter des Industriellen Alfred Mannesmann. Martha Dodd nahm diese als ein »bemitleidenswertes, passiv wirkendes Wesen wahr, das im Zusammenleben mit Diels durch die Hölle gegangen sein musste.« In: Martha Eccles Dodd: *Meine Jahre in Deutschland*, a. a. O., S. 154.

und ich damit ihren Tod verursachen könne.«[39] Seine Nähe suchte sie trotzdem: »Im Laufe des Jahres, in dem meine Beziehung zu Diels relativ eng war, wurde ich so nervös, dass es fast an Hysterie grenzte.«[40]

Meiner Großmutti Ilse näherte Rudolf Diels sich als Charmeur mit Manieren. »Verehrte, liebe gnädige Frau!« Im Frühling 1937 – man kannte sich da schon drei, vier Jahre – machte er ihr den Hof, in welcher Absicht auch immer. »Darf ich mich zum Tee bei Ihnen einfinden?«[41] Und ein paar Wochen später: »Ich habe nur den einen Wunsch, dass ich Sie alsbald einmal in Hannover bei mir sehe. Das Land ist jetzt von einer unbeschreiblichen Schönheit [...] Ich wäre glücklich, wenn ich Ihnen einmal ohne Hast [...] zeigen könnte, woran mein Herz hängt.«[42]

Im Jahr darauf waren die beiden zum Du übergegangen, nach Ilses offizieller Sprachregelung waren sie Freunde, sie fast drei Jahre älter als er. Ein viel beschäftigter Mann, stets in Zeitnot und nie um einen Grund verlegen, Großmutti Ilse hinzuhalten. Ich habe seine Absagen auf ihre Einladungen gelesen, zu Hauskonzerten oder Abendessen, natürlich in höflichen Worten, sie war schließlich eine Göring mit direktem Draht zu Hermann.*

So rein freundschaftlich, wie sie später auch gegenüber den Behörden angab, kann das Verhältnis da schon nicht mehr gewesen sein. Ilse weinte sich bei ihrer Schwägerin Olga aus. Olga trug Ilses Seelennot weiter zu ihrer Schwester Paula, und die kleine Roswitha bekam lange Ohren.[43] Liebeskummertratsch lässt kleine Mädchen nicht kalt. Mitte August 1938 kam Rudolf Diels' uneheliche Tochter Corinna mit einer Schauspielerin – vierzehn Jahre jünger als meine Großmutter – zur Welt.** Ob Ilse von dieser Affäre wusste oder wann sie von dem Kind erfuhr, sind weitere offene Fragen in dieser lückenhaft überlieferten Geschichte.

* In einem Schreiben von Diels an Ilse Göring vom 14.6.1938 hieß es etwa: »Ich bin durch ständige Dienstreisen so in Anspruch genommen, dass ich nicht dazu kam, Dir auf Deinen vorletzten Brief zu antworten [...]«; NSHA Han., Nachlass Dr. Rudolf Diels, VVP 46/ Nr. 4.

** Corinna Genest wurde am 16.8.1938 in Konstanz geboren. Ihre Mutter war die Schauspielerin Gudrun Genest, die zu jener Zeit am Schauspiel Köln engagiert war.

1972

Als Großmutti Ilse starb, war ich fünfzehn und immer noch wütend auf sie. Meine Mutter rief mich an ihr Sterbebett, und ich erschrak, wie wenig von der Frau übrig war, in deren Gegenwart ich mich so oft am falschen Ort gefühlt hatte. Ihre Seele verabschiedete sich schon aus ihrem Körper, die hageren Wangen leuchteten auf dem Klinikkissen, für ein Gespräch war es zu spät, und ich wäre auch nicht bereit dazu gewesen. Ich hatte meine Meinung von ihr, daran änderte mein Unbehagen vor dem Tod nichts.

»In der Nacht von Samstag auf Sonntag ist sie nun eingeschlafen. Heinz konnte ihr gerade noch die Augen zudrücken, als er zu ihr kam«, weiß ich von einer Freundin der Familie.[1] Ilse Göring starb am 29. April 1972, am Tag nach ihrem vierundsiebzigsten Geburtstag und zwei Tage nach dem Misstrauensvotum der CDU/CSU-Fraktion gegen Bundeskanzler Willy Brandt, das mich damals mehr beeindruckt hat als der Tod der Großmutter. Mehr Freiheit! Mehr Demokratie wagen! Wenige Monate vorher hatte man Brandt für seine Annäherung an den Ostblock den Friedensnobelpreis verliehen. Dass Menschen für ihn auf die Straße gingen, gefiel mir. Schließlich war er im Widerstand gegen die Nationalsozialisten gewesen. »Eines wird man doch aber Herrn Brandt fragen dürfen: Was haben Sie zwölf Jahre lang draußen gemacht? Wir wissen, was wir drinnen gemacht haben …«[2] Auch in meiner Klasse plapperten viele die Angriffe seiner Gegner nach. Mich nahmen sie noch mehr für ihn ein. Von seinen Alkoholproblemen wusste ich damals nichts, abgeschreckt hätten sie mich wohl nicht. Auch von seiner Göring-Connection hörte ich erst viel später; auf Wahlkampftour reiste er – wie vor ihm schon Adenauer und Erhard – in Görings holzgetäfeltem Salonwagen von 1938 durch Deutschland.[3] Von seinem Kniefall am Mahnmal für die ermordeten Juden im Warschauer Ghetto wusste ich allerdings, und dass gut die Hälfte der Deutschen seine Geste für übertrieben hielt.[4] Natürlich hatte sich auch Großmutti Ilse abfällig über ihn geäußert.

Es fiel mir nicht ein, zu ihrer Beerdigung zu fahren, und mein Vater erwartete es auch nicht von mir; er folgte ihrem Wunsch und ließ ihre Urne im Göring'schen Familiengrab am Münchner Waldfriedhof beisetzen, neben ihrem ersten Mann Karl und dessen Eltern Heinrich und Franziska Göring, in aller Stille, wie man gern sagt, wenn nur mehr eine Handvoll alter Weggefährten übrig ist, um sich zu verabschieden.*

Was sie hinterließ, kümmerte mich nicht, zu unklar war – vielmehr zu eindeutig –, wo der Schmuck und wo die kostbaren Möbel herkamen, nur ihren abgewetzten Nerz trug ich ohne Bedenken, ein bisschen wie die Kerle aus der linken Szene, die sich einen Jux daraus machten, in lederne Offiziersmäntel mit Gestapo-Vergangenheit zu schlüpfen, die man auf dem Flohmarkt erwerben konnte, aber mein Mantel war ein Unikat.

Es ist schon verrückt, warum mir nie in den Sinn kam, dass auch dieser Mantel ein Geschenk ihres »guten Onkels Hermann« war. Einen Hinweis darauf fand ich Jahrzehnte später.[5] Damals war der Nerz ein heruntergekommenes Verkleidungsstück für mich, in dem ich mir gefiel. Nachfragen, weiß ich heute, hätte mir den Spaß daran verdorben. Ahnungslosigkeit ist bequem und verträgt sich erstaunlich gut mit dem Gefühl, sowieso den Durchblick zu haben. Deshalb fragte ich auch nicht nach, ob sie irgendwelche Dokumente hinterlassen hatte, Briefe, Kalender, gar Tagebücher. Ich wusste genug von diesem Leben, dachte ich, und ich musste mich um mein eigenes kümmern.

Seit fast anderthalb Jahren wohnte ich nicht mehr zu Hause, doch obwohl ich Hals über Kopf, ohne Plan und ohne Geld aufgebrochen war, hatte der Schritt nichts Fatales für mich gehabt.

Wie ich meinen ersten Geburtstag ohne meine Eltern feierte? Und das erste Weihnachtsfest? Ich weiß nicht einmal, ob ich überhaupt gefeiert habe. Solange Käthemam über mich gewacht hatte, stand an meinem Geburtstag eine Obsttorte auf dem Tisch, abge-

* Das Grab am Münchner Waldfriedhof wurde ca. 2014 aufgelassen.

tropfte Pfirsiche aus der Dose auf Biskuit, ich bin schließlich an einem Novembertag geboren, oder Tuttifrutti aus zuckergetränkten Ananas-, Birnen- und Pfirsichstückchen mit Einsprengseln in Rot und Grün von vereinzelten Cocktailkirschen und Trauben, alles unter einem Guss wie Wackelpudding. So schnell konnte man sie gar nicht essen, dass sie nicht matschig wurde. Ich vermisste Käthemam, aber ihre Obsttorten vermisste ich nicht.

Das Weihnachten meiner Kindheit mit Plätzchenduft und Engelshaar war mir spätestens mit dem Umzug in die Viktoriastraße abhandengekommen, da hatte mein Vater mich kurz vor Heiligabend in die Buchhandlung geschickt mit ein paar Geldscheinen und dem Auftrag, Geschenke für alle zu besorgen, auch für mich. Meine Mutter und Großmutti Ilse hatten die Idee aufgeschnappt und mich, wie praktisch, ebenfalls losgeschickt, in dieselbe Buchhandlung. Ich musste das Christkind für alle spielen. So schön ich die Weihnachtsabende in der Goebenstraße in Erinnerung habe, so klischeehaft verheerend entwickelten sie sich in der Viktoriastraße, man saß wie auf Nadeln, sah Papa Heinz dabei zu, wie er Kaviar löffelte, und wartete auf einen Fehltritt meiner Mutter, die nächste Spitze von Großmutti Ilse, die unvermeidliche Eskalation zwischen den Eltern. Nichts davon ging mir jetzt ab.

Dass ich mir als Junghippie eine gewisse Dreistigkeit zugelegt hatte und mich selbst überschätzte, half mir mehr, als es mir schadete, ich fühlte mich zwar nicht befreit oder gar frei, aber autark. Weil viele aus meiner Clique älter waren als ich und längst allein oder in Wohngemeinschaften lebten, war mir nicht bang gewesen, nachdem ich die Tür hinter mir zugeschlagen hatte und erst einmal fortgeblieben war. Auch das hatte ich nicht geplant. Es hatte sich so ergeben. Ob meine Eltern sich um mich sorgten, ging mich nichts an.

Katie und Marion hatten mich aufgenommen, zwei Freundinnen – unter Männern würde man Kumpel sagen –, um die zwanzig, immer genug Geld, mit einer kleinen Wohnung auf der anderen Seite der Innenstadt, am Eingang zum Nerotal. Ich kannte sie aus dem Jazz-House. Wenn heute vom Jazz-House im Wiesbadener

Weihnachtschaos durch das Kameraauge meines Bruders: So schief wie der Lampenschirm hing anno 1969 auch der Göring'sche Haussegen.

Bergkirchenviertel die Rede ist, dann sind immer Attribute wie »großartig« oder »legendär« im Spiel, und tatsächlich erlebten wir dort legendäre Jamsessions, Jazzgrößen aus aller Welt spielten sich die Seele aus dem Leib, für ihren kompromisslosen Free Jazz schwärme ich bis heute. Laut Gesetz war ich – als Neuntklässlerin – natürlich zu jung, aber irgendwie schaffte ich es immer, eingelassen zu werden. Drin war es so voll, dass man kaum stehen, und so verraucht, dass man kaum atmen konnte, nirgendwo in Deutschland soll so viel Bier pro Quadratmeter geflossen sein, man konnte sich aber auch, wie ich, einen langen Abend unbehelligt an einem süß oder sauer gespritzten Apfelwein festhalten und bestenfalls noch ein Schmalzbrot für 50 Pfennig bestellen, weil man sich mehr nicht leisten konnte. Und tanzen.

Dass Katie und Marion auf Dauer keinen Platz für mich haben würden, war schnell klar, aber statt nach Hause und in die Schule zurückzukehren, was nahegelegen hätte, entschied ich, nach Hamburg zu trampen. Wenn schon abhauen, dann richtig, muss ich mir gedacht haben, und dass es schlau wäre, auf Abstand zu gehen, denn der Schuldirektor würde bald nach mir suchen lassen und meine Eltern bestimmt auch.

In meiner Mädchenklasse an der Elly-Heuss-Schule hatte ich längst den Ruf einer, sagen wir, Individualistin mit Hang zur Rebellin. Ein bisschen vorlauter als die anderen, ein bisschen mehr »Pfeif drauf«, ein bisschen mehr Anführer, die Haare kurz gestuft. Im bunten Hippieoutfit und öfter mal ohne Schuhe fanden die Mitschülerinnen mich schon arg ausgeflippt.

Eigentlich war ich nicht ungern in die Schule gegangen. Mathematik und Sport liefen spielerisch, auch Geografie flog mir zu, mit dem Englischunterricht hatte ich, warum auch immer, von Anbeginn nicht viel am Hut, aber mit Latein konnte ich leben. Physik fand ich trocken und kompliziert, in Geschichte unterrichtete uns ein Altnazi. Seit ich – schon vor dem Bruch mit meinem Vater – meine Zeit vor allem auf dem Mauritiusplatz und im Teehaus verbracht hatte, wo Haschisch zwar nicht auf dem Menüplan stand wie in Amsterdamer Coffeeshops, aber mit einer Selbstverständlichkeit von einem zum anderen Freund gereicht wurde, die auch ich schnell selbstverständlich nahm, waren meine Noten allerdings eingebrochen. Mit einem Joint zwischen den Fingern fühlten wir uns überlegen, unsere Gespräche, fanden wir, strotzten vor Weisheit und Witz. Manchmal hielt ich den Rauch minutenlang in der Lunge, bevor ich ihn nach oben blies. Das konnte ich deshalb gut, weil ich während meiner Zeit bei Opa Heuser oft im Schwimmbad war – gern mit meinem Freund Matthias Laubvogel und meist mit dem Kopf unter Wasser. Wir hatten uns wie Lotte und Hans Hass auf Meeresexpedition gefühlt und verschiedene Atemtechniken trainiert. Drei Minuten oder siebzig Meter, ohne aufzutauchen. Meine Lunge hatte erstaunliche Reserven. Bei meinen Hippiefreunden konnte ich damit punkten.

Die Fünf in Mathe hatte mich dann allerdings wachgerüttelt. Bislang hatte ich, ohne zu lernen, eine Zwei geschafft. Nun saß ich nach ausgedehnten Teehaus-Besuchen vor der Klassenarbeit und konnte mich an nichts mehr erinnern. Lahm im Kopf vom Kiffen? Das hatte mich genug schockiert, um von nun an einen Bogen um das Teehaus zu machen. An den Stundenplan der Schule hielt ich mich trotzdem nicht. Der Trip nach Hamburg war mir wichtiger.

Fragt man mich nach meiner Reiselust, steigt jener Gefühlscocktail in mir hoch, der mich zum ersten Mal als Grundschulkind antrieb und den ich heute als eine Mischung aus Leichtigkeit und Leere, aus einer Ich-bin-dann-mal-weg-Unabhängigkeit und einer Tendenz zum Luftwurzelschlagen beschreibe. Auf seine Weise hatte mein Vater sie mir vorgelebt, die in der philosophischen Anthropologie zentrale *Weltoffenheit*. Wir waren auf Klassenfahrt, ich kann nicht älter als sieben oder acht gewesen sein, die Busfahrt zog sich in die Nacht hinein, mehrere Kinder weinten nach ihren Eltern und fielen schließlich erschöpft in den Schlaf. Mich hingegen hielt mein eigentümlicher Wagemut wach. Ich schaute in den Sternenhimmel und freute mich auf unser nächstes Ziel.

Langes Vorplanen ist bis heute nicht meine Sache. In einem flattrigen Hauch von türkisfarbenem Seidenhemdchen, darüber den Pelzmantel, der am Boden schleifte, weil Großmutti Ilse ein deutliches Stück größer war als ich, brach ich nach Hamburg auf, statt eines Zeitplans ein neugieriges »Mal sehen« im Kopf. Schon der Weg bis zur richtigen Autobahnauffahrt war eine Herausforderung. Daumen hoch. Auf dem Beifahrersitz eines Lkw fuhr ich gen Norden, es war der erste von zahlreichen Trips als Anhalterin, die im Lauf der Jahre zu einem großen Abenteuer verschwammen.

Per Autostopp zu reisen war damals verbreiteter als heute. Weniger umstritten war es nicht. Ich verschwendete jedoch keine Gedanken daran, dass ich verwundbar sein könnte, und erst recht nicht daran, dass ich, jung, wie ich war, illegal unterwegs war. Natürlich machte ich mich älter. An eine schlechte Erfahrung – etwa zwei Jahre später und immer noch gut zwanzig Jahre vor der Einführung des Mobiltelefons – kann ich mich erinnern. Ich war mit meinem Bruder unterwegs durch Frankreich. Ein Marokkaner nahm uns mit. Dass er getrunken hatte, merkten wir, als er nach mir grapschte. Sein Alkoholatem schlug mir ins Gesicht. Ich wehrte mich. Er zog ein Messer. Wir schrien, bis er an einem Feldrand anhielt. Ein regelrechter Kampf entspann sich, doch während ich damals dachte, dass ich nicht nur mich, sondern auch meinen wie eingefroren neben sich stehenden Bruder retten müsste, gehe ich heute davon aus, dass seine Gegenwart mich gerettet hat.

In Hamburg arbeitete seit einiger Zeit meine Tante Erika, aber ihre Adresse hatte ich nicht bei mir. Ich wusste wenig über die Stadt, lief – wohin sonst läuft man als minderjähriges Blumenkind im Pelzmantel – über die Reeperbahn und geriet ausschließlich an witzige, wohlmeinende Menschen. Den Schutzengel, der neben mir hergeflogen sein muss, nahm ich offenbar für selbstverständlich. Ein langhaariger Typ, heute würde er sich Sozialarbeiter nennen, bot mir schließlich einen Schlafplatz auf einem Release-Bauernhof etwas außerhalb der Stadt an. Der Begriff war damals brandneu in Deutschland.

Im September 1970 hatte man in Hamburg Release, den »Verein zur Bekämpfung der Rauschgiftgefahr«, ins Leben gerufen, die erste Drogenselbsthilfegruppe des Landes. Idee und Name kamen aus London. Nachdem Mick Jagger und Keith Richards im Sommer 1967 dank eines Starverteidigers freigekommen waren, während No-Names für vergleichbare Betäubungsmittelmissbrauchsdelikte hart bestraft wurden, gründete sich die Release-Bewegung, um angeklagte Drogensüchtige juristisch zu beraten. In der Folge richtete sie sogenannte Therapiehöfe oder Landkollektive als therapeutische Wohngemeinschaften ein und stellte ein alternatives Therapieangebot auf die Beine. Weg von der Nadel. Ein cleanes Leben im Kollektiv. Arbeiten, malen, töpfern, drechseln, nähen, Autos reparieren, Zimmer renovieren, Ställe ausmisten. Verantwortung für sich selbst und für die Gemeinschaft übernehmen. Ein solches Therapiezentrum in den Kinderschuhen war auch der Bauernhof, zu dem der Hippie mich mitnahm, Ex-Junkie wie seine Schützlinge.

Ich hielt mich für selbstbestimmt und erfahren, und aus Wiesbaden war ich es gewohnt, dass meine älteren Kumpels auf mich schauten und mich beschützten. Ich war deshalb nicht argwöhnisch. Die Süchtigen konnten sich aber nicht einmal selbst beschützen. Unterstützt von öffentlichen Geldern, sollten sie mit weichen Drogen von den harten weggebracht werden. Es wurde exzessiv Bong geraucht, in meiner vagen Erinnerung vom frühen Nachmittag bis in die Nacht, aus »therapeutischen Gründen«, wie es hieß. Ich ließ mich, denn so selbstbestimmt und erwachsen, wie ich dachte, war ich nicht, hineinziehen in ihren distanzlosen Kifferrhythmus – über Tage, mit zunehmendem Verlust meines Zeitgefühls und bis einer von ihnen so zudringlich wurde, dass ich mich, stoned, wie ich war, wehren musste und angewidert davonmachte. Zurück in Wiesbaden, war ich endgültig haschisch-, aber kein bisschen abenteuermüde. Zu meinem Bruder hielt ich in dieser Zeit über gemeinsame Freunde Kontakt. So erfuhr ich, dass meine Eltern inzwischen tatsächlich mit der Polizei gesprochen hatten – ohne Konsequenzen.

In welche emotionalen Nöte ich sie gestürzt hatte, drang nicht zu mir durch. Dafür war ich zu sehr mit dem Abnabeln und seinen täglichen Zumutungen beschäftigt. »Du kannst Dir den Heinz kaum vorstellen, wie der geschlagen war […]«, heißt es in einem Brief aus der Zeit, »Elisabeth selbst konnte überhaupt vor Aufregung nicht essen … [außer] Beruhigungstabletten. […] So richtet sich die Familie dort selbst zugrunde.«[6]

***

Eine Bleibe zu finden war damals unvergleichlich leichter als heute. Ohne Einkommen war es trotzdem eine Herausforderung. Es traf sich gut, dass Suse auch auf der Suche war. Ihr Vater pendelte als Bundestagsabgeordneter der SPD nach Bonn, sie hatte eine Horde Geschwister, daheim geriet das antiautoritäre Nebeneinander zum chaotischen Durcheinander. Um darin nicht unterzugehen, kam und ging sie, wie es ihr passte. Wenn ich mich recht erinnere, legten ihre Eltern ihr nahe, auszuziehen, und gaben ihr monatlich 100 Mark für die Miete.

Suse hatte ältere Freunde, die mit LSD experimentierten. Ein paar Mal – zu der Zeit wohnte ich noch zu Hause – hatte sie mich in eine Mühle an den Stadtrand eingeladen, und ich war mitgegangen auf den Acid-Trip. Ich erinnere mich an euphorische Naturerlebnisse, mit nackten Füßen durch das grünste Gras, die kostbarsten Sonnenstrahlen in den allerhöchsten Baumwipfeln, die filigransten Blätter- und Blütenstrukturen in den prachtvollsten Farben, nur Superlative. Wir ließen uns von unserer Sinnesschärfe faszinieren, der scheinbar kein Detail entging. Wir überschritten Grenzen und fühlten uns rebellisch. Doch einmal stimmte die Dosis nicht. Mitmacher wie ich wussten nie recht, was der Tropfen eigentlich enthielt, den sie da mit einem Löschblatt schluckten. Diesmal folgte einer kurzen Euphorie eine Achterbahnfahrt negativer Gefühle und der Verlust meiner Selbstkontrolle. An mehreren Tagen ohne Zeitgefühl wechselten sich Wahnbilder und Panikattacken mit lichten Momenten und hoffnungsloser Erschöpfung ab. Rückblickend würde ich diese Erfahrung meine erste mentale Episode nennen. Ich war tief geschockt und wusste: Das will ich kein zweites Mal erleben. So früh meine Drogenkarriere begonnen hatte, so früh war sie zu Ende. Konsequent.

Eine Hippiekommune in der Weißenburgstraße war nach meiner Rückkehr aus Hamburg eine unserer Anlaufstellen. Fünf Typen, kurz vor dem Abitur oder kurz danach, fünf Räume, sehr hoch und mit Stuck, gutes Licht und sogar ein vorgebauter Balkon, aber lange vor der gentrifizierenden Altbausanierungswelle. Hier saß man zusammen, rauchte, politisierte. Auf die Uhr schaute man selten. Einer wusste, dass im Stockwerk darüber eine Zweizimmerwohnung frei war und dass der Vermieter keine Kaution verlangte und keine Fragen stellte, weil man ihn auch nichts fragen sollte. Er stand im Verdacht, seine Frau ermordet zu haben, jedenfalls war das eine grandiose Geschichte, und wirklich, den Mann, untersetzt, ohne Haare am Kopf, verkniffene Augen, so klein, dass man ihre Farbe nicht sah, musste man für verschlagen halten. Auf so jemanden ließ sich so schnell niemand ein. Das war unser Glück. Die Miete zahlte man in bar. 200 Mark, auch damals nicht viel, trotzdem, ich brauchte dringend Geld und nahm eine Stelle als Putzfrau in einer Eisenwarenhandlung an. Später jobbte ich dann in dem Lederwarengeschäft eines Libanesen und lernte, Nappalederjacken zuzuschneiden. Weder da noch dort fragte man mich nach meinen Papieren. Ich erschien verlässlich und packte zu. Eineinhalb Stunden Putzen täglich deckten meinen Anteil an der Monatsmiete, Brot, Butter und Zigaretten. Alles andere organisierten wir. Manche nannten es zocken.

In den frühen 1970er-Jahren war Ladendiebstahl ein Massendelikt, besonders unter Jugendlichen und jungen Erwachsenen. Das soll keine Entschuldigung sein – heute schäme ich mich, wenn ich an die Zeit denke, in der Schwarzfahren unser täglicher Nervenkitzel war und Klauen eine gängige Beschaffungsmethode wie Einkaufen. Doch damals war ich trotzig und verdrängte mein Unrechtsbewusstsein. Wie meine Freunde war ich sicher, dass wir aus finanzieller Not handelten und dass wir Rebellen waren und ein Zeichen setzten gegen das kapitalistische Establishment. Geklaut wurde deshalb in Filialen von Warenhausketten, kleine, unabhängige Läden wurden für gewöhnlich verschont, es sei denn, es waren Buchhandlungen.

Freunde – allesamt älter als wir, einer von ihnen war inzwischen mein erster, sogenannter fester Freund – wiesen uns ein. Sie besaßen Mäntel, in deren Innenfutter verschiedene Taschen und allerlei Halterungen eingenäht waren. Mit zunehmender Routine und Anmaßung strichen sie immer größere Warenmengen ein, in erster Linie Lebensmittel – und Bücher. Bücher wurden grundsätzlich nicht bezahlt. Das entsprach dem Zeitgeist. Open Access anno 1971.

Wenn Suse und ich zu zweit loszogen, wurden wir übermütig. Wir erbeuteten Lebensmittel, die wir uns nicht leisten konnten, ließen feinen Schinken und Pastete, Sahnepudding und Schokoladenriegel in dem präparierten Dufflecoat verschwinden, den ich mir von meinem Freund geliehen hatte. Käthemam arbeitete inzwischen an der Kasse einer damals neu eröffneten Tengelmann-Filiale. Auch dort »shoppten« wir dreist und bezahlten lediglich einen Becher Joghurt.

Suse legte sich einen ausladenden, fast bodenlangen Umhang zu, eine Art Poncho oder Cape. In einer Haushaltswarenabteilung ließ sie darunter einen Toaster verschwinden. Erstaunt über unsere Unverfrorenheit, steuerten wir den Ausgang an. Dass unser unkontrolliertes Kichern uns nicht verriet, wundert mich immer noch.

Als ich mich wenig später in der Damenabteilung an einem T-Shirt vergriff, wurde ich zum ersten Mal ertappt. Vielleicht hatte ich mir meine Unsicherheit anmerken lassen. Die Streifzüge allein stressten mich, selbst heute kann ich das unruhige, benebelnde Pochen nachempfinden, das sich mir in solchen Situationen auf den Brustkorb und die Schläfen legte. Der Kaufhausdetektiv schaltete die Polizei ein. Ausnahmsweise sagte ich mein wahres Alter. Man verwarnte mich und ließ mich ziehen.

Dann wurde ich bei Tengelmann erwischt. Dass Käthemam davon erfuhr, bedrückte das pflichtbewusste Mädchen, das weiterhin in mir wohnte. Ihrer Tochter Gudrun gegenüber – das erzählte diese mir Jahrzehnte später – soll sie wohlwollend von meinem »gesunden Selbsterhaltungstrieb« gesprochen haben und wie froh sie war, dass ich den Absprung aus dem Elternhaus gewagt hatte.

Es ging um eine Packung Schinken. Diesmal lotste man mich aufs Polizeirevier, ich wurde angezeigt und zu gemeinnütziger Arbeit in einer Wäscherei verurteilt. Nach außen blieb ich ist-mir-doch-egal-starrköpfig, doch im Grunde war ich erleichtert. Meine Mutter wurde benachrichtigt. Seit ich unsere Wohnung fluchtartig verlassen hatte, waren mehrere Monate ohne Kontakt nach Hause vergangen, und selbst meinem Bruder war ich ausgewichen, obwohl ich mich an manchen Tagen durchaus nach einer Aussprache, nach einer warmen Mahlzeit, nach meinem Bett gesehnt hatte, oder es auch einfach nur praktisch gefunden hätte, mir frische Kleidung aus meinem Schrank zu holen, statt sie immerfort bei Freunden zu leihen.

Der Clash mit meinem Vater war zwar der Auslöser gewesen, auf Abstand zu meiner Familie zu gehen, tatsächliche Ursache wird aber das Verhältnis zu meiner labilen Mutter gewesen sein, deren emotionale Unberechenbarkeit mich tiefer betroffen hatte als Papa Heinz' Ignoranz. Ein übertriebenes, ganz und gar nicht altersgemäßes Verantwortungsgefühl und der Wunsch, *die Mami* zu retten, hatten an mir gezerrt. Zugleich hatte mich immer wieder eine beißende Hoffnungslosigkeit eingeholt. Das emotionale Chaos, das ihre Abstürze in mir angerichtet hatten, war damals weder ihr noch mir bewusst. Jahrelang war es unser Alltag, ein vergifteter Alltag, von dem ich mich brachial, aber mit der richtigen Intuition abgegrenzt hatte. Deshalb hatte ich mir nicht zugestanden, zwischendurch nach Hause zu gehen, erst recht nicht, wenn mich der Gedanke einholte, ich würde sie im Stich lassen.

Umso überraschter war ich, dass meine Mutter mir keine Vorwürfe machte, als sie mich – nach Monaten im Untergrund, so muss es ihr vorgekommen sein – wiedersah. Einer ihrer Füße steckte in einem imposanten Gipsverband, dessen Anblick mir etwaige Höflichkeiten und »Na, wie geht es dir so«-Floskeln ersparte. Sie hatte getrunken, vielmehr gesoffen, die Balance verloren und war gestürzt, wie so oft davor und auch noch danach, ihre von der Rachitis geschwächten Knochen brachen besonders leicht und besonders kompliziert, und manchmal musste sie deshalb über Wochen im Krankenhaus behandelt werden.

Sie umarmte mich, und als wollte sie mir versichern oder, das trifft es vielleicht besser, sich selbst ermahnen, dass ich keine Verantwortung für sie trug, sagte sie mir zu, mich künftig mit 200 Mark im Monat zu unterstützen. Als einzige Bedingung sollte ich wieder in die Schule gehen. Selbst darüber war ich irgendwie erleichtert. An ihrer Seite stellte ich mich dem Direktor. Seine gönnerhaften Maßregelungen ließ ich an mir abperlen.

***

Bevor ich mit Matthias, Maria und Ute zusammenzog, verschnaufte ich für ein paar Wochen in der Viktoriastraße. Ich würde gern erzählen, dass ich mich fallen ließ, wie man sich angeblich in den Schoß der Familie fallen lässt. Doch ich saß auf einem Vulkan. Auch mein Vater vermied eine Aussprache, und es fühlte sich an, als wüsste er bloß nicht, wie er sie beginnen sollte. Dass er mich für das Enfant terrible der Familie halten könnte, kam mir weiterhin nicht in den Sinn. Mit CC verstand ich mich hingegen endlich prächtig, gelegentlich verbündeten wir uns sogar. Womöglich ertrug er die Anspannung noch weniger als ich.

Die »gefallene Schülerin« durfte also an der Elly-Heuss-Schule bleiben und die neunte Klasse wiederholen. Ich spielte mit und freute mich sogar, als ich aus dem Mädchenzweig in eine gemischte Klasse des sozialwissenschaftlichen Zweigs versetzt wurde. »Der Tochter geht es jetzt wieder gut«, wusste man im Freundeskreis meiner Eltern, »die Polizei hatte sie wohl in geschickter Form auf die Folgen ihres Lebenswandels aufmerksam gemacht.«[7]

Die Gespräche über Politik in den Pausen und auf dem Schulhof interessierten mich allerdings mehr als der reguläre Unterricht. Nachmittags verlagerten sie sich in unsere Wohngemeinschaft und zogen sich in den Abend. Für Hausaufgaben blieb dabei ebenso wenig Zeit wie für Besuche in der Viktoriastraße. Ich hatte deshalb kaum mitbekommen, wie rapide Großmutti Ilse im Winter 1971/72 verfiel – und wie traurig mein Vater darüber gewesen sein soll.

Als kleines Mädchen hatte ich das Verhältnis der beiden als angespannt und Großmutti Ilses Bemerkungen über ihn als gehässig wahrgenommen. Dass gerade ihr Ältester, von dem sie sich am wenigsten versprochen hatte, mit dem Leben davongekommen war und die beiden so gegensätzlichen Charaktere in eine einsame Schicksalsgemeinschaft gezwungen waren, hatte etwas Gnadenloses. So grundsätzlich unzufrieden war sie mit ihm, dass sie gelegentlich menschenverachtend abfällig auf ihn schaute. Er gab jedoch den unbeirrbaren Leichtfuß, blieb auf Außenstehenden unverständliche Weise sich selbst treu und – sei es aus Pflichtgefühl, auch nur aus Angst und Antriebslosigkeit oder doch aus Zuneigung – hielt auch ihr die Treue. Dass sie am Ende ihres Lebens zusammengefunden haben sollen, weiß ich nur aus dritter Hand. »Er vermisst seine Mutter sehr. Nachdem Tante Ilse erkannt hatte, dass er eine andere Erbmasse als die anderen Söhne hatte und sein Leben anders meistert als ein Beamter, verstanden sie sich sehr gut.«[8]

1934

Ganz Mauterndorf war auf den Beinen, um sich von seinem Wohltäter zu verabschieden. »Er hatte durch die Geldkrise und dass er in Deutschland 140 000 Mark verloren hatte, einen schweren Nervenzusammenbruch, infolgedessen hat er oft Schwächeanfälle, kann nicht mehr allein gehen [...] sieht und hört nichts, dann weint er schrecklich u. niemand kann ihm helfen, es ist ein Jammer anzuschaun.«[1]

Mindestens eineinhalb Jahre war Hermann Epenstein, dement und marastisch, nicht mehr in Erscheinung getreten. Fünf Monate nach seinem vierundachtzigsten Geburtstag schlief er für immer ein, die Gemeinde trat an, ihren Burgherren mit allen Würden zu Grabe zu tragen, und seiner Witwe wünschte man, »dass nun endlich auch für Dich das Leben beginnt. Lilli, es will und muss besser werden.«[2]

Im Burghof wurde am Vormittag des 6. Juni 1934 das Requiem gefeiert. Danach nahm der Trauerzug den Weg über den Markt zum katholischen Friedhof St. Gertrauden. Der evangelisch getaufte Doktor Epenstein war im April 1932 zum Katholizismus übergetreten und hatte sich im Dom zu Salzburg taufen lassen. Was ihn im hohen Alter dazu bewogen hatte, außer dass im Lungau etwa neunzig Prozent der Bürger katholisch waren – und heute noch sind – und er sich vermutlich genau das glanzvolle Begräbnis gewünscht hatte, das er als evangelischer Christ nicht bekommen hätte und nun bekam, ist nicht überliefert, doch es war ihm offenbar ein ernsthaftes Anliegen. Auch um die Anerkennung seiner evangelisch geschlossenen Ehe mit der siebenunddreißig Jahre jüngeren Elisabeth »Lilli« Spitz, geborene Schandrowicz, nach katholischem Kirchenrecht hatte er sich noch gekümmert.[3] Politisch hatte er sich nach dem Ersten Weltkrieg der Großdeutschen Volkspartei zugewandt und Kontakt zu monarchistischen Kreisen gehalten.[4]

Vorneweg transportierte ein Wagen die vielen Blumen- und Kranzspenden, dahinter reihten sich – begleitet von der Bürgermusik des Mauterndorfer Musikvereins und ihrem Kapellmeister – die Mitglieder der ortsansässigen Vereine und Institutionen: eine weiß gekleidete Kinderschar des katholischen Kinderheims der Armen Schulschwestern, denen Epenstein besonders großzügig verbunden war, als fördere er sie im Namen oder zu Ehren meiner Urgroßmutter Fanny, denn den Schulschwestern hatte sie ihre Erziehung und ihren Aufstieg aus dem Proletariat zu verdanken. Dahinter die Schüler und Lehrer der Gemeinde. Vertreter der Freiwilligen Feuerwehr, der Jagdgesellschaft, des Krieger- und Kameradschaftsvereins, der Gendarmerie und so fort.[5] Dann der Sarg, hinter dem die Witwe und Alleinerbin den engeren Kreis der Trauergesellschaft anführte. Mit dem höchstrangigen Gast, Erzherzog Joseph Ferdinand von Österreich-Toskana, hatte Hermann Epenstein eine Jagdfreundschaft verbunden. Nach dem »Anschluss« an Deutschland verschleppte die Gestapo den Habsburger ins Konzentrationslager Dachau. Auf Albert Görings hartnäckige Vermittlung – und Hermann Görings Machtwort – kam er nach drei Monaten frei. 1942 starb er an den Folgen der Misshandlungen während der Haft.

Albert lebte als Generalvertreter der Junkers-Werke seit 1928 in Wien und dürfte als einziges von Fannys Kindern bei Epensteins Beerdigung gewesen sein. Auch Hermann Göring fehlte, obwohl er dem Verstorbenen von allen Patenkindern am nächsten gestanden sein soll. Das Verhältnis zwischen den beiden Diktaturen Österreich und Deutschland war aufgeheizt. Der österreichische Bundeskanzler Dollfuß hatte den dreitägigen Bürgerkrieg im Februar 1934 genutzt, um die aufständischen Sozialdemokraten zu entmachten und die parlamentarische Demokratie abzuschaffen.[6] Nun stellte der austrofaschistische Ständestaat sich gegen seine Unterwanderung durch den nationalsozialistischen Nachbarn und dessen paramilitärische »Österreichische Legion«, eine Art Schattenarmee aus nach Deutschland geflohenen, österreichischen SA-Angehörigen, der übrigens auch Fritz Rigele angehörte. Hermann Göring galt in Österreich als Staatsfeind. Eine Wiener Zeitung hatte ihn als »Ziehsohn eines Juden« bezeichnet.[7]

Inkognito anzureisen, um dem Mentor die letzte Ehre zu erweisen, kam offenbar nicht infrage, auch deshalb nicht, weil er gerade tief in innenpolitischen Intrigenspielen gegen angeblich meuternde Rivalen steckte. Der Machtkampf zwischen der Parteiführung und der Sturmabteilung (SA) unter Ernst Röhm stand unmittelbar vor der Eskalation. Über Jahre war die braunhemdentragende SA ein für Hitler unverzichtbares Terrorinstrument gewesen – und genauso für Göring, der offen auf deren Gewaltbereitschaft gesetzt hatte: »Volksgenossen, meine Maßnahmen werden nicht angekränkelt sein durch irgendwelche juristische Bedenken. […] Hier habe ich keine Gerechtigkeit zu üben, hier habe ich nur zu vernichten und auszurotten, weiter nichts!« Die Maske des jovialen Biedermannes, mit der er vor der Machtübernahme das nationalistische bürgerliche Lager zu beschwichtigen verstand, hatte er da längst fallen gelassen: »Gewiss, ich werde die staatlichen und polizeilichen Machtmittel bis zum äußersten auch dazu benutzen, meine Herren Kommunisten, damit Sie hier nicht falsche Schlüsse ziehen, aber den Todeskampf, in dem ich Euch die Faust in den Nacken setze, führe ich mit denen da unten, das sind die Braunhemden.«[8]

Dass die »alten Kämpfer« und Mitwisser jetzt Kritik an der Parteispitze übten und Ansprüche auf Regierungsposten anmeldeten, brach ihnen das Genick.* Röhm beispielsweise hatte damit spekuliert, das Kommando über die Luftwaffe zu übernehmen – und Hermann Göring damit in Rage gebracht. In Berlin rechnete man deshalb mit dem Schlimmsten: »Er brächte es fertig, Röhm kaltblütig zu ermorden.«[9] Und tatsächlich festigte Göring seine Rolle als »Hitler's most willing executioner«, schürte Gerüchte von einer bevorstehenden Revolution Röhms und ließ schließlich ihn, die gesamte SA-Spitze und zahlreiche weitere Widersacher wie den ehemaligen Reichskanzler Kurt von Schleicher samt Ehefrau oder

* Über viele Jahre hatte Adolf Hitler die Ausschweifungen und Missbrauchsvergehen des schwulen SA-Führers Röhm und seines gleichgesinnten Führerstabs toleriert, vgl. z. B. Konrad Heiden: *Hitler rast*, Saarbrücken 1934, S. 16 f.: »Solange Röhm seinem Führer blindlings wie ein Hund ergeben war, hat Hitler an dem Treiben Röhms und seiner Lustknaben niemals Anstoß genommen. […] Sie zwangen ihre Untergebenen, die unglücklichen Hitlerjungens und jungen SA-Männer, oft mit Gewalt, ihnen zu Willen zu sein.« Jetzt sollten sie die »Säuberungsaktion« rechtfertigen.

seinen direkten Rivalen um Hitlers Gunst, Gregor Strasser, ausschalten, nämlich erschießen.* Von etwa zweihundert Opfern war die Rede, wie viele genau es waren, ließ sich später nicht mehr nachvollziehen, denn Hermann Göring ließ alle Akten verbrennen.

Hitler hatte er bei der sogenannten Röhm-Affäre auf seiner Seite.[10] »Die heutige innige Beziehung zwischen Hitler und Göring geht erst auf das große Massaker vom 30. Juni 1934 zurück, bei dem die nationalsozialistische Partei von allen für das Regime unliebsamen Mitgliedern gesäubert wurde«, stellte der Großindustrielle Fritz Thyssen fest, nachdem er selbst bei diesem Regime in Ungnade gefallen war.[11] 1934 stand auch er, wie so viele aus dem eigentlich gemäßigten Lager, noch hinter Hermann Göring. Der triumphierte und perfektionierte weiterhin skrupellos, was er und Hitler dem ermordeten Ernst Röhm und seinen Konsorten vorgeworfen hatten: sich auf Staatskosten Laster und Luxus hinzugeben.

***

Keine zwei Wochen vor dem Massaker, und keine zwei Wochen nach der Beerdigung seines Patenonkels in Mauterndorf, hatte Hermann Göring eine eigentlich private Angelegenheit zu einem propagandawirksamen Staatsakt aufgebauscht und die sterblichen Überreste seiner ersten Frau, Carin Göring, von Schweden nach Deutschland überführen lassen. Die Genehmigung dafür hatte er durchgesetzt, nachdem schwedische Nazigegner ein Gesteck aus roten Rosen in der Form eines Hakenkreuzes von ihrem Grab entfernt hatten, das er dort niedergelegt hatte. Anstelle des Blumenarrangements hatten die »Täter« eine »Nazis raus«-Notiz hinterlassen. Er nannte das eine Grabschändung.

Am 20. Juni 1934 kam der prächtige Sarkophag nach einer Tagesreise in einem Trauerkonvoi mit Eskorte auf seinem Landsitz etwa

* In Berlin leitete Göring gemeinsam mit Himmler die »Nacht der langen Messer« von seinem Dienstpalais am Leipziger Platz aus. Himmler soll die Namen der auf den »schwarzen Listen« stehenden SA-Leute vorgelesen, und Göring soll entweder bejahend genickt (Tod) oder verneinend den Kopf (Leben) geschüttelt haben.

sechzig Kilometer nördlich von Berlin an. Carinhall erstreckte sich über 120 Hektar Jagdgrund in der Schorfheide, den Hermann Göring sich von der Preußischen Staatsregierung zur unentgeltlichen Nutzung auf Lebenszeit hatte widmen lassen, und war nach der Liebe seines Lebens benannt. Barbarische Brutalität und Rührseligkeit schließen einander nicht aus. Zusichern lassen hatte er sich – mittels sogenanntem Führerbefehl – auch ein de facto unbegrenztes Budget, um ein tiefstapelnd »Jagdhaus« genanntes Anwesen auf- und nach und nach verschwenderisch auszubauen. Im April 1934 war die erste Ausbaustufe bezugsfertig.

Mehr als ein Repräsentationsort, an dem er führende Persönlichkeiten aus dem In- und Ausland empfing wie ein Monarch, wurde Carinhall aber letztlich zum Rückzugsort für ihn und seine Verwandtschaft – und Gedenkstätte für Carin. Auch ihre Gruft, die ein lokaler Steinmetz und Bildhauer aus mächtigen Natursteinen mit Blick auf den Wuckersee in die Erde setzte, bezahlte er natürlich aus dem staatlichen Budget, und das ließ sich besser begründen als die meisten seiner Ausgaben. Der Kult um die überzeugte Nationalsozialistin lieferte eine fabelhafte Geschichte für die NS-Propaganda – darin war man sich einig. Schon deshalb waren unter den vielen hochrangigen Trauergästen aus Politik und Wirtschaft Adolf Hitler, Heinrich Himmler und der ewig spöttelnde Joseph Goebbels.

Auch wenn ich sie auf keinem der überlieferten Fotos entdecken kann, nehme ich an, dass meine Großmutti Ilse als eine von wenigen Frauen unter vielen Männern an Carin Görings zweiter Beisetzung teilgenommen hat. Hermann Epensteins Witwe Lilli, mit der Hermann Göring weiterhin in gutem Kontakt stand, kam hingegen erst später im Jahr nach Berlin, um ihre Erbangelegenheiten zu regeln und Besitzansprüche geltend zu machen. »Meine Hauptvermögen liegen in Deutschland«, heißt es in einem Schreiben, das Epenstein eine Woche vor seinem Tod unterzeichnet hatte. Nach dem Ersten Weltkrieg hatte er seinen Hauptwohnsitz nach Österreich verlegt. Als der Zahlungsverkehr zwischen Österreich und Deutschland eingeschränkt und Sperrkonten etc. eingeführt worden waren, war er in große finanzielle Bedrängnis geraten. »Diese [Vermögen] bestehen aus 7 Häusern in Berlin, aus Burg Veldenstein bei Neuhaus a. d. P[egnitz] und aus einem Effekten-Depot bei der Reichs-Kredit.«[12]

Lilli entpuppte sich als gewinnorientierte Geschäftsfrau und setzte dabei auch auf Hermann Göring. Wie sie sich seine Aufmerksamkeit sichern konnte, wusste sie: Immer wieder beschenkte sie ihn mit wertvollen Gemälden und Möbeln aus Epensteins Nachlass, die meisten davon landeten in Carinhall. Im Gegenzug brachte er sie im Reichstagspräsidentenpalais unter – die Adresse lautete inzwischen Hermann-Göring-Straße 30 –, wenn sie als Lilli Freifrau von Epenstein-Mauternburg anreiste. Burgherr Hermann Epenstein hatte sich von seiner Nobilitierung durch Kaiser Franz Joseph I. im Jahr 1910 bis zum österreichischen Adelsaufhebungsgesetz von 1919, mit dem das Tragen von Adelstiteln generell verboten wurde, Ritter von Mauternburg nennen dürfen. In Deutschland waren Adelsbezeichnungen als Teil des Namens weiterhin erlaubt. Lilli fand es wohl attraktiv, als »Baronin« aufzutreten, und zweifellos gefiel das auch dem geltungssüchtigen Hermann, der ihr einträgliche Geschäfte zuschob. Dass sie dabei zu einer Profiteurin der NS-Judenpolitik wurde, störte sie nicht. Es gibt jedenfalls keinen Hinweis darauf, dass sie sich Gedanken machte oder gar Skrupel hatte, und wahrscheinlich war ihr Selbstverständnis wie das so vieler Profiteure an jüdischem Vermögen, dass sie den verfolgten, zum Verkauf ihrer Unternehmen gezwungenen Juden zur Ausreise aus Deutschland verhalf.

Anfang August 1938 vermittelte Hermann ihr die Julius-Fromm-Gummiwerke, den größten Hersteller von Präservativen in Deutschland und darüber hinaus. Eben noch war für die damals hochmoderne Fabrik in Berlin ein Verkehrswert von mehreren Millionen Reichsmark angesetzt worden, ihr Markenname »Fromms« hatte sich längst zum Gattungsnamen verselbstständigt wie Knirps, Tempo oder Tesa. Nun bekam Lilli das »arisierte« Unternehmen für 200 000 Schweizer Franken, die zum Nachteil von Julius Fromm und seiner Familie auf 118 000 Reichsmark umgerechnet wurden.

Über diesen Betrag konnten sie jedoch verfügen und unter Zurücklassung ihres Lebenswerks nach London emigrieren.[13]

Lilli Epenstein hingegen durfte sich auf ein hohes jährliches Einkommen einstellen. Sie revanchierte sich bei Hermann Göring für diesen und weitere, im Lauf von 1938 abgewickelte Deals aus Zwangsarisierungen – darunter das Alpenhotel Gösing in Niederösterreich –, indem sie ihm die fränkische Burg Veldenstein, eine knappe Stunde nordöstlich von Nürnberg gelegen, als Weihnachtsgeschenk überließ. Der Vertrag über den symbolischen Kaufpreis von 15 000 Reichsmark lag unter Hermanns Weihnachtsbaum, Lilli war eine finanzielle Last los, und Hermann konnte an verklärte Kindheitstage mit Raubritter- und Feldherrnspielen anknüpfen, als er mit seinen Eltern und Geschwistern mehrere Jahre auf Veldenstein gelebt hatte – großzügig ausgehalten von Hermann Epenstein.

Schloss Mauterndorf fiel ihm ein knappes Jahr später zu, nach Lillis plötzlichem Herztod mit nur zweiundfünfzig Jahren.* So hatte sie es in ihrem Testament festgeschrieben, und so hatte der kinderlose Epenstein es immer gewollt. Dass Hermann Göring kein gewöhnlicher Immobiliensammler, sondern mehrfacher Schlossherr sei, dachte man in der Öffentlichkeit aber schon vorher von ihm. Der scharfe Beobachter Konrad Heiden mokierte sich 1934 in seiner unmittelbar nach dem Röhm-Putsch verfassten Schrift über den »Mann mit den drei Schlössern und den tausend Uniformen«.[14] Und Fritz Thyssen streute, dass Göring »ein halbes Dutzend Schlösser in Deutschland und eine Villa in der Schweiz« sein Eigentum nenne.[15] Auch wenn es ihm nicht um die Genauigkeit seiner Darstellung ging, traf er den Punkt.

Hermann Göring selbst bezeichnete sich als den letzten lebenden Renaissancemenschen: Ich liebe die Pracht! Wer ihren Bruder verstehen wolle, soll eine der Schwestern einem Bekannten nahegelegt haben, müsse nach Veldenstein kommen, wo er seine romantische Kindheit verbracht hat.[16]

* Lilli Epenstein starb am 4.9.1939. Ironischerweise ging die Burg Mauterndorf nie in Hermann Görings Eigentum über, weil er versäumte, die Annahme der Erbschaft beim Notar beurkunden zu lassen.

1974

Als ich vor ein paar Jahren mit Matthias zusammensaß, wahrscheinlich zum ersten Mal seit den 1970ern, und wir, weil fünfundvierzig Jahre zwar eine lange Zeit sind, aber kein Grund zu fremdeln, schnell in den »Weißt du noch? Was, das weißt du nicht mehr?«-Modus kamen, nannte er die Wohnung meiner Eltern in der Viktoriastraße scherzhaft die »linke Urzelle Wiesbadens«, und mich neckte er als ihre »Übermutter«, als wüsste er noch genau, wie wenig ich schon damals mit diesem seltsamen Titel anfangen konnte.

Matthias war ein guter Freund meines Bruders und, bis er sich mit dem Direktor überwarf, hinschmiss und eine Lehre als Maschinenschlosser begann, Schulsprecher an der Diltheyschule. Seit ich mit ihm, Maria, die ein knappes Jahr jünger als ich und jetzt meine beste Freundin war, und Ute aus meiner Klasse eine Vierer-WG teilte, verbrachte ich meine Freizeit auf Versammlungen und in Diskussionsrunden linker Aktivisten. Oft wurde bis deutlich nach Mitternacht und manchmal bis ins Morgengrauen geredet, und selten war man sich danach einig.

Die Wortführer waren etwa zehn Jahre älter als ich. Vieles in ihren theoretisierenden, mit Intellektuellenlatein gespickten Reden, an denen sie sich selbst berauschten, plätscherte an mir vorbei, auch ihre Predigten vom »Ende der antiautoritären Phase«. Ihre Forderung, die Kämpfe der 1920er-Jahre müssten fortgeführt und nachträglich in einen Sieg verwandelt werden, leuchteten mir ein, ihren Zynismus fand ich jedoch selbstverliebt, ihre rhetorischen Spielereien übertrieben. Aus ihren endlosen Auseinandersetzungen um die einzig wahrhaftige Auslegung der Klassiker des Marxismus-Leninismus hielt ich mich raus. Trotzdem war mein Wirgefühl stärker, denn in ihrer Quintessenz bestärkten sie meinen Idealismus und gaben ihm eine Richtung: Rebellion ist gerechtfertigt, mehr noch, sie ist unvermeidlich. *Gleiche Rechte für alle!* Widerstand gegen die kapitalistischen Ausbeuter. Kulturrevolution statt

Konsumgesellschaft. *All men shall be brothers!* Mit »Genossin« angesprochen zu werden fand ich witzig. *Wer mit sechzehn kein Kommunist ist, der hat kein Herz …*

Wie ich zur Rädelsführerin der Schülerzelle an meinem Gymnasium wurde, weiß ich nicht mehr; »Rädelsführer« gehörte damals jedenfalls zu unserem aktiven Wortschatz wie Brüderlichkeit oder (nieder mit der!) Bourgeoisie, wie Kollektiv, Klassenkampf oder Konterrevolution. Offenbar lag es mir, Verantwortung zu übernehmen und mich für andere starkzumachen, das zeigte ich auch als Klassensprecherin. Als die Feindseligkeiten zwischen unserer Mathematiklehrerin und der Klasse ausarteten, wurde ein Schüler-Eltern-Abend zur Aussprache mit dem Drachen einberufen. Ich muss so beherzt und um Fairness bemüht argumentiert und verhandelt haben, dass mich – das erzählte mir tags darauf seine Tochter – der damals amtierende Wiesbadener Oberbürgermeister Rudi Schmitt dafür lobte. Bei dem Treffen hatte er sich in seiner Rolle als Vater im Hintergrund gehalten. Wieder daheim, hatte er sie offenbar ermuntert, ihre Vorurteile gegen ihre Klassenkameradin, die angeblich so andersartige Revoluzzerin Bettina Göring, zu überdenken.

Es muss zu Schuljahresbeginn 1973/74 gewesen sein, dass wir ausgerechnet bei den Schülerzellen des Kommunistischen Bund Westdeutschland (KBW) landeten, Carl Christian an der Diltheyschule und ich an meinem Elly-Heuss-Gymnasium mit seinen 2000 Schülern. Die sogenannte Neue Linke litt an ihrer Uneinigkeit. Als sich der KBW im Juni 1973 aus mehreren regionalen Politgruppen zusammenschloss (und unsere bisherige Versammlungsrunde darin aufging), gab es schon eine Reihe anderer kommunistischer Kleinparteien, die sich allesamt befehdeten, schon allein deshalb, weil jede von ihnen sich als einzig würdige Nachfolgerin der KPD betrachtete. Wer nicht bei uns ist, ist gegen uns! Einig waren sich die K-Gruppen lediglich in der Ablehnung der 1968 gegründeten DKP und deren Treue zu Ost-Berlin, Moskau und dem »real existierenden Sozialismus«, denen sie »revisionistischen Verrat« vorwarfen. Einig waren sie sich auch in der Verehrung des chinesischen KP-Führers Mao Zedong und seiner »Großen Proletarischen Kulturrevolution«. China war damals sehr weit weg.

Dass die »Obermacker«, wie wir die Bernds und Norberts und Jürgens aus unserer politischen Führungsriege hinter ihrem Rücken nannten, meinen Bruder und mich vor ihren Karren spannen könnten, weil wir aus einer prominenten Nazifamilie stammten, beschäftigte mich damals nicht. Ich verschrieb mich der »guten Sache« mit Haut und Haaren. Meine provokanten Hippieoutfits hatte ich ausgemustert, Großmutti Ilses Pelzmantel war altersgeschwächt auf der Strecke geblieben. Stattdessen trug ich unauffällige Unisex-T-Shirts unter einer burschikosen, kurz geschnittenen Jacke aus dunkelgrün gefärbtem Nappaleder, die später von einer schwarzen Cordjacke, einem Geschenk meiner Tante Erika, abgelöst wurde, dazu die immer selbe Jeans und dann und wann eine selbst geschneiderte Stoffhose. Meine Haare gefielen mir kurz geschnitten und hennarot gefärbt. Nein, das ist zu viel gesagt, ums Gefallen ging es eben gerade nicht. Bloß nicht eitel wirken und nicht mädchenhaft! Das hieß aber nicht, dass ich mich nicht für Jungs oder Männer interessierte.

Matthias hatte mich zwar als die Fürsorgliche, Zupackende und mehr oder minder als die Vernünftige, vielleicht die Vernünftigste von uns allen in Erinnerung behalten, und wahrscheinlich war ihm deshalb gleich wieder das »Übermutter«-Unwort eingefallen, zugleich beschrieb er mich aber als kontaktfreudig und kokett, dabei immer auch noch ein bisschen das Küken der Gruppe. Ausufernde »Wer zweimal mit derselben pennt«-Rochaden sah ich jedoch enger als die meisten in unserer Gruppe. Daran zerbrach auch meine erste längere Beziehung.

»Die rote Bettina« – so nannte man mich jetzt in der Schule. Im Unterricht zeigte ich mich inzwischen wieder täglich. Eine bessere Schülerin war ich deshalb nicht. Das lag weniger an der demonstrativen Verachtung des »profitmaximierenden, kapitalistischen Notensystems«, die man uns nachsagte. Ich hatte schlicht keine Zeit zum Lernen. Gerade noch hatte ich Abhängen und Zeitvertreiben zelebriert, nun war mein Tag durchgetaktet: Nachmittagsschicht in der Fußgängerzone, die *Kommunistische Volkszeitung* (KVZ) verkaufen, Mitglieder anwerben. Für die revolutionäre Einheit der Arbeiterklasse! *Linkes Pack! Macht doch rüber, wenn es euch hier nicht gefällt.* Solidaritätskundgebungen planen oder Schulstreiks, Flugblätter verfassen, vervielfältigen, verteilen, natürlich nur außerhalb des Schulgeländes, direkt vor oder nach dem Unterricht, Transparente, Spruchbänder und Banner bemalen, an Versammlungen teil- und neue Anweisungen entgegennehmen. Niemals zuvor oder danach heißt es, wurde in der deutschen Linken so viel Papier beschrieben und bedruckt wie damals.[1]

Wir führten die Proteste der 68er gegen den Vietnamkrieg fort, immer noch gegen den Vietnamkrieg. Wir solidarisierten uns mit den Studenten Griechenlands gegen die Militärjunta, und zwar besonders leidenschaftlich, weil ein paar Freunde und ich die Willkür des griechischen Militärs im Sommer vor dem Aufstand am Athener Polytechnion selbst zu spüren bekommen hatten, als wir nach fröhlichen Tagen auf Paros die Fähre nach Athen besteigen wollten und vierundzwanzig Stunden festgehalten wurden, aus für uns heiterem Himmel. Wir empörten uns über die Menschenrechtsverletzungen unter Augusto Pinochet in Chile und über den Altnazifilz in unserem Land. Wir positionierten uns in der ersten Öl- und Energiekrise. Wir wetterten gegen den Numerus clausus als reaktionäre Fehlplanung – wir gehörten zu den ersten betroffenen Jahrgängen. Wir brachten uns aber auch in die Lokalpolitik ein. Wir prangerten den bedenkenlosen Wachstumsglauben an und riefen – viele wissen nicht oder haben verdrängt, dass das Thema damals so brisant, wenn auch nicht ganz so verzweifelt war wie heute – zu konkreten Umweltschutzmaßnahmen auf. Mit der Umwelt zu leben und nicht von ihr – das hatte mir mein Opa Heuser vorgelebt, ich hatte es verinnerlicht, und es ist für mich bis heute ein Lebensthema. Als in Deutschland Ende der 1960er-Jahre die sogenannte Schlauchmilch eingeführt und frische Milch, statt wie bisher in Kannen oder Glasflaschen gefüllt, fortan in Einwegplastik verkauft worden war, hatte sich meine Mutter entsetzt: »Das ist der Anfang vom Ende.«

Meine Eltern hatten wenig gemeinsam, nicht einmal mehr ein Schlafzimmer. Doch ihre Neugierde auf alternative Lebenslösungen abseits des Aufschwungdiktats teilten sie. Mein Vater las ein Buch über Chinas Barfußärzte und gab es mitsamt seiner Begeisterung für Traditionelle Chinesische Medizin und Akupunktur an mich weiter. *Healthcare for everyone!* Maos Angriff auf die privilegierten »städtischen Herren« und sein Versprechen, der Landbevölkerung Chinas die medizinische Grundversorgung zu sichern, taugte für uns damals genauso zum Mythos einer Vorzeigegesellschaft wie die Abermillionen umweltfreundlicher Fahrräder Chinas. Mit selektiver Wahrnehmung lässt sich vieles ausblenden und vieles schönreden.

Die Bedenken meines christlich-sozial gesinnten Opas, bei dem ich mich nach dem Ende meiner Hippiephase wieder zeigte, schob ich auf seine Gottergebenheit. Die Kommunisten leugnen die Existenz Gottes, sagte er. Sie lehnen den Allmachtanspruch der christlichen Kirchen ab, hielt ich dagegen. Bleib dir treu, Bettinchen, mahnte er. Aus Respekt vor ihm ging ich erst nach seinem Tod zum Amtsgericht und erklärte meinen Austritt aus der evangelischen Kirche.

Während die meisten Eltern über ihre Aktivistenkinder entsetzt waren, sich für sie schämten oder sie sogar auf die Straße setzten, schlugen die meinen wieder einmal aus der Art und hörten uns zu. Unsere Wohnung in der Viktoriastraße wurde zu einer Art Auffang-WG für gestrandete Linke, die mein Bruder anschleppte – schließlich standen nach Großmutti Ilses Tod und unser beider Auszug zwei Räume leer. Das große Schlafzimmer, das Carl Christian und ich uns zuletzt geteilt hatten, verwandelten wir in ein Matratzenlager, abends wusste man oft noch nicht, wer die Nacht neben wem verbringen würde, oder mit wem. Meine Eltern gaben den Anschein, als würden sie davon nichts mitbekommen.

In der Viktoriastraße geht es ab. Ich kam jetzt wieder gern zu Hause vorbei, als Gast. Wenn meine Mutter nüchtern war, war sie eine herzliche Gastgeberin. Wir saßen um den Küchentisch, manchmal zehn oder zwölf von uns, drehten Zigaretten – das ideale

Papier dafür lieferte übrigens Maos Sprachrohr, die *Peking Rundschau* – und kämpften uns, manche, auch ich, willig, manche sogar ernsthaft, durch *Das Kapital* und andere Schriften. Ohne Theorie ginge gar nichts, hatte es geheißen, und dass man sich, um Marx oder Adorno zu bezwingen, am besten in Lesezirkeln zusammentun solle.

Es wurde diskutiert und gequalmt, bis man kaum noch die Hand vor dem Gesicht sehen konnte, mein Vater, nie ohne Zigarillo zwischen den Fingern, fand das gemütlich und redete mit, Fragen nach dem marxistischen Menschenbild interessierten den Anthropologen in ihm, von seiner privilegierten Vergangenheit als Hermann Görings Patensohn sprach er in dieser Runde aber nicht, und nach meiner vernebelten Erinnerung fragte ihn auch niemand danach.

An die Nächte, in denen wir uns für unsere Großdemo gegen den ungehemmten Ausbau der Schwalbacher Straße rüsteten, erinnere ich mich hingegen ganz deutlich. »Vom Feldweg zur Verkehrsachse« hatten sich die Stadtplaner in ihrem Wirtschaftswunderrausch für die innerstädtische Durchgangsstraße vorgenommen, die direkt an unserem Schulgelände vorbeilief. Während Stadtzentren heute wieder auto*frei* werden sollen, schwärmte man damals von auto*gerechter* Gestaltung und ordnete alle Planungs- und Baumaßnahmen dem ungehinderten Verkehrsfluss und der Gewinnmaximierung unter. Ich fand das so falsch, dass ich die Viktoriastraße in ein Malstudio verwandelte, riesenhafte Plakate beschriftete und frühmorgens gleich wieder unterwegs war, um Flugblätter zu verteilen, die unsere Mitschüler aufriefen, sich gegen das Monsterprojekt zu wehren.

Tatsächlich mobilisierten wir fast die ganze Schulgemeinschaft. Bei den Stadtherren kamen unsere Botschaften allerdings erst ein halbes Menschenleben später an. 2001 ließen sie ihr Prestigeprojekt der frühen 1970er-Jahre, die Hochstraße, die vom Römertor in einer mächtigen Kurve in die Schwalbacher Straße mündete, wieder abreißen. Und heute diskutieren sie, wie sie die mehrspurige Schwalbacher Straße, die selbst sie inzwischen als Hindernis zwischen Westend und Innenstadt wahrnehmen, in einen menschenfreundlichen Boulevard umgestalten könnten.

***

Nach der Demo fühlte ich mich buchstäblich erschöpft. Ich hatte mir zu viel zugemutet, zu viel Verantwortung auf mich geladen. Ausgelaugt steckte ich nun nicht mehr so bedingungslos wie bisher weg, dass es nach den durchgemachten Nächten meistens ein oder zwei Freundinnen und ich waren, die die Küche aufräumten und das Geschirr spülten, während die Macker keine Finger krümmten. Klassenlose Gleichberechtigung? Nur in der Theorie.

Dann erzählte mein Freund mir von seinem Seitensprung. Während er sich in seiner Offenheit gefiel, verschloss ich mich, sprach von Enttäuschung und missbrauchtem Vertrauen und ließ mich dafür eine Spießerin schimpfen, nicht nur von ihm, sondern auch von den Typen um ihn herum. Nichts gegen die Rache *ihres* Freundes: Der Betrogene war einer unserer politischen Anführer und – freie Liebe stellt sich eben meist auch als Theorie heraus – verprügelte sein wild gelocktes Mädchen, das ich zu allem Überfluss auch noch richtig nett fand. Umso mehr stießen seine Machtfantasien mich ab. Herrisch pochte er auf die Hierarchie in der Gruppe und kündigte Sanktionen an.

Das war also das Ende meiner Reise mit Peter, die uns bis nach Antalya geführt hatte. Ich hatte ab und an in der Münzhandlung meines Vaters ausgeholfen und, obwohl die Zeit des Zockens vorbei war, die eine oder andere Sammlermünze eingesteckt, um sie in der Nachbarstadt Mainz zu Bargeld zu machen. Ein schlechtes Gewissen hatte ich dabei nie gehabt, Papa Heinz hatte schließlich jahrelang in Münzen investiert statt in uns Kinder. Vor unserem Türkeitrip, ein gutes Jahrzehnt bevor das Land sich langsam zum Magnet für Touristen zu entwickeln begann, hatte ich zwei besonders wertvolle Münzen mitgehen lassen und 600 Mark erlöst. Dass unser Kumpel Schorsch sich uns anschließen wollte, traf sich gut, denn er besaß einen damals nagelneuen Renault 4 mit Schiebefenstern. Seine paar Pferdestärken brachten es mit viel Anlauf auf gut hundert Stundenkilometer, in einem Anhänger transportierten wir ein Zelt und auf dem Rückweg mehrere antike Teppiche, die wir für ein Spottgeld und damals noch ohne Ausfuhrbeschränkung in einem osmanischen Bergdorf im Taurusgebirge gekauft hatten.

Dreitausend Kilometer in eine Richtung, Durchzug statt Klimaanlage, Peter neben Schorsch auf dem Beifahrersitz, ich mit dem Urlaubsgeld für uns drei auf der Rückbank. Damals dachte ich noch, dass man für sein Selbstwertgefühl die Zustimmung anderer braucht, doch jede Reise in meinem Leben öffnete meine Augen ein Stück weiter.

Auf der Berlinfahrt meiner Jahrgangsstufe setzte ich mich von der Gruppe ab, im Schlepptau Ute, die sich von meiner Neugierde anstecken ließ. Wir hatten von einer Demo der DKP im Wedding gehört, der damals noch ein rauer Arbeiter- und schon ein bunter Einwandererbezirk war, und marschierten neben »echten« Arbeitern statt wie sonst zwischen Studenten und Schülern. Sie holten uns auf den Boden. »Ganz schön viel gelehrter Unsinn, den eure Studenten von den K-Gruppen da so von sich geben«, meinte einer, aber nicht unfreundlich. »Hunger?«, fragte ein anderer und nahm uns mit zu seiner Frau, die uns in ihrer Zimmer-Küche-Wohnung mehr dick belegte Salamistullen auftischte, als wir essen konnten. Es war der Anfang vom Ende meiner politischen Reise mit dem KBW.

Im Hochsommer 1974 trampte ich mit Maria quer durch Frankreich an den nordspanischen Golf von Biskaya. Im Baskenland herrschte immer noch Bürgerkrieg gegen Spanien, der tödliche Sprengstoffanschlag auf Premierminister Luis Carrero Blanco lag ein halbes Jahr zurück. Angst hatten wir nicht. Während ich daheim Gewalt gegen politische Gegner verurteilte und deshalb auch nie in den unüberhörbaren Chor der RAF-Sympathisanten oder gar -Unterstützer einstimmte, leuchtete mir der Freiheitskampf der ETA gegen das Franco-Regime ein. Dass der Nationalismus der Etarras über den traditionellen baskischen Patriotismus weit hi-

Klassenfahrt nach Berlin, 1974. Ich bin die Dritte von rechts.

nausschoss, hielt ich damals für eine unvermeidliche Reaktion auf die Diktatur.

Auf einem Campingplatz außerhalb von San Sebastián schlugen wir unser Zelt auf. Als Deutsche war man von den Basken bestenfalls geduldet. Als achtzehnjähriges deutsches Mädchen kam man schnell ins Gespräch. Die Basken verstehen sich als ältester Volksstamm Europas, ihre Sprache ist mit keiner anderen Sprache verwandt, daraus ziehen sie ihr Selbstverständnis, das uns imponierte. Am zweiten Abend saßen wir mit Einheimischen zusammen und lernten baskische Lieder, am dritten Abend hatte jede von uns einen Freund. Sie zogen mit uns durch die Kneipen, überall kannte man sie, überall stießen wir ausgelassen mit *vino con kas* an, einem klebrigen Gemisch aus rotem Tafelwein und Zitronenlimonade, das man erst ernst zu nehmen beginnt, wenn es zu spät ist. Die jungen Basken feierten, als wäre der Bürgerkrieg schon gewonnen. Wir mussten unseren Kater auskurieren.

Per Anhalter gelangten wir von San Sebastián die steil abfallende Costa Vasca entlang in das Fischerdorf Deba und von dort nach Gernika. Ich wollte unbedingt zur Eiche von Gernika, unter der seit dem Mittelalter erst die Könige, später ihre Stellvertreter den Eid ablegt hatten, die lokalen Sonderrechte des baskischen Volkes zu achten und zu wahren.

Für Franco war es ein symbolischer Akt gewesen, die Basken just mit einem Anschlag auf ihr Heiligtum Gernika zu entrechten. Der Bürgerkrieg ging ins zweite Jahr, als der General die kleine Stadt zum Flächenbombardement für die deutsche »Legion Condor« und das italienische Freiwilligenkorps »Corpo Truppe Volontarie« freigab.

Im Februar 1935 hatte Adolf Hitler seinen Reichsminister der Luftfahrt, Hermann Göring, mit dem Aufbau einer Luftstreitkraft beauftragt – ein eingeplanter Verstoß gegen den Versailler Vertrag. Schon ein Jahr später unterstützte die deutsche Luftwaffe Francos Militärputsch. Am Montag, den 26. April 1937, bombardierten die Piloten der »Legion Condor« das beschauliche Gernika schließlich großflächig, mit Sprengbomben, Splitterbomben und Brandbomben. Der Angriff zielte konkret auf die Zivilbevölkerung. Das hatte es vorher nicht gegeben, nicht einmal im Ersten Weltkrieg. Siebzig Prozent aller Häuser wurden zerstört, Hunderte, wahrscheinlich tausend Menschen getötet. Montag war Markttag in Gernika.

Den Startschuss zu dem Angriff soll Hermann Göring gegeben haben, der seinem Führer beweisen wollte, dass Bombenterror die »nationalsozialistische Art« sei, einen Krieg zu gewinnen. »Mir gab Spanien die Gelegenheit, meine junge Luftwaffe zu erproben«, prahlte der Kriegsverbrecher bei den Nürnberger Prozessen von seiner Generalprobe. Zweieinhalb Jahre später ließ er auf diese Weise die polnische Stadt Wieluń zerstören.

Wir liefen den ganzen Tag durch Gernika. Zum ersten Mal war ich so direkt mit den Ausmaßen von Krieg und Vernichtung konfrontiert. Zum ersten Mal fühlte ich mich persönlich in der Verantwortung und schämte mich für meinen Namen.

***

Bald nach unserer Rückkehr fand die nächste Vollversammlung des KBW statt. Mit dem Abstand, den wir erst im Baskenland gewonnen hatten, gaben Maria und ich unseren Austritt aus der Partei und den Schülerzellen unserer Schulen bekannt. Wie schon so oft vorher drohte die Diskussionsfalle zuzuschnappen, doch diesmal blieben wir hart. Ihr redet immer nur, statt zu handeln, warfen wir unseren Anführern vor. Ihr übt Kritik an anderen, statt euch selbst in die Pflicht zu nehmen. »Selbstkritik, rücksichtslose, grausame, bis auf den Grund der Dinge gehende Selbstkritik«, forderte Rosa Luxemburg 1916, denn sie sei die Lebensluft und das Lebenslicht der proletarischen Bewegung. Eure Bewegung scheitert doch schon am Geschirrspülen!

Nach mindestens zwei Jahren in der politischen Tretmühle, davon ein Jahr im KBW, fühlte ich mich befreit. Als ein Schulkollege mich wenig später für eine, wie er betonte, legale RAF-Sympathiezelle anwerben wollte, lehnte ich ab. Natürlich war ich »gegen den Staat«, natürlich empörten mich »Vernichtungshaft« und »Isolationsfolter« gegen Mitglieder der Roten-Armee-Fraktion, natürlich beeindruckten mich ihre Hungerstreiks, natürlich beschäftigte mich der Tod von Holger Meins. Aber zum Märtyrer stilisierte ich ihn nicht. Krawall und Hass und Gewalt fand ich schon damals unmenschlich, oder, wie ich es mit achtzehn sicher eher formuliert habe, »bescheuert« und blieb – anders als etwa Marias Klassenkameradin Birgit Hogefeld, die spätere RAF-Terroristin, und einige andere aus unserm Umfeld – immer auf Distanz. Wie hatte Janis Joplin von sich gefordert? »To be true to myself, to be the person that was on the inside of me, and not play games. That's what I am trying to do mostly in the whole world, is to not bullshit myself and not bullshit anybody else.«[2]

1921

Wenn ich Karl Ernst Göring ansehe und den stolzen Blick, mit dem er meinen Papa Heinz zur Kamera hält, fällt mir Tolstoi ein: Alle glücklichen Familien sind einander ähnlich …

Es ist, neben dem Foto anlässlich seiner Verlobung mit meiner Großmutti Ilse, auf dem der eiserne Krieger seine Lippen irgendwie verschmitzt zusammenpresst, weil Männer wie er ihre Gefühle nun einmal unter Kontrolle hatten, erst recht vor einer Kamera, das einzige Bild, das ich von meinem Großvater kenne, auf dem er zu lächeln scheint, und dieses Lächeln überrascht mich so sehr, dass ich es regelrecht seziere. Es ist ein vages Lächeln, aus dem eine gewisse Zufriedenheit mit sich selbst und tatsächlich so etwas wie Glück zu sprechen scheinen und das sich nicht selbst genügt, sondern voller Erwartungen an den Erstgeborenen steckt. Wahrscheinlich tue ich dem Großvater unrecht, weil ich mehr weiß, als er an jenem späten Maitag 1921 wissen konnte, der mild gewesen sein muss, denn mein Papa Heinz, kaum vier Monate alt, trägt ein leichtes, weißes Sommergewand mit kurzen Ärmeln und keine Schuhe, und er scheint entspannt zu schlafen unter den wärmenden Sonnenstrahlen.

Dass es mir so vorkommt, als lächle Karl Ernst Göring sich selbst mehr zu als seinem kleinen Sohn, dass ich eine Glücksfassade sehe und dahinter Abgründe, liegt auch daran, dass ich die Haltung nicht nachvollziehen kann, mit der dieses Glück gelebt wurde. Aber an diesem freundlichen Frühlingstag trug Karl zu seinen ausrasierten Schläfen einen Dreiteiler aus einer Art Fischgratgewebe mit direkt sympathisch zerknautschten Hosen und nicht die sonst obligatorische, hochgeknöpfte Polizeiuniform in Preußischblau, in der er als frischgebackener Vater wenige Wochen vorher den Aufstand kommunistisch gesinnter Grubenarbeiter hatte niederschlagen lassen. Und er wusste noch nicht, dass mein Vater nicht nach ihm kommen würde. Dass in ihm kein Jäger heranwuchs, sondern ein Sammler und mithin ein Idealist, wie er ihm fremder nicht sein konnte.

Meine Großeltern Ilse und Karl Ernst anlässlich ihrer Verlobung.

Mein Vater wurde in ein Schloss geboren, und obwohl an den Umständen, wie Karl Ernst Göring mit seiner jungen Ehefrau in dieses Schloss kam, nichts Glamouröses ist wie an den Schlossgeschichten seines Bruders Hermann, haben sie sein Selbstverständnis von »Wir, die Görings!« bestärkt.

Mitte 1920 hatten die Frischvermählten eine Wohnung auf Neu-Augustusburg bezogen, der größten Schlossanlage Mitteldeutschlands aus dem frühen Barock mit einem Turm an jeder Ecke, hoch über der einstigen Residenzstadt Weißenfels an der Saale im Dreiländereck von Sachsen, Sachsen-Anhalt und Thüringen und auch »Krone des Erzgebirges« genannt. Ilse war im dritten Monat schwanger, Karl arbeitete sich als Adjutant der Schutzpolizei Weißenfels ein und übernahm noch im selben Jahr das Kommando über die im Schloss stationierte Dienststelle.

In drei aufeinanderfolgenden Jahren brachte Ilse drei Söhne zur Welt. Ende Januar 1921 meinen Vater Heinrich »Heinz« Otto, dann Peter Hermann Ludwig und schließlich Helmuth Friedrich Wilhelm. Von »meiner Hundertschaft« sprach Karl mit dem Humor der Zeit.[1] Zumindest das Familienglück war perfekt. Dass er häufig

Mein Großvater Karl Ernst mit seinem Erstgeborenen Heinz in Weißenfels an der Saale, 1921.

in die Vergangenheit eintauchte, mag ihm seine neue berufliche Bestimmung in einem Deutschland, das ihm fremd und zuwider war, annehmbarer gemacht haben.

Seinen Afrikaeinsatz im Ersten Weltkrieg verklärte er. Ein Unrechtsbewusstsein, wie ich es aus meiner heutigen Sicht erwarten würde, entwickelte er nie. Das hatte mit seinen reaktionären Überzeugungen zu tun, aber wahrscheinlich nicht ausschließlich, denn im September 1918, wenige Wochen vor dem Waffenstillstand in Europa also und auf dem Rückzug vor den Briten, die den Kampf um die ostafrikanische Kolonie bereits für sich entschieden hatten, wurde sein Körper von einem Maschinengewehr durchlöchert, Schulter, Lunge, Bauch und Oberschenkel, er überlebte nur mit Glück, und die Folgen seiner Verwundungen schränkten ihn bis zu seinem Tod mit nur siebenundvierzig Jahren ein. In Weißenfels begann er seine Ostafrika-Tagebücher zu überarbeiten. Mitte der

1920er-Jahre ließ er den detailreichen, aber sperrig emotionslosen Bericht über seine Jahre als Führer der 4. Feldkompanie unter Paul von Lettow-Vorbeck und die Strapazen in der Wildnis des heutigen Tansania zu einem Buch binden.[2]

Während der General sich in Berlin bereits als Kriegsheld feiern ließ, kämpfte mein Großvater um sein Leben. Sein treuer afrikanischer Diener hatte ihn aus dem Schlachtfeld gerettet, liest man in seinem Tagebuch, indem er auf dem Bauch zu ihm robbte und ihn langsam an den Beinen in eine Mulde zog. Lettow-Vorbeck höchstselbst soll noch vorbeigekommen sein, ihm die Hand geschüttelt und ihm für seinen selbstlosen Einsatz für Kaiser und Reich gedankt haben. Dann zog seine Kompanie weiter und überließ Karl, der nicht transportfähig war, seinem Schicksal. Todgeweiht. Doch britische Soldaten lasen ihn auf und nahmen ihn mit nach Daressalam, wo er – auch sein Zwerchfell war verletzt – notoperiert wurde. Als Kriegsgefangener wurde Karl bald danach nach Bombay verschifft und nach mehreren weiteren Operationen viele Monate »sehr gut gepflegt«.[3] Große Mengen Morphium sollen bei den Behandlungen im Spiel gewesen sein – wie bei Hermann. Bezeichnend für ihre, bei aller brüderlichen Nähe, so unterschiedlich ausgeprägten Charaktere, dass bei Karl nie von einer Sucht die Rede war. Die personifizierte Disziplin und Geradlinigkeit. Als er als genesen galt, überstellte man ihn in das Kriegsgefangenenlager Ahmednagar 250 Kilometer landeinwärts, wo er als Kriegsverlierer ein weiteres Lebensjahr absaß, in »deprimierender Langeweile«, ein paar wenige Briefe aus der Heimat und ein Schachbrett als einzige Ablenkungen.[4]

General von Lettow-Vorbeck hatte seine *Erinnerungen aus Ostafrika* bereits 1920 publiziert.[5] Jahrzehntelang nannte man ihn den heldenhaften »Löwen von Afrika« und rühmte ihn für seine »Ritterlichkeit«. Allerorten wurden Straßen nach ihm benannt. In Ostafrika hatten die Deutschen später kapituliert als in Europa, und lange hielt sich der Eindruck, Lettow-Vorbeck habe dort eine Art *gentleman's war* gekämpft. Mit der Realität hatte das aber nichts zu tun.

Als der Cambridge-Historiker John Iliffe Ende der 1970er-Jahre bewies, wie skrupellos Lettow-Vorbeck in Ostafrika vorgehen ließ und dabei eine sinnlose humanitäre und ökologische Katastrophe anrichtete, drang das kaum in die Öffentlichkeit. Erst in jüngster Zeit geriet sein Mythos ins Wanken. 2014 wurde die erste Lettow-Vorbeck-Straße in Deutschland umbenannt. In manchen Stadträten zogen sich die Diskussionen über viele Jahre hin.*

In seinem Durchhaltekrieg machte er sich zahlreicher Verstöße gegen die Haager Landkriegsordnung schuldig. Mit den Einheimischen kannte sein Herrenrassedenken kein Erbarmen. Seine »Strategie der verbrannten Erde« mit der Absicht, dem nachdrängenden Gegner nichts Verwertbares zu hinterlassen, provozierte Hungersnöte in der unterdrückten Bevölkerung. Afrikanische Soldaten wurden zwangsrekrutiert, Dörfer, die die Zusammenarbeit verweigerten, niedergebrannt, ihre Bewohner gnadenlos hingerichtet.[6]

Verehrung für Paul von Lettow-Vorbeck kommt heute nur noch aus rechtsextremen Kreisen.** Mein Großvater diente ihm treu ergeben; man müsse es als ein Zeichen besonderen Vertrauens werten, dass er ihm »wiederholt die Ausführung besonders schwieriger Aufgaben übertrug«, heißt es in seinem Nachruf. Die familiäre Beziehung zu dem General und dass Karl deshalb vermutlich mit einem Vertrauensvorschuss in den Kampf ging, wurde nicht erwähnt. Karls Vater Heinrich Ernst Göring und Lettow-Vorbeck hatten sich

* Nach dem Beschluss des Rats der Stadt Delmenhorst vom 4.7.2023 wird die letzte noch in Deutschland existierende Lettow-Vorbeck-Straße in Ellastraße umbenannt; Stand Oktober 2023.

** In der Weimarer Republik saß Lettow-Vorbeck als Abgeordneter der Deutschnationalen Volkspartei im Reichstag. Kaum an der Macht, versuchten die Nationalsozialisten ihn zu vereinnahmen. Doch der General misstraute Hitler zutiefst und lehnte die ihm angebotene Botschafterstelle angeblich mit den Worten ab: »Den Posten können Sie sich dorthin stecken, wo die Sonne niemals scheint.« Nach dem Wahrheitsgehalt gefragt, antwortete sein Neffe: »Ich glaube nicht, dass er das so freundlich ausgedrückt hat.« Jahrelang soll Lettow-Vorbeck von den Nazis überwacht, sein Haus mehrfach durchsucht worden sein. Wegen seiner militärischen Verdienste und anhaltenden Popularität wurde er 1938 jedoch rehabilitiert und in den Rang eines »Generals für besondere Angelegenheiten« befördert. Aktiv wurde er aber nicht mehr.

in Deutsch-Südwestafrika gut kennen- und schätzen gelernt, und auch mit Fanny Göring »stand er sich gut«.[7]

Mein Großvater, der gnadenlose Krieger. Gleich zu Beginn seiner Weißenfelser Zeit tat er sich, wie es hieß, »hervorragend« hervor bei der »Unterdrückung des kommunistischen Aufruhrs in den Leuna-Werken«.[8] Als Märzaufstand ging die Revolte in die Geschichte ein. Karl Göring und seine zweihundert Mann starke Schutzpolizei-Einheit griffen mit der »besonderen Härte«, mit der er schon in Afrika hervorgetreten war, gegen die kommunistischen Arbeiter durch, die sich in der Naumburger Chemiefabrik verbarrikadiert hatten. Das brachte ihm viel Lob ein, und ich frage mich manchmal, ob er auch auf mich und meine Freunde vom Kommunistischen Bund Westdeutschland hätte schießen lassen, wenn wir uns ihm in den Weg gestellt und ihn provoziert hätten. Aus Angst vor »russischen Verhältnissen« und Anarchie hieß es, um jeden Preis zu handeln und durchzugreifen. Doch nicht die freiheitlich-demokratische Grundordnung verteidigte Karl Ernst Göring gegen die Diktatur des Proletariats, sondern seine untergegangene Welt und ihre Werte.

Fast vier Jahre wirkte er in Weißenfels, danach – zum Polizeimajor befördert – in Erfurt und anschließend in Gleiwitz, tief im heutigen Polen. So lange blieben Ilse und die Kinder im Weißenfelser Schloss wohnen. Erst nach Hannover, seiner letzten Station ab Herbst 1929, folgten sie ihm. Auf weitere Beförderungen wartete er in den Jahren allerdings vergeblich, auch deshalb, weil er sich von seinem zu dieser Zeit in Deutschland steckbrieflich gesuchten Bruder Hermann und dem Nationalsozialismus nie distanzierte, im Gegenteil. Schon im Krieg war Karl – während Hermanns Lebenslauf Pour-le-Mérite-geschmückt wurde – leer ausgegangen, und das wurmte ihn offenbar zeitlebens. Eine Auszeichnung wäre schon angekündigt gewesen, schreibt er in seinen Erinnerungen, doch dann dankte der Kaiser ab.

Dass er in seiner Rolle als Schutzpolizist aufging, kann man nicht annehmen. Aber er füllte sie pflichtbewusst aus, obwohl er bereits in seinem ersten Dienstjahr »nach äußerst schmerzhaften Anfällen«

noch einmal operiert werden musste.[9] »Durch glückliche Mischung von forschem Soldaten und liebenswürdigem Gesellschafter war er geschätzt von seinen Beamten und der Bürgerschaft«, heißt es in einer Festausgabe des *Weißenfelser Tageblattes* anlässlich des Jubiläums »750 Jahre Weißenfels«.[10] Das war im Juni 1935, Karl Ernst war im dritten Jahr tot. Man schrieb dem inzwischen zum Oberbefehlshaber der Luftwaffe aufgestiegenen Hermann Göring zum Gefallen. Im Juni 1933 war auf Neu-Augustusburg eine der Gauführerschulen zur »weltanschaulich-politischen Ausrichtung« von NS-Funktionären eingezogen. Von Anfang März bis Mitte August 1933 hatten Keller- und Bodenräume des Schlosses und schließlich auch ein Festsaal im zweiten Stockwerk als frühes Konzentrationslager oder »Gefangenensammellager« für politische Gegner des Nationalsozialismus herhalten müssen.[11] An die zweihundert Männer wurden dort in Schutzhaft gehalten, vor allem Kommunisten. Der Marxismus muss ausgerottet werden – das reichte als Rechtfertigung für zum Teil schwere Misshandlungen der Häftlinge.

»Er war ein gerechter Vorgesetzter für seine Untergebenen und ein in allen Angelegenheiten stets zu sprechender und sorgender Führer«, schwärmte man im *Tageblatt* über meinen Großvater, und weil er im März 1921 nicht nur gegen die Kommunisten gewonnen, sondern auch einen Sportverein gegründet hatte, den Polizeiverein für Leibesübungen, nannte man das Weißenfelser Mehrzweckstadion, den Stolz der Stadtregierung, zu seiner Anerkennung und in vorauseilendem Hofieren seines Bruders Hermann fortan – und bis der Name 1945 verboten wurde – »Karl Göring Stadion« oder »Karl Göring Kampfbahn«.

Ich stelle mir vor, wie seine Witwe und ihre Buben aus Berlin anreisten, um der späten Ehrung des Vaters beizuwohnen, in der ersten Reihe der Ehrentribüne, Heinz, Peter und Helmuth – die Pimpfenprobe hinter sich, natürlich bravourös bestanden – gleichgeschaltet in ihren HJ-Uniformen mit Schlips und Knoten, Großmutti Ilse mit diesem schmallippigen Lächeln, in dem sich Stolz und Wehmut spiegeln und in dem ich immer auch ihren Hochmut sehe.

Heinz, Peter und Helmuth (v. l.) wachsen im Geist des Nationalsozialismus auf.

Den Mann, den sie liebte, hatte sie verloren. Dass er ein Opfer seiner Umstände gewesen sein könnte – diese Formulierung würde sie genauso wenig gelten lassen wie er selbst, wahrscheinlich würde ich die beiden damit in Rage bringen. Und doch nehme ich an, dass es dieses unsägliche Opfernarrativ war, aus dem mein Großvater die vermeintliche Berechtigung zog, besonders hart durchzugreifen. Dass Menschen mit seiner Gesinnung den Staat an die nationalsozialistischen Verfassungsfeinde auslieferten, hat Großmutti Ilse natürlich so nie gesehen. Sie gehörte jetzt zur Elite.

1939

Hermann Göring war über die systematische Verfolgung der Juden durch den NS-Staat nicht nur orientiert, sondern trieb die bürokratische Abwicklung ihrer Entrechtung über Jahre voran und gab ihre gezielte Vernichtung in Auftrag. Das ist durch seine Worte und Taten zweifelsfrei belegt – auch wenn verschiedene Seiten ihm eine gewisse Milde gegenüber Juden bescheinigten, weil sie sich von seinen willkürlichen Entscheidungen irreführen ließen, einzelnen von ihnen zu helfen, unter der Hand oder mit Ausnahmeregelungen, aus Pragmatismus oder aus Sentimentalität, und immer mit einem finanziellen Kalkül, für das mir keine anderen Worte einfallen als Habgier und Profitsucht.

In seiner Grundeinstellung gegenüber Juden ist er so schwer zu fassen wie in seiner generellen Rolle als Funktionsträger im »Dritten Reich«. »Ich war nie Antisemit.«[1] Darauf zog er sich bei den Nürnberger Prozessen zurück. Ein Manipulationsversuch des Soziopathen in ihm, bestimmt. Er belog aber, sofern ein Mensch ohne Gewissen und ohne Schuldbewusstsein solche Selbstschutzmaßnahmen überhaupt für nötig hält, nicht nur die Ankläger, sondern auch sich selbst.

Als ich mich mit der in Australien lebenden Künstlerin Ruth Rich auf die Dreharbeiten zu unserer gemeinsamen Dokumentation *Bloodlines* vorzubereiten begann, zwang ich mich erstmals dazu, mich ausführlich mit dem Lebenslauf des »guten Onkels« auseinanderzusetzen.[2]

Viele von Ruths engsten Verwandten wurden in Konzentrationslagern ermordet. Die Traumata ihrer Eltern, die – aus Zufall, wie sie selbst sagten – das Lager überlebt, aber ihren Erstgeborenen dort verloren hatten, begleiten Ruth seit ihrer Kindheit. Sie kam zwei Jahre nach Kriegsende auf die Welt.

»Weißt du eigentlich, dass dein Großonkel die ›Endlösung der Judenfrage‹ beauftragt hat? Dass seine Unterschrift der Freibrief zur Ermordung von Millionen von Juden war?«* So eröffnete sie in den frühen 2000er-Jahren das E-Mail-Gespräch zwischen uns.

Bis dahin hatte ich davon tatsächlich nichts gewusst, und ich gehe davon aus, dass auch meine Großmutter Ilse – bei aller Nähe zu ihrem Schwager und Onkel – dessen interne Anweisung an Reinhard Heydrich nicht gekannt hat. Das hat ihr das Leugnen und Verharmlosen sicherlich erleichtert. Hermann habe – was übrigens stimmt – nie ein Konzentrationslager betreten, hatte ich von ihr gehört, als könne sie ihn damit entlasten.

Ich schlief kaum noch und begann mich mit den Fakten zu konfrontieren, nach denen ich vorher nicht gesucht hatte, denen ich, vermutlich um mich selbst zu schützen, instinktiv ausgewichen war. Hermann Göring war ein Kriegsverbrecher. Mehr musste ich nicht wissen. Abstand! Nun – auf die fünfzig zugehend – tauchte ich in Fachliteratur über den Reichsmarschall ein. Auch durch die Göring-Biografie, die ich zum ersten Mal dreißig Jahre vorher in der deutschen Bibliothek von Tegucigalpa in der Hand gehabt und nach ein paar Seiten frustriert und gelangweilt weggelegt hatte, kämpfte ich mich nun. Zugleich sträubte ich mich dagegen, seine ausufernden Persönlichkeitsstörungen zu analysieren. Ich wollte zwar in meine Großmutter Ilse schauen und in meinen Vater. Ihre Motive wollte ich begreifen. Aber ein Tyrannenversteher wollte ich nie sein.

Hermann Görings Auftrag an Reinhard Heydrich hatte eine jahrelange Vorgeschichte. Schon 1924 hatte er den Hass gegen Juden zu seinem politischen Programm gemacht: »Es wäre wirklich gut, wenn sich die großen nationalen Bewegungen etwas mehr Fühlung untereinander nehmen würden«, diente er sich einem Unterhändler Mussolinis an. »Da der Jude überall – schon aus Rassenreinheit heraus – Gegner einer nat. Bewegung sein muss, – denn er will letz-

* »[…] Ich beauftrage Sie weiter, mir in Bälde einen Gesamtentwurf über die organisatorischen, sachlichen und materiellen Vorausmaßnahmen zur Durchführung der angestrebten Endlösung der Judenfrage vorzulegen.« Ermächtigung Hermann Görings an Reinhard Heydrich, 31.7.1941. Faksimile, Haus der Wannsee-Konferenz; https://www.ghwk.de/fileadmin/Redaktion/PDF/Konferenz/goering-juli1941.pdf

ten Endes internationale Menschen –, so müssten die nat. Gruppen eine geschlossene Phalanx dagegen bilden. Der Antisemitismus muss in gewissem Sinne international sein, der Jude muss in allen Ländern bekämpft werden. Die meisten nationalen Bewegungen sind heute schon antisemitisch […] Der Antisemitismus breitet sich derzeit überall aus.«[3] Von der »Judenrepublik« Deutschland sprach er zu der Zeit aber auch im privaten Umfeld.[4]

Im NS-Staat verantwortete er von Anfang an die antijüdischen Maßnahmen – sei es als Hitlers ausführendes Organ und in moralischer Gleichgültigkeit, sei es mit eigenen rücksichtslosen Anschauungen, aber immer mit einem ausgeprägten opportunistischen Gespür, wie weit und immer noch weiter man gehen kann, und in seiner heuchlerischen und hemmungslos gefräßigen Selbstbedienungsmentalität. Das Ergebnis war verheerend, und der großen Mehrheit des deutschen Volkes war das schlicht egal.

Als erstem nationalsozialistischem preußischem Innenminister lagen seit 1933 Aufbau und Organisation der Gestapo und ihres Judenreferates in seiner Hand. Von der Reichsstelle für Sippenforschung ließ Göring »vertrauliche persönliche Berichte« erstellen über Menschen, die er ihres Judentums »überführen« wollte; das große Vorbild seiner Kindheit und Jugend, sein Patenonkel Hermann Epenstein, hatte da noch gelebt.

Epenstein verleugnete seine jüdischen Wurzeln, am hartnäckigsten vor sich selbst. In den Augen der NSDAP war er gleichwohl ein Jude.

Die »Nürnberger Rassegesetze« hatte Hermann Göring 1935 im Reichstag verkündet. Als Beauftragter für den Vierjahresplan war er seit 1936 auch für die sogenannte Judenpolitik zuständig. Fortan forcierte er die »geregelte Entjudung« der deutschen Wirtschaft. Zugleich ließ er keine Gelegenheit aus, die jüdische Bevölkerung finanziell auszubeuten. Chaos und Zerstörung wie während der Reichspogromnacht verurteilte er deshalb scharf.

»Mir wäre lieber gewesen, ihr hättet 200 Juden erschlagen und hättet nicht solche Werte vernichtet« – so zynisch kritisierte er die SA und die anderen beteiligten NS-Organisationen für den Vandalismus, mit dem sie in der Nacht vom 9. auf den 10. November 1938 mindestens die Hälfte aller Synagogen im »Dritten Reich« und mehr als 7000 jüdische Geschäfte gewaltsam zerstört hatten.[5] Sein nicht minder zynischer Einfall, die Geschädigten für den ihnen zugefügten Schaden verantwortlich zu machen, schien ihn regelrecht zu beflügeln: »Ich werde den Wortlaut wählen, dass die deutschen Juden in ihrer Gesamtheit als Strafe für die ruchlosen Verbrechen usw. usw. eine Kontribution von 1 Milliarde auferlegt bekommen. Das wird hinhauen. Die Schweine werden einen zweiten Mord nicht machen. Im Übrigen muss ich noch einmal feststellen: Ich möchte kein Jude in Deutschland sein.«*

Der Mord des siebzehnjährigen Herschel Grynszpan an dem deutschen Botschaftssekretär Ernst vom Rath in Paris am 7. November 1938 hatte nicht nur dem enthemmten Mob als Vorwand gedient. Auch Göring berief sich auf die »gute Seite der letzten Vorfälle«, als er sich am 6. Dezember im Sitzungssaal des Reichsluftfahrtministeriums den Gauleitern, Oberpräsidenten und Reichsstatthaltern als Koordinator der antijüdischen Politik im Namen des »Führers« präsentierte – offenbar die einzige Funktion auf seiner langen Liste von Ämtern und Weisungsbefugnissen, die er vor der Öffentlichkeit unbedingt geheim halten wollte.

Mit den Vorurteilen der Anwesenden spielte er hemmungslos: »Es wäre mir auch scheußlich, wenn ich in einem Lokal essen müsste, wo an meinem Nebentisch ein Jude sitzt.« Zugleich ließ er seine Furcht vor diplomatischen Verwicklungen erkennen. Kalkül. Nicht etwa Skrupel, wie Menschen mit intakten Wertesystemen mutmaßen würden. »[…] Ich wollte gern, dass ich mit der ganzen Judenfrage nichts zu tun habe. Aber dann weiß ich natürlich nicht, wie ich meinen Vierjahresplan, also die deutsche Wirtschaft, in Ordnung halten soll. […] Denn eines müssen Sie verstehen: Ich

* Diese Aussagen traf Hermann Göring am 12.11.1938 während einer Arbeitssitzung im Reichsluftfahrtministerium, an der u.a. Joseph Goebbels, Wirtschaftsminister Walther Funk, Finanzminister Johann Ludwig Graf Schwerin von Krosigk und Innenminister Wilhelm Frick teilnahmen; vgl. Rita Thalmann, Emmanuel Feinermann: *Die Kristallnacht*, Frankfurt am Main 1988, S. 143 und S. 160.

will meinen Namen sauber halten auch für später, und ich kann mich nicht an Dingen beteiligen, die ich nicht decken kann. Ich gehe sehr weit in dem, was ich decke. Ich habe das, glaube ich, auch bewiesen. Aber gewisse Sachen kann ich nicht decken, will ich auch nicht decken.« Nun aber werde endlich auch das Ausland einsehen müssen, dass »der Jude nicht mehr in Deutschland wohnen kann«.[6] Um die Auswanderung zu beschleunigen, ließ er Anfang 1939 die »Reichszentrale für jüdische Auswanderung« einrichten und bevollmächtigte ihren Leiter Reinhard Heydrich zunächst mit der Umsiedlung der Juden aus dem Deutschen Reich. Für jeden weiteren Schritt musste Heydrich neuerlich Görings zustimmende Unterschrift einholen.

Hermann Göring hat auf die Spitze getrieben, was in der deutschen, und nicht nur in der deutschen, Gesellschaft fatal verbreitet war – und vielfach noch ist – und den Holocaust erst ermöglicht hat. Einerseits bediente er zügellos Vorurteile gegen Juden, die in seinen hetzerischen Reden zu »dem einen Juden« zusammenschmolzen – gesichtslos, fremdartig und auf jeden Fall an allem schuld. Ein Feindbild, das eint. Andererseits widersprach er dieser verhängnisvollen Anonymisierung selbst, wann immer er sich als Beschützer und Begünstiger einzelner Juden aufspielte, die er persönlich kannte, die klingende Namen oder wichtige Positionen innehatten oder für die sich seine engsten Verwandten bei ihm einsetzten. »Wer ein Jude ist, bestimme ich«, soll er die versammelte Mannschaft des Reichsluftfahrtministeriums angebrüllt haben, um das Gerede um Erhard Milch abzuwürgen, den Sohn eines jüdischen Marinebeamten und Oberstabsapothekers, der beim Aufbau der Luftwaffe für ihn unentbehrlich war und den er deshalb – wahrscheinlich mit gefälschten Dokumenten – als »Vollarier« beglaubigen ließ. »Wer ein Jud' ist, bestimme ich!« – den Satz hat er sich offenkundig bei Karl Lueger geliehen, einem der tonangebenden Erfinder des modernen, populistischen Antisemitismus. Als Gründer der Christlichsozialen Partei Österreichs und Bürgermeister des multikulturellen Habsburger-Wiens schämte er sich nicht, in der Bevölkerung antijüdische Ressentiments zu schüren. Jahrelang. Einen »Pöbelsport« nannte Lueger seine aufhetzenden Reden.[7] Hitler nannte Lueger einen seiner »Lehrer«.[8]

Seinen kalkulierten Judenhass ließ Lueger nach Feierabend im Büro. Ähnlich dürfte es bei Hermann Göring gewesen sein. Je gravierender die Schikanen gegen Juden wurden, umso öfter machte Emmy, die in erster Ehe mit dem jüdischen Schauspieler und Regisseur Karl Köstlin verheiratet war, sich bei ihm für Hilfesuchende aus ihrem weitläufigen Bekanntenkreis stark, vorrangig aus der Theaterwelt. Anders als seine erste Frau Carin soll sie frei gewesen sein von antisemitischen Vorurteilen, in ihren Erinnerungen fabulierte sie von Hermanns Mitgefühl und Hilfsbereitschaft.[9] So häufig sprach sie bei ihm vor, und nicht nur sie, sondern auch Tante Ole und Großmutti Ilse, dass er zu seinem treuen Adjutanten und Duzfreund Karl – »Onkel Karli« – Bodenschatz oder auch »Bodenschatzi«[10] gewitzelt haben soll: »Am besten hängen wir ein Schild hinaus, dass hier Juden geholfen wird.«[11]

Wer Göring hat, hat die Zukunft, hieß es in Berlin. Selbstlos war seine Kompromissbereitschaft vermutlich kein einziges Mal. Ein »Sonderfall« legt besonders deutlich offen, wie er sich am Schicksal der Verfolgten auch persönlich bereichert hat. Und weil dieser »Sonderfall« in seiner ganzen Verstricktheit eine typische Göring'sche *family first affair* war und zudem ein Beispiel für die vielschichtige Vermittlerrolle meiner Großmutter Ilse im »Dritten Reich« und ihren Einfluss auf ihren »guten Onkel«, will ich ihn hier erzählen. Der Klarheit halber spreche ich vom Venezuela-Deal. Die NS-Behörden nannten ihn die »Transaktion Rode«. Der Name, fanden sie, klang, als ob ein rechtmäßiges Geschäft dahintersteckte.[12]

***

Dass Großmutti Ilse eine Schwester in Venezuela hatte, wusste ich schon als Jugendliche. Meine ausgedehnte Abiturreise durch das Südamerika der 1970er-Jahre, die so abrupt in einer Klinik von San José endete, hätte mich eigentlich weiter zu ihren Nachkommen in

Caracas und vielleicht sogar zum Studium an der dortigen medizinischen Fakultät führen sollen. Noch Jahre später geriet ich ab und zu und ohne Vorwarnung in Gemütslagen, in denen ich mir die Schuld an der verpassten Chance gab.

Dass der Weg unserer venezolanischen Familie 1939 von ähnlich großen Träumen begleitet war – und in Verlust und Leid endete –, erfuhr ich erst während der Recherche zu diesem Buch. Erste ausführlichere Einblicke in den Lauf der Ereignisse gab mir Großmutti Ilses Nichte Gudrun. Sie war 1939 ein Kind von zehn Jahren.[13] Das habe ich im Hinterkopf, wenn ich den Venezuela-Deal nacherzähle.

Die so innige wie schwierige Beziehung unserer Familie zu dem Land, das einst als das schönste Südamerikas galt – »Humboldts Paradies« –, hatte um 1890 begonnen, als Großmutti Ilses Onkel Fritz Burchard, ein jüngerer Bruder meines Urgroßvaters Otto, sich von einem Hamburger Handelsunternehmen siebzig Kilometer westlich der Hauptstadt Caracas nach Colonia Tovar schicken ließ.[14] In dem regenwaldgrünen Bergland auf 1800 Metern über dem Meer hatten sich knapp fünfzig Jahre vorher, angelockt von den großzügigen Landversprechungen der venezolanischen Regierung, mehrere Hundert deutsche Siedler niedergelassen. Fritz schlug sich, bevor er seiner eigentlichen Neigung nachgab, in Tovar Philosophie studierte und am dortigen Liceo unterrichtete, »schlecht und recht« als Tabak- und Kaffeehändler durch.[15] Mit seiner venezolanischen Ehefrau Maria, für die er zum Katholizismus übertrat, lebte er glücklich zusammen. Die Ehe blieb jedoch kinderlos. Auch deshalb, und weil er ihnen nach den dunklen Kriegsjahren in Europa einen Tapetenwechsel bieten wollte, soll er im Jahr 1920 die vier inzwischen großjährigen Töchter aus der Ehe seines verstorbenen Bruders Otto mit Hermann Görings Halbschwester Frieda nach San Cristóbal eingeladen haben, wo er nun mit seiner Frau lebte.

Die älteren der beiden, Ida Marie, meine Tante Imme, und Ilse Johanna, meine Großmutti Ilse, waren bereits liiert, sogar glücklich. Elfriede, die Dritte im Bunde, hatte kein Abenteuergen. Erika dagegen, die jüngste, nahm die Einladung neugierig an und lernte, nach einer mehrwöchigen Anreise per Dampfer, schneller Spanisch als die meisten Deutschen und sogar, so ihre Tochter Gudrun nicht ohne Stolz, praktisch akzentfrei. Auf einer jener Gesellschaften der sogenannten Handels- oder auch Kaffeedeutschen, auf denen sich regelmäßig Alteingesessene mit Neulingen vernetzten, um ihr Deutschtum zu pflegen, traf Erika wahrscheinlich im Frühling 1921 den zehn Jahre älteren Walther Rode. Am Ende des Jahres wurde in Caracas geheiratet.

Walthers Vater Heinrich war schon im Herbst 1878 aus Hamburg nach San Cristóbal gekommen. Die folgenden Jahrzehnte pendelte er, erst allein, dann mit der Familie, als Partner des Kaffee-Exporteurs Van Dissel, Rode & Cía zwischen Deutschland und Venezuela. Seine spätere Frau Alice war erst zwölf Jahre alt, als er sein Herz an sie verlor und sie sich von ihrem Vater versprechen ließ. Kaum war sie sechzehn, feierte man die Verlobung, zwei Jahre später die Hochzeit.[16]

Ende Oktober 1890 kam Walther als zweites Kind des Paars zur Welt, und wie es für die Kinder aller Expatriates, die es sich irgendwie leisten konnten, selbstverständlich war, drückte auch Walther mehrere deutsche Schulbänke, unter anderem im sachsen-anhaltischen Ilsenburg. Danach studierte er in Deutschland und Schottland Landwirtschaft. Lieber wäre er Arzt geworden, doch dafür fehlte das Geld, wusste Gudrun, ein bewanderter Naturkundler wurde trotzdem aus ihm und ein weithin geschätzter Sanitäter mit dem Wissen eines routinierten Landdoktors, das er sich im Selbststudium und in jahrelanger Praxis angeeignet hatte. Im Ersten Weltkrieg hatte er als Kavallerieoffizier für Deutschland in Polen gekämpft. Wie er die Niederlage verarbeitete, kann ich nur vermuten. Sein Vater Heinrich hatte sich nach der deutschen Kapitulation jedenfalls – nicht anders als mein Großvater Karl Ernst und seine Brüder – in die Dolchstoßlegende verstiegen und selbstredend gewusst, wer an der ganzen Misere schuld war: die Linken und die Juden. Das ist in seinen eigenen Worten überliefert. »Ich sehe in der Ferne noch etwas Schlimmeres: den Untergang des Deutschtums durch die Juden«, schrieb er unverblümt in seinen *Lebenserinnerungen.* Zusätzlich frustrierte ihn seine ungeregelte Nachfolge: »Unser Walther ist Landwirt und kommt für [...] die Firma nicht in Frage.«[17]

Tatsächlich betrieb Walther auf 250 Hektar die Hacienda La Granja – »eines der Schmuckstücke des Rode-Imperiums in den venezolanischen Anden«. Die Kaffeeplantage oberhalb von Rubio war aus mehreren Kleinbetrieben zusammengewachsen, die nach der Kaffeepreiskrise von 1891 ihre Schulden nicht mehr bezahlen konnten. Fachpersonal war entsprechend billig, die mechanischen Kaffeeverarbeitungs- und Verpackungsanlagen waren *state of the art.*[18] Erika führte die Bücher und machte sich auch sonst unentbehrlich. Eine tägliche Herausforderung blieb der Alltag für eine Städterin wie sie trotzdem. Sieben Stunden brauchte man für den Weg aus der nächsten größeren Stadt San Cristóbal zur Hacienda. Maultiere waren lange Zeit das einzig sinnvolle Fortbewegungsmittel, Pferde für das unwegsame Gelände zu wenig robust. Ohne *arriero,* einen einheimischen Maultiertreiber, und im Konvoi mit mehreren anderen Tieren durfte man sich nicht durch die Wildnis wagen. Sobald um 1930 erste Straßen notdürftig befestigt und planiert wurden, kaufte Walther Rode einen Studebaker und lenkte das schwere Automobil über Stock und Stein und durch Flüsse. Fahrtaugliche Brücken begann man erst viel später zu bauen.

Nach Krieg und Inflation florierten die Kontakte zwischen Venezuela und Deutschland wieder – der prodeutsche Staatschef Juan Vicente Gómez sorgte für einen Wirtschaftsboom auch zugunsten der ausländischen Unternehmen. Im Gegenzug stützten diese seine Diktatur. Mit seinem Tod im Jahr 1936 mehrten sich allerdings die unterschwelligen politischen Spannungen.[19] Hinzu kamen wirtschaftliche: Erdöl war längst das wichtigste Exportgut, und während Nordamerika immer tiefer in seine Wirtschaftskrise schlitterte, stieg der venezolanische Bolívar zu einer der stärksten Währungen weltweit – mit fatalen Konsequenzen für die heimische Landwirtschaft. Kaffee zu exportieren lohnte sich nicht mehr. Das Ausland konnte ihn schlicht nicht mehr bezahlen.[20] Die landwirtschaftliche Produktion schrumpfte weiter, auch La Granja verlor den Anschluss. Vom Fluch des Öls war schon damals die Rede. Die Rodes zog es »heim ins Reich«. Treibende Kraft dürfte vor allem Erika gewesen sein, und dafür hatte sie, neben den wirtschaftlichen Sorgen, auch persönliche Gründe. Doch wer würde das Anwesen in der Krise kaufen?

Ihre Mutter habe sehr unter der frühen Trennung von ihren Kindern gelitten, erinnerte sich Gudrun. Die Erstgeborene Erika-Alice, die von allen »Erilein« gerufen wurde, hatte die Hacienda schon als Sechsjährige verlassen müssen, um an die siebenhundert Kilometer, also mehrere Tagesreisen entfernte deutsche Schule in der Hafenstadt Maracaibo zu gehen. Der drei Jahre jüngere Heinz, der mit seinen Großvätern Heinrich Rode und Heinrich Ernst Göring gleich zwei Namensgeber hatte, folgte ihr nach. Dass die beiden in Maracaibo Familienanschluss hatten – sie wohnten bei Walther Rodes Schwester –, war für Erika offenbar nur ein schwacher Trost.

Gudrun war schon sieben, als sie ihre älteren Geschwister endlich bewusst kennenlernte. Das war im Sommer 1936, als sie im Gefolge ihrer Eltern und dem eineinhalb Jahre jüngeren Bruder Jochen zum ersten Mal nach Berlin kam. Erilein und Heinz Rode gingen dort schon seit mindestens einem Jahr zur Schule und wohnten – während die eigenen Söhne als Napola-Zöglinge nur Wochenend- und Feriengäste waren – in der Obhut von Großmutti Ilse Göring und Dienstmädchen Klara, die schon seit Ilses Hochzeit zur Familie gehörte und alle Umzüge mitgemacht hatte.

Um seine Kinder zu besuchen, reiste man freilich nicht über den Atlantik. 1935 waren die Rodes zum Staatsakt für Hermann und Emmy geladen gewesen. Den Anlass für ihre neuerliche Tour ein Jahr später gab wieder eine Hochzeit. Die drittgeborene Burchard-Schwester Elfriede ehelichte Hermann Görings ungarischstämmigen Jugendfreund Karl Soulavy; noch so eine *family affair*. Gefeiert wurde, so erinnerte sich Gudrun, auf Einladung des Trauzeugen auf seinem Gut Carinhall in der Schorfheide, und ich gehe davon aus, dass nicht nur die kleine Gudrun »schwer beeindruckt« war, wie sie sich ausdrückte, von der schieren Größe des Anwesens, seinen weiten Fluren und den wertvollen Gobelins. Auch Erika und Walther werden gestaunt und sich privilegiert gefühlt haben. Als Görings Ehrengäste besuchten sie zudem die Olympischen Spiele.

Zwei Jahre später waren schließlich auch Gudrun und Jochen so weit, in Berlin zur Schule zu gehen. Das jedenfalls befanden ihre Eltern. Die Kinder sahen das anders. Eben noch stoben sie auf ihren Mauleseln von La Granja zur benachbarten Hacienda Costa Rica ihres Onkels Erwin und waren auch sonst den ganzen Tag mit der Natur beschäftigt, nun sollten sie stundenlang still sitzen, sich anpassen und bloß nicht schmutzig machen. Auch viele Jahrzehnte später verklärten sich Gudruns erste Eindrücke von Berlin nicht: »Wir haben es gehasst!«

Grund zur Freude gab es dennoch. Erika Rode hatte ihre Kinder schwanger nach Berlin begleitet. Am 14. November 1938 brachte sie ihr fünftes Kind zur Welt und nannte es Walter Hermann; ein Patenkind mehr für den »guten Onkel«. Als das Baby reisefähig war, kehrte sie mit ihm nach Venezuela zurück, nicht etwa, um dort zu bleiben, sondern um den Verkauf der Hacienda abzuwarten und den Haushalt möglichst zügig aufzulösen, vielmehr in die Heimat zu verlegen. Ihrem Pionierdasein im Regenwald gab sie keine Zukunft mehr. Bestimmt würden sich daheim Hof und Landwirtschaft finden lassen, von denen sie gut leben könnten. Das »Dritte Reich« sei im Aufschwung. Auch ihren Mann hatte sie nun auf ihrer Seite – außerdem ihre große Verwandtschaft, fürsorglich und einflussreich, allen voran ihre gut vernetzte Schwester Ilse Göring.

***

Für die Rodes war der 14. November 1938 ein glücklicher Tag. Für die Bernheimers hingegen war der Tag tiefschwarz, so schwarz und bedrohlich wie jeder der fünf Tage seit der Reichspogromnacht, als enthemmte Nazirowdys in braunen Hemden die Scheiben ihres Geschäftslokals am Münchner Lenbachplatz eingeschlagen hatten. In den darauffolgenden vierundzwanzig Stunden wurden – wie insgesamt etwa 30 000, nach Himmlers Anweisung »vor allem vermögende« Juden in ganz Deutschland – fünf Familienmitglieder verhaftet, Seniorchef Otto Bernheimer und vor ihm noch seine Söhne Ludwig und Kurt sowie seine Neffen Paul und Franz. Und während man im Konzentrationslager Dachau ihre Köpfe kahl schor, sie in gestreifte Häftlingsuniformen steckte und bis zur Erschöpfung strafstehen ließ, erpresste die Gestapo Schmuck und Geld von der Familie und beschlagnahmte ihre Sammlungen. Bis dahin hatte sie sich einigermaßen »in Sicherheit gewiegt«, auch weil, wie es Otto Bernheimers nach dem Krieg geborener Enkelsohn Konrad zusammenfasste, »eine ganze Reihe von Parteibonzen, einschließlich Hermann Göring, meist durch Mittelsmänner oder ihre Architekten, bei Bernheimer einkauften«.[21] Die Familie hatte ihr Geschäft, wenn auch eingeschränkt, noch weiterführen dürfen, als die meisten jüdischen Kunsthandlungen bereits »arisiert« worden waren. Umso brutaler kam das Aus. »War es der Irrglaube, man stünde sozusagen unter der Protektion von Göring«, fragte er und folgerte im selben Atemzug: »Es war ein kapitaler Fehler zu glauben, die Familie hätte irgendeine Art von Protektion.«[22]

Für Erika Rode war Bernheimer, wenn überhaupt, ein Name ohne Gesichter, der für eine weltweit führende Antiquitätenhandlung und Textilien, Teppiche, Möbel und Kunstgegenstände über ihren finanziellen Möglichkeiten, in anderen Worten ein Name, der für unermesslichen Reichtum stand. Vielleicht hatten ihre Schwester Ilse oder gar ihr Onkel Hermann bei Gelegenheit erwähnt, dass die prachtvollen Gobelins, die den Rodes bei ihrem Besuch in Carinhall aufgefallen waren, von genau *jenen* Bernheimers kamen. Meine Großmutti Ilse dürfte die Familie hingegen aus der Nähe gekannt haben, Ludwig Bernheimers Frau Susi immerhin so gut, dass man sich duzte, was damals mehr bedeutete als heute.[23]

Wie konkret Ilse über die akute Notlage der Bernheimers Bescheid wusste, wer, wenn nicht sie selbst, den aus ihrer Sicht zündenden Einfall hatte, ihnen La Granja zu verkaufen und damit – so Ilses Logik – nicht nur die Heimkehr ihrer Schwester Erika, sondern auch die sichere Emigration der Bernheimers zu ermöglichen, und wie detailliert sie diesen Plan mit Erika besprach, die da noch im Berliner Wochenbett gelegen haben muss, kann ich nur spekulieren. Der »gute Onkel Hermann« war jedenfalls persönlich eingebunden – er setzte den Venezuela-Deal gegen heftige Widerstände aus anderen Ressorts durch, die um den Zugriff auf das enteignete Firmen- und Privatvermögen der Bernheimers zankten und damit den familieninternen Deal des Rode-Göring-Clans gefährdeten. Die Abwicklung zog sich deshalb mehrere Monate hin und brauchte seine »besondere Bewilligung als Bevollmächtigter des Vierjahresplans«.[24] Lex Göring!

Wie eine versierte Maklerin sorgte Ilse dafür, dass Otto Bernheimer unmittelbar nach seiner Freilassung aus Dachau von dem Angebot erfuhr und sogleich in Berlin vorstellig wurde. Seit 1931 war er Honorarkonsul von Mexiko. In Telegrammen an das Auswärtige Amt und an die Lagerleitung von Dachau hatte deshalb – alarmiert von Bernheimers Konsulatssekretär – der mexikanische Präsident selbst angekündigt, eine Reihe von prominenten Deutschen in Mexiko festsetzen zu lassen, würde Otto Bernheimer nicht umgehend freigelassen. Die Drohung von höchster Stelle hatte Wirkung gezeigt: Nach fünf Tagen durfte er nach Hause. Über die Entlassung seiner Söhne aus dem KZ wurde viele weitere Wochen verhandelt.[25]

Noch war Bernheimers Stolz nicht gebrochen. »Im Reichswirtschaftsministerium wurde mir ein Vertrag unterbreitet, den ich aber nicht unterschrieb«, erzählte er später.[26] Der Kaufpreis für die Hacienda sollte zwei Millionen Reichsmark betragen. Zusätzliche 860 000 Reichsmark waren an die Deutsche Golddiskontbank zu zahlen. Den Betrag – man einigte sich schließlich auf 800 000 – hatte Hermann Göring für sich persönlich gefordert, um überhaupt in Verhandlung zu treten.[27] Bereitgestellt werden sollten diese astronomischen Summen aus den Erlösen der unter Zwang und deshalb weit unter Wert verkauften Immobilien und Grundstücke der Bernheimers. »Die Bedingungen waren unmöglich. So fuhr ich wieder nach München zurück«, sagte Bernheimer. Der Druck auf ihn wurde jedoch kurzerhand erhöht. Anlass für seine Schwiegertochter Susi, mehrfach den Kontakt zu meiner Großmutter Ilse zu suchen und sie zu bitten, sich bei Hermann Göring dafür einzusetzen, die überzogenen Konditionen noch einmal zu überdenken.[28]

Er müsse den Hacienda-Verkaufsvertrag in jeder Form unterschreiben, hieß es jedoch, »da sonst kein Bernheimer lebend Deutschland verlassen werde«.[29] Diese Nachricht Görings überbrachte ihm Adolf Freiherr von Harnier, ein Studienfreund seines Sohnes Ludwig und dessen Rechtsberater. Bernheimer beauftragte ihn daraufhin, mit den Behören zu verhandeln. Dabei stand der Fünfunddreißigjährige selbst im Visier der Nationalsozialisten. Harnier hatte den Beitritt zur Partei und zum NS-Juristenbund verweigert und war unter Protest aus der Deutschen Adelsgenossenschaft ausgetreten. Als freier Rechtsanwalt vertrat er nun vorwiegend verfolgte Priester und entrechtete Juden. Für die Bernheimers intervenierte er auch regelmäßig bei Großmutti Ilse. Die beiden kannten und schätzten sich.

Ob Ilse ahnte, dass der Anwalt eine verbotene Widerstandsgruppe anführte, die die bayerische Monarchie als rechtmäßige Staatsform wiederbeleben wollte? Ob ihr bewusst war, dass er sich damit in Lebensgefahr brachte? Fremd waren ihr seine politischen Überzeugungen sicher nicht. Nicht nur die Bernheimers hatten sich weit über das Ende der Monarchie hinaus als monarchistisch-konservativ geprägt verstanden, sondern auch meine Großmutter.*

Sie sei »nicht nationalsozialistisch eingestellt«, urteilte Harnier über die »gute Ilse«.** Was auch immer er genau gemeint haben mag, bestätigt er damit andere regimekritische Stimmen aus der Zeit – wie den Diplomaten Ulrich von Hassel –, die Ilse als abwägend und verständnisvoll, umgänglich und vor allem hilfsbereit wahrnahmen. Ich gebe zu, dass mich diese Einschätzungen

* Laut meiner Cousine verstanden sich sowohl Ilse Göring als auch Hermanns Schwester Olga Rigele-Göring als Monarchisten. Aus dieser Haltung erklärt sie auch die (zumindest anfängliche) Abneigung der beiden gegen Hitler.

** Adolf Freiherr von Harnier wurde Anfang August 1939 von der Gestapo verhaftet und verbrachte fünf Jahre in Untersuchungshaft. Im Juni 1944 wurde er vom Volksgerichtshof zu zehn Jahren Zuchthaus und Verlust der bürgerlichen Ehrenrechte verurteilt. Er starb am 12. Mai 1945 an Entkräftung, kurz vor der Befreiung des Zuchthauses Straubing durch die Amerikaner.

verwundert haben. Die verbissene Hardlinerin, die ich als Kind kennen- und abzulehnen gelernt habe, war sie damals trotz ihrer NSDAP-Mitgliedschaft offenbar noch nicht.

Dass sie in ihrer privilegierten Position die Bedingungen des Venezuela-Deals mitbestimmen konnte, nutzte sie trotzdem aus. Ein Vertragspunkt war den Schwestern Ilse und Erika besonders wichtig: Er verpflichtete die Bernheimers dazu, ihre Tante Gertrud, die jüngste der zwölf Burchard-Geschwister, von denen ihr Vater Otto das sechste war, samt Ehemann Martin nach Venezuela mitzunehmen, ihnen bei freier Unterbringung über zwei Jahre eine Art monatliche Rente zu bezahlen und schließlich für ihre Weiterreise nach New York aufzukommen.

Gertrud Burchard war Schauspielerin. Noch Anfang der 1930er-Jahre soll sie am Städtischen Theater Kiel aufgetreten sein. Nach der Machtübergabe an die Nazis gab man der dreifachen Mutter keine Rollen mehr. Sie galt als »jüdisch versippt«. Ihr Ehemann Martin Hirsch hatte es als Schauspieler und Regisseur ans Berliner Schillertheater geschafft. In den 1920er-Jahren hatte er sich zudem als Filmregisseur der UFA etabliert. Wann er sich den Künstlernamen Martin Hartwig zugelegt hatte und ob er sich damit von seinem Judentum lossagen wollte, ist nicht überliefert. Im »Dritten Reich« schützte ihn der Name ohnehin nicht. Schon 1933 hatte man ihn aus dem Staatstheater entlassen und 1935 aus der Reichstheaterkammer und der Reichsfilmkammer ausgeschlossen.[30] Jetzt waren Gertrud und Martin Mitte sechzig, und ihre Aussichten in Nazideutschland waren trostlos – auch als Familienmitglieder des weitverzweigten Göring-Clans.

Bei ihrem »guten Onkel« stießen Ilse und Erika mit ihrer so praktischen Idee, wie das Problem der »jüdischen Verwandtschaft des Reichsmarschalls« zu lösen sei, deshalb auf offene Ohren. »Pro reichem Juden voraus [werde ich] ungefähr vier arme Juden schicken«, hatte er in jener wegweisenden Besprechung vom 6. Dezember 1938 im Reichsluftfahrtministerium angekündigt, als wäre ihm bereits klar, dass er so auch seine unangenehme *family affair* regeln könne.[31] Onkel Martin und Tante Gertrud seien besonders lieb und nett gewesen, erzählte mir Gudrun, und zutiefst dankbar für die Rettungsaktion.

Am 14. März 1939 unterzeichnete Otto Bernheimer den Kaufvertrag über die Kaffeeplantage La Granja – zu den Bedingungen der Görings.[32] Einen Monat später durfte er mit seiner Frau Charlotte nach London ausreisen. Dort mussten sie abwarten, bis die nutznießenden Behörden sich endlich über die Zahlungsmodalitäten geeinigt hatten. So lange saßen auch die Rodes in Venezuela wie auf Nadeln. Die Monate kamen und gingen. Ein Krieg, das war nun auch den größten Optimisten klar, war nicht mehr abzuwenden.

***

In der Familie Göring herrschte stets Konsens, dass Hermann Krieg, gar einen Zweiten Weltkrieg, vermeiden wollte – und dass ihm an einer diplomatischen Lösung der »Polenfrage« lag, während Hitler längst berauscht davon war, seine Stärke mit Waffengewalt zu beweisen.

Am 31. März 1939, zwei Wochen nachdem die »Transaktion Rode« zur Zufriedenheit sowohl des Privatmannes als auch des Politikers Hermann Göring beurkundet worden war, hatten Frankreich und Großbritannien sich durch eine Garantieerklärung mit Polen verbündet. Fünf Monate später brachen, nach einem weiteren Bündnisvertrag, die deutsche Reichsregierung und Polen ihre diplomatischen Beziehungen ab. Der Einzige, der den Krieg jetzt noch verhindern könne, sei Göring, glaubte etwa der schwedische Geschäftsmann Birger Dahlerus, mit dem Göring freundschaftlich verbunden war, seit dieser Thomas von Kantzow, dem Sohn seiner ersten Frau Carin, beruflich geholfen hatte.[33] Durch Göring hatte Dahlerus Zugang zur internationalen Diplomatie und versuchte sich als Vermittler zwischen England und Deutschland. Um die verzweifelte Geschichte abzukürzen: Er scheiterte.

Am letzten Augusttag blies Hitler zum Angriff. In der Nacht zum 1. September fiel die Wehrmacht ohne Kriegserklärung in Polen ein. Göring rechtfertigte den Angriff mit einem angeblichen polnischen Überfall auf den deutschen Sender Gleiwitz, der jedoch mit einem Trick fingiert worden war. Und auch sonst steuerte der Feldmarschall in seiner pompösen Uniform nur »hohle Zusicherungen« bei, wirkte »berauscht von Ruhm und Ehrgeiz« und auf keinen Fall bereit, gegenüber Hitler »seinen Kopf zu riskieren«, konstatierte Dahlerus enttäuscht. »Er gab die beabsichtigte Rolle des Vermittlers auf, bevor er sie angenommen hatte und bevor die Frist ablief.«[34]

Im Rückblick klingt die »Warnung Großbritanniens an das deutsche Volk«, die britische Flieger in der Nacht vom 3. auf den 4. September 1939 als Propagandaflugblätter über Deutschland abgeworfen haben sollen, prophetisch. Auf 13 mal 21 Zentimetern hieß es darauf: »[...] **Niemals hat eine Regierung ihre Untertanen unter geringerem Vorwand in den Tod geschickt. Dieser Krieg ist gänzlich unnötig.** Von keiner Seite waren deutsches Land und deutsches Recht bedroht. Niemand verhinderte die Wiederbesetzung des Rheinlandes, den Vollzug des Anschlusses und die unblutig durchgeführte Einkörperung der Sudeten in das Reich. Weder wir, noch irgendein anderes Land, versuchte je dem Ausbau des Deutschen Reiches Schranken zu setzen – solange dieses nicht die Unabhängigkeit nicht-deutscher Völker verletzte. [...] Anstelle dessen hat eure Regierung euch **zu dem Massenmord, dem Elend und den Entbehrungen eines Krieges verurteilt,** den zu gewinnen sie nicht einmal hoffen können. Nicht uns, sondern euch haben sie betrogen. Durch Jahre hindurch hat euch eine eiserne Zensur Wahrheiten unterschlagen [...] Diese Zensur hält den **Geist** des deutschen Volkes in einem **Konzentrationslager** gefangen. [...] Diese Nazi-Zensur hat euch **verheimlicht,** daß ihr **nicht über die Mittel verfügt,** einen langen Krieg durchzuhalten. Trotz erdrückender Steuerlast seid ihr **am Rande des Bankrotts** [...]«[35]

***

Krieg!

Otto Bernheimer und sein Sohn Ludwig, der inzwischen als staatenloser Flüchtling in London angekommen war, hatten gerade noch rechtzeitig ihr Visum für Venezuela bekommen und ein Schiff in Richtung Südamerika besteigen können, bevor Großbritannien und Frankreich nach Ablauf des Ultimatums Deutschland den Krieg erklärten. Anders Bernheimers Ehefrau Charlotte und der jüngere Sohn Kurt, deren Visa auf sich warten ließen. Kurt wurde als *enemy alien* festgenommen und musste fast ein Jahr lang in einem Internierungslager bleiben, bevor auch er und seine Mutter nach Venezuela reisen konnten.[36]

Die Rodes waren derweil in der Gegenrichtung unterwegs. »Erika Rode konnte Anfang 1940 noch mit einem italienischen Dampfer nach Deutschland zurückkehren«, liest man dazu im Sippenbericht der Görings, »Walter Rode dagegen blieb noch zur Abwicklung der Geschäfte bis Anfang 1941 in La Granja und musste dann, da der Weg über den Atlantik nicht mehr möglich war, den über Japan und die transsibirische Bahn nehmen. Es gelang ihm gerade noch vor Ausbruch des Krieges mit Sowjetrussland Deutschland zu erreichen.«[37]

Dass auch die Familie Rode zu den Verlierern des »Dritten Reichs« gehören würde, zeigte sich 1945.

1979

It was a brilliant cure but we lost the patient.« Operation gelungen, Patient tot. Zwei Serien von Elektroschocks hatte Ernest Hemingway über sich ergehen lassen, anders als ich freiwillig und in Absprache mit seinen Ärzten. Vier Wochen nach der zweiten Schockbehandlung erschoss er sich. »Welchen Sinn soll es haben, meinen Kopf zu ruinieren und mein Gedächtnis auszuradieren?«[1]

Papa Heinz, Pinzette in der einen, Lupe in der anderen Hand, lehnte über dem Küchentisch, wie er immer über dem Tisch lehnte, wenn er Briefmarken sortierte. Auf mein mattes »Hallo« schaute er auf und zog die Stirn in Falten. So mustert man eine Fremde. Mami fand ich in ihrem Schneckenhaus. Auch bei ihr alles beim Alten. Sie war jämmerlich betrunken. In meinem Zimmer stand die Luft, als hätte sich seit meiner Abreise ein Dreivierteljahr vorher niemand gefunden, ein Fenster zu öffnen. Immer noch kampierten hier gestrandete Freunde meines Bruders, und von selbst kamen sie nicht auf die Idee, mir Platz zu machen.

Mein Bruder hatte mich im Auto unseres Vaters vom Flughafen abgeholt. Natürlich habe er gleich nach Costa Rica kommen wollen, hatte er sich erklärt, als dämmerte ihm, dass ich womöglich zu retten gewesen wäre. Aber Doktor von Seck habe abgeraten. Man werde garantiert nichts erreichen. Von Seck war der Hausarzt meines Vaters. Als ehemaligen Schiffsarzt hielt man ihn für welterfahren.

Falls mein Bruder im Gegenzug mit einer Erklärung von mir rechnete, muss ich ihn enttäuscht haben. Wie sollte ich ihm, oder meinen Eltern, falls sie es wissen wollten, begreiflich machen, was ich selbst nicht begreifen konnte? Losgezogen im Selbstbewusstsein, die Welt zu erobern, jedenfalls Mittelamerika. Weggesperrt in eine Polizeizelle in San José. Gefesselt an das Klinikbett einer Psychiatrie. Gezwungen zur Elektroschocktherapie. Stigmatisiert als unberechenbar. Nicht ohne Grund ist von Paradies und Hölle oft in einem Atemzug die Rede.

Zurückgekehrt waren beschädigte Reste meiner Persönlichkeit, die gerne laut aus sich herausgebrüllt hätten: Was hat man mir angetan? Was ist schiefgelaufen? Das lag doch nicht an mir, oder? Stattdessen zog ich mich zurück und sprach kaum.

Immer noch versuchen Psychiatrie und Psychotherapie, Depressionen mit Elektroschocks zu vertreiben. Mich stürzte die Zwangsbehandlung erstmals in meinem Leben *in* eine Depression, meine Erinnerungslücken verstörten mich so sehr, dass ich nicht mehr nach vorne schauen konnte. Mein Rücken schmerzte, ruckartige Stromwellen hatten meinen Körper so verbogen und verkrampft, dass dabei – bis heute einer meiner wunden Punkte – mein fünfter Brustwirbel angeknackst wurde. Ich stand nur noch auf, um mir etwas zu essen zu holen, jeden Tag auch eine große Tafel Schokolade. Essen, weiß ich mittlerweile, ist für mich das bessere Diazepam. Damals mied ich den Spiegel. Die mir da entgegenschaute, hatte mit der Bettina, die ich bisher gekannt hatte, nichts zu tun, zu allem Überfluss wurden ihre Wangen immer dicker, und bald ging ihre Hose nicht mehr zu. So vergingen viele, viele Wochen. Ich schämte mich. Dass es um mein Überleben ging, realisierte ich in dieser Phase nicht.

Bis heute kann ich nicht mit Gewissheit sagen, ob meine Eltern mich tatsächlich im Stich gelassen haben. In meiner Verzweiflung kam es mir vor, als würden sie meine stummen Hilfeschreie nicht hören oder, schlimmer, ignorieren, oder, noch schlimmer, verächtlich machen. War bei ihnen angekommen, dass die Ärzte in San José mich als psychotisch, gar schizophren eingestuft hatten? Schämten sie sich für mich, wie ich mich – waidwund und wütend – für mich selbst schämte? Oder steckten sie in ihrem eigenen Schlamassel fest? Ich fühlte mich jedenfalls falsch verdächtigt und links liegen gelassen. Immerhin ließen sie mich in Ruhe, sage ich mir inzwischen.

Vielleicht war es meine Rettung, dass ich mein altes Urteil über sie bestätigt fand. Kein Verlass auf sie! Und dass sie, stelle ich mir im Rückblick vor, an ihrem alten Urteil über mich festhielten. Bettinchen ist stark. Bettinchen ist autark. Eine wie Bettinchen lässt sich nicht unterkriegen. So hatten sie mich schließlich schon behandelt, als ich gerade einmal fünf Jahre alt war.

***

Erinnere dich, damit du endlich vergessen kannst. Bei jedem meiner Erinnerungsversuche bog ich in dieselbe Einbahnstraße und verlor mich in Endlosschleifen. Irgendwann verstand ich, dass ich die Ungereimtheiten und Widersprüchlichkeiten der vergangenen Monate nicht von meinem Bett aus klären konnte. Und dass jeder Tag länger in Lethargie Gift für mich war. Ich hörte auf, mich vor meinen alten Freunden zu verstecken. Den Halt, den ich verloren hatte, musste ich mir aber selbst zurückgeben. Dafür brauchte ich eine Routine. Schritt eins: ein Job. Bedingung: Hauptsache, klar strukturiert; geregelte Arbeitszeiten, bevorzugt manuelle Arbeit mit unmittelbar sichtbarem Resultat, nichts Verkopftes. Die Deutsche Bundespost stellte mich als Briefsortiererin in Nachtschicht ein. Das war nicht anspruchsvoll, aber nützlich, mit greifbaren Zielvorgaben und einer sportlichen Komponente: Je höher mein Arbeitstempo, desto mehr war meine Konzentration gefordert. Die Nacht zum Tag zu machen, mich sozusagen antizyklisch in den Alltag zurückzumelden, kam mir in dieser Phase gelegen. Später wechselte ich in eine Taxizentrale und vermittelte am Telefon, weiterhin nachts, zwischen Fahrern und Gästen. Ich hörte auf, Schokolade zu essen, und ich ging jeden Tag weite Strecken zu Fuß. Bewegung und Arbeit retteten mich. So einfach. So einfach?

Während ich zwischen Mexiko und Costa Rica unterwegs gewesen war, hatte sich mein Bruder einer neuen Clique angeschlossen. Deven, gelernter Maurer mit Meisterbrief und Abiturzeugnis aus der Abendschule, war an der Uni Frankfurt eingeschrieben. Eigentlich fühlte er sich zum Musiker berufen. Auf der Suche nach einem Proberaum für seine Band war er auf das Henkell-Haus gestoßen. Wie viele, einmal glanzvolle Wiesbadener Villen stand es seit Kriegsende leer und war sich selbst überlassen. Irgendwann würde es wohl abgerissen werden, hatte Deven in Erfahrung gebracht und sich als Hausmeister angeboten, nun wohnten er und einige Freunde dort, und niemanden kümmerte das.

1907 hatte der Fabrikant Otto Henkell die von seinem Großvater gegründete Wein- und Sektkellerei Henkell & Co. aus Mainz nach Wiesbaden verlegt. Im selben Jahr hatte er sich in der Beethovenstraße seine Privatvilla im englischen Landhausstil mit einer imposanten Eingangshalle und mindestens zwanzig Gesellschafts- und Wohnräumen, diversen Nebengebäuden und sogar einem Teehaus errichten lassen – das in zeitgenössischen Kunstzeitschriften gefeierte Henkell-Haus. Als er 1929 starb, lebte seine älteste Tochter Annelies mit ihrem Mann, dem Weinhändler Joachim von Ribbentrop, in Berlin-Dahlem. Im Mai 1932 traten beide der NSDAP bei.

Über Ribbentrops Aufstieg erst zu Hitlers außenpolitischem Berater, dann zu seinem Außenminister und über die bissige Konkurrenz zwischen ihm und Hermann Göring bei der Ämterverteilung und auf der diplomatischen Bühne Nazideutschlands ist viel geschrieben worden. »Nur, weil sich unter den Weinhändlern, mit denen Ribbentrop verkehrte, ein paar englische Grafen befanden, glaubte Hitler, er hätte einen Mann mit ›Verbindungen‹«, giftete Göring während der Nürnberger Prozesse. »Aber trotz seiner Dummheit war Ribbentrop eitel wie ein Pfau […].«[2] Noch härter urteilte Gerichtspsychologe Gustave M. Gilbert über Ribbentrops »hohles Rückgrat seines schwachen Charakters«: »Übrig blieb ein […] verwirrter und moralisch heruntergekommener Opportunist […] der nichts auf der Welt sein eigen nennen konnte, nicht einmal seine eigene Meinung.«[3] Seine Frau Annelies ließ sich bis zu ihrem Tod in den frühen 1970er-Jahren in rechtsextremen Kreisen feiern.

Seit Kriegsbeginn war das Wohnhaus von Ribbentrops Schwiegervater gewissermaßen in Hermann Görings Hand. Ein Stab seiner Luftwaffe nutzte das Hauptgebäude. Das wusste ich noch nicht, als wir, wahrscheinlich irgendwann im Winter 1977/78, Armaturen abschraubten, Spiegel und Kacheln von den Wänden lösten, Steinplatten und das Eichenparkett ausbauten und alles ins achtzig Kilometer entfernte Wald-Amorbach karrten, ohne dass es jemanden kümmerte. Das kam so:

Der kleinste und älteste, von Wald umgebene Breuberger Stadtteil Wald-Amorbach im Odenwald war einmal ein Bauerndorf. Inzwischen bewirtschaftete ein einziger Bauer seinen Hof, alle anderen pendelten zur Arbeit in eine der umliegenden Städte. Viele der Häuser hatten nach den Hauptsache-praktisch-Bausünden der 1950er- und 1960er-Jahre fahle Fassaden und Dächer aus Faserzement, glatt oder gewellt, und Fenster und Tore aus Kunststoff. Nur geschulte Augen ahnten, dass darunter bildschönes, jahrhundertealtes Fachwerk ruhte. Zur Restaurierung eines Hofes konnte, wer sinnvolle Pläne vorlegte, Fördermittel unter anderem bei der Denkmalbehörde beantragen. Wald-Amorbach sollte ein Vorzeigedorf werden.

Für Deven und etwa zehn Freunde war das die Gelegenheit, die Landkommune zu gründen, von der sie schon eine Weile träumten. Experiment Selbstversorgung. Ökologisch und nachhaltig. Auf der Suche nach dem guten Leben. Für 100 000 Mark oder umgerechnet knapp 50 000 Euro fanden sie eine desolate, mehr als zweihundert Jahre alte Hofreite aus Bauernhaus, Scheune und Ställen, in einem U um den Hof gruppiert, mit einem brachliegenden Wirtschaftsgarten. Heute ist der Dreiseithof ein Schmuckstück. Er erinnerte mich an Großmutti Ilses Hof in Berghausen, aber statt Endzeit- spürte ich dort erst einmal Aufbruchstimmung. 100 000 Mark waren sehr viel Geld für uns. Wer konnte, kaufte sich mit ein paar Tausend Mark ein – in Raten. Auch mein Bruder und ich beteiligten uns.

Wochentags arbeitete ich weiterhin in Wiesbaden, am Wochenende kümmerte ich mich um eine Mitfahrgelegenheit ins Dorf. Eine gute Stunde dauerte die Fahrt. Von den Autos anderer abhängig zu sein war ein Wermutstropfen. Vor meiner Reise nach Mexiko hatte ich es verpasst, den Führerschein zu machen. In meiner jetzigen Verfassung konnte ich mich nicht dazu überwinden. Gegen meine depressiven Schübe wollte ich lieber zupacken. Bald entschied ich deshalb, in Wald-Amorbach einzuziehen.

Wie später in meinem Leben noch öfter stürzte ich mich in die

Versuch eines Neuanfangs:
1978 als Handwerkerin in Wald-Amorbach.

Arbeit wie andere ins Vergnügen. Sie ging tatsächlich an die Substanz, nicht nur mir. Wir rissen die moderne Außenverkleidung ab, bauten die hässlichen Fenster aus, reparierten das Dach und vertieften uns in die Kunst der Fachwerkrenovierung. Wir klopften die Ausfachungen heraus, bearbeiteten die maroden Balken mit dem Schwingschleifer, und, bevor wir sie verputzten, füllten wir die Gefache wieder mit Mischungen aus Stroh, Mörtel und Kies. Dann machten wir uns an den Innenausbau. Die Kacheln aus dem Henkell-Haus verlegte ich selbst, bis mir der Kleber die Haut von den Fingern ätzte. Die herrschaftlichen Parkettlatten liegen bis heute in den früheren Ställen. Sonntags kam mein Bruder und half mit. Wochentags fuhr er Taxi.

Die Küche mit ihren schweren Holzdielen war mindestens so dunkel wie die in Berghausen, und manchmal bildete ich mir ein, das Hühnerblut zu riechen, das auf Großmutti Ilses Küchenboden geklebt hatte. So penetrant kann Erinnerung sein. Wir heizten und kochten an einem gusseisernen Herd, der sehr effektiv war, aber die einzige Wärmequelle in dem großen Haus. Als wäre die Schufterei nicht hart genug, brachte der Winter Eiseskälte, sodass wir nur die an die Küche grenzenden Zimmer nutzen konnten und zu zweit in einem Bett schliefen, um nicht zu unterkühlen. Wenn ich allein sein wollte, ging ich am frühen Morgen in den Garten. Über Jahre hatte er als Deponie für Bauschutt gedient. Ich sammelte Steine und Schrott, bis meine Hände von der Kälte brannten.

Weil wir alles, was wir hatten, in die Sanierung steckten, ernährten wir uns hauptsächlich von Kartoffeln und Kraut. Ich esse gern Kartoffeln. Ich mag auch Kraut. Aber irgendwann verging mir beim Gedanken an die nächste Mahlzeit der Appetit. Im Frühling winkte Besserung. Wir bauten Tomaten, Gurken, Karotten, verschiedene Bohnen, Kürbis – und Gras an. Anfangs gediehen die Hanfpflanzen am besten. Aber Gras macht hungrig, nicht satt. Im Spätsommer ernteten wir das Obst der umliegenden Bauernhöfe. »Nehmt euch, was ihr wollt«, hatte es geheißen, »es verkommt sonst nur.« Inzwischen mochten uns die Anwohner. Wir kochten palettenweise Marmelade und Kompott ein. Jemand schenkte uns eine alte mechanische Obstpresse mit einem Presskorb aus Holz und einer metallenen Kurbelstange, wir stellten Apfelsaft her und versuchten uns im Mosten. Der Bauer hatte Milch für uns, und ich lernte Brot zu backen. Ich versorgte damit unsere Kommune und, in der spontanen Absicht, mir eine Einkommensquelle zu schaffen, einmal auch die Besucher eines Musikfestivals. Dafür schnitt ich die Laibe in Scheiben und bestrich sie mit Quark oder Marmelade. Aus der Dorfbäckerei holte ich den Sauerteig-Starter. »Wenn ich nur einen Lehrling wie dich hätte«, versuchte mich der Bäckermeister anzuwerben, »die hiesigen sind so lustlos, dass selbst mir die Freud an der Arbeit vergeht.«

Solange der Hof so unfertig war, dass jeder von uns rund um die Uhr zu ackern hatte, lief alles gut. Kaum gab es Mußestunden, eckte ich an. In alternativen Kommunen treffen ausgeprägte Charaktere aufeinander. In unserer waren sie nicht unbedingt ausgeprägt stark, aber ausgeprägt selbstfixiert. Suchende, jeder mit seinem Rucksack voll unverarbeiteter Vergangenheit, aufgeladen von kriegsgebeutelten Eltern. Ich selbst war akut traumatisiert und deshalb dünnhäutiger als früher. Der Wettstreit der Egos frustrierte mich. Das viel beschworene Konsensprinzip in Kommunen? Zähe Kontroversen. Als auch noch zwei oder mehr Mitbewohnerinnen meines Alters fast zeitgleich schwanger wurden, mischte ich mich ein. Gitta, die schon zwei Kinder hatte, verstand mich nicht. »Was ist mit dir los, dass du so vehement gegen Kinder bist?«, fragte sie mich. Der Vater ihrer Kinder schaute nur gelegentlich in Wald-Amorbach vorbei. Ich habe doch nichts gegen Kinder, gab ich zurück, aber Kinderhaben ist kein Experiment, in das man sich versuchsweise stürzt. Kinder, fand ich, haben das Recht auf eine Mutter und einen Vater. Und bevor man für Kinder sorgt, muss man für sich selbst sorgen können. Deshalb will ich, wusste ich, auf keinen Fall Kinder.

***

Nach außen hin war es wieder einmal einfach. Tschüss sagen. Strich drunter. Ich bin doch unabhängig. Ohne Heizung werde ich keinen weiteren Winter in Wald-Amorbach aushalten, sagte ich mir. Ständig jemanden bitten zu müssen, wenn ich in die Stadt fahren will – auch das wollte ich mir nicht länger antun. Wieder ließ ich hinter mir, was ich mein Zuhause genannt hatte.

Ich war die Erste, die sich aus der Kommune verabschiedete. Einige zog es ein paar Monate später nach Indien, auch Deven und meinen Bruder. Ich hingegen blieb vorerst in Wiesbaden. Freundinnen aus der Schulzeit nahmen mich in ihrer Wohngemeinschaft auf. Kurz vor Jahreswechsel stürzte die Temperatur innerhalb eines Tages um fast 30 Grad Celsius, Stürme und Schneemassen legten wochenlang das öffentliche Leben lahm, sogar der Rhein fror zu – ein Jahrhundertereignis. Keine Chance, mit den Wald-Amorbachern in das Jahr 1979 hineinzufeiern. Die Party in der Hofreite wurde abgesagt.

Wir wollten auch die Kälte hinter uns lassen, als meine Cousine Dimut und ich im März nach Kreta fuhren. Nach mehreren Ferientrips als Schülerin hielt ich Griechenland für meine wahre, meine Herzensheimat. Doch wohin man geht, nimmt man sich mit.

Noch in Wiesbaden hatte ich begonnen, wieder aus der Rolle zu fallen. Ich schlief kaum noch, hatte keinen Appetit und vergaß zu essen, ich rauchte viel, redete noch mehr und reizte die anderen mit meiner übertrieben guten Laune, die aus heiterem Himmel in distanzlose Attacken umschlug. Du bist wohl verrückt, hörte ich von meinen Freundinnen. Eine saloppe Redensart war plötzlich ernst gemeint. Weil sie mich von früher kannten, tat ich ihnen auch leid, und sie besorgten mir Beruhigungsmittel.

Auf Kreta wollten wir einen Gang zurückschalten. Tagelange Wanderungen entlang der Küste sollten mein Ventil sein. Abends schlugen wir unser Lager an einem Strand auf. Doch statt mich in meinen Schlafsack zurückzuziehen, suchte ich die Bühne. Das weiß ich von nachträglichen Erzählungen meiner Cousine. Irgendjemand fand sich immer, den ich über Stunden zuschwallte, manchmal in einem Kauderwelsch, das ich für Griechisch hielt.

An der Südküste stürmte es, das Meer war aufgewühlt. Obwohl es noch kalt vom Winter war, lockte es mich an. Zu Dimuts Entsetzen sprang ich ins Wasser. Außerhalb der Brandung katapultierte ich mich auf eine heranrollende Welle und ließ mich treiben wie ein Bodysurfer, wieder und wieder. Dimut schrie sich die Seele aus dem Leib, um mich zur Rückkehr zu bewegen. Als ich endlich an Land kommen wollte, ergriff mich eine Welle und warf mich an den Strand, doch das rücklaufende Wasser sog mich auf und zog mich mit sich in die Tiefe, wieder und wieder. Nach Atem ringend entkam ich schließlich doch. Kleinlaut war ich nach dem Ereignis allerdings nur vorübergehend. Aber der Respekt vor dem Ozean ist mir bis heute geblieben.

Dimut entschied, ein Gästezimmer in einem Bergdorf abseits der Touristenroute zu mieten. In Griechenland war *i megali evdomada,* die »große Woche« – die falschen Tage für eine Auszeit in Stille. Die Dorfbewohner bereiteten sich mit vielerlei Bräuchen auf das orthodoxe Osterfest vor. Den ganzen Freitag läuteten die Kirchenglocken, traurig und monoton, in der Nacht auf Sonntag zog die Auferstehungsprozession aus flackernden Kerzenlichtern durch die Straße. Weil ich weiterhin buchstäblich nicht zu bremsen war, suchte Dimut nach einem Arzt. Er sollte mir Beruhigungsmittel geben. Stattdessen wies er mich in die nächstgelegene Nervenklinik ein.

Psychisch Kranke waren in Griechenland damals noch derben, tief in der Gesellschaft verhafteten Vorurteilen ausgesetzt. Sie galten als von der Natur »falsch geschaffen«, gefährlich und vor allem unheilbar. Die Irrenanstalt, die diesen brachialen Namen verdiente, wirkte wie ein vernachlässigtes Überbleibsel aus dem Mittelalter. Auf den Gängen liefen verstörte Patienten herum, um die sich niemand zu kümmern schien. Mich kettete man mit Schlössern an ein Bett. In Panik vor den nächsten Elektroschocks hielt ich still. Doch zum einen dürfte es in der Klinik keine Elektroschockgeräte gegeben haben, und zum anderen hatte ich meine Cousine Dimut an meiner Seite. Sie ist vier Jahre jünger als ich, und eigentlich hätte ich sie beschützen müssen. Sie rief meine Mutter zu Hilfe, die diesmal reagierte, wie man es sich von seiner Mutter wünscht, und geradewegs das Deutsche Rote Kreuz einschaltete.

Kreta und das Deutsche Rote Kreuz: Im Mai 1941 hatte die Wehrmacht die Insel überfallen. Tausende deutsche Fallschirmjäger waren dabei ums Leben gekommen, viele von ihnen noch keine zwanzig Jahre alt, die jüngsten erst siebzehn. Die Eroberung war trotzdem gelungen. In brutalen Vergeltungsaktionen hatten die deutschen Besatzer in der Folge die kretische Bevölkerung terrorisiert, zahlreiche Dörfer zerstört und Tausende ihrer Bewohner ermordet.

Meine Großmutti Ilse war damals im Auftrag des Deutschen Roten Kreuzes auf die besetzte Insel gereist, inspizierte die Fortschritte bei der Errichtung von Soldatenheimen »unter Überwindung unendlicher Hindernisse und Schwierigkeiten« und beklagte die »Gegensätze zwischen dem primitiven Eseltempo der Inselbewohner und dem aufs höchste gesteigerten Flugzeugtempo der Besatzung«. – »Abgeschiedenheit und Einsamkeit der Insel, Strapazen und Nervenanspannungen des Einsatzes«, schrieb sie, ließen sich

»besser ertragen, wenn deutsche Frauen dem so ganz auf sich angewiesenen Kameradenkreis ein Heim bereiten.«[4]

Von der Kreta-Verbindung meiner Großmutter, die trotz ihres Flugzeugtempo-Herrenrasse-Denkens davon ausging, dass, wer die Insel einmal kennengelernt hat, »sich oft zurücksehnen wird nach dem klaren Mittelmeer, nach den blauen Bergen und der strahlenden Sonne, die die köstlichen Trauben reifen lässt«, hatte ich damals keine Ahnung.[5] Hätte ich Griechenland gemieden, wenn ich davon gewusst hätte, so wie mich das koloniale Denken meiner Vorfahren bis heute von Namibia oder Tansania ferngehalten hat? Ans Bett gekettet suchte ich nicht nach Erklärungen. Ich wartete auf meine Errettung. Am dritten Tag erschien eine Ärztin des Deutschen Roten Kreuzes, erwirkte meine Entlassung aus der Klink und brachte uns zurück nach Wiesbaden.

***

Papa Heinz, Pinzette in der einen, Lupe in der anderen Hand, lehnte über dem Küchentisch, wie er immer über dem Tisch lehnte, wenn er Briefmarken sortierte. Ausgeschlossen ist das nicht, es war schließlich eine seiner Lieblingsbeschäftigungen. Aber ehrlich gesagt habe ich keine Erinnerung daran, wo er war, als ich, zwei Jahre nach San José, wieder als Patientin in der Viktoriastraße ankam, als hätte jemand eine Replay-Taste gedrückt. Jedenfalls war er auch diesmal nicht bereit, mich zu umarmen.

Ich hingegen war nun bereit, mich meinem Problem zu stellen. In einer Gemeinschaftspraxis für Alternativmedizin mit Ärzten, Psycho- und Physiotherapeuten fühlte ich mich aufgehoben. Zweimal pro Woche nahm ich an einer Gruppentherapie teil, zusätzlich ließ ich meinen Rücken behandeln, und während sich mein Zustand langsam besserte, schob sich eine Gewissheit in den Vordergrund, die, so erstaunlich das klingen mag, der orientierungslosen Patientin in mir Halt gab: In Deutschland würde ich nicht bleiben.

Mein Bruder war inzwischen in Pune gelandet, das damals noch Poona hieß, und lebte und arbeitete im Ashram von Bhagwan Shree

Rajneesh. Seine Briefe, aus denen seine Sorgen um mich sprachen und seine Begeisterung über sein neues Leben als rot oder orange gekleideter Sannyasin mit der Mala um den Hals, jener Meditationskette mit Bhagwans Porträt und den 108 Perlen, die die 108 bekannten Meditationstechniken reflektieren sollen, unterschrieb er mit »Kali«. Den Namen hatte Bhagwan ihm gegeben. Im Gegenzug hatte mein Bruder gelobt, »der lebensfeindlichen Industriewelt *zu entsagen*«, dafür steht das Wort Sannyasin, und für die spirituelle Erneuerung der Menschheit zu leben. Bhagwans originelle, launige Vortragskunst und sein dialektischer Humor faszinierten ihn.

Ich hatte einiges gelesen über den indischen Guru und seine umstrittenen Encounter-Groups. Nachdem die Schauspielerin Eva Renzi ihn verklagt hatte, empörten sich viele deutsche Medien. Von brutalen Misshandlungen mit schwerer Körperverletzung, Sexorgien mit Gruppenvergewaltigungen, erniedrigendem Seelenstriptease und finanzieller Ausbeutung war die Rede. Nach Poona zog es mich nicht. Nach wie vor hielt ich Griechenland für meine Wahlheimat. Ich wollte verstehen, was auf Kreta mit mir geschehen war.

Der Sommer verflog mit Therapiesitzungen, nebenbei jobbte ich und mistete meine Schränke aus. Meine Bücher hatte ich verschenkt, bevor ich nach Wald-Amorbach gezogen war. Das wenige, was mir am Herzen lag, ein paar Bilder, ein paar Briefe, ein paar Kleidungsstücke, packte ich in eine Kiste und schob sie unter das Bett meiner Mutter. Ich hatte mein Flugticket nach Athen schon gekauft, als sie, wieder einmal, im Krankenhaus landete. Beim Versuch, Vorhänge abzunehmen, war sie von der Leiter gestürzt und hatte sich die Schulter derart kompliziert gebrochen, dass sie genagelt werden musste. Natürlich war sie bei dem Unfall sturzbetrunken gewesen. Natürlich packte mich ein Schuldgefühl, wie in meiner Kindheit, als hätte es die anstrengenden Jahre meiner Abnabelung nicht gegeben. Hätte ich das Unglück verhindern, wie hätte ich ihr helfen können? Warum habe nicht ich die Vorhänge abgenommen?

Wahrscheinlich gehörte es zu meiner Selbstrettungstherapie, mich an ihr Krankenbett zu setzen und, so könnte man es ausdrücken, mit ihr Schluss zu machen, und wahrscheinlich überraschte ich mich damit noch mehr als sie. Am Ende könnte es aber auch ihr Leben gerettet haben. Ich stehe dir und deiner Sucht nicht mehr zur Verfügung, warf ich ihr vor die Füße. Hör endlich auf zu saufen, sonst wirst du mit dem Alkohol untergehen, und zwar allein. Ich kann dir nicht helfen!

***

Auf Kreta begann gerade die Erntezeit. In Plakias lernte ich einige Frauen kennen. Wind und Sonne hatten ihre Gesichter früh altern lassen, als Hüterinnen des ehrenden Gedenkens an die Verstorbenen trugen sie das ganze Jahr über Schwarz. Sie redeten viel und lachten gern. Gegen Kost und Logis half ich ihnen, Oliven und Johannisbrot einzuholen, die monotone Fingerarbeit erdete mich. Abends fiel ich geschafft, aber zufrieden ins Bett. Das Wetter wurde immer ungemütlicher, die letzten Touristen reisten ab, und mein euphorisch klingender Bruder schickte wieder einen Brief. »Du kannst jeden Tag entscheiden, ob du glücklich oder unglücklich sein willst«, zitierte er den Guru. So einfach kann das nicht sein, winkte ich ab. Und doch ließ mich der Gedanke nicht mehr los. Warum nicht! Hörte ich da nicht wieder die alte Bettina? Kurz vor Jahresende nahm ich ein Flugzeug nach Bombay.

Teil III

»Ich hatte ihnen nichts gegeben, nein, die Wahrheit lautet, dass ich mir etwas geholt hatte. Ein Stück Existenz. Das ist der geheime Pakt von uns Nachkommen, seien es Enkel der Täter oder Enkel der Opfer, wir alle holen uns etwas, wir graben danach, als wäre es Seltene Erde, und verleiben es uns ein.«[1]

– *Sacha Batthyany*

»Die Geschichte, genauer,
die von uns angerührte Geschichte
ist ein verstopftes Klo.
Wir spülen und spülen,
die Scheiße kommt dennoch hoch.«[2]

– *Günter Grass*

1941

Verankert im Berliner Gesellschaftsleben, als Gast und als Gastgeberin. Der nächste Karrieresprung vorgezeichnet. Viel auf Reisen und trotzdem, wie ihr »guter Onkel Hermann«, immer zur Stelle, wenn jemand aus dem Göring-Clan Hilfe und ihre Verbindungen brauchte. Nach heutigem Verständnis war Großmutti Ilse eine Powerfrau, und zur Jahresmitte 1941 war ihre Welt noch im Lot, obwohl das Land ins dritte Kriegsjahr ging und ihre drei Söhne zwar noch keine fertigen Männer, aber schon einberufen waren.

Zusammen mit ihrer Schwester Erika Rode hatte sie einen 250 Jahre alten Gutshof gefunden, etwa fünfzig Kilometer östlich von Berlin in der Märkischen Schweiz. Das Vorwerk Stobberow, benannt nach dem slawischen Namen des Flusses Stobber, war ursprünglich 1719 gebaut worden. Seit 1801 hieß das Anwesen – nach der Ehefrau des damaligen Eigentümers – Julianenhof, inzwischen gehörten ein Herrenhaus und verschiedene Wirtschafts- und Stallgebäude in landschaftstypischem Feldsteinmauerwerk dazu, inklusive eines Eiskellers, einer Brennerei und Farmland, so weit das Auge reichte. Heute ist Julianenhof ein stilles Sechzig-Einwohner-Dorf, das mit seiner intakten Natur und besten Voraussetzungen für atemberaubende Sternenhimmel-Erlebnisse lockt – und mit seinem international angesehenen Fledermausmuseum im ehemaligen großen Stallgebäude.

Als Fürsprecherin mit dem klingenden Namen Göring hatte Großmutti Ilse sich im (von mir so genannten) Venezuela-Deal zwischen den Rodes und der vom Naziregime verfolgten Familie Bernheimer unentbehrlich gemacht und die Weichen für die Rückkehr der Rodes nach Deutschland gestellt. Ohne Zutun von Hermann Göring wäre ihr das allerdings nicht gelungen. Im Herbst 1940 hatte sie – bevollmächtigt von ihrem Schwager Walther, der sich zu dieser Zeit noch in Venezuela aufhielt – auch noch die Kaufverhandlungen für den Julianenhof übernommen. Am 6. November 1940 hatte sie den Vertrag mit Max Reincke unterschrieben, einem Landwirt und achtfachen Vater. Er war aus dem westpreußischen Kulm zugezogen, das nach dem Ersten Weltkrieg an Polen gefallen war, und hatte den Julianenhof seit 1931 bewirtschaftet.[1]

Unter den Nachkommen von Max Reincke erzählt man sich, dass nur ein Teil, vermutlich nur ein Bruchteil der im Kaufvertrag vereinbarten Summe den Verkäufer erreichte.[2]

Unter den Nachkommen der Familie Rode erzählt man sich, dass nur ein Bruchteil des im Kaufvertrag mit Otto Bernheimer beurkundeten Kaufpreises für die Kaffeeplantage La Granja bei Walther Rode ankam und die Familie ihr neues Leben in Deutschland mit knappen Ressourcen begann.

Für beides habe ich keine schriftlichen Beweise. Beides scheint mir jedoch plausibel. Das Selbstbereicherungsprinzip des Hermann Göring machte offenbar auch vor der eigenen Verwandtschaft nicht halt und scheint einen großen Teil der von Bernheimer erpressten zwei Millionen Reichsmark (allein für die Hacienda) verschluckt zu haben.

Im Sommer 1941 durchschauten die Rodes dieses Prinzip jedoch nicht – wie auch? – und blickten hoffnungsfroh in die Zukunft. Solange das Herrenhaus des Julianenhofs renoviert und neu eingerichtet worden war – finanziert vom großen Gönner des Clans? –, hatten Erika und die Kinder noch bei Großmutti Ilse in der Berliner Innenstadt gewohnt. Banges Warten auf Nachricht von Walther Rode. Auf der Atlantikroute war kein Durchkommen mehr. Der Überfall auf die Sowjetunion lag in der Luft. Walther zuckelte, über Japan kommend, wochenlang mit der Eisenbahn quer durch Russland und die Ukraine. Nun war auch er in Deutschland eingetroffen, die Familie lebte endlich wieder unter einem Dach, Walther begann sich, wie seine Tochter Gudrun es ausdrückte, auf dem Gutshof kreativ zu verwirklichen, und der Krieg im Osten war vorläufig weit weg. Noch glaubte man an einen weiteren Blitzkrieg und rechtfertigte den Überfall unter Bruch des deutsch-sowjetischen Nichtangriffspakts als unvermeidbaren Kampf gegen das »jüdisch-bolschewistische System« – erst recht innerhalb des

Göring-Clans, der Hitlers Legende vom Präventivkrieg und seine wütenden Fantastereien vom »Lebensraum für das deutsche Volk im Osten« großteils willig mittrug.

In den folgenden drei Jahren – und umso mehr, als die Schlacht um Stalingrad verloren war und der Luftkrieg schließlich mit Wucht in Deutschland ankam – war der Julianenhof nicht nur ein sicherer Hafen für die Rodes, sondern auch Anlaufstelle für viele weitere Verwandte. Auch Emmy und Edda Göring sollen gelegentlich dort übernachtet haben.*

Großmutti Ilse kam trotz der engen Verbundenheit mit ihrer Schwester nur selten vorbei. Ihr fehlte schlicht die Zeit dazu. Mehr denn je widmete sie sich Wohltätigkeits- und Hilfsprojekten – und damit der Kriegspropaganda. Jene nachdenklich kritische Distanz zum Regime, die vor dem Krieg verschiedene Freunde und Bekannte an ihr geschätzt haben sollen, hatte sie offenbar verdrängt und überwunden. Als Leiterin der Berliner Ortsgruppe im Richard-Wagner-Verband Deutscher Frauen, der »mit einem zuversichtlichen und zukunftsfrohen Sieg-Heil« im »Dienst des Führers« auch und erst recht in Kriegszeiten Kunstpflege – und Kriegsablenkung – betrieb, ließ sie sich seit der zweiten Jahreshälfte 1940 von ihrer Freundin Klara Ungewitter vertreten.[3] Ilses Energie floss jetzt in das Deutsche Rote Kreuz (DRK). Als Hermann Görings Protegée machte sie dort eine Blitzkarriere. Mit sichtbarem Stolz trug sie die »Führerinnentracht«, die sich, wie man sich beim DRK selbst lobte, »durch Kleidsamkeit und praktischen Sitz auszeichnet und auch vom Führer und Reichskanzler bei der Vorführung besonders anerkannt wurde«.[4] Und sie trug große Verantwortung, unter anderem für die Verpflegung der Soldaten. Zuständig fühlte sie sich dabei nicht nur »für die warme Suppe und den guten Kaffee, die durchreisenden Soldaten nicht fehlen sollten«, sondern, wie

* Nachbarn wollen auch einen Besuch von Hermann Göring wahrgenommen haben. Ob er dort jemals Kunstobjekte deponieren ließ, wie gemutmaßt wird, ist nach heutiger Quellenlage nicht zu klären; vgl. Juliane Grützmacher: »Julianenhof 1933–1955 als Ort von Geld- und Kunsttransfer«, a. a. O.

sie für eine DRK-Propagandaschrift zu Papier brachte, für deren »Gefühl, sich von einem Stück Deutschland im Feindesland umgeben zu finden«.[5] Ohne Frage unterstützte sie damit den Angriffskrieg des Naziregimes.

»1939, nach der Umorganisation, wurde zur Leiterin des weiblichen Bereitschaftsdienstes im Präsidium Frau Ilse Göring, die Frau eines verstorbenen Bruders von Hermann Göring, ernannt.«[6] Wilma Ruediger, die sich über mehr als zwanzig Jahre von der Helferin zur DRK-Generalführerin hochgearbeitet hatte, fand das bemerkenswert. Offiziell hieß es, »das Aufrücken in Führerstellen setze eine gewisse Dienstzeit, gute Leistungen und bestandene Prüfungen voraus«.[7] Großmutti Ilse sei aber »sehr bemüht« gewesen, »in die Materie hineinzuwachsen«. Zudem »hatte sie tüchtige, zum Teil hauptamtliche Mitarbeiterinnen«.[8]

Hilfreich für den rasanten Aufstieg im »in der Zukunft wichtigsten DRK-Dienst«[9], wie man den Bereitschaftsdienst im Wehrmachtsgefolge DRK-intern nannte, war laut Wilma Ruediger aber nicht allein Ilses Nachname Göring. »Im Präsidium und in den Ländern« wurden inzwischen »Vertreterinnen der NS-Frauenschaft eingesetzt, die uns gewissermaßen überwachen sollten«.[10] Großmutti Ilse gehörte der NS-Frauenschaft schon seit dem 1. September 1933 an.* Auch deshalb hatte man sie also in kürzester Zeit von der DRK-Oberstführerin zur DRK-Generalführerin befördert. Ab 1942 reiste sie schließlich in der Top-Position der DRK-Generalhauptführerin durch Europa, nach Schweden und Norwegen und bis in den Balkan.[11] »Eine überragende, von allen Mitgliedern gekannte und verehrte Frauenpersönlichkeit entwickelte sich aber nicht mehr im Präsidium«, stellte Wilma Ruediger mit einem Seitenhieb fest. »Der Boden, auf dem sie hätte zur Entfaltung kommen können, war wohl nicht gegeben.«[12]

In vorauseilendem Gehorsam hatte das DRK seinen Neutrali-

* Aufnahme-Erklärung Nr. 207908 für die Ortsgruppe Moltke im Gau Berlin, vom 1.9.1933; in: Bundesarchiv Berlin, Akte Ilse Göring. Darüber hinaus war Ilse Göring Mitglied im Frauenbund der Deutschen Kolonialgesellschaft (DKG), der NS-Volkswohlfahrt (NSV) und im von Hermann Göring am 29.4.1933 gegründeten Reichsluftschutzbund (RLB).

Ilse Göring im Einsatz als DRK-Generalführerin, Oktober 1940.

tätsgrundsatz über Bord geworfen und keine Zeit vergehen lassen, um sich selbst gleichzuschalten. »Im Namen von anderthalb Millionen Männern und Frauen im Deutschen Roten Kreuz erkläre ich die unbedingte Bereitschaft, uns Ihrer Führung zu unterstellen und Ihnen zu folgen«, heißt es in der Ergebenheitsadresse vom Mai 1933 an Adolf Hitler.* Im Juni desselben Jahres kam die Anweisung, das DRK »judenrein« zu machen und alle jüdischen Mitglieder zum Austritt zu zwingen. Wer künftig als DRK-Mitarbeiter vereidigt wurde, schwor selbstverständlich dem »Führer des Deutschen Reichs und Volkes« die Treue. Der Hitlergruß wurde eingeführt, NSDAP-Mitglieder trugen ihre Parteiabzeichen zur DRK-Dienstkleidung, und ab 1939 gehörte zur weltanschaulichen Schulung von DRK-Angehörigen auch die mit dem sogenannten Rassepolitischen Amt und dem Hauptschulungsamt der NSDAP abgestimmte »politische und rassenideologische Indoktrinierung seiner Mitglieder«.[13]

* Joachim von Winterfeldt-Menkin an Adolf Hitler, 12.5.1933. Winterfeldt-Menkin war von 1921 bis 1933 erster DRK-Präsident. Trotz des Bekenntnisses zu Adolf Hitler und zur NSDAP musste er im November 1933 zurücktreten. Sein Nachfolger war Carl-Eduard Herzog von Sachsen-Coburg und Gotha, bekennender Nationalsozialist und Parteimitglied.

Das DRK machte sich in vielerlei Hinsicht abhängig von der Partei, seine Rechtsform als eingetragener Verein behielt es jedoch; nicht etwa, weil es sich, wie man gelegentlich liest, so erfolgreich gegen seine Eingliederung in die Partei wehrte, sondern weil Hitler & Co. taktierten. Als Parteiorganisation wäre das DRK aus dem internationalen Verbund der Rotkreuzbewegung – mit dem Internationalen Komitee vom Roten Kreuz und der Liga der nationalen Rotkreuzgesellschaften – ausgeschlossen worden.

Indiz für eine saubere Weste war die formale Unabhängigkeit also keineswegs. Nachweislich wirkten DRK-Mitglieder an der NS-Euthanasie mit, andere beteiligten sich an den Menschenversuchen in Konzentrationslagern.[14] Das DRK als Organisation wusste vom Morden in den Vernichtungslagern, machte sich der unterlassenen Hilfeleistung schuldig und ließ sich gar als Vertuscher missbrauchen.[15] Widerstand Einzelner gab es zwar auch, aber keine allgemeine Widerstandshandlung des DRK.[16]

Als Großmutti Ilse zur Generalhauptführerin befördert wurde, hatten – ausdrücklich genehmigt von ihrem Schwager und Onkel Hermann – die Massendeportationen von Juden in die Vernichtungslager begonnen. Dass sie keine Ahnung davon hatte, ist schlicht nicht denkbar. Dass sie das millionenfache Morden mit ihrem Gewissen vereinbaren konnte, will ich mir nicht vorstellen. Ausschließen kann ich es nicht, auch wenn sie sich für einzelne Juden eingesetzt hat. Dass sie vor den Verbrechen die Augen verschloss, dass sie aktiv wegschaute, als ob man sich mit dem Blick in die andere Richtung der moralischen Mitverantwortung und dem Vorwurf jeder Art von Komplizenschaft entziehen könnte, scheint mir hingegen realistisch, und während ich darüber nachdenke, steigt einmal mehr in mir hoch, wie sie als alternde Frau, nach außen unbeeindruckt, die Judenvernichtung vor ihren Teenager-Enkeln leugnete. Klage ich sie hier an? Steht mir das zu? Ihre damals weit fortgeschrittene Syphiliserkrankung rechtfertigt ihre Haltung jedenfalls nicht.

***

Mit Fortdauer des Krieges und als Einsatzleiterin für das Deutsche Rote Kreuz sah Ilse Göring zweifellos viel Leid. 1941 spielte sich ihr persönlicher Alltag jedoch noch im Schutzraum ihrer Privilegien ab.

»[Der Titel] hat mir manche Tür schneller geöffnet [...] und mir den Männern gegenüber Gewicht gegeben.«[17] So äußerte sich nicht etwa meine Großmutter, sondern die mehrfach zitierte Wilma Ruediger über ihren neu gewonnenen Einfluss als Generalführerin. Und weiter: »Wir haben festgestellt« – aus ihrem Text geht leider nicht hervor, auf wen sie damit anspielt –, »dass die Frau genauso dem Rauschgift der Macht erliegt wie der Mann.«[18]

Meine Großmutter mag ihren Einfluss für selbstverständlich genommen haben. Machtverliebt kam mir die Ilse Göring, die ich kannte, aber auch im Rückblick nie vor, eher pflichtbewusst und in diesem ausgeprägten Pflichtbewusstsein ziemlich humorlos. Zumindest nach außen hin füllte sie ihre Rolle mit Selbstbewusstsein aus. Dass eine Generalführerin auf Dienstreisen im Grandhotel mit »Telefon am Bett« abstieg, hätte sie, anders als Wilma Ruediger, nicht extra erwähnt.[19] An bequemes Reisen war sie gewöhnt. Im Gästeflügel von Hermanns Landsitz in der Schorfheide war sie seit Jahren Dauergast.[20] Und wenn er sie in seinem Sonderzug mitnahm, fehlte es ihr erst recht nicht an Luxus.

Genau genommen waren Hermann Göring und seine Entourage stets mit zwei Sonderzügen unterwegs. Vorneweg fuhren mehrere Spezialwaggons, darunter eine rollende Garage mit einer Auswahl von Luxusmobilen, ein Friseursalon und ein Badewaggon für das Personal mit Duschen und Wannen. Weil dieser Zug aus Sicherheitsgründen vorausfuhr, nannte man ihn intern »Bombenfänger«.[21]

Der Hauptzug war, wie es hieß, nach Carinhall Hermann Görings liebster Aufenthaltsort.[22] Zwei D-Zug-Lokomotiven zogen ein Gespann, das Wagen für Wagen die Maßlosigkeit des Reichsmarschalls repräsentierte. Eingerahmt von zwei massiv gepanzerten Flugabwehrwaggons mit Vierlingsgeschützen, bestand er aus »zwei langen Packwagen«, die das Gepäck, vor allem »Görings mannshohe Kabinenkoffer in Aluminium, mit dem Zeichen H.G.«, das Funkübertragungs-Equipment und einen »riesigen Sonderkühlschrank« für seine Weine, Zigarren in Sonderanfertigung und »auch die Südfrüchte, zum Beispiel die in Watte gepackten Erdbeeren« beförderten, »die eine Sonderflugmaschine aus Spanien geholt hatte«.[23] Die Lebensmittelrationen für die Bevölkerung waren zu der Zeit bereits drastisch gekürzt worden.[24]

Zwei spezialangefertigte Waggons dienten Hermann Göring als privates Refugium. Wagen eins mit einem Privatsalon samt einer Bibliothek mit »Karl May, Büchern über Dschingis-Khan und unzähligen Kriminalromanen«, zwei Schlafzimmern aus Kirschbaumholz, einer begehbaren »fürstlichen Garderobe« für »unzählige Uniformen, die Zivilanzüge, die berühmten Lederwämse, an denen er einen Narren gefressen hatte, die Morgenröcke aus Brokat und Seide, …«, und mit einem weiß gekachelten Badezimmer. Wenn er ein Bad nahm, musste der Zug anhalten, denn »der Eiserne liebte es nicht, wenn das Wasser in der Wanne schwappte«. Dass dafür Bahnstrecken blockiert und »Transportzüge, Lazarettzüge und später die Flüchtlingszüge für lange Stunden [aufgehalten wurden], war alles gleichgültig und alles hatte sich dem persönlichen Wohl dieses Mannes unterzuordnen. Die Fahrpläne, die dann mit den zunehmenden Fliegerangriffen und den Zerstörungen der Bahnanlagen ohnehin nur noch mit unerhörten Schwierigkeiten […] aufrecht zu halten waren, wurden durch dieses Bad so verwirrt, dass es Tage brauchte, um wieder Ordnung zu schaffen.«[25]

Wagen zwei war der große Salonwagen, mit einer Schreibtischgarnitur aus Mahagoni, viel Samt und Seide und genug Platz, um die mitreisenden Gäste abends zur Filmvorführung zu versammeln. Ihm folgte der sogenannte Befehlswagen mit einem Raum für vormittägliche Lagebesprechungen, in dem vor allem das lebensgroße Bildnis Adolf Hitlers aufgefallen sein soll, einem Funkraum und der Telefonzentrale. Mit dem aktuellen Kriegsgeschehen hatte Hermann Göring allerdings immer weniger zu tun. »Göring lebte […] in Carinhall und in seinem Sonderzug völlig als Privatmann«, beobachtete Eitel Lange aus nächster Nähe. Der Fotograf gehörte seit 1940 zum »Sondertrupp Reichsmarschall«, der als »Spezialpropagandatruppe« aus Funksprechern, Journalisten und Kameraleuten eingesetzt war, um Hermann Göring, seine Reden und Taten ins rechte Licht zu rücken – rund um die Uhr und selbstverständlich auch auf seinen Zugreisen. »Er wollte mit ununterbrochenen Hammerschlägen, und sei es auch mit Holzhammerschlägen, in das Herz, in das Gemüt und in die Liebe des Volkes genietet werden.«[26] Nicht erst seit 1941 gab er seinem Personal jedoch Tag für Tag Anlass, an seiner Ernsthaftigkeit zu zweifeln. »Wenn wir nicht alle genau gewusst hätten, dass Krieg war, bitterer, unbarmherziger Krieg, hätten wir uns ohne Mühe einbilden können, wir lebten im tiefsten Frieden«, schrieb Lange. Wenn der Generalstabchef morgens um elf Uhr zu einer Lagebesprechung kam, »erschien das dem Oberbefehlshaber schon etwas lästig, [und] alles andere, was der Dienst von ihm, einem Feldherrn sozusagen, erforderte, machte er sich äußerst bequem. […] Von einer aktiven Kriegsführung Görings war nicht die Rede. Er war nicht und niemals der ›Eiserne‹.«[27] Unberechenbares Stimmungsschwanken. Teilnahmslosigkeit. Es soll sogar vorgekommen sein, dass er in Besprechungen schon nach wenigen Minuten einschlief – trotz einer tagsüber eingeplanten Bettruhe von ein bis zwei Stunden. Sein Umfeld ging davon aus, dass er wieder Drogen nahm.[28] Vor der breiten Öffentlichkeit konnte er das allerdings noch vertuschen. Viele Menschen ließen sich weiterhin von ihm beeindrucken. Sein Charisma, hieß es allgemein, wirkte außergewöhnlich.[29]

Häufiger als im Befehlswagen traf man ihn demnach im Speisewagen an. Klimatisiert und mit der »Speisekarte eines erstklassigen, internationalen Hotels«,[30] trennte er Görings Abteile von allen übrigen Sonderwagen, mit komfortablen Unterkünften für seinen Chefadjutanten, für seinen Leibarzt und für wechselnde militärische und zivile Gäste – darunter meine Großmutti Ilse und meine Tante Ole, die die Sonder-Spezial-Extravaganzen ihres neureichen Gastgebers vielleicht genossen, vielleicht auch nur hinnahmen, sich jedenfalls nicht davon fernhielten, und so unter anderem nach Amsterdam kamen und nach Paris, wo sie für die Dauer des Aufenthalts ihr Zugabteil gegen Zimmer im Grandhotel Ritz tauschten.

Offiziell war Hermann Göring auf »Besichtigungsreisen« zu seinen Truppen unterwegs. »Keine ernste Arbeit« konnte Eitel Lange dahinter erkennen, sondern »lediglich Abwechslung und Vergnügen […] unernst und unfruchtbar und lächerlich«.[31] Tatsächlich hatte Göring eine andere Priorität. Er reiste als Kunsträuber in die besetzten Gebiete, allein in Paris zeigte er sich 1941 mindestens ein Dutzend Mal, und zwar stets in Zivil, um sich aus den von den Nazis beschlagnahmten Staats- und Privatsammlungen, zum Beispiel aus der Sammlung Rothschild, die kostbarsten Stücke zu sichern – zu Dumpingpreisen, die die Besatzer in manipulierten Gutachten festsetzten.[32] »Einkäufe«[33] nannten er und seine Entourage diese organisierten Beutezüge, von denen auch meine Großmutti Ilse profitierte und einzelne Trouvaillen – Möbel wie den kostbaren Intarsienschrank, der schließlich in unserer Wohnung in der Viktoriastraße landete, und Bilder – nach Hause brachte.* Hermann Göring selbst war ein manischer Sammler vor allem alter Kunst, mehrere Tausend Werke eignete er sich an, darunter museale Kostbarkeiten der frühen italienischen Malerei und deutscher Renaissancekunst mit Schwerpunkt auf Lukas Cranach dem Älteren, flämischen Barock von Peter Paul Rubens oder die erotischen Motive von François Boucher im Stil des französischen Rokokos.[34] Aber auch viele »mittelmäßige Werke« und »Plunder aller Art«.[35]

Im Hungerzentrum des Hirns kann es Abweichungen geben, die ein ständiges Hungergefühl ohne Sättigungserlebnis provozieren. Die Medizin macht dafür genetische Defekte verantwortlich. Das Schwergewicht Göring aß so lange übermäßig, bis seine Eitelkeit Oberhand gewann und er – wahrscheinlich mithilfe von Drogen, Erdbeeren und derlei – wieder einmal, wenn auch immer nur mit vorübergehendem Erfolg, ein paar Kilogramm abspeckte.

Auch sein Hunger nach Besitz kannte keinen Sättigungsmecha-

* Hermann Göring bezahlte bei seinen »Shoppingtouren« nicht aus eigener Tasche. Ende 1939 ließ er sich einen »Kunstfonds« einrichten, um mit Adolf Hitlers Zustimmung Kunst auf Staatskosten zu kaufen.

nismus. Anders als bei seiner Essgier hatte er aber keinerlei Korrektiv, denn in diesem Fall verbündete sich die Eitelkeit mit der Raffgier, und zwar so eng, dass er, anders als Adolf Hitler, mit dem er im Wettlauf um die besten Kunstwerke stand, mit seinen Errungenschaften ungeniert prahlte. »Ihm gefiel alles, er schien wie ein naives Kind zu sein, das alles haben wollte, was er sah. [...] Er fasste alles an, [...] es musste nur großes äußeres Format besitzen und etwas bombastisch aussehen.«[36] Wertvolle antike Möbel, Gobelins, Schmuck – nichts war vor ihm sicher. Und als wolle er einmal Erschlichenes nicht wieder aus der Hand geben, ließ er für die Heimfahrt an seinen Sonderzug »zwei große Packwagen« anhängen, »vollgefüllt mit der Beute«.[37]

***

Nach solchen Besichtigungstouren gönnte der Reichsmarschall sich regelmäßig »Erholung und Ruhe«.[38] Dann zog es ihn meist zu einem seiner Jagdhäuser, im Sommer 1941 auch wieder einmal auf die Burg Mauterndorf, und wieder begleiteten ihn die beiden Witwen, Großmutti Ilse und Tante Ole.

Besonders häufig weilte er jedoch in Carinhall, davon erzählen in Stichworten seine persönlichen Notizbücher.[39] Auch das Wochenende vom 11. Oktober 1941 verbrachte er mit Emmy und Edda in der Schorfheide. Seine Tochter war nun drei Jahre alt und sichtbar ein Fixpunkt in seinem Terminkalender. Wann immer möglich reservierte er sich eine Vormittagsstunde mit ihr.

Jenes Oktoberwochenende hatte unter einem guten Stern begonnen, denn am Freitag hatte das Oberkommando der Wehrmacht »gewaltige militärische Erfolge« gemeldet und den Sieg im Osten angekündigt. In Görings Notizbuch ist davon nichts zu lesen, stattdessen vom Wetter, das er als »wechselnd, zwischen Sonne und Regen« protokollierte, wie ein ahnungsvoller Stichwortgeber, der auf die viel zitierte Ruhe vor dem Sturm anspielt.

Einen Grund, die neue Woche hastig zu beginnen, hatte er vorerst aber nicht gesehen. »8 ½ aufgestanden, 9 Zeitungen, 11 Sachen geordnet, 12 Lage Brauchitsch«. Sein Chefadjutant hatte immerhin eine gute Stunde, um ihn auf den neuen Stand zu bringen. ½ 13 eine private Unterredung, »½ 14 Essen mit Gästen, Anschluss Abfahrt Emmy, 15 Rundgang durch Haus und Park, 17 Frisör …«[40]

Dann muss ihn ein Anruf erreicht haben, nach dem er abrupt nach Berlin aufbrach.

»18 Meldung über Peters Heldentod.«

Die Gnadenlosigkeit des Krieges traf nun auch die Familie Göring. Hermann überbrachte meiner Großmutti Ilse die schreckliche Nachricht persönlich. Ihr Zweitgeborener, Peter Hermann Ludwig, war als Leutnant der Luftwaffe im Stab des Jagdgeschwaders 26 im Einsatz. Er war neunzehn Jahre alt, als er in einer Messerschmitt BF 109F-4 gegen eine Gruppe britischer Bomber antrat. Über Nordfrankreich, unweit der Küste zwischen Samer und Boulogne-sur-Mer, wurde seine Maschine getroffen. Er überlebte den Absturz nicht.* Wie 22 215 weitere deutsche Soldaten wurde er auf dem deutschen Soldatenfriedhof Bourdon im Département Somme beigesetzt.

Angeblich verband Göring die Fahrt zur Beerdigung seines Patensohns und Lieblingsneffen mit einer weiteren »Einkaufstour« nach Paris. Jedenfalls nutzte er sie für eine patriotische Rede und die propagandawirksame Beförderung verdienstvoller Soldaten aus Peters Staffel. Als Flieger durfte, ja sollte man sich als Elite »im Wesen des Führers« verstehen. »Es ist der fanatische Glaube, aus der sie geboren wurde«, schwadronierte der regimeergebene Schriftsteller Peter Supf über die Verbindung zwischen Fliegerelite und Adolf Hitler – ähnlich pathetische Worte dürfte Göring gewählt haben. Supfs kriegsverherrlichendes Gerede brachte ihm den Beinamen Fliegerdichter ein. »Es ist der heroische Geist, der sie zur Tat machte. Es ist die Weite des Blickes, der ihr eigen ist. […] Fluggeist bedingt ein anderes Denken und Fühlen. […] Der fliegerische

* Details zum Absturz meines Onkels Peter Hermann Ludwig Göring (14.4.1922–13.10.1941) verdanke ich dem niederländischen Flugzeugbauingenieur John Manrho. Vor seinem tödlichen Absturz hatte Peter Göring bereits eine Bruchlandung in einer Messerschmitt BF 109E-7 überlebt.

Der »gute Onkel« mit seinen Neffen (v. l.) Heinz, Peter und Helmuth. Nur mein Vater sollte den Krieg überleben.

Geist aber ist zum Genius unseres Volkes geworden, ist der Geist der Flugzeit, unserer Zeit.«[41]

Ich hörte zum ersten Mal als kleines Kind von dem Absturz. Mein Papa Heinz erzählte mir den Mythos von Ikarus, den selbst gebaute Flügel aus Holzstäben, Federn und Wachs durch die Luft trugen, bis er sich zu nahe an die Sonne wagte und das Wachs schmolz. Eine Zeit lang holte ich das Buch von Dädalus und Ikarus immer wieder hervor. Den geflügelten Ikarus auf dem Schutzumschlag hielt ich für einen Engel. Am liebsten – als könne ich in der Reflexion sein ungreifbares, übersinnliches Wesen besser verstehen – betrachtete ich ihn durch den goldgerahmten barocken Spiegel, der mächtig neben dem Bücherregal in unserem Goebenstraßen-Wohnzimmer hing.

Immer wieder bat ich meinen Vater, mir aus dem Buch vorzulesen, denn beim Vorlesen schweifte er in seine Jugendjahre ab. Jedes Mal schnappte ich einen weiteren Mosaikstein auf, viele davon ergaben keinen Sinn für mich, und trotzdem hörte ich ihm gespannt zu. Die Geschichte von Ikarus brachte ihn auch auf Ernst Udet, zu dem er als junger Flieger in Ausbildung aufgeschaut hatte. Nur der »Rote Baron« Manfred von Richthofen hatte im Ersten Weltkrieg mehr Flugzeuge abgeschossen als Udet. In der Zwischenkriegszeit war er als waghalsiger Kunstflieger weltweit berühmt geworden. Dann hatte er sich von Hermann Göring für das NS-Regime einspannen lassen.

Dass der General nur einen Monat nach Peter auf besonders tragische Weise »abgestürzt« war, hat meinen Vater sehr berührt.[42] Dass er sich aus Verzweiflung erschossen hatte, hat er aber vermutlich erst nach dem Krieg gehört. Sein Patenonkel Hermann hatte den Selbstmord per Nachrichtensperre vertuschen lassen. »Der Generalluftzeugmeister der Luftwaffe, Generaloberst Ernst Udet«, sei »heute Morgen bei der Erprobung eines neuen Flugzeugtyps tödlich verunglückt«, hieß es in den offiziellen Zeitungsberichten.[43] Das rechtfertigte ein Staatsbegräbnis mit allen Ehren, mit einem Staatsakt im Reichsluftfahrtministerium und einem aufsehenerregenden Trauerzug zum Invalidenfriedhof, den Göring – in großer Uniform und roten Reitstiefeln mit silbernen Sporen – anführte. »Es war der längste Fußmarsch, den ich ihn jemals im Kriege gehen sah. Und ich weiß, dass es bei seinem untrainierten Körper und seiner Korpulenz [...] eine riesige Anstrengung für ihn bedeutete«, hielt ein naher Beobachter fest. »Daraus schließe ich, dass seine Trauer um Udet echt war.«[44] Tränen seien ihm in dicken Tropfen über beide Wangen gelaufen.[45] Ich tippe auf Tränen des Selbstmitleids. Göring war als Chef der Luftwaffe in Kritik geraten. Um von seinem eigenen Versagen abzulenken und seinen Ruf zu retten, war der Staatsakt für Udet die perfekte Bühne.

»Eiserner, Du hast mich verlassen«, soll der Verzweifelte kurz vor seinem Tod gesagt haben. »Alles, alles Sch... [...] Ich habe keine Lust mehr.«[46] Ob mein Papa Heinz sich jemals damit auseinandersetzte, wem Udet die Schuld an seiner aussichtslosen Lage gegeben hatte? Ob er den verehrten Patenonkel deshalb hinterfragte? Mit mir hat er darüber nie gesprochen. Das Dilemma meines Vaters sehe ich aber weniger in seiner Einschätzung von Hermann Göring als im Verhältnis zu seinen Brüdern. Heute weiß ich, dass er in seiner oft leichtsinnigen, vermeintlich tunichtguten Art mit einem Hang zur Selbstzerstörung auch gegen sein Überlebenstrauma anspielte; denn nicht nur seinen Bruder Peter hatte er verloren. Knapp drei Jahre später war auch sein jüngster Bruder Helmuth abgestürzt.* Und meine Großmutti Ilse machte offenbar keinen Hehl aus ihrem Empfinden, dass das Schicksal den falschen Sohn verschont hatte. So jedenfalls empfand es mein Vater, der der Geringschätzung seiner Mutter die längste Zeit ihrer Beziehung kaum etwas entgegenzusetzen hatte.

***

Großmutti Ilse scheint an jenem Oktobertag 1941 den Brustpanzer angelegt zu haben, mit dem ich sie später kannte. In ihrem entsetzlichen Verlustschmerz flüchtete sie in die Nazirhetorik vom Heldentod ihres Kindes. »Er starb den Fliegertod für Führer und Reich, mein tapferer Sohn«, beginnt die Todesanzeige, wie Tausende und Abertausende Todesanzeigen jener Tage, die trösten sollten, wo es keinen Trost gab. Ungewöhnlich daran war nur, dass »Hermann Göring, Reichsmarschall des Großdeutschen Reiches« mitunterzeichnete.[47]

Auf die Fürsorge »des guten Onkels« und seine Ablenkungsmaßnahmen konnte Ilse sich weiterhin und mehr denn je verlassen. Gemeinsam pflegte man Traditionen und Rituale. So war es auch am letzten Dezembertag, als er sie und Tante Ole abends aus Berlin nach Carinhall chauffieren ließ, um das neue Jahr wieder gemeinsam einzuläuten – im Kino.[48]

* Helmuth Göring (19.12.1923–22.8.1944) kam im Frühjahr 1944 zum Zerstörungsgeschwader 26. Bis die Gruppe umgerüstet wurde, flog er eine zweimotorige Messerschmitt ME 410. In nur zweiwöchiger Trainingszeit lernte er, die einmotorige Focker Wulf Fw 190A-8 zu fliegen. Dann wurde die Gruppe von Königsberg-Neumark in Polen nach Frankreich an die Front befohlen. Bei seinem ersten Einsatz gegen eine amerikanische P-38 Lightning wurde er im Raum La Fère tödlich getroffen.

Ilse Göring mit Sohn Peter, der als Hermann Görings Lieblingsneffe galt.

Über »die teppichbelegte Marmortreppe« ging es »hinunter in die unterirdischen Räume, wo man zunächst zum Kinosaal kam. Er hatte Platz für mehr als 50 Personen. Vorne standen Klappsessel und hinten auf einer Estrade große, tiefe Sessel für die Familie und die Gäste.« Auch diese Einblicke haben wir Hermann Görings Hoffotografen zu verdanken. »Der Oberbefehlshaber [...] besaß im Ganzen 8 große Filmvorführapparate, und zu ihrer Bedienung stand ständig ein Vorführer mit zwei Assistenten zur Verfügung. Ich sah ihn hier in diesem Saale sitzen, stets in einem seiner langen Brokatmorgenröcke, tief in den Sessel gegossen, die Beine ausgestreckt und unaufhörlich den Film mit lauten Glossen begleitend.«[49]

Um Mitternacht lief *Zwischen Himmel und Erde*. Wer sich wohl sonst noch in dem Saal aufhielt? Und wie die Stimmung war? *Zwischen Himmel und Erde* war ein Unterhaltungs- und Durchhaltefilm mit Werner Krauß. Der Staatsschauspieler stand im NS-Rampenlicht wie Heinrich George oder Gustaf Gründgens. Im folgenden Frühjahr kam der Film in die deutschen Kinos. Die Kritik fand ihn langatmig. »Zwischen Himmel und Hölle« wäre auf dem Weg ins vierte Kriegsjahr der treffendere Titel gewesen.

1981

»Er hat nicht mehr viel Zeit. Wenn ihr ihn noch einmal sehen wollt, müsst ihr schnell kommen.«

Der Tag hatte mit einem Missgeschick begonnen, ich war mit Wucht gegen ein Tischbein gestoßen, nun saß ich vor der Cafeteria des Ashrams und verband meinen geschwollenen Knöchel. Von Weitem erkannte ich eine Freundin. Sie war eben aus Deutschland zurückgekehrt und winkte mir mit einem Brief meiner Mutter zu. Papa Heinz lag im Sterben.

Kali entschied spontan. Er würde nicht nach Deutschland reisen. Ich zögerte. Ich war seit fast eineinhalb Jahren in Poona und dort zu Hause. Sosehr ich mich gesträubt hatte, meinem Bruder zu folgen, so richtig fühlte es sich jetzt an.

Mysterium Gedächtnis. Während ich manche Lebensabschnitte mühsam rekonstruieren und mir eingestehen muss, dass Einzelheiten, auch die aufreibendsten, überlagert oder verschwunden sind, muss ich nach den Erinnerungen an meine Zeit in Poona nicht lange graben. Wie ein Farbfilm laufen sie vor mir ab, als säße der Schelm selbst an der Kurbel des Projektors.

Mein Flug aus Athen war um drei Uhr morgens in Mumbai gelandet, das damals noch Bombay hieß. Besser konnten die englischen Kolonialherren die »Bom Bahia«, die »friedliche Bucht« der ersten portugiesischen Siedler, nicht aussprechen, und ohnehin war friedlich die Eigenschaft, die einem zu dem Moloch am Arabischen Meer zuallerletzt eingefallen wäre. Auch mitten in der Nacht tobte der Lärm der Zweitaktmotoren. Gegen den fremden Geruch zog ich meinen Baumwollschal über die Nase. In der schwülheißen Luft mischten sich die Gewürznuancen der fahrenden Küchen mit dem Gestank von Fäulnis. Die Menschen nutzten die Straßen als Mülldeponie und Bedürfnisanstalt, und die Ratten ließen sich von den Menschen nicht aufhalten. Der Taxifahrer setzte mich vor einem Gästehaus im Kolonialviertel ab. So imponierend die historische Holzfassade mit ihren aufwendig geschnitzten Balkonen, so ernüchternd die Lobby. Auf einem Feldbett hinter dem Empfangstisch ruhte der Nachtportier. Die Tischklingel schreckte ihn hoch. Im Zimmer erwartete mich eine nackte Matratze mit modrig braunen Stockflecken. Ich musste den Portier noch einmal wecken. Für zwei grau gewaschene Bettlaken verlangte er fünf Rupien extra. Wenn ich mich nicht schon mit Poona verabredet hätte, wäre ich trotzdem gern noch ein paar Tage geblieben. So habe ich es von vielen Westlern gehört: Sie kommen zum ersten Mal nach Indien, sind überwältigt von Schmutz und Chaos, und fühlen sich doch unerklärlich wohl.

Auf den Ausnahmezustand am Hauptbahnhof war ich allerdings nicht vorbereitet. Mehr als drei Millionen Menschen werden dort täglich abgefertigt, und damals waren es nicht viel weniger. Träger in roten Uniformen balancierten auf ihren roten Turbanen Gepäckstücke, manche groß wie Kleiderschränke. Mit Mühe verhinderte ich, dass einer von ihnen mir meinen kleinen Rucksack von den Schultern zupfte. Hilfsbereit. Geschäftstüchtig. Auf der Suche nach dem Fahrkartenschalter ließ ich mich von einer Schar barfüßiger Kinder umzingeln. »Sahib, Paisa. Sahib, Paisa.« Madam, Geld! Hungrig sahen sie nicht aus, aber das Flehen in ihren dunkel glänzenden Augen traf mich dort, wo es mich treffen sollte. Obwohl ich es besser wusste, zog ich ein paar Münzen aus der Tasche. Im Nu schwärmten mehr Kinder heran. Ich musste ruppig werden.

Das Kassenhäuschen sah ich nur aus der Ferne. Die Warteschlange war so lang, dass ich meinen Zug verpassen würde. Die Decan Queen, die Mumbai und Poona am schnellsten verbindet, fährt am Tag nur einmal. »Madam, where do you wish to travel to?« Neben mir stand ein knabenhafter Inder und fixierte mich erwartungsvoll. »Poona«, gab ich zur Antwort. »I can help you, Madam.« Mein ebenso misstrauischer wie neugieriger Den-schickt-der-Himmel-Blick schien ihm geläufig. »Follow me, Madam«, sagte er mit einem Lächeln und bahnte uns, als hätte das Murren, Drängeln und Schubsen um uns herum nichts mit uns zu tun, den direkten Weg vor den Schalter. Kurz darauf hielt ich meine Fahrkarte in der

Hand. »Sorry Madam, no seat reservation available. But you don't worry, Madam. Follow me, Madam.« Ich zwängte mich hinter ihm her auf den Bahnsteig. Der Zug nach Poona stand bereits da. Ein unüberwindbarer Menschenpulk trennte mich von der nächsten Waggontür. »Wait here, Madam! One moment!« Anmutig wie eine Schlange wand er sich vorwärts und tauchte durch ein Fenster in den Zug. Sekunden später tauchte er wieder auf, winkte und grinste mir zu. »Now you have reservation, Madam!« Als ich mich in mein Abteil vorgekämpft, den frei gehaltenen Fensterplatz bezogen und ihm ein Trinkgeld überlassen hatte, verschwand mein smarter *travel agent* ebenso unauffällig, wie er sich mir einige Minuten vorher angedient hatte, und der heillos überladene Zug brachte mich durch Dschungelwälder, vorbei an Wasserfällen, durch Tunnel und über enge Serpentinen hinauf nach Poona. Die Millionenstadt liegt auf einem Hochplateau. Im Vergleich zu Bombay kam die Luft mir dort frisch vor. Auf dem Bahnhofsplatz stauten sich die Motorrikschas. Ich sprang in die erstbeste, und ehe ich etwas sagen konnte, ratterte sie, eine blaue Rauchwolke hinter sich herziehend, los. Alle Ausländer hatten dasselbe Ziel. Nach Poona kommt man bis heute nicht als Tourist.

»SHREE RAJNEESH ASHRAM« – in römischen Großbuchstaben stand der Schriftzug über dem Haupteingang, einem steinernen Baldachin, weiß, auf schwarzen Säulen, alles aus sanft schimmerndem Marmor, alles etwas überdimensioniert, fast prahlerisch, dabei hätte man keinen Wegweiser zu Bhagwans Reich gebraucht. Zwischen den Säulen frei schwingende Türen aus burmesischem Teakholz, traditionell geschnitzt und verziert, manchen zu traditionell. Wer mit unbeschadetem Geschmackssinn durch das »Kitschtor« komme, wäre bereit, »Sannyas zu nehmen«, sich dem Guru und seiner Lehre also ganz anzuvertrauen, ging der Witz, den einer der vielen Architekten oder Designer unter den Bhagwan-Anhängern geprägt haben muss.

Vor dem *gateless gate* oder der »torlosen Schranke«, wie es auch genannt wurde, weil es nicht die Menschen vor dem Ashram beeindrucken, sondern die Eintretenden einladen wollte, im Zenbuddhistischen Sinn die Schranke des dualistischen Denkens hinter sich zu lassen, scharten sich Menschen aus allen Erdteilen. Ich hielt Ausschau nach meinem Bruder. Alle waren in Nuancen von Orange und Rot bis Kastanienbraun gekleidet, alle mit Bidis, die ich erst noch für Zigarillos hielt, oder Zigaretten vor dem Mund, weil, wie ich später hörte, hinter dem Tor das Rauchen streng verboten war, und keiner von ihnen nahm Notiz von mir. In Jeans und meinem Allerweltshirt gehörte ich nicht zu ihnen. Einer der indischen Wachposten lotste mich zur Rezeption. Zuvorkommend, aber nicht überschwänglich wurde ich in die Spielregeln der »Ankunftsprozedur« eingewiesen.

Mitte der 1970er-Jahre war Bhagwan Shree Rajneesh mit seinen Anhängern aus Bombay nach Poona gezogen – wegen seiner labilen Gesundheit und des verträglicheren Klimas. Seither lag sein Meditationszentrum – der Ashram – dank freizügiger Großspender im Koregaon Park, einem Villenviertel aus der Zeit der britischen Kolonialherrschaft mit mehr Grün und mehr Wasser als sonst wo in der Stadt. Wohin ich blickte, blühten baumhohe Bougainvilleen in Orangerosa und allen Fuchsia-Schattierungen. Wenige Auserwählte wohnten direkt im Ashram, die meisten mieteten sich irgendwo im Umkreis ein, in Hotels, Pensionen oder in der Bambushüttenkolonie am Mula River. Ich fand auf Anhieb eine Bleibe ganz in der Nähe, in einem von einem amerikanischen Swami geführten Gästehaus. Im Hinduismus ist dieser Titel gelehrten, weit fortgeschrittenen spirituell Suchenden vorbehalten. Bhagwan legte es darauf an, mit Traditionen zu brechen, und ernannte jeden seiner männlichen Anhänger zum Swami. Abgenutzte Systeme, fand er, hätten seinen Spott verdient.

Bevor ich mich im Hauptbüro des Ashrams vorstellte, gab mein Swami-Landlord mir einen Crashkurs im Sannyasin-Jargon. Um Sannyasin oder Rashneeshee zu werden, ein Wahrheitssucher in Bhagwans Sinn, »nahm man Sannyas« (vom Meister persönlich; nur in den weltweit aktiven Sannyasin-Zentren ließ er sich vertreten) oder, so sagte man auch, ließ sich (von ihm) »initiieren«. Das weibliche Pendant zum Swami war die – zwar ebenso ironisch, aber durchaus auch respektvoll gemeinte – Ma, im Indischen die Ansprache für eine verdiente Mutter oder ältere Dame. In den Ashram ging man, um Bhagwans Lectures zu hören und sich in verschiedenen Encounter- und Meditation-Groups Energie zu holen. Energie! Alles hier drehte sich um Energie, die, im psychoanalytischen Sinn, Energie der Gefühle und Gedanken.

Der Ashram war ein blühendes Unternehmen mit eigener Bäckerei, Käse- und Kosmetikproduktion, Schneiderei und Töpferei, Kaffeestube, Theatergesellschaft und vor allem einem Gesundheitszentrum mit mehr als hundert Mitarbeitern, darunter gut zwanzig Ärzte und Psychotherapeuten, einige von ihnen aus dem interdisziplinären Esalen-Institut in Big Sur, das seit Anfang der 1960er-Jahre Weisheiten des Ostens mit westlichen Einsichten verknüpfte und mit seinen avantgardistischen Ideen auch Bhagwan beeinflusste.

Ich hielt weiter Ausschau nach meinem Bruder. Auf meinen ersten Erkundungsgängen begleitete mich ein trotziger Argwohn, als schaute ich in die vielen neuen Gesichter durch ein umgedrehtes Fernglas, vielleicht weil die Menschenmassen mich überwältigten, vielleicht weil ich mich vor einer voreiligen Euphorie und neuerlichen Berg-und-Tal-Fahrten meiner Psyche schützen, vielleicht weil ich mich partout nicht beeindrucken lassen wollte, vielleicht auch nur, weil ich erwartet hatte, dass mein Bruder mir zeigen würde, was er in seinen Briefen so leidenschaftlich, regelrecht missionarisch angepriesen hatte. Vor meiner Ankunft war Bhagwans Vater beigesetzt worden. Die entrückten Blicke, mit denen noch Tage später von dem Freudenfest mit Tanz und Blumenregen geschwärmt wurde, kamen mir aufgesetzt vor und unangemessen, ja taktlos. (Auch später gewöhnte ich mich nicht an derart ekstatische Verbrennungszeremonien, die echte Trauer nicht zulassen.)

Die Sicherheitskontrollen im Ashram gingen mir gegen den Strich, ebenso der Katalog von Ge- und Verboten, obwohl manches daran mich belustigte. Die Kleiderordnung beschränkte sich nicht auf die Farbgebung. Wolle zu tragen war streng untersagt. Auf Wolle reagiere Bhagwan allergisch, hieß es. Wer eine Lecture in der großen Buddha Hall hören wollte, musste seine Schuhe ausziehen und mit Hunderten anderen Paaren in einem Regal unter freiem Himmel abstellen. Das fand man allerdings nur seltsam, solange man nichts von den indischen Gepflogenheiten wusste. Dass man am Eingang eine Geruchsprüfung bestehen, sich nämlich buchstäblich abschnüffeln lassen musste und im Zweifel abgewiesen wurde, weil der Meister nicht nur an seiner Wollallergie, sondern auch an vielfältigen Duftmittel-, Tabakrauch-, Schweiß- und Mundgeruch-Intoleranzen litt, konnte man übergriffig und peinlich finden, oder zweckdienlich. Zwei- oder sogar dreitausend Westler, viele von ihnen in Aussteigerlaune, versammelten sich in Bhagwans Meditationszentrum, wenn auf der Nordhalbkugel Winter war. Von meinem Bruder noch immer keine Spur.

***

Das erste Mal sah ich Bhagwan von Weitem. Vor meiner Abreise, die sich am dritten Tag nach meiner Ankunft von einem zwiespältigen Irgendwie-seltsam-hier-Gefühl zu einem konkreten Genuggesehen-Plan zu festigen begann, wollte ich eine seiner legendenumwobenen Lectures miterleben. Einen Monat trug er auf Englisch vor, den nächsten auf Hindi. Ich hatte Glück.

Es war früher Morgen. Ich nahm alle Zutrittshürden, setzte mich hinter mehrere Hundert Suchende weit hinten im Saal, aber mit guter Sicht auf den Boden und wartete. Ein Zaungast, unverführbar, uneinlullbar. Dachte ich. Auf dem Podest vor einer weißen Marmorwand (weil Bhagwans Immunsystem angeblich auch keine Malerfarben tolerierte) befreiten zwei Helfer mit weißen Handschuhen einen gepolsterten Bürosessel aus einer baumwollenen Schutzhülle und rückten ihn umständlich auf den wahrscheinlich idealen Platz. Lautsprecherdurchsagen mahnten auf Englisch Stille an. Draußen brummte ein Automotor. Später kannte ich das Ritual: Bhagwan ließ sich in einer weißen Mercedes-Limousine von seinem Privathaus an den Hintereingang der Buddha Hall fahren. Die Gebäude lagen kaum dreihundert Meter auseinander. Sein Publikum hielt den Atem an und wartete auf sein Erscheinen, in der Tat, er *erschien.* Seine Hände zum indischen Gruß »Namaste« vor dem Gesicht gefaltet, den Kopf gesenkt, ging er laut- und scheinbar schwerelos auf seinen Stuhl zu. Er war noch keine fünfzig Jahre alt. Sein langer, grauer Bart und die hohe Stirn ließen ihn alterslos alt wirken. Bevor er sich setzte, lächelte er bedächtig in die Menge, nein, eben nicht in die Menge, sondern von einem zum anderen, als wolle er sagen, dass Zeit zwar kostbar ist, das Band der Achtsamkeit zwischen den Menschen aber kostbarer. Als er sich an die hinteren Saalreihen wandte, hatte er für einen Moment nur mich im Blick. (Fast alle Sannyasin, mit denen ich mich im Lauf der Zeit austauschte, erzählten von einem ähnlichen Moment der Zweisamkeit mit Bhagwan. Bei vielen von ihnen hallt er bis heute nach.) Ich erwiderte sein bezwingendes Lächeln. Nach drei Tagen des Herumstreunens fühlte ich mich von ihm persönlich begrüßt.

Er sprach frei, erst verstand ich nur Bruchstücke. Das lag nicht allein an seinem indischen Englisch, in das ich mich nur schwer einhörte, sondern auch an der Vieldeutigkeit seiner Rede, den ironischen Zwischentönen, seiner Angewohnheit, jeden Gedanken aus möglichst vielen Richtungen und Winkeln aufzurollen. Mit seiner unaufgeregten Lullaby-Stimme und einer langsamen, poetischen Sprechweise grenzte er sich von typischen Predigern und ihrem Missionarseifer ab. Dabei überließ der Entertainer in ihm nichts dem Zufall. Ein geistreicher, überlegener Erzähler, der in seiner Lehre östliche Mystik, westliche Philosophie, Elemente der Weltreligionen und (besonders gern anzügliche) Witze verband. »Laughter is a great medicine. It is a tremendously powerful therapy. If you can laugh at your own unconscious, the unconscious loses its force.« Und der gern abschweifte, um schließlich (zumindest solange er seinen Lachgas- und Valiumkonsum im Griff hatte) zu einem, manchmal auch nur irgendeinem Punkt zu kommen. Belesen, manchmal spöttisch, oft provokant und verhöhnend, gern einmal derb, immer lebensbejahend. »To understand a joke needs intelligence«, forderte er seine Zuhörer heraus. Wenn er sich widersprach, dann mit Absicht. Nehmt mich nicht wörtlich! Was ich euch zu bieten habe, ist eine Möglichkeit von vielen. »Baby, my whole work is to confuse you!« Überhöht, was ich euch sage, nicht zur Religion! Hinterfragt mich, forderte er. Und hinterfragt euch selbst. Wer sich selbst nicht hinreichend hinterfrage, picke sich aus seinen Worten nur die heraus, die er hören wolle. »Take it with a grain of salt«, warnte er seine Zuhörer. Nehmt mich mit Humor. Und doch ließen viele von ihnen, viele von uns, sich dauerhaft von ihm hypnotisieren, als wäre er unser Schicksal.

***

»God, fate, destiny«, stellte der Meister klar, »are bogus words, mumbo jumbo, nothing more than that.« Zufall also? Oder doch Bestimmung? Darüber machte ich mir keine Gedanken, als ich nach Bhagwans Lecture, um zu frühstücken, ins Vrindavan ging, so hieß die Cafeteria des Ashrams, und plötzlich vor meinem Bruder stand. Seine Freude über unser Wiedersehen überwältigte mich. Gerade noch waren Abreisegedanken und Wohin-als-Nächstes-Fragen durch meinen Kopf gespukt, nun ließ ich mich von seiner Heiterkeit anstecken. Auf den Postverkehr zwischen Europa und Indien war kein Verlass. Der Brief, in dem ich mich angekündigt hatte, kam erst viele Wochen nach mir an. Da hatte ich längst meine Resettaste gedrückt und mich auf den strukturierten Alltag in Poona unter Anleitung des Gurus eingelassen.

Viele seiner Anhänger halten Bhagwan – oder Osho, wie er seit 1989 genannt wird, weil der Name »Bhagwan«, für den Erhabenen, Gesegneten, Liebens- und Verehrenswerten, nach Skandalen und Verurteilungen belastet und nicht mehr vermarktbar war – bis heute für den größten Therapeuten des 20. Jahrhunderts. Kein anderer habe es so meisterhaft verstanden, westliche und östliche Techniken miteinander zu verbinden.[1]

Zur Einstimmung wurde den Suchenden – auf eigenes Risiko und unter ausdrücklichem Haftungsausschluss – ein Standardpaket seiner Meditations- und Therapiegruppen verordnet. Der Tag begann frühmorgens mit der dynamischen Meditation, erdacht für alle, die auf der Reise zu sich selbst am Stillsitzen scheitern. Ist der

Körper in Bewegung, wird er besser durchblutet. Das erhöht den Energiefluss und damit die Aufmerksamkeit. Das Ritual dauert etwa eine Stunde und fordert den Körper heraus: zehn Minuten tiefes, immer schnelleres Atmen durch die Nase, forciertes Ausatmen; zehn Minuten Katharsis, Schütteln, Schreien, Weinen, Lachen, alles herauslassen bis zur Explosion; zehn Minuten Hüpfen, Arme über den Kopf, und das Mantra rufen – »Hoo! Hoo! Hoo!« –, bis der Kopf frei ist und eine Stimme aus dem Off dazwischenfährt. Stopp! Keine weitere Bewegung, kein Schritt, nicht einmal Husten ist jetzt erlaubt, absolute Stille, die erst nach fünfzehn Minuten in Verharrung aufgehoben wird. Sanfter Ausklang mit weiteren fünfzehn Minuten »Celebration«, positiver Musik und Tanzen. Es gibt immer einen Grund, das Leben zu feiern. Für die Teilnehmer ist die dynamische Meditation ein Prozess des Spannungsabbaus, von Selbstreinigung und Besinnung, für Außenstehende ein oft bizarres Schauspiel, das sie umso mehr irritiert, je tiefer sie in ihre eigenen Schamgefühle verstrickt sind.

Ich bin nicht sicher, ob ich damals schon wusste, dass Menschen mit sogenannten psychischen Vorerkrankungen im Ashram eigentlich nicht willkommen waren. Im Empfangsbüro sprach ich offen und offenbar so unverkrampft, dass man mich nicht als Problemfall einstufte, von meinen »Episoden« und davon, dass ich mir die innerhalb der Community als besonders fortschrittlich geltenden, außerhalb besonders umstrittenen, weil konfrontativen Encounter- oder Begegnungsgruppen nicht oder noch nicht zutraute. Ihr Zweck war, sich und seinem Gegenüber in Rollenspielen hier und jetzt offen, direkt, ungehemmt, also ganz ohne Spielchen, und möglichst selbst-bewusst so zu begegnen, dass Konditionierungen überwunden und festgefahrene Energien freigesetzt werden konnten; Konditionierungen, dachte man damals noch, nähmen mehr Einfluss auf die Persönlichkeit als in die Wiege gelegte Gene.

Eskalationen waren beabsichtigt. Angeheizt von den Gruppenleitern, löste sich bei manchen die aufgestaute Wut, bei anderen waren es unterdrückte sexuelle Energien, die mit einem Mal Ventile fanden. Es kam zu brutalen Handgreiflichkeiten, auch zu sexuellen Übergriffen, die körperliche und seelische Verletzungen hinterließen und nicht zu rechtfertigen waren. Von Zwischenfällen, die in die Öffentlichkeit getragen wurden, hatten auch die deutschen Medien berichtet. Bhagwan hatte darauf reagiert. Als ich im Ashram ankam, war derart hemmungslose, körperliche Gewalt bereits verboten, und als ich mich später doch einmal einem milden Encounter anschloss, hielt ich mich trotzdem im Hintergrund.

Besser aufgehoben fühlte ich mich beim Rebirthing. Unter Anleitung des Therapeuten bringt man sich mithilfe von Atemtechnik in einen tranceähnlichen Zustand, wandert, vereinfacht gesagt, in seiner Erinnerung zurück, wenn möglich bis zur eigenen Geburt, und konfrontiert sich mit frühen Kindheitstraumata, um sie schließlich loszulassen. In einer der Sitzungen fand ich mich als kleines Mädchen unter dem Bügeltisch wieder, mit Blick auf die Beine von Käthemam und der anderen Frauen meiner frühen Kindheit, der Gesellinnen und Lehrmädchen in der Schneiderwerkstatt meiner Mutter, eingehüllt von einer Klangwolke aus vergnügt dahinplätscherndem Klatsch und zuverlässig herzlichen »Na, Bettinchen«-Zuwendungen, die mich vergessen ließen, dass ich eigentlich Ausschau nach meiner rastlosen Mutter hielt.

Mit dem »Warum nicht!«, das mich bis nach Indien getragen hatte, ließ ich mich auf meine erste Vipassana ein. Dass ich sie durchzog, war nicht selbstverständlich für eine neu angekommene Westlerin. Als eine der ältesten buddhistischen Meditationstechniken führt sie über einen zehntägigen Rückzug in die »innere Einkehr«. Zehn Tage in Stille sitzen, nur von kurzen »meditativen Spaziergängen« unterbrochen, konzentriert atmen, nicht sprechen, keine Berührungen mit anderen, nicht einmal Blickkontakte, das übliche Gedankenkarussell durchbrechen, die Empfindungen des eigenen Körpers intensiv wahrnehmen, seine Sinne schärfen, loslassen, mit Gleichmut. Nach ein paar Stunden im Schneidersitz tat mein ganzer Körper weh, meine Schultern, der Rücken, die Knie, der Kopf, doch die Schmerzen gingen, und mit den Tagen ging auch meine Unruhe, bis ich zum ersten Mal ein Gefühl dafür bekam, was es heißen kann, inneren Frieden zu finden.

Bin ich hier richtig?

Die Frage holte mich trotzdem weiterhin ein.

Abends um halb acht wusste ich die Antwort. Zwar trug ich noch kein Sannyasinrot, aber für die Freunde meines Bruders, einige von ihnen auffällig gut aussehend, mit langen Haaren, wie ich sie damals unwiderstehlich fand, war ich schon eine von ihnen. Fast jeden Abend verbrachten wir zusammen in der »Musicgroup«. Tausend Menschen und mehr kamen in die Buddha Hall, um sich auszutoben. Ein bayerischer Swami stimmte seine Eigenkompositionen an. *Glory to You, Bhagwan. You're a Fountain of Love. You're a River of Love.* Mehrere indische und westliche Gitarren begleiteten ihn, Tablas in großer Zahl – die indischen Kesseltrommeln – trieben sie an. *This Is the Journey of the Heart.* Wir tanzten, sangen, klatschten und atmeten uns in Euphorie. *All Are Blessed.* Intensiver hatte ich Musik vorher nie erlebt.

Das ist die Kommune, nach der ich gesucht habe, sagte ich mir in diesen Augenblicken, nicht politisch, nicht dogmatisch, nicht kopfgesteuert, sondern vom Herzen, spielerisch und spirituell. Lebensfreude als Konzept. Sehnsüchtig. Leidenschaftlich. Ohne Zwänge. Das hatte Suchtpotenzial.

Nach etwa vier Wochen selbst gewählter Probezeit – in den Annalen des Ashrams kann man nachlesen, dass es der 21. Januar 1980 war – saß ich auf dem Boden direkt vor dem Meister. »Dance till the Stars Come Down from the Rafters«. Bhagwan hatte die Veranstaltung mit der Zeile aus W. H. Audens *Death's Echo* überschrieben, die heute oft als Postkartenspruch herhalten muss. Ich trug zum ersten Mal ein rotes Kleid.

Künftige Sannyasin entschieden selbst, ob sie ihren ursprünglichen Vornamen behalten oder sich von Bhagwan einen neuen Namen geben lassen wollten. Mir hatte mein Name schon immer gefallen. Bhagwan beugte sich über mich und legte eine Mala aus Holzperlen um meinen Hals, die das Amulett mit seinem Porträt hielt. Ich schaute zu ihm auf, direkt in diese schwarz glänzenden Augen, die durch ihren Betrachter durchzuschauen schienen.

»[…] Dance, dance, for the figure is easy
The tune is catching and will not stop
Dance till the stars come down from the rafters
Dance, dance, dance till you drop.«

Wenn es ein Spiel war, dann spielte ich mit. Für einen Moment setzte er seinen Daumen auf meine Stirn, dorthin, wo die Inderinnen ihr energetisches drittes Auge verorten und deshalb ein Bindi tragen, den roten Punkt. Dann erklärte er mir meinen Namen:

»Ma Anand Bettina. Anand bedeutet ›glückselig‹, Bettina bedeutet ›Gott geweiht‹. Der Mensch kann Gott entweder aus Verzweiflung oder aus Glückseligkeit verehren, entweder aus Angst oder aus Liebe. Aber der Mensch, der Gott aus Angst und Verzweiflung verehrt, steht vor einem Abgrund. Sein Vorgehen ist grundsätzlich falsch. Er wird Gott nie finden. Und wenn er Gott jemals finden sollte, wird er seine eigene Erfindung sein, es wird nicht der wahre Gott sein. Es wird nur seine Gedankenprojektion sein. Er wird ihn sich zurechtlegen, weil er so unglücklich, einsam und ängstlich ist. Er wird eine Erfindung sein, keine Entdeckung. Gott kann man nur entdecken, wenn man sich ihm in der richtigen Stimmung nähert, in Glückseligkeit, aus Liebe. Dann überwindet man die Kluft. Dann ist Gott nicht weit weg. Und dann projiziert man nicht, sondern man entdeckt und lernt den wahren Gott kennen. Und man kann nur aus Liebe geweiht werden, nicht aus Angst. Aber seit Tausenden von Jahren hat der Mensch in Angst gelebt, und die Priester haben die Angst des Menschen, seine Einsamkeit, ausgenutzt. Meine Aufgabe ist es, dir verstehen zu helfen, dass man seine Reise nicht aus Angst beginnen soll, sonst geht schon der erste Schritt schief, und wenn der erste Schritt schiefgeht, geht alles schief. Geh aus Freude auf die Suche, geh fröhlich auf die Suche, spielerisch. Gott ist nicht der Feind, man braucht keine Angst vor ihm zu haben. Wir gehören zu ihm, er gehört zu uns. Wir ergänzen uns. Wir sind ein Teil von ihm, er ist ein Teil von uns.«[2]

Bhagwan sprach feierlich und betonte jedes Wort. Die Bettina von früher in mir, die die erstbeste Gelegenheit genutzt hatte, aus der evangelischen Kirche auszutreten, war überrascht, wie sehr ich mich in seinen Bann ziehen ließ. Mein Staunen quittierte er mit einem: »Hm, good!« Mehr sagte er nicht mehr, bevor er mich als »wiedergeboren« entließ.

***

Um in Poona bleiben zu können, brauchte ich einen Job. Mein Bruder arbeitete in der Vrindavan-Küche, wo ich ihm, als ich die Hoffnung, ihn zu finden, fast verloren hatte, in die Arme gelaufen war. Es lag nahe, dass auch ich dort anheuerte.

Die Chefin und Übermutter des Vrindavan war Deeksha. Bhagwan berief nur Frauen in Führungspositionen, und das gefiel mir. Erst später machte ich mir bewusst, dass es dabei vorwiegend um Verwaltungsjobs ging. Als Therapeuten, die Einfluss auf das Seelenleben der Sannyasin nahmen, waren Frauen in der Minderheit.

Deeksha entstammte einer italienischen Adelsfamilie und herrschte über die Ashram-Cafeteria, die zugleich ein Restaurant war, mit Leidenschaft, dazu eine Näh-, eine Bügel- und eine für allfällige Reparaturen im Ashram abgestellte Handwerkertruppe. Bhagwan schätzte ihr Organisationstalent und ihre Durchsetzungskraft und ließ ihr alle Freiheiten. Von der energischen Hand der Gräfin, flüsterten wir einander zu, konnten selbst Diktatoren lernen. Deeksha habe den Zen-Stick, den Warnungsstab buddhistischer Zen-Meister, verschluckt, hieß es auch. Das erkläre ihre Ausfälligkeiten gegen Mitarbeiter.

Erst teilte sie mich den Näherinnen zu. Wir arbeiteten auf einer Terrasse mit Blick auf die Küche, eine quirlige Gruppe aus Engländerinnen, Französinnen, Japanerinnen, Australierinnen und, in der Überzahl, Deutschen und Amerikanerinnen – fast alle von ihnen unter dreißig. Unter vielem anderen fertigten wir Uniformkleider für Bhagwans enge Mitarbeiterinnen, die sie trugen, wenn sie ihn während der »Energy-Darshans« als »Medien« unterstützten.

Darshans hießen die abendlichen Audienzen bei Bhagwan. Im Unterschied zu den Lectures am Morgen fanden sie in kleinem Kreis statt, um Arrivals oder Departures zu feiern, neue Sannyasin zu weihen oder eben einer Gruppe von Auserwählten einen »Energyboost« zu geben. Dafür verdunkelte Bhagwan mit einem Fingerdruck auf einen Hauptschalter, den nur er bedienen durfte, den gesamten Ashram. Alle, die nicht das Privileg hatten, zu seinen Füßen zu sitzen, sollten das als Einladung verstehen, innezuhalten und seine Energie aus der Ferne aufzunehmen.

Die Nähabteilung war Deekshas Prestigeprojekt, über das sie furios wachte. Und unberechenbar. Einmal wurde ich ihr Opfer. Ich saß an einem Nähtisch. Ohne Anlass holte sie aus und ohrfeigte mich. Ich war zu entsetzt, um mich zu wehren. Einer ihrer engsten Vertrauten stand in der Nähe. »Das hatte nichts mit dir zu tun«, versuchte er mich aus meiner Schockstarre zu holen, »nimm es nicht persönlich.«

Egal wie fest, ein Zen-Meister schlägt immer aus Barmherzigkeit, heißt es im Zen-Buddhismus. So konnte man es auch verstehen. Ich blieb und arbeitete weiter unter Deekshas eigenwilliger Führung, erst als Näherin, dann als Büglerin, schließlich in der Bäckerei. Viele fühlten sich dorthin strafversetzt. Die Arbeit war ihnen zu anstrengend. Ich ging darin auf.

Die Backstube lag ein paar Blocks außerhalb des Ashrams. Wir nannten sie »No. 70«, nach ihrer Hausnummer im Koregaon Park. In Wald-Amorbach hatte ich mit dem Brotbacken experimentiert. Jetzt lernte ich das Bäckerhandwerk richtig. Die Frühschicht begann um vier Uhr morgens, zum Glück hatte ich Freundinnen, die direkt über der Backstube wohnten und mich in den Nächten vor meinen Einsätzen bei sich schlafen ließen. Im Morgengrauen stellten wir mehrere Hundert Laibe verschiedener Brotsorten und fünfhundert Croissants her, die geliefert sein mussten, wenn die Morning-Lecture zu Ende war und Hunderte, nicht nur erleuchtungshungrige Sannyasin die Cafeteria stürmten.

Die Teigberge bearbeiteten wir mit unseren Händen. Ich spezialisierte mich auf das Rollen und Falten des Teigs für die Buttercroissants. Mit der wässrigen indischen Butter war das eine Geduldsarbeit. Teigmaschinen hatten wir nicht. Der Holzofen war selbst gebaut. Eines Morgens befeuerte einer der Bäcker ihn allzu eifrig. Die Explosion schleuderte ihn gut zehn Meter weit auf meinen Arbeitstisch. Der Teig federte seinen Aufprall ab. Er kam mit leichten Verbrennungen und – wie ich – mit einem Schock davon.

In solchen Momenten war Deeksha zur Stelle. So beleidigend und missbräuchlich sie sein konnte, so gefürchtet ihre Attacken waren, so treu sorgend kümmerte sie sich um ihre Schützlinge. Wir bekamen Kleidung, den begehrten »Foodpass« – erst einen halben, später einen ganzen –, mit dem man sich in der Cafeteria versorgen konnte, gelegentlich einen vorderen Platz in Bhagwans Morning-Lecture und ein paar Mal auch Zugang zu einem Energy-Darshan. Bhagwans Medien saßen im Kreis auf dem Boden, in ihre Mitte nahmen sie vier bis sechs Auserkorene und Bhagwan selbst. Es wurde dunkel, Tablas, Flöten und Sitar fingen an zu spielen, die Medien wiegten ihre Körper zu den Klängen, es hieß, sie könnten damit die Energien im Raum lenken, während Bhagwan einem nach dem anderen im Kreis seine Daumen gegen die Stirn drückte, um weitere Energie zu stimulieren. Die Musik steigerte sich von Crescendo zu Forte, es fiel mir nicht schwer, den Rhythmus der Medien mitzugehen, erst langsam, dann immer schneller, und mich aufgeladen und gestärkt zu fühlen, manche Teilnehmer stöhnten unkontrolliert, manche verloren ihr Gleichgewicht und fielen um, bis Bhagwans »Stopp!« die Feier schlagartig beendete. Im schwachen Licht einer Kerze wurde die Gruppe von einer nächsten abgelöst, und das Ritual begann von Neuem.

Mehr aus Geselligkeit denn aus Genuss gewöhnte ich mir an, Bidis zu rauchen, diese in Blätter des Tendubaums gerollte, entsetzlich ungesunde (und in Deutschland verbotene), aber verführerisch billige Tabak- und Kräutermischung, oft mit indischem Eukalyptus parfümiert. Die Raucher trafen sich außerhalb des Ashrams im Bidi-Tempel. Bhagwan hasste Tabakrauch, aber wer rauchen wollte, sollte kein schlechtes Gewissen haben. Für viele war der Raucher-Tempel eine

Art Pausenhof, wo sie vor und nach der Arbeit, vor und nach ihren Selbsterfahrungsgruppen vorbeischauten. Hier kam man auch mit indischen Sannyasin ins Gespräch, die zu den auf Westler zugeschnittenen (Selbsterfahrungs-)Gruppen nicht zugelassen waren.

Die erste Bidi des Tages rauchte ich oft schon auf nüchternen Magen, bevor die Hitze sich über die Stadt legte. Ich trug meine weiße, handbestickte Bluse (es war noch während der mir selbst auferlegten Probezeit), als mich an einem frühen Morgen ein Swami ansprach, dem Bhagwan den Namen Samudaya gegeben hatte, nach der zweiten der Vier Edlen Wahrheiten Buddhas, die die Ursachen für das Leiden der Menschen benennt – Gier, Hass und Verblendung. Samudaya, der sich Samu rufen ließ, war alt genug, um mein Vater zu sein, aber mit drahtigem Körper und federndem Gang. In seinem Gesicht fielen mir die hervorstechenden Wangenknochen und seine flinken, slawischen Augen auf. Er sei aus New York, sagte er, von Beruf Grafikdesigner, »und du« – mittlerweile war er von Englisch ins Deutsche gewechselt –, »du bist Deutsche.« Er fragte mich nicht. Er stellte fest. Wir redeten über dies und das. Ich fand ihn attraktiv und so entspannt, wie die meisten im Ashram gern gewesen wären.

Wir verabredeten uns für den Abend und verbrachten die Nacht zusammen. Man kannte sich flüchtig und schlief miteinander. Das war nicht ungewöhnlich zwischen Sannyasin, deren Guru von der sexuellen Lust als »true way to enlightenment« predigte. *From Sex to Superconsciousness* heißt Bhagwans erster Weltbestseller, »Vom Sex zum Überbewusstsein«, in dem er die Sexualität die grundlegendste und lebendigste Energie des Menschen nannte, ihre Tabuisierung und Unterdrückung durch verkrampfte religiöse Institutionen auf der ganzen Welt anprangerte und für viele gesellschaftliche Missstände und seelische Erkrankungen der Menschen verantwortlich machte. »Make peace – and love.« Das zog viele Westler an. Ihre exzessive Interpretation von sexueller Befreiung brachte der Ashram-Kommune die Feindschaft des offiziellen Indiens und ihrem Meister den Titel »Sex-Guru« ein. »Gib deinen Bedürfnissen nach …« – Das verstanden manche als »Nimm dir (willkommen auf dem Egotrip!), worauf du gerade Lust hast«. »Gib deinen Bedürfnissen nach, [aber nur] so lange, bis sie befriedigt sind« war Bhagwans vollständige Botschaft, »dann gehe in die Enthaltsamkeit.« Der Weg dorthin war vielen zu weit.

»Wie heißt du eigentlich mit bürgerlichem Namen?« Samus in der Morgendämmerung gestellte Frage überraschte mich. In Poona lebte man im Moment. Für die meisten spielten Herkunft und Vorleben keine Rolle.

»Bettina. Göring.« Und als wüsste ich nicht, dass es in Deutschland zwar viele Görings gibt (so viele, dass das zuständige Amt einem meiner Cousins die Namensänderung verweigerte), für Kriegserfahrene aber nur den einen, fügte ich leise »Ja der, leider« an.

Samu fixierte mich, wie man auf einem wankenden Schiff den Horizont fixiert, um nicht seekrank zu werden. Auf einmal stieß er einen durchdringenden Lacher aus und zeigte auf die Ziffern, die in Schwarzblau auf seinen linken Unterarm tätowiert waren. Ich hatte sie bis dahin nicht bemerkt.

Swami Samudaya, aufgewachsen als David Eckstein, war ein Teenager von vierzehn Jahren, als Soldaten des Naziregimes die jüdischen Bewohner seines Dorfes im karpatenrussischen Teil der Tschechoslowakei, dem äußersten Westen der heutigen Ukraine, zusammentrieben und nach Auschwitz deportierten. Er war der Zweitjüngste von neun Geschwistern. »Ich glaube, wir werden alle sterben«, hatte sein kleiner Bruder zur Mutter gesagt, als sie auf dem Weg nach Polen aneinandergedrängt in einem Viehwaggon saßen. Das erzählte er mir erst, als ich ihn im Sommer 2016 in Arizona wiedertraf; in der Künstlerkolonie von Sedona hatte er Ende der 1980er-Jahre seine letzte und endgültige Heimat gefunden.

Samudaya hat Auschwitz, Bergen-Belsen und drei weitere Konzentrationslager überlebt. Außer ihm überlebte aus seiner Familie nur eine Schwester. Nach dem Krieg trafen sie sich in ihrem Heimatdorf wieder. Sie blieben nicht lang. Überlebende Juden wurden offen angefeindet. Sie waren unangenehme Zeugen der Kollaboration ihrer Nachbarn mit den Besatzern. Und womöglich kamen sie, um Ansprüche auf ihr enteignetes Haus, ihr Hab und Gut zu stellen.

Als Displaced Person gelangte Samudaya über Berlin nach England, lernte Oxford-Englisch, begann ein Ingenieurstudium – und blieb ein Fremder. Großbritannien habe Hitlers »Endlösung« hingenommen, klagte er an. Das junge Israel war seine Hoffnung. Vier Jahre diente er in einer Spezialeinheit der israelischen Armee. Frieden fand seine Seele auch dort nicht. Zeichnen und Malen wurden ein Ventil. Er zog weiter in die USA, ließ sich in der Nähe seiner Schwester in Woodstock nieder und studierte Grafikdesign. Im Meditieren fand er einen Weg, mit seinen chronischen Schmerzen und seiner Unruhe – Spätfolgen des Lagerterrors – umzugehen. So hörte er von Bhagwan. Als er der Schwester nach seiner Rückkehr von einem ersten Aufenthalt in Poona erklärte, dass er fortan in Bhagwans Kommune leben wolle, bot sie ihm 6000 Dollar, um den Irrsinn mit dem falschen Propheten zu überdenken. Anders als er folgte sie den Glaubensregeln ihrer Kindheit, heiratete einen orthodoxen Juden und bekam elf Kinder und – so Samudaya – »elfmal elf Enkel. Ihr Sieg über Hitler«.

Vor ihm war ich noch keinem Juden begegnet, erst recht keinem KZ-Überlebenden. Um nichts Falsches zu sagen, sagte ich gar nichts. Er fing sich schneller als ich und nahm mich an der Hand. »Wenn es einen Ort auf dieser Erde gibt, an dem wir uns auf diese Weise begegnen können, einen Ort, an dem es genug Mitgefühl und genug Liebe für uns beide gibt«, sagte er in die Stille hinein, »dann ist es hier, in Poona«; und als wundere er sich selbst über sein Pathos, begann er zu lachen und riss mich mit, wir saßen einander gegenüber, Hand in Hand, weil Angst und Scham und Wut sich zu zweit besser überwinden lassen als allein, und lachten entgeistert, und lachten ergriffen, und lachten befreit, bis uns der Atem ausging.

Ein paar Wochen später saßen wir im Bidi-Tempel in einem Einverständnis nebeneinander, das sonst langjährige Freundschaften ausmacht. Samu erzählte mir, wie Bhagwan ihn losgeschickt hatte, sich eine Frau aus dem Land der Täter zu suchen und – in einer Art Private Encounter – mit ihr zu schlafen. »I nailed it«, sagte er. Hauptgewinn. Wieder mussten wir lachen.

1944

In Schrecken endet das alte Jahr. In Schrecken beginnt das neue. Schwerer Nachtangriff am 29. Dezember. Schwerer Nachtangriff am 1. Januar. Der schwerste Nachtangriff dieses Krieges am 2. Januar. Wir kehren Schutt. Wir nageln Pappen. Wir sitzen ohne Wasser, ohne Verkehrsmittel, ohne Strom.« Das war jetzt der Alltag in Berlin. »Auch das Telephon ist tot, und nur auf Umwegen erfährt man, ob die fernerwohnenden Freunde am Leben sind. Ein verheißungsvoller Jahresbeginn.«[1]

Wollt ihr den totalen Krieg, hatte der »Generalbevollmächtigte für den totalen Kriegseinsatz« Joseph Goebbels nach der endgültigen Niederlage bei Stalingrad in die Menge geschrien.[2] Mit seiner demagogischen Sportpalastrede, die bis heute als unumstrittener Höhepunkt der kriegstreiberischen Nazipropaganda gilt, wollte er die deutsche »Volksgemeinschaft« auf eine weitere Radikalisierung des Kriegs einschwören – und sie zugleich gegen Hermann Göring aufbringen. Allen stünde eine »spartanische Lebensführung« bevor, die teuren Restaurants und Luxusgeschäfte des »Amüsierpöbels« würden endlich geschlossen. Damit zielte er konkret gegen den Erzrivalen, dessen Ansehen inzwischen sowohl in der deutschen Öffentlichkeit als auch bei Adolf Hitler so schwer beschädigt war, dass Goebbels hoffte, er könne ihm den Todesstoß versetzen. Doch Hitler hielt an seinem zweiten Mann fest.

Er wolle Meier heißen, wenn nur ein feindliches Flugzeug die Reichsgrenze überfliege, soll Göring zu Kriegsbeginn geprahlt haben. Seit dem Untergang der 6. Armee in Stalingrad lag sein Versagen offen. Viele hielten ihn für einen militärischen Scharlatan und nannten ihn nur noch den »Reichsmeier« oder schlicht »Hermann Meier«, und nicht nur hinter vorgehaltener Hand; und das zerbombte Berlin hieß nicht mehr Berlin, sondern »Meierdorf«.[3]

Je weniger Bewunderer ihm blieben, desto mehr schottete er sich von der Realität ab, desto mehr Energie steckte er in seine Selbstinszenierung, und wer dachte, dass keine Steigerungen mehr möglich wären, musste sich Fantasielosigkeit eingestehen. Albert Speer soll sich im Februar 1943 über seine rot lackierten Fingernägel gewundert haben. Beim gemeinsamen Gespräch habe der Reichsmarschall mit einer Reihe von ungefassten Edelsteinen gespielt. Zu der Zeit war sein Drogenkonsum weiter eskaliert, bei seinen öffentlichen Auftritten machte er eine schlechte Figur. Die Entlassung seines Stellvertreters, dessen Position er erst kurz nach Beginn des Russlandfeldzuges bestätigt hatte, hätte jedoch auch Adolf Hitlers Ansehen gefährdet. Obwohl ihn Görings Ichsucht und Eitelkeit anwiderten, rückte der »Führer« deshalb vorläufig nicht offiziell von ihm ab – und zwar keineswegs uneigennützig. »Ich habe immer gemerkt: Wenn es auf Biegen und Brechen kommt, ist er der rücksichtslose, eisenharte Mensch«, hatte Hitler ihn noch während einer Lagebesprechung im Juli 1943 verteidigt und dabei in Wiederholungen gesprochen, als überwältigte ihn Görings Brutalität noch immer oder als müsse er vor allem sich selbst daran erinnern. »Also da kriegen Sie gar keinen Besseren, einen Besseren können Sie gar nicht haben. Der hat mit mir doch alle Krisen durchgemacht, die schwersten Krisen, da ist er eiskalt. Immer, wenn es ganz schlimm wurde, ist er eiskalt geworden.«[4]

Der »totale Krieg«. Seit vielen Monaten hatte er die deutsche Zivilbevölkerung im Griff, ab März 1944 kamen die Luftangriffe der Alliierten nun auch bei Tag. Alarm und Entwarnung im Wechsel bestimmten den Lebensrhythmus. »Alarm, Alarm und nochmals Alarm.« – »Man hört nichts anderes, sieht nichts anderes, denkt nichts anderes. In der S-Bahn, auf den Straßen, in Geschäften und Autobussen – überall schwirren die gleichen Gesprächsfetzen. Total ausgebombt … Dach abgedeckt, Wand eingestürzt … Fenster raus … Türen raus … Fliegerschadenschein … Alles verloren. Es ist, als ob für die übrigen Nöte kein Raum mehr sei.«[5] Von etwa eineinhalb Millionen Berliner Wohnungen wurden insgesamt mehr als eine halbe Million völlig zerstört, etwa 100 000 schwer und 380 000 leicht beschädigt. Eineinhalb Millionen Menschen wurden obdachlos.[6] Wer konnte, floh aufs Land.

Als habe es eine Bestätigung gebraucht, dass das Leben weitergeht, egal wie dunkel die Seite ist, von der es sich gerade zeigt, hatte es am 24. Dezember 1943 auf dem Julianenhof mehr zu feiern gegeben als das Weihnachtsfest. Imme Vollhardt hatte dort ein gesundes Mädchen zur Welt gebracht, und weil sie sich vorher offenbar auf keinen Namen festgelegt hatte, nannte sie es nach dem Ort ihrer Niederkunft Juliane.

Immchen, wie man sie in der Familie zur Unterscheidung von Großmutti Ilses Schwester Imme nannte, war die Lieblingscousine meines Vaters (und wurde deshalb dreizehn Jahre später eine meiner Taufpatinnen). Die Großväter der beiden – Korvettenkapitän Otto Burchard und der acht Jahre ältere Walter, der wie viele aus Großmutti Ilses polyglotter Burchard-Familie sein Glück als Kaufmann in Südamerika versucht hatte – waren Brüder.* Immchen war 1939 mit Mitte zwanzig aus Santiago de Chile nach Europa gezogen, in ihrer Heimat war sie kurz und unglücklich verheiratet gewesen, in Berlin hatte sie Familienanschluss. Wie den Rodes und anderen Verwandten stand ihr Großmutti Ilses weitläufige Wohnung In den Zelten offen, und auch eine Anstellung fand sie – dank Vitamin B und G(öring) – schnell.[7]

Zuerst arbeitete sie im Auswärtigen Amt. Nachtschicht um Nachtschicht. Geheimdienstdokumente. Telegramme entschlüsseln. Bloß kein Wort davon zu irgendjemandem. Dann wurde sie als spanische Muttersprachlerin an die deutsche Vertretung in Madrid berufen. Die Botschaftssekretärin lernte den promovierten Ingenieur im militärischen Rang eines Flieger-Oberstabsingenieurs Herbert Vollhardt kennen. Große Liebe. Das erste gemeinsame Kind kündigte sich an. Es sollte in Berlin zur Welt kommen, aber

* Walter Burchard lebte erst in Chile, dann in Peru. Seine Ehe mit Mathilde Hellmann wurde nach neun Jahren geschieden. Walter starb Anfang Juli 1897 an Typhus, knapp drei Monate vor seinem vierzigsten Geburtstag; in: Franz Heinrich Dunckelmann: *Nachrichten von der Familie Burchard*, a. a. O., S. 73.

keinesfalls unehelich. Bange Monate. Die geschiedene Ehe in Chile musste annulliert werden, es sollte ein echter Neubeginn sein, und auch sonst war viel Behördenkram zu erledigen. Als sie im November 1943 heirateten, war Immchen hochschwanger. Ein paar Tage später, in der Nacht vom 22. auf den 23. November, wurde bei dem Luftangriff, bei dem auch die Kaiser-Wilhelm-Gedächtniskirche in Charlottenburg getroffen wurde, deren Turmruine bis heute zu den bekanntesten Wahrzeichen Berlins zählt, das Wohnhaus In den Zelten 22 vollständig zerstört.[8] Großmutti Ilses Untermieter hatten Glück: Keiner von ihnen war in jener Nacht in der Wohnung, vermutlich waren sie vor den Bombardements in einen Luftschutzkeller geflüchtet. Ilse selbst wohnte schon seit einer Weile in Grunewald. Die Rodes nahmen die Obdachlosen auf, auch Immchen.* Auf dem Julianenhof konnte sie sich auf die Geburt vorbereiten.

Just am 24. Dezember setzten die Wehen ein. Ein Grund, die Nerven zu verlieren, war das aber auch in der brandenburgischen Abgeschiedenheit eine Stunde östlich von Berlin nicht. Großmutti Ilses Schwester Erika kannte sich aus mit Hausgeburten, und unter einem besseren Stern als dem von Bethlehem konnte der Tag ohnehin nicht stehen. Erika sprang als Hebamme ein, ihr langjähriges Kindermädchen Sofia, das die Rodes nach Deutschland begleitet hatte, ging ihr als Hilfsschwester zur Hand. In der Abgeschiedenheit der venezolanischen Hacienda hatte Diplomlandwirt Walter Rode sich selbst zum Mediziner ausgebildet, Erika hatte ihm bei seinen Krankenbehandlungen regelmäßig assistiert, Sofia war in die Rolle der Krankenschwester hineingewachsen.

Es war die fünfte Kriegsweihnacht. Von Kiew aus startete die Rote Armee ihre Winteroffensive gegen die deutsche Wehrmacht. Im Radio schwadronierte Joseph Goebbels vom »deutschesten unter den deutschen Festen«. Die Kinder im Julianenhof strichen auf-

* Neben Imme Vollhardt hatten auch die Mollys, Großmutti Ilses älteste Schwester Ida Marie »Imme« und ihr Mann Walter, ehemaliger deutscher Konsul in Brasilien und nun Verlagslektor, In den Zelten 22 gewohnt. Nach dem Bombardement bezogen sie das »Jägerhäuschen«, ein Gästehaus auf dem Julianenhof. Nach dem Krieg zogen sie nach Bayern an den Tegernsee.

geregt durch die Gänge. Gegen vier Uhr Nachmittag und noch vor Einbruch der Dunkelheit hörte die damals dreizehnjährige Gudrun Rode das Neugeborene zum ersten Mal schreien. Anfang Februar 1944 kehrte Immchen mit Baby Juliane nach Madrid zurück.

***

Ob meine Großmutter Zeit für einen Abstecher zum Julianenhof fand, um das neue Familienmitglied zu begrüßen? Als DRK-Generalhauptführerin hatte sie einen engen Terminkalender, reiste von Einsatzort zu Einsatzort und zunehmend von Ausnahmezustand zu Ausnahmezustand. Diese rastlose Routine dürfte ihr jedoch, so paradox das klingen mag, Halt gegeben haben; denn Ilse Göring, die nun gar nicht mehr Göring hieß, sondern Diels, kämpfte inzwischen selbst um ihr Überleben, vor allem um ihr emotionales. Ihr Privatleben war vollends in Schieflage geraten.

Seit ich das Drama ihres persönlichen Absturzes kenne, mischt sich in meine Abneigung gegen sie, die mich zum ersten Mal als Fünfjährige einholte und die sich umso tiefer in mir einbrannte, je mehr ich über ihre enge Verbindung zu Hermann Göring und ihre Rolle als einem der Dreh- und Angelpunkte im Göring-Clan aufschnappte, eine gewisse Achtung, die mich manchmal irremacht, weil sie mir wie ein unangemessenes Zugeständnis vorkommt. Die routinierte Ordnung in meinen Schubladen – hier die weißen, hier die schwarzen, hier die braunen Socken – ist auf dem langen Weg, den ich für dieses Buch gegangen bin, jedenfalls durcheinandergeraten. Trotz meiner fehlenden Bindung an Großmutti Ilse und meiner Kritik an ihr habe ich nämlich so etwas wie Achtung entwickelt vor der Radikalität, mit der sie ihr Schicksal trug und sich – gnadenlos, vor allem zu sich selbst – immer wieder aufraffte und um ihre Unabhängigkeit kämpfte, selbst wenn das schließlich ein Leben zwischen Küche und Stall bedeutete. Und ja, die Wo-die-Liebe-hinfällt-Frau tut mir trotz allem auch leid.

Mitte Januar 1943 hatte sie – nachdem »Heinrich Himmler auf verschiedene Weise versucht hatte, die Eheschließung zu verhindern« – den »Regierungspräsidenten zur Disposition und Vorsitzenden des Vorstandes der Reichswerke Hermann Göring-Binnenschiffahrt« geheiratet – Rudolf Diels.[9] Mitte Dezember 1944 wurde die Ehe wieder geschieden.[10]

Mit Diels – davon habe ich schon erzählt – verband meine Großmutter seit 1933 eine Beziehung, die sie, vermutlich Diels zum Gefallen, auch dann noch eine langjährige »Freundschaft« nannte, als es für sie längst Liebe war.[11] Zum Standesamt gingen sie, weil sein Leben auf dem Spiel stand.

»Ich wünschte Dir einmal einen Menschen, an den Du Dich verschwenden kannst. Den Du lieben und verwöhnen kannst. Du wirst arm, wenn Du so lange immer nur nimmst«, hatte ihm Hildegard Mannesmann geschrieben.[12] Sechs Jahre – von 1930 bis 1936 – war Diels mit der Industriellentochter verheiratet gewesen. »Es gibt nur wenige Menschen, deren Erscheinung mir nach vielen Jahren noch bis ins Kleinste in Erinnerung ist«, heißt es über sie in Lina Heydrichs Memoiren.*

Das Buch verharmlost die Rolle ihres Ehemanns als Leiter des Reichssicherheitshauptamts und Stellvertretender Reichsprotektor in Böhmen und Mähren. Anfang Juni 1942 – zehn Tage vor Linas einunddreißigstem Geburtstag und wenige Wochen vor der Geburt des vierten gemeinsamen Kindes – war Reinhard Heydrich nach einem Attentat tschechischer Widerstandskämpfer gegen ihn gestorben.**

Bis dahin war er im Auftrag Hermann Görings einer der Hauptorganisatoren des Holocausts gewesen. Unter seiner Leitung war am 20. Januar 1942 – der Massenmord an den Juden in der Sowjetunion war da bereits seit Monaten im Gang – die Wannseekonfe-

* Lina Heydrich: *Mein Leben mit Reinhard. Die persönliche Biographie,* Gilching 2012, S. 81. Reinhard Heydrich war 1934 zu Rudolf Diels' Nachfolger bei der Gestapo ernannt worden. Lina Heydrich trat mit neunzehn Jahren der NSDAP bei und galt als glühende Antisemitin. Bis zu ihrem Tod 1985 blieb sie bei ihren Überzeugungen und hielt Kontakt zu nationalsozialistischen Kreisen.

** Am 27.5.1942 wurde Reinhard Heydrich in Prag durch eine Handgranate schwer verletzt. Er starb am 4.6.1942. Der Anschlag gilt als das einzige erfolgreiche Attentat gegen einen hochrangigen Nazi.

renz im Gästehaus des Reichssicherheitshauptamts der SS im gleichnamigen Berliner Vorort abgehalten worden, auf der Hermann Göring sich nicht, natürlich nicht gezeigt hatte. »Sie war [...] klein und zierlich, mit herrlich rotem Haar«, schwärmte Lina Heydrich, der stämmige Inbegriff einer nationalsozialistischen Frau und Mutter, über Hildegard Mannesmann. »Während sie anschmiegsam und zärtlich ihrem Mann zugetan war, wirkte er, seine Augen hinter einer dunklen Brille versteckt, grob und herrisch und fordernd wie ein Pascha. Dass diese Ehe nicht hielt, war für mich kein Wunder.«[13]

Die Beziehung hatte Rudolf Diels den Weg aus der Provinz in die Hauptstadt geebnet. »Euer Hochwohlgeboren erlaube ich mir mitzuteilen, dass ich mich am 28. März 1930 mit [der] Tochter des Fabrikbesitzers [Alfred] Mannesmann-Remscheid vermählt habe«, hatte er – seines Zeichens Assessor im Landratsamt der Kleinstadt Teltow – vermeldet.[14] Mit einem Mal hatte er Kontakt zum preußischen Innenministerium und Zugang zu den Entscheidungsträgern aus Wirtschaft und Gesellschaft, Politik und Verwaltung. Von da an war es mit seiner Karriere rasant bergauf und mit seiner Ehe rasant bergab gegangen, und seit seiner Scheidung hatte Großmutti Ilse sich offenbar Hoffnungen auf ihn gemacht.

Der Mensch, den er »lieben und verwöhnen kann«, an den er »sich verschwenden kann«, wurde meine Großmutti Ilse für Rudolf Diels nie. Aber im entscheidenden Moment waren sie in einer Schicksalsgemeinschaft verbunden. Nach einem gemeinsamen Foto der beiden habe ich vergeblich gesucht. »Einer meiner Hauptbeweggründe zu diesem Schritt war mein Wunsch, durch die Verbindung mit dem Namen Göring für Rudolf Diels einen Schutz gegen die ständigen Verdächtigungen und Verfolgungen zu schaffen, deren er von Seiten Himmlers und seiner Beauftragten Heydrich und später Kaltenbrunner ausgesetzt war«, gab Ilse nach dem Krieg zu Protokoll.[15]

Tatsächlich war der schlaue Aufsteiger als Regierungspräsident von Hannover angeeckt, wie er schon in seinen früheren Positionen angeeckt war, »charakterlich nicht einwandfrei«, in entscheidenden Momenten nicht verlässlich und nicht verschwiegen genug.[16] Diels selbst sprach nach dem Krieg von internen »Zwistigkeiten hinsichtlich der Judenfrage« und bestand darauf, einen gemäßigteren Weg verfolgt zu haben als seine Kollegen und Widersacher.[17] Dass jüdische Menschen nicht zur »Volksgemeinschaft« gehörten, stellte er hingegen nicht infrage, ihre Abschiebung aus Deutschland trug er mit.[18]

Kritische Äußerungen hätten ihn in die Bredouille gebracht, und tatsächlich war er in privaten und halb öffentlichen Kreisen immer wieder mit Bemerkungen gegen das Regime aufgefallen, die überzeugte Nationalsozialisten an seiner Loyalität zweifeln und ihn schließlich für gefährlich halten ließen.[19] Ende 1941 hatte er den internen Machtkampf in Hannover verloren – oder beschlossen, ihm aus dem Weg zu gehen. Darin sind die Quellen sich uneins. Für seine finanzielle Absicherung hatte er jedenfalls sorgen lassen. Im Februar 1942 war Hermann Göring seinem früheren Geheimdienstchef wieder einmal zur Seite gesprungen – offenbar nur mehr widerwillig und nur weil Großmutti Ilse bei ihrem »guten Onkel« und Schwager nicht lockerließ. »Göring hat mir über seine Frauen ausrichten lassen, dass er es doch gut mit mir meine«, bestätigte Diels.[20] Die Hochzeit zwischen ihm und Ilse war da bereits beschlossen.

»Ich bitte, mir den Herrn Regierungspräsidenten Diels für eine besonders wichtige, im Konzern der Reichswerke ›Hermann Göring‹ liegende Stellung sofort freizugeben«, formulierte der Mann, dessen Vierjahresplan inzwischen als gescheitert galt. Und »[…] da Regierungspräsident Diels auch in seiner neuen Stellung im Reichswerke-Konzern wichtige allgemeine Interessen wahrnehmen wird und seine Berufung meinem Wunsch entspricht, bitte ich, ihn […] unter Gewährung der zuständigen Bezüge zur Disposition zu stellen«.[21]

Neuer, vermeintlich unpolitischer Job. Alte Payroll. Dazu eine Dienstvilla in Berlin-Grunewald. Nicht irgendeine Villa, sondern das großbürgerliche Haus von »Lella« Aniela Huldschinsky, der Schwiegertochter des Industriellen und Kunstsammlers Oscar

Huldschinsky.* In der Rathenauallee gelegen, »gegenüber Flick«.[22] Friedrich Flick war einer von Hitlers wichtigsten Waffenlieferanten und beschäftigte Zehntausende Zwangsarbeiter.

Als Rudolf Diels und Großmutti Ilse das Anwesen bezogen, war aus der nach dem von Rechtsradikalen ermordeten Reichsaußenminister Walther Rathenau benannten Allee allerdings längst die Taubertstraße nach dem Berliner Pianisten und Liederkomponisten des 19. Jahrhunderts geworden.[23] Schon 1933 hatte man alle jüdischen und unerwünschten Straßennamen aus dem Stadtbild getilgt. Kurz vor Kriegsbeginn oder kurz danach konnte Lella Huldschinsky in die Niederlande emigrieren. Das Ehepaar Diels bewohnte ein »arisiertes« Haus. Auch mein Vater hatte dort ein Zimmer.

Seine Loyalitätskonflikte waren kein Anlass für Rudolf Diels, zum Regime auf Distanz zu gehen und sein gesichertes Wohlstandsleben aufzugeben. »In zunehmendem Maße war Hitler gegen die bürokratischen Überorganisationen Görings, Vierteljahresplan, Luftwaffe und besonders den Mammutkonzern HGW [Hermann Göring Werke] und ihre Produktivität stutzig geworden«, wusste Diels. Erstmals trug ein deutsches Unternehmen den Namen eines politischen Führers, wie es in der Sowjetunion schon seit Lenins Tod Brauch war. »Die Firmierung des wichtigsten Teils der deutschen Schwerindustrie wirkte anstößig …«, lenkte Diels später von seiner Rolle im Konzern ab.[24]

Solange er durfte, nannte er sich jedoch »Generaldirektor«. Seine Aufgabe war, die Produktion der Binnenschifffahrts-AG der Reichswerke zu maximieren und Rohstoffquellen in den besetzten Gebieten, vor allem Osteuropas, anzuzapfen. Dafür ging er häufig auf Inspektionsreisen.

* Oscar Huldschinsky (1846–1931) war einer der wichtigsten Repräsentanten der schlesischen Schwerindustrie in Berlin. Das *Jahrbuch des Vermögens und Einkommens der Millionäre* in Berlin listete ihn 1913 auf Rang zwölf der reichsten Berliner. Seine Schwiegertochter Aniela Henriette Huldschinsky, née Fürstenberg (1891–1978), war in erster Ehe bis zur Scheidung in den frühen 1920er-Jahren mit Huldschinskys Sohn Paul verheiratet, einem Architekten und Innenarchitekten, der u.a. Thomas Manns Exilvilla in Kalifornien entwarf.

Bei den Nürnberger Prozessen gab er zu Protokoll, dass er auf seinen Reisen – er selbst stand im Rang eines SS-Oberführers im Stab des SS-Hauptamts – Zeuge von Kriegsverbrechen der SS wurde. Nicht nur von menschenunwürdigen Behandlungen der Zwangsarbeiter berichtete er, sondern von der Massenvernichtung der Juden, von Tötungen in Konzentrationslagern, von Massengräbern in Kiew und anderswo. Dass er Bescheid wusste, wundert mich nicht, dass er aus Kiew und anderswo zurückkam und seine Eindrücke gegenüber meiner Großmutter für sich behielt, kann ich mir, redselig, wie er war, kaum vorstellen. Selbst wenn sie als DRK-Generalhauptführerin diesen Verbrechen aus dem Weg gegangen sein sollte, dürfte sie mehr gewusst haben, als sie jemals zugegeben hat.

Mitte Dezember 1942 hatte der Reichsführer SS Heinrich Himmler dem Heiratsgesuch nach monatelangem Hin und Her in einem bürokratiegesteuerten und teilweise geheimen Verfahren stattgegeben. Davor hatte er, offenbar ohne durchschlagenden Erfolg, in Diels' alten Akten nach »verschiedenen sehr belastenden Dingen aus der Systemzeit« graben lassen. Schließlich handelte es sich um ein »über eine Prominentenhochzeit hinausgehendes Politikum«.[25] Dass die Ehe nach eineinhalb Jahren geschieden wurde – geschieden werden musste –, lastete meine Großmutter Himmler an. Letztendlich scheiterte sie aber an Hermann Göring, der Jahre vorher auf die Legalisierung des aus seiner Sicht ungut schlampigen Verhältnisses gedrängt hatte und nun nicht mehr einschreiten wollte noch konnte. Im Machtkampf zwischen ihm und Heinrich Himmler, so lief inzwischen das Gerücht, zog er den Kürzeren.[26]

Diels sei endgültig in Ungnade gefallen, nachdem Denunzianten Himmler dessen neuerliche systemkritische Äußerungen zugetragen hatten, heißt es. Zudem habe er sich gegen eine Verlängerung des aussichtslosen Kriegs ausgesprochen. Sogenannten Wehrkraftzersetzern wie ihm drohte die Todesstrafe, mehr als 20 000 »Verräter« wurden hingerichtet. Das NS-Regime setzte auf fanatische Durchhalte- und Einschüchterungsparolen – kein anderer Staat hat sich jemals so lang und blindwütig gegen eine unabwendbare Niederlage gewehrt und dafür so hohe Verluste hingenommen. Im August 1944, zwei Monate nach der Invasion der Westalliierten in der Normandie, waren die deutschen Truppen auf ihre Ausgangsstellung von 1941 zurückgedrängt.

Die auffindbaren Zeugnisse zu Diels' Konflikt mit Himmler, besonders auch das meiner Großmutter, sind mit Vorsicht zu bewerten. Sie stammen aus der ersten Nachkriegszeit und dienten Diels' Reinwaschung. Himmler hätte Rache nehmen wollen.

Tatsächlich beschwerte Himmler sich direkt bei Hermann Göring, für den Rudolf Diels nun offenbar zur untragbaren Last wurde. Er entließ den – was eigentlich? – angeheirateten Neffen aus den Reichswerken und ordnete seine umgehende Einberufung zur Wehrmacht an. Als Diels sich ein ärztliches Attest besorgte, das ihn für untauglich erklärte, befahl Göring ihm, sich zu einem Kuraufenthalt in die Schweiz zu begeben. Doch »[...] weil ich tatsächlich nicht sanatoriumskrank war, [wurde ich] im Januar 1944 aus der Schweiz ausgewiesen«, gab Diels dazu zu Protokoll. Die folgenden zwei Monate verbrachte er – man hatte schließlich Ansprüche – im Kurhaus Bühlerhöhe im nördlichen Schwarzwald. »Als ich mich zur Ordnung persönlicher Angelegenheiten einmal nach Berlin begab, wurde ich dort [...] von der Gestapo festgenommen.«[27] Die Vorwürfe: In der Schweiz sei er mit deutschen Emigranten zusammengetroffen und schon deshalb ein Deserteur. Außerdem läge ein Schreiben an Himmler vor, das Beweise für sein staatsfeindliches Verhalten liefere.

Ob dieses Denunziationsschreiben tatsächlich schon im März 1944 vorlag, wie Diels sich später erinnerte, oder erst im August desselben Jahres, wie meine Großmutter feststellte, ist unklar und wäre eigentlich auch unerheblich, hätte dazwischen nicht das Attentat auf Adolf Hitler stattgefunden und Diels sich, zumindest rückwirkend, in den erweiterten Verschwörerkreis um Claus Schenk Graf von Stauffenbergs Widerstandsgruppe stilisiert.

Drei Mal hatten die Besser-spät-als-nie-Verschwörer den Anschlag auf Hitler bereits verschoben, weil Himmler und Göring bei den anvisierten Lagebesprechungen nicht anwesend gewesen waren; als seine wichtigsten Gefolgsleute und Inhaber der höchsten Ämter im Staat sollten auch sie ausgeschaltet werden, nur so könne der Staatsstreich gelingen. Mangels Gelegenheit mussten sie ihren Plan verwerfen.

Hermann Göring weilte auch weiterhin meistens – und mehr denn je wie ein Privatmann auf der Flucht vor der Wirklichkeit – in seiner Welt der Jagdreviere und Kunstsammlungen. Schon Ende Januar 1944 hatte »er sich in Karinhall [sic] einen Sonderurlaub genehmigt« – und so war es weitergegangen, als könnte man der zunehmenden Isolierung entkommen, indem man sich der Welt selbst entzieht.[28] Ausgerechnet am 20. Juli sollte er aus seiner »Untätigkeit und Bequemlichkeit« auftauchen und in seiner »dreiachsigen Panzerlimousine« in Richtung Osten aufbrechen.[29] Frontfahrt! Seine Mitarbeiter konnten kaum glauben, dass er endlich wieder bereit war, sich seiner Verantwortung zu stellen oder zumindest so zu tun. Man war noch auf der Suche nach einem Stahlhelm, der auf seinen Kopf passte – Größe neunundfünfzig! –, als ihn die Nachricht vom Attentat erreichte und er sich »in einer rasenden Hetzfahrt« zur Wolfsschanze fahren ließ.[30] Bei Hitlers Tod wäre Göring der neue Führer geworden – und zusätzlich zu seinen bisherigen Ämtern also Reichspräsident, Reichskanzler, Parteivorsitzender, oberster Befehlshaber der Wehrmacht und Oberbefehlshaber des Heeres. Bekanntlich sprach er über Hitlers Beinahe-Unversehrtheit von einem »Wunder durch die allmächtige Vorsehung« und rief, offenbar wieder in seinem Element, »zur Ausrottung der Verräter« auf: »Ihre Vernichtung wird uns neue Kraft geben.« Entgegen diesem Verrat setze die Luftwaffe auf »ihre verschworene Treue und heiße Liebe zum Führer und ihren rückhaltlosen Einsatz für den Sieg«.[31] Alle Wehrmachtssoldaten verpflichtete er fortan zum »Deutschen Gruß«.

Nach Ilse Görings Auffassung, jedenfalls nach ihrer Nachkriegsauffassung, stand das Denunziationsschreiben gegen Rudolf Diels in Zusammenhang mit dem Attentat. »Im August holte er [Himmler] zum Schlage gegen meinen Mann aus, indem er den Grafen Conrad Roedern beauftragte, eine Verdächtigungsschrift gegen ihn zu verfassen, die ausreichen sollte, ihm den Kopf zu kosten«, schrieb sie. »Graf Roedern verriet in dieser Schrift [...] freimütig gemachte Äußerungen meines Mannes, der unter Diplomaten und Offizieren nach Gesinnungsgenossen suchte.« Drei Tage war Rudolf Diels in Haft. Dann habe man ihn auf Hermann Görings Bitte oder Befehl freigelassen. »Der Schutz des Namens reichte in diesem Falle«, bemerkte dazu meine Großmutter.

Wenige Monate später ließ man ihn jedoch wieder »in den Kellern der Gestapo in Berlin verschwinden«. Vorausgegangen war ein konspiratives Treffen in seinem Gutshaus in Twenge bei Hannover, das meine Großmutter »eine Zusammenkunft von Bauern« nannte. »Es gelang mir, sein Leben unter Versetzung in eine Strafkompanie der Wehrmacht auszuhandeln gegen die Lösung unserer Ehe, die Himmler ein Dorn im Auge war. Diese erpresste Scheidung wurde durchgeführt, ohne dass wir uns darüber sprechen durften; wie mir überhaupt während der ganzen Zeit kein einziger Besuch bei meinem Mann gestattet wurde. Erst gegen Ende der Haft wurden ihm einige kurze Stunden Urlaub für einen Besuch bei mir gewährt, die nicht ausreichten, das Notwendigste zu besprechen. Dann erfolgte seine Überführung in die Strafkompagnie und wir haben uns nicht wiedergesehen«, fasste sie zusammen.[32] Ihren »guten Onkel« erwähnte sie in diesem Rückblick mit keinem Wort.

Während Diels sein »zunehmendes Zerwürfnis mit Göring« nach dem Krieg gar nicht oft und laut genug betonen konnte, hielt meine Großmutter still.[33] Wie sie mit Hermann Göring verblieb, ist für mich nach wie vor offen. Ob sie irgendwann in einen Loyalitätskonflikt zwischen den beiden Männern geriet? Ich habe keinen Hinweis darauf gefunden, dass sie Rudolf Diels' (politische) Integrität infrage gestellt hätte. Umso schwerer fällt es mir, ihre Treue zu Hermann Göring nachzuvollziehen, dem Diels gegenüber dem Internationalen Militärgericht einen »heimtückischen Grundzug des Charakters« zuschrieb.[34] Ob sie durchschaute, wie gravierend Görings Machtverlust bereits war? Ob sie ihm Vorwürfe machte? Falls ja, dann hat sie sie offenbar für sich behalten. Oder ob sie bei ihrem Onkel Zuflucht suchte? Das halte ich für unwahrscheinlich;

da war schließlich noch Emmy Göring, mit der sie über formelle Freundlichkeiten nie hinausgekommen sein soll.

Wo die Liebe hinfällt, und sei es auf den Misthaufen. Seinen saloppen Spruch wird nicht nur die kleine Roswitha aufgeschnappt haben, sondern vermutlich auch Ilse selbst. Oder nahmen ihre Aufgaben im Deutschen Roten Kreuz, die existenziellen Nöte, die Trauer um die verlorenen Söhne in den letzten Kriegsmonaten sie so sehr ein, dass Liebesschmerz und -schmach hintanstanden?

Wie sie überhaupt durch diesen letzten Kriegswinter kam, liegt für mich größtenteils im Dunklen. Mitten hinein in die Unruhen um die Attentatsermittlungen und die Sorgen um ihren Mann Rudolf hatte sie die Nachricht vom Absturz ihres jüngsten Sohns Helmuth getroffen. »Lassen sich unsere Männer millionenweise zu Krüppeln schießen«, fragten sich immer mehr Menschen, »damit Herr Göring sich neue Paläste bauen kann?«[35] Und: »Warum überleben immer die den Krieg, die ihn arrangieren? Und fast niemals die, die ihn ausführen müssen?«[36]

Schließlich verlor sie das Haus in der Taubertstraße. Nach einem Luftangriff wurde es »ein Raub der Flammen«.[37] Ihr Hab und Gut war aber nicht ganz verloren. Einige ihrer kostbarsten Möbelstücke und Kunstwerke rettete sie, vermutlich in Absprache mit ihrer Vertrauten Tante Ole, auf die Burg Mauterndorf. Die Rede ist vor allem von jenen Gemälden und Aquarellen, die Emil Nolde ihr und »Präsident Diels« Ende März 1943 als Leihgaben anvertraut hatte, um damit ihr »neueingerichtetes Heim« zu schmücken.[38] Noldes Großzügigkeit war berechnend. Der Expressionist galt den Nationalsozialisten als »entarteter Künstler«, fast vierzig seiner Bilder waren 1937 in der Münchner Ausstellung »Entartete Kunst« an den Pranger gestellt, weit über tausend Bilder bereits davor beschlagnahmt worden. 1941 hatte man ihn aus der »Reichskammer der bildenden Künste« ausgeschlossen und ihm jede künstlerische Betätigung als Berufsmaler untersagt. Emil Nolde war tief gekränkt. Dem Regime biederte er sich trotzdem an – als überzeugter Nationalsozialist und Antisemit. Über Großmutti Ilse hoffte er, die wohlwollende Aufmerksamkeit von Hermann Göring auf sich ziehen zu können. »Die Frau Göring-Diel [sic] mag ich sehr gern. Sie hat einen aufrechten, kühnen, menschlich schönen Charakter.« Ada Nolde schwärmte geradezu von ihr: »Auch hat sie etwas Sinn für die echte Kunst.«[39]

Neben *Dämmerstunde am Hafen* von 1924 und *Meer und weiße Wolke* von 1937 landete das Gemälde *Brennende Burg* (1940) erst in Grunewald und schließlich in Mauterndorf.[40] Dort passe es »prachtvoll an die gewaltigen Mauern«, wie Großmutti Ilse »in einem langen Brief« an Ada Nolde berichtete.* »Die *Brennende Burg*«, mutmaßte Nolde, müsse »gerade Hermann sehr beglücken.« Von dem Gemälde hat meine Mauterdorfer Cousine oft gehört, Hermann Göring soll es an einen stillen Ort verbannt haben. Seit Kriegsende gilt es – wie auch Noldes andere Leihgaben – als verschollen. Mauterndorf wurde geplündert.

Wen sie nicht wirklich nahe an sich heranließ – und das dürften neben Tante Ole nur wenige andere gewesen sein –, der bekam nichts mit von Großmutti Ilses Liebesschmerz und -schmach. Doch die Verletzungen saßen tief. »Wenn das Leben auch gräßlich auf mir herumgehämmert hat – ich bin immer noch nicht unverletzlich«, lese ich in einem ihrer Briefe an Rudolf Diels. »Mit Schrecken fiel mir das fürchterliche Gefühl der Peinlichkeit ein, das mir [...] die Tatsache verursachte, daß Du meine aus einer verzweifelten Einsamkeit heraus an Dich gerichteten Briefe zum Gaudium Deiner Freundinnen in Hannover kreisen ließest. Sie machten solchen taktlosen Gebrauch davon, daß ich es brühwarm erfuhr. Auch das hat mich nicht gehindert, meine Holzhackerarbeit – die Rettung deines Halses – fortzusetzen. Auch in der Rückschau bleibt dies das schwerste Stück Arbeit meines Lebens.« Was sie dafür erntete? Seinen »beißenden Hohn«.[41]

* Die »Brennende Burg« und »die beiden großen Seestücke« waren demnach vorläufig gerettet, »[...] das schöne Dahlienbild (auf blauem Grund) u. alle Blumenaquarelle sind ein Raub der Flammen geworden. Das Dahlienbild war ein ganz besonderes in Hochformat, die Aquar. auch besonders. Wir trauern darüber, freuen uns aber über die geretteten.« Ada Nolde an das Ehepaar Sprengel, Brief vom 28.10.1944, NSHA Han., Dep. 105, Acc. 2/80, 98.

1981

»Er hat nicht mehr viel Zeit. Wenn ihr ihn noch einmal sehen wollt, müsst ihr schnell kommen.«

Der Brief meiner Mutter hatte mich überrumpelt. Wir hatten uns doch gerade erst von ihr verabschiedet. Sie war nach Poona gekommen, um meinen Bruder und mich »aus den Fängen des Gurus zu befreien«, und drei Monate geblieben. Sie hatte – erst an meiner Seite, und je mehr Leute sie kennenlernte, umso selbstständiger – die Stadt und den Ashram erkundet, gesungen, getanzt und meditiert wie wir, rote Kleider angezogen und sich, ohne Alkohol, »besser denn je gefühlt«. Es musste ernst stehen um meinen Vater.

Konnte ich es mit meinem Gewissen vereinbaren, in Poona auf die Nachricht von seinem Tod zu warten? Auf dem Weg bleiben, der mich seit gut einem Jahr heiter bis glücklich machte? Oder sollte ich dem verantwortungsvollen »Bettinchen«, das unverändert eine Stimme hatte, nachgeben und Heinrich »Heinz« Otto Göring auf seinem letzten Weg begleiten? Ich bat Deeksha um Rat. Sie verwies mich an Bhagwan: »Frag doch deinen Guru!« Fragen an den Meister reichte man schriftlich ein. Wenn sie ihn interessierten, sprach er sie in einer Lecture an.

»Geh zu deinem Vater, wenn es sich für dich richtig anfühlt«, antwortete er mir mit einem Einzeiler. Ich musste nicht mehr lange in mich hineinhorchen und begann mich auf die Reise vorzubereiten. Bhagwan wäre die Sache kein weiteres Wort wert gewesen, hätte man ihn nicht – vielleicht Deeksha, vielleicht Samudaya, ich weiß bis heute nicht, wer es war – auf meine Verwandtschaft mit Hermann Göring aufmerksam gemacht.

Hitler und seine Minister hatten sich schon öfter in Bhagwans Reden geschlichen. Goebbels hatte er zum »größten Experten der Massenmanipulation« erklärt, Hitler einen »zumindest ehrlichen Mann«, an anderen Tagen gar ein »Genie« mit einer »großen Vision« genannt: »Er war verrückt, aber ich bin verrückter.«[1] Ich hatte das seinen obszönen Provokationen zugeordnet, die man nicht ernst nehmen und weglachen sollte, erst recht, wenn einem das Lachen im Hals stecken zu bleiben drohte.

Inzwischen machte Bhagwan sich rar. Bevor er endgültig in seine mehrjährige Schweigephase trat, sprach er nur mehr selten zu uns. Einer dieser Vorträge geriet zum Spektakel und brannte sich in meine Erinnerung ein. Selbstverliebt verkündete er, dass die Kinder von Goebbels, Göring und Hitler bei ihm Zuflucht gesucht und gefunden hätten. Das war frech und so wenig wörtlich zu nehmen wie vieles, was ich schon von ihm gehört hatte. Wer wollte, konnte seine Behauptung bildlich verstehen: Schließlich machten Deutsche, neben Amerikanern und Japanern, den bei Weitem größten Teil seiner internationalen Gefolgschaft aus.

Wenige, wie der Journalist Jörg Andrees Elten, der Napola-Schüler gewesen und in der Endphase des Krieges als Panzergrenadier einer Einheit der Waffen-SS eingesetzt worden war, hatten das »Dritte Reich« selbst erlebt. (Als Swami Satyananda hatte er 1979 sein *Tagebuch über mein Leben mit Bhagwan in Poona* veröffentlicht.[2] Auch ich hatte den Bestseller verschlungen, bevor ich mich auf den Weg nach Indien gemacht hatte.) Die meisten deutschen Sannyasin waren nach dem Krieg geboren und mit Eltern aufgewachsen, die sich in den Wiederaufbau gestürzt hatten, ohne sich – unfähig zu trauern, wie das Psychoanalytiker-Ehepaar Margarete und Alexander Mitscherlich ihnen attestierte – jemals ernsthaft mit den Verbrechen ihrer Generation zu konfrontieren. Wirtschaftswunder statt Schuldverarbeitung. Wohlstand statt Wahrheit. Das Kommunenleben war auch ein Aufbegehren gegen die Zwänge der Kriegsgeneration – und gegen ihr Schweigen.

Dass nicht nur in den Täterfamilien geschwiegen wurde, sondern auch in den Familien der Opfer, wurde mir erstmals in Poona bewusst. Samudaya war zwar der einzige KZ-Überlebende, von dem man in der Bhagwan-Community wusste, doch unter den Amerikanern – und auch unter den Engländern und Südafrikanern – waren viele Juden. (Aufgefallen ist mir das erst nach meiner Begegnung mit Samu. Sonst hätte ich weiterhin nicht darauf geachtet.)

Das Streben nach innerer Harmonie und spirituellem Bewusstsein durch Meditationstechniken sei eine uralte jüdische Tradition, war ein naheliegender Erklärungsversuch. Die Bereitschaft, einem Guru wie Bhagwan zu folgen, habe mit dem Verhältnis der Juden zu ihren Propheten und spirituellen Meistern zu tun und, womöglich auch das, mit der Idee von der bevorstehenden Ankunft eines Erlösers. Im progressiven Judentum wiederum setzt man darauf, selbst messianische Qualitäten in die Welt bringen, statt abzuwarten und zu beten. Legt eure Zwangsjacken ab, warf Bhagwan in die Runde, seid ihr selbst. Das sprach Kinder der Opfer ebenso an wie Kinder der Täter. Mit der Tragweite der Traumafolgen in der Holocaust-Nachfolgegeneration begann ich mich jedoch erst viel später bei der Arbeit zu *Bloodlines* auseinanderzusetzen. Erst musste ich lernen, die Last auf meinen Schultern zu tragen.

Ausgerechnet in Indien sollten mein Bruder und ich zum ersten Mal öffentlich über unsere Familiengeschichte sprechen. Das überforderte uns. *No comment!* Im Affekt mauerten wir. Man fotografierte uns dennoch und bombardierte uns mit Fragen. Kali – immer schon wortkarger als ich – schickte mich vor, und statt über unseren Napola-Vater, unsere Nazigroßmutter oder gar über Hermann Göring zu reden, erzählte ich von meiner Begegnung mit Samudaya. Die Sannyas-Zeitung schlachtete die Geschichte aus, und weil der Ashram unter ständiger Beobachtung der deutschen Presse stand, dauerte es nicht lange, bis ein Reporter der *Bild* an unserer Wiesbadener Wohnungstür läutete. Meine Mutter hielt ihn sich und uns mit einem so deutlichen »Auf keinen Fall!« vom Leib, dass er nicht mehr wiederkam. Das erzählte sie mir als Erstes, als sie mich im Mai 1981 in die Arme nahm.

***

Mein Abschied von Papa Heinz dauerte etwa fünf Wochen.

Seit ich mich erinnern konnte, war seine Gesundheit ein Thema gewesen. Kettenraucher. Mit dem Automobil verwachsen, kaum je zu Fuß unterwegs. Auf dem Speiseplan nichts Grünes. Arterienverkalkung mit Mitte vierzig. Raucherbeine.

Schleichender Tod: Mein Vater Heinz Göring starb an seinem ungesunden Lebensstil.

Seine Therapie, Bonbons statt Zigaretten, veränderte seinen Zustand, aber sie besserte ihn nicht. Zum ersten Mal in seinem Leben wurde er dick, zu den Raucherbeinen kamen eine Schilddrüsenunterfunktion, Diabetes und, in der Folge – auch weil seine oft viele Tausend Kilometer weiten Autoreisen sein Lebenselixier, jetzt aber zu anstrengend waren –, Phasen von Depressionen. Mit Anfang fünfzig waren auch seine Herzkranzgefäße verkalkt.

Meine Mutter war auf Kur; jedes Mal wenn sie einen Anlauf nahm, auf sich und ihre Gesundheit zu achten, gerieten entweder Großmutti Ilse oder er in eine Krise und mussten gerettet werden. Ich war siebzehn und besserte mein Budget als Mamis Urlaubsvertretung im Hospiz auf, als ich zu ihm gerufen wurde. Bettina! Dein Vater liegt auf der Intensivstation. Es war sein erster Herzinfarkt.

Wenn du nicht meine Tochter wärest, würde ich mich auf der Stelle in dich verlieben, scherzte er, als ich an sein Krankenbett gerannt kam. Gut siehst du aus, Mädchen. Wir sahen uns zu der Zeit selten, und wenn, dann flüchtig.

Ich griff nach seiner Hand. Ich habe dich sehr lieb, Papa, sagte ich. So vertraut waren wir zuletzt gewesen, als ich mich als kleines

Mädchen in seinem Bett an ihn gelehnt und ihm beim Rauchen und Zeitunglesen zugeschaut hatte. Gefühle zu zeigen war ihm von Kindheit an als Schwäche ausgelegt worden.

Sie sind dem Tod gerade noch einmal von der Schippe gesprungen, sagte der Arzt.

Mein Vater war kein Kämpfer im geläufigen Sinn. Aber er hatte Kampfgeist, den zwanglosen Kampfgeist von Lebenskünstlern, Draufgängern und, ja, Verdrängern, die davon ausgehen, dass sie, was auch geschieht, auf ihre Füße fallen. War ihm tatsächlich alles so egal, wie er immer tat? Geld? Bequem, wenn man es hat, aber letztlich egal. Was andere von ihm dachten? Von oben herab egal. Zerrissen zwischen einer privilegierten Kindheit und Jugend von Hermann Görings Gnaden und seinem sanften Sammlernaturell. Hatte er sich mehr vorgemacht, als sein Herz aushalten konnte? Jedenfalls hatte er keine Angst vor dem Leben.

Diesmal war es anders. Sieben Jahre hatte er sich seit seinem ersten Herzinfarkt durchgemogelt. Seinen schleichenden Verfall hatte ich – aus der Distanz – weniger ernst genommen, als er war. Papa war doch noch jung.

Meine Mutter hatte ihn schon zum Essen überreden müssen, bevor sie nach Indien aufgebrochen war. Als sie – aufgeblüht – zurückkam, lag er im Krankenhaus und wurde künstlich ernährt. Er war zu schwach, um meine Umarmung zu erwidern, und zu schwach für große Worte. Ich blickte in die Augen eines Kindes, für das es selbstverständlich ist, von anderen abhängig zu sein. Sein Verstand, den er so oft zwischen sich und uns gestellt hatte, machte, so kam es mir vor, endlich seinen Gefühlen Platz. Auf dem Nachttisch lagen sein Portemonnaie und darin mein Brief aus Honduras, in dem ich ihm mein Herz geöffnet und ihn um Verzeihung gebeten hatte für die Faustschläge, die ich ihm im Streit kurz vor meinem vierzehnten Geburtstag versetzt hatte. Er hatte nie darauf geantwortet. Jetzt erfuhr ich, dass er den Brief immer bei sich trug.

Sehen Sie die schwarzen Löcher? Der behandelnde Arzt erklärte mir das Röntgenbild von Papas Gehirn. Stille, unbemerkte Schlaganfälle. Kaputtes Gewebe. Seinen Vergleich mit Schweizer Käse fand ich drastisch, den Begriff »austherapiert« zynisch und niederschmetternd. Er gab ihm noch ein paar Tage.

Weil ich inzwischen wusste, dass manuelle Beschäftigung, je intensiver, umso besser, mich buchstäblich auf dem Boden hielt, und weil es ohnehin an mir hängen bleiben würde, begann ich, Papas Sammlungen zu sortieren. In wirtschaftlichen Fragen war er ein Ignorant. Geldschulden belasteten ihn nicht, zumindest tat er immer so. Doch er überraschte uns. Er war an dem Punkt angekommen, an dem er sein Siechen und Sterben beschleunigen wollte. Dass meine Mutter mit dem Trinken aufgehört und einen – sehr ernst gemeinten – Anlauf genommen hatte, sich aus der toxischen Beziehung mit ihm zu befreien, scheint ihn mehr entmutigt zu haben, als sie und ich uns nach den vielen unglücklichen Jahren vorstellen konnten. Bevor er sich auf seinen Tod einzulassen begann, rechnete er ab.

Er trennte sich von der goldenen Taschenuhr, die ihm sein »guter Onkel« Hermann zur Konfirmation geschenkt hatte; eine filigran verzierte Mondphasenuhr mit Gravur. Als Kind durfte ich sie manchmal aufziehen. Und er verkaufte einige Möbelstücke, die Großmutti Ilse ihm hinterlassen hatte, auch den kostbaren Ebenholzsekretär mit seinen vielen geschnitzten Figuren, keine wie die andere. In restauriertem Zustand hätte er mehrere Hunderttausend Mark erlöst, und auch so deckte er alle offenen Rechnungen.

Ein Freund, der regelmäßig im Geschäft meines Vaters ausgeholfen hatte, schlug mir einen Käufer für die private Münzsammlung vor. Sie lag nach wie vor in dem tonnenschweren Panzerschrank und war über die Jahre noch bedeutender geworden. Eine der besten ihrer Art in Deutschland, bestätigte der Freund. Ich feilschte trotzdem nicht lange und ließ ihn sich auch um die antiken römischen Öllampen kümmern, manche aus Ton, manche aus Bronze, die Papa über die Jahre zusammengetragen hatte.

Die eigentliche Arbeit lagerte in Schachteln und Kartons, die sich zu Dutzenden bis an die Decke von Papas Zimmer stapelten, und zog sich über Wochen. Seine Briefmarkensammlungen – auch sie gab ich zu günstig ab – und vielerlei anderes Sammelgut, Akten, Korrespondenz, Erinnerungsstücke, Berge von Fotos, ein paar Jahre lang hatte mein Vater uns Kinder gern und oft abgelichtet. Dazu zwei Wände voller Bücher und Großmutti Ilses ungeordneten Nachlass.

Zwischen Bündeln von Dokumenten fand ich die kleinen Aquarelle wieder, die sie als Hühnerbäuerin in Berghausen gemalt hatte, und ein paar Kupferstiche, die ich für wertlos hielt, dazu Mappen mit Fotografien in Sepia und Schwarz-Weiß, alle lose, kaum eine datiert oder sonst wie beschriftet. Warum eigentlich hat sie, sonst so familienbewusst, keine Fotoalben angelegt? Oder hat sie die Alben im Bombenkrieg verloren, und waren das hier nur die Reste? Papa und seine Brüder als Jungvolk-Pimpfe, in HJ- und, als junge Erwachsene, in Fliegeruniformen, Großmutti Ilse als glückliche Verlobte, als junge Mutter, als Generalhauptführerin des Deutschen Roten Kreuzes, Tante Ole und noch mehr Göring-Verwandte, die meisten von ihnen erkannte ich damals noch nicht, Hermann Göring natürlich schon, den jungen, mageren Hermann, so geläufig und unerträglich waren mir sein Siegerlächeln und seine Segelohren, dass ich mehrere Aufnahmen auf der Stelle zerriss.

Bis zu vierzehn Stunden täglich kniete ich über den Kartons und entschied rigoros, was bleiben – weniges! – und was wegsollte. Für die verschiedenen Orden, darunter Eiserne Kreuze aus den beiden Weltkriegen, die meinem Großvater Karl Ernst Göring und Papas jüngeren Brüdern Peter und Helmuth verliehen worden waren, gab es auch damals einen Markt. Ich warf sie in den Müll. Der Schmuck, den ich von meiner Großmutter geerbt hatte, hatte sich gewissermaßen selbst entsorgt. Perlenohrringe, eine schmale Kette, ein goldenes Herz. Ich glaube nicht, dass sie mir die Stücke ausdrücklich vermacht hatte; meine Mutter hatte sie mir gegeben. Bevor ich auf meine erste große Reise ging, hatte ich sie verpackt und eine Freundin aus der Henkell-Haus-Clique gebeten, sie für mich aufzubewahren. Als ich wiederkam, konnte sie sich nicht erklären, wohin das Päckchen verschwunden war.

Großmuttis Diamantring aus Weißgold hatte mir so gut gefallen, dass ich ihn trug. Er reiste mit mir bis nach Poona. Sein Stein war oval geschliffen, er wurde oft bemerkt und bestaunt, denn eigentlich war er ein Fremdkörper an mir. Um ihn nicht unbeaufsichtigt zu lassen, nahm ich ihn auch bei der Arbeit nicht ab. Ein unglücklicher Schlag, und er zerbrach. Eine Freundin sollte ihn für mich nach Deutschland mitnehmen und meiner Mutter zur Reparatur übergeben. Als sie in Wiesbaden ankam, war der Ring unauffindbar. Das sollte so sein, sagte ich mir.

In den Pausen meines Aufräummarathons setzte ich mich an das Bett meines Vaters oder legte mich zu ihm, meist döste er, dann schaute ich aus dem Krankenhausfenster in den blühenden Park des Nerotals, oder ich unterhielt mich mit Helmbrecht.

Mein Cousin Helmbrecht Heuser arbeitete als Krankenpfleger, und es war ein glücklicher Zufall, dass er just der Palliativstation zugeteilt war, auf der das Leben meines Vaters zu Ende ging. Sowohl er als auch sein älterer Bruder Wittiko, der eine Weile als Untermieter in der Wohnung meiner Eltern lebte und heute der hochgeachtete Vogelschutzbeauftragte der Stadt Wiesbaden ist, hatten sich schon vorher herzlich um ihn gekümmert, und Papa Heinz soll sich ihnen geöffnet haben, wie er das gegenüber den eigenen Kindern nie versucht hatte. Als er, in Einzelheiten, die ich bis heute nicht kenne, von seinem Leben als Hermann Görings Patensohn erzählte, ließen sie Tonbänder mitlaufen. Ich hätte viel früher danach fragen müssen. Sie sind seit Langem verloren.

Damals war es mir Bürde genug, Hermann Görings Nachnamen zu tragen. Je mehr Einzelheiten, umso schwerer die Last. Ich nahm eine Auszeit und trampte zu einem Sannyasin-Festival nach Florenz. Als ich zurückkam, lief ich in der Rhein- an der Ecke zur Adelheidstraße in Wolfgang Grams. Gut zehn Jahre waren vergangen, seit ich mich von unserer Hippieclique verabschiedet hatte. So lange hatten wir uns nicht mehr gesehen.

»Gaks?«

Er war im Gespräch mit ein paar Kumpels, und um ein Haar hätte er es bei einem knappen »Hallo« belassen. Dann erkannte er mich und hänselte mein pinkfarbenes »Was ist denn das für eine Sektenkluft?«-Kleid. Die Kluft zwischen uns ging von ihm aus.

Mein Vater wird sterben, dann gehe ich wieder zurück nach Indien, erzählte ich ihm und hörte im Gegenzug eine knappe Geschichte von Gewalt und Hass und der Notwendigkeit, mit der verlogenen Gesellschaft abzurechnen. Gaks gehörte schon seit Jahren zur Wiesbadener Unterstützerszene der RAF. Als 1978 Willy Peter Stoll erschossen wurde, der als einer der Entführer des Arbeitgeberverbandspräsidenten und ehemaligen SS-Hauptsturmführers Hanns Martin Schleyer gilt, fand man in Stolls Notizbuch auch einen Hinweis auf Wolfgang Grams. Man verhaftete ihn und hielt ihn 153 Tage in Untersuchungshaft fest.

Gaks sprach von Einzelhaft und grellem Zellenlicht auch bei Nacht, Sprechverbot und anderen Psychofoltermethoden. Aus dem musikalischen Jungen, der von einer Karriere am Theater geträumt hatte, war ein verbitterter Krieger mit Rachefantasien geworden, der seine Narben zur Schau stellte. Wenn du da drin warst, kannst du gar nicht mehr anders, als dich voll gegen den Staat zu stellen, sagte er. So wütend.

Mein Vater freute sich, mich nach ein paar Tagen wiederzusehen. Sein Gesicht wirkte weniger fahl und eingesunken, er sprach geistesgegenwärtig und mit fester Stimme. Wenn du wüsstest, wie ich in deinen Sachen gewütet habe, durchfuhr es mich.

Das Aufleben vor dem Tod nennt man in der chinesischen Medizin »Yang Rising«. Ein Aufbäumen, bevor die Kräfte endgültig gehen. Als meine Mutter und ich ihn das nächste und, am Pfingstsamstag, das übernächste Mal besuchten, schlief er und atmete gleichmäßig. Am Tag darauf war er tot. Er wurde nur sechzig Jahre alt.

Meine Mutter überließ es mir, die Beerdigung auszurichten. Ich lud alle ein, deren Namen ich in den Adressbüchern meines Vaters finden konnte, dann bestellte ich Unmengen roter Blumen. Nach Sannyas-Tradition trug ich ein dunkelrotes Kleid, auch meine Mutter trug Rot. Das fiel den vielen, allesamt schwarz gekleideten Trauergästen auf, manchen unangenehm. Ich war froh, dass meine Mutter erleichtert und auf dem Sprung in ein neues Leben war, denn ich hatte bereits mein Flugticket nach Bombay in der Tasche.

2013

Ein typischer Zwischen-den-Jahreszeiten-Tag, nicht warm und nicht kalt. Der Himmel grau in grau, das Grün der Bäume noch jung. Nach längerem E-Mail-Hin-und-Her habe ich mich von einem Filmteam aus Ungarn zu einer Wanderung durch die Schorfheide überreden lassen. Von selbst wäre ich auch weiterhin nicht auf die Idee gekommen, das Wald- und Jagdgebiet nordöstlich von Berlin aufzusuchen, das im »Dritten Reich« der eigentliche Hauptwohnsitz von Hermann und Emmy Göring und ein Fixpunkt für den Göring-Clan war.

Wir starten in Berlin. Wenn ich Interviews gebe, ist mein Mann Adi für gewöhnlich an meiner Seite. Den Abend vorher haben wir mit guten Freunden verbracht und uns wieder einmal über das Thema Verantwortung in Rage geredet. Warum tust du dir das an, Bettina? Warum suchst du die Öffentlichkeit? Was versprichst du dir davon? Wie willst du verstanden werden? Hast du überhaupt eine Botschaft?

Adi übernimmt das Steuer. Ich gebe unsere Zielkoordinaten ein. Das Filmteam hat den Wagen gemietet. Sie sind zu zweit und wirken gut aufeinander eingespielt. Kaum sind wir losgefahren, beginnen sie mit gleich zwei Handkameras von der Rückbank aus zu drehen. Sie könnten unsere Kinder sein.

Keine sechzig Kilometer haben wir Zeit, uns heranzutasten, aneinander, aber vor allem an diesen Ort, an dem unter der Regie des »guten Onkels« so viele tödliche Entscheidungen getroffen worden sind. Adi und ich fragen die beiden nach ihrem Ministerpräsidenten. Sie erzählen uns von den Menschenrechtsverletzungen in ihrem Heimatland. Falls sie meine innere Anspannung wahrnehmen, wissen sie damit umzugehen. Seit meiner Kindheit werde ich oft für cooler und abgeklärter gehalten, als ich mich selbst gerade fühle. Nur wer mich besser kennt, bemerkt, dass ich meine Haarsträhnen zu zwirbeln beginne, sobald ich Ungewissheiten ausgeliefert bin.

Zum Jagdschloss Schorfheide findet das Navi ohne Probleme. Es lag außerhalb des Anwesens von Hermann Göring. Heute ist man dort froh darüber, dass es ihm nicht repräsentativ genug war. In der Schlossremise finden wir eine Touristeninformation und lassen uns den Weg zum ehemaligen »Waldhof Carinhall« erklären. Das war die offizielle Bezeichnung von Görings Landsitz. Beschilderungen gibt es inzwischen keine mehr. Auch der Findling, der über viele Jahre in der falschen Schreibweise Karinhall, dann korrekt als Carinhall, Görings Refugium markierte, wurde 2007 entfernt. Naziverherrlichern und illegalen Hobbyarchäologen und Schatzsuchern, die hier in Horden Gold- und Kunstschätze oder doch zumindest ein Besteckteil aus Görings Fundus ausgraben wollten, sollte es nicht mehr so einfach gemacht werden. In den 1990er-Jahren haben sich an diesem Ort regelmäßig Neonazis versammelt. 1993 legte ein Berliner den ehemaligen Luftschutzbunker von Carinhall frei. Mehr als die Scherben eines chinesischen Porzellans konnte er angeblich nicht sicherstellen.[1] Ein gutes Stück nördlich des Jagdschlosses lassen wir das Auto stehen und gehen zu Fuß weiter.

Von meinem Hang zum Luftwurzelschlagen habe ich schon gesprochen, von jener vermeintlichen Ungebundenheit, mit der ich, seit ich mich erinnern kann, durch die Welt gezogen bin. Wenn ich durch einen Wald wandere, ob es die Wälder von Rhein und Ruhr sind, der Xitou Bamboo Forest in Taiwan, wo es uns wegen seiner jahrtausendealten Bäume jedes zweite Jahr hinzieht, oder einer der kaum erschlossenen Waldabschnitte im Norden meines heutigen Lebensmittelpunktes Thailand, bin ich mit einem Mal doch mit unserer Erde verwurzelt. Momente von Heimatgefühl. *Mancher geht durch den Wald und sieht dort nichts als Brennholz.*[2] Ich lasse im Wald für die Dauer einer Wanderung die Brände der Welt hinter mir – normalerweise.

An diesem grauen Frühlingstag 2013 in der Schorfheide fremdle ich. Die Schorfheide ist eines der größten zusammenhängenden Waldgebiete Deutschlands und gehört zu einem UNESCO-geschützten Biosphärenreservat. 1936 wäre es um ein Haar in »Naturschutzgebiet Göringheide« umbenannt worden.* Der Buchenmischwald darf sich langsam wieder zu einem Urwald entwickeln. An jedem anderen Ort würde ich darüber jubeln. Wir sind jedoch dem Mythos von Carinhall auf der Spur. Die Stille, die ich in Wäldern sonst genieße, ist mir hier nicht geheuer.

Das altsächsische Hochadelsgeschlecht der Askanier hat in der »großen Heide« bereits im 12. Jahrhundert ein Jagdgebiet begründet, das den »Mächtigen« vorbehalten war.[3] Seither schossen dort Kurfürsten, Könige, Kaiser, Reichspräsidenten und Diktatoren, Spitzenfunktionäre jeglicher Couleur, mit besonderer Ausdauer und Leidenschaft Hermann Göring, und nach ihm die höchsten SED-Repräsentanten, zuletzt Erich Honecker, vor allem auf Rotwild. Göring interessierte sich jedoch ernsthaft für Artenvielfalt und die Rettung gefährdeter Tierarten und ließ zum Beispiel Rehe, weiße Damhirsche, Wisente, Muffelwild, Wildpferde und – ohne Erfolg – Elche an- oder wiederansiedeln, aber auch Biber und Fischotter. Zur Selbstvermarktung taugte diese Leidenschaft allemal. *Ein Tierparadies vor den Toren Berlins* heißt der »Kultur- und Propagandafilm«, den er 1936 in der Schorfheide drehen ließ.[4]

»Der Oberbefehlshaber war ein ausgezeichneter Schütze. Und er war auch im wahrsten Sinn des Wortes ein echter Hegemeister«, gestand sein Hoffotograf Eitel Lange ihm zu. »Er war kein Schießer. Er liebte Tiere. Und nur gegen Menschen konnte er rücksichtslos sein.« Als Reichsjägermeister habe er im Wald besser Bescheid gewusst als seine Förster. Jedermann in seiner Umgebung sei bekannt gewesen, dass er nicht einmal einer Fliege etwas zuleide tun konnte: »Als Jäger war er mustergültig.« Eitel Lange wusste offenbar nicht, dass Hermann in seiner Mutter Franziska eine strenge, aber exzellente Lehrmeisterin gehabt hatte. Jeden Hirsch in seinen Jagd-

* Im Entwurf des Gesetzes zur Gründung der »Stiftung Schorfheide«, das am 1.4.1936 in Kraft treten sollte, heißt es unter Paragraf 1: »Es wird unter dem Namen ›Naturschutzgebiet Göringheide‹ eine rechtsfähige Stiftung mit dem Sitz in Berlin errichtet.« Der Name wurde jedoch fallen gelassen. Zit. nach Annett Gröschner: »Auf Carinhall. Schorfheide«, in: Stephan Porombka, Hilmar Schmundt (Hg.): *Böse Orte. Stätten nationalsozialistischer Selbstdarstellung heute*, Berlin 2005, S. 94.

gründen habe er mit Namen gekannt. Und die größte Auszeichnung, die er zu vergeben hatte, war kein Orden, sondern die Gunst, einen »seiner« Hirsche schießen zu dürfen. Die Schattenseite: Der Reichsjägermeister kam seinen Verpflichtungen deutlich verlässlicher nach als der Oberbefehlshaber der Luftwaffe. »Jenes war nahezu eine private Sache, eine Sache des Friedens, dieses die bittere Notwendigkeit und Pflicht. Jenes war Vergnügen, dieses war Arbeit. – Er war für das Vergnügen.«[5]

***

Knapp zwei Stunden laufe ich durch den Wald, während Eszter Cseke und András Takács mir mit ihren beiden Kameras folgen und immer wieder zu mir aufschließen, um mich in ein Gespräch zu ziehen. Sie sind ein Ehepaar und arbeiten an einem Vierteiler über die *Children of Dictators.*[6]

Dass wir zwar so etwas wie eine einfache Lageplanskizze haben, aber ich keinen Orientierungssinn, vereinfacht die Suche nicht. Schließlich stoßen wir auf einen Wegstein. Unter dem Moos lässt sich der Schriftzug »Carinhall« erahnen. Weiter durchs Gestrüpp finden wir schließlich eine Reihe von Steinen, die Reste eines Fundaments sein müssen.

In mehreren Ausbaustufen hatte Hermann Göring sich den »Landsitz eines Potentaten [...] eines Monarchen oder Milliardärs« im gigantischen Ausmaß von mehreren Tausend Quadratmetern Wohn- und Repräsentationsfläche bauen lassen.[7] Das dafür notwendige Budget hatte er sich aus den Mitteln des Vierjahresplans selbst genehmigt.[8] Es würde mindestens vierzehn Tage dauern, ihnen die ganze Pracht und Schönheit des neuen Carinhall zu zeigen, soll er seinen Gästen erklärt haben. »Es dürfte schwierig sein, ein noch hässlicheres Bauwerk zu finden, oder eines, das noch vulgärer wäre in seinem protzigen Imponiergehabe«, stellte hingegen Benjamin Sumner Welles fest, nachdem er als stellvertretender Außenminister der Vereinigten Staaten Carinhall besucht hatte.[9] Auf mehr als 50 Millionen Reichsmark wurde das Anwesen samt Inventar von Zeitgenossen geschätzt, allein der Speisesaal hatte 411 Quadratmeter. Für Edda hatte Hermann im Maßstab 1:10 und einer Länge von fünfzig Metern das Potsdamer Hohenzollernschloss Sanssouci nachbauen und edel ausstatten lassen – »das Miniaturhaus eines Königskinds«.[10] Sie spielte lieber im Freien.

Endlich finden wir auch die beiden Torwärterhäuser, die ich von Abbildungen kenne und von denen aus im »Dritten Reich« eine große Kastanienallee auf den Waldhof Carinhall zulief. Neben diesen Wachhäusern haben nur Versorgungsgebäude – Remisen für Görings Fuhrpark, Stallungen für seine Pferde –, in denen heute eine Waldschule betrieben wird, bis in die Gegenwart überdauert. Und das sogenannte Schadehaus am Nordufer des großen Döllnsees.

Das Schadehaus hat Hermann Göring 1940 als Jagdhaus für seine Gäste errichten lassen. Der Namensgeber des Hauses war sein »Leibjäger« Willi Schade, dem er darin eine Wohnung einrichtete.[11] In der DDR wurde es erst als Jugendherberge der FDJ, dann als Gästehaus für die DDR-Regierung genutzt. Auch Leonid Breschnew und Helmut Schmidt haben darin übernachtet. Nach der sogenannten Wiederherstellung der Einheit Deutschlands wurde es zu einem Viersternehotel aufgemöbelt. Auf seiner Homepage verspricht es einen »Traum in der Natur«. Unter dem Menüpunkt »Historisches« verweist es knapp auf seine »wechselvolle Geschichte«.

So hemmungslos und überzogen Hermann Görings Anordnungen beim Bau von Carinhall waren, so kompromisslos und radikal kam im April 1945 sein Befehl, das Anwesen zu sprengen, bevor es der Roten Armee in die Hände fallen konnte. Mehrere Bronzefiguren von Arno Breker ließ er im Döllnsee versenken.[12] Was nach den Plünderungen unmittelbar vor und nach den Sprengungen an Verwertbarem noch übrig war, wurde nach dem Krieg sichergestellt.*

* Rätselhaft bleibt, »weshalb es Göring vor seiner Flucht unterlassen hatte, den Sarg seiner ersten Frau auszulagern […]«, wie Volker Knopf und Stefan Martens schreiben. »Bei den Plünderungen waren daher auch Grabstätte und Sarg Carin Görings aufgebrochen und verwüstet worden. Im Frühjahr 1947 […] wurden die vor der Gruft verstreut umherliegenden Gebeine Carin Görings zunächst beerdigt […].« Volker Knopf, Stefan Martens: *Görings Reich*, a. a. O., S. 153.

In den 1950er-Jahren ebnete der junge DDR-Staat die Ruinen systematisch ein, forstete das Gebiet auf, vor allem mit schnell wachsenden Lärchen und Sträuchern, und erklärte es zum Naturschutzgebiet.[13]

Ich bin erleichtert, dass die Natur sich diesen Ort zurückerobert hat. Über seine Geschichte das sprichwörtliche Gras wachsen zu lassen ist aber bis heute nicht gelungen, und das ist gut so.

***

Meine Liebe zum Wald hat mit dem Göring-Clan nichts zu tun. Ich habe sie von meiner Mutter, und meine Mutter hatte sie von ihrem Vater. Der Wiesbadener Stadtwald, der sich über fast viereinhalbtausend Hektar von Osten nach Westen an die Stadt schmiegt, war ihr zweites Zuhause. Mit Mitte siebzig war sie fitter, als ich es heute bin, zwei Stunden täglich zu Fuß waren normal, und auch Vierstundentouren waren da noch keine Herausforderung für sie. Mit den Jahren wurden ihre Wege kürzer, mit Mitte achtzig ihre Schritte unsicherer, sie stürzte immer öfter, aber bis sie bereit war, sich beim Gehen auf einen Rollator zu stützen, vergingen noch einmal ein paar Jahre, und ohne ihr Wald-Work-out litt schließlich ihr Gedächtnis. An ihrem neunzigsten Geburtstag am 14. Juli 2008 rief ich sie an. Sie fühlte sich schwach. Immerhin schaffe sie es noch bis zum Waldrand, tröstete sie sich. »Du bist schließlich während des Sturms auf die Bastille geboren!« Mit ihrem Standardspruch aus meiner Kindheit versuchte ich sie nun aufzumuntern, wann immer wir miteinander sprachen.

Ein paar Wochen später hatte ich Tante Erika am Telefon. Obwohl wir lange nichts voneinander gehört hatten, kam sie direkt zur Sache. Es war geschehen, worauf ich im Grunde schon eine ganze Weile gewartet hatte. Mami war im Badezimmer gestürzt. Ihr Gesicht war zerschunden und, schlimmer noch, ihre Hüfte war gebrochen. Die Ärzte hatten wenig Hoffnung, dass sie sich noch einmal erholen würde.

Als unser Vater im Sterben lag, hatte mein Bruder es mir überlassen, ihn zu begleiten, und war selbst in Indien geblieben. Wenn unsere Mutter so weit sei, hatten wir verabredet, würde Kali mich nicht wieder allein lassen. Ich musste ihn an sein Versprechen erinnern. Schließlich reiste er voraus.

Aus Wiesbaden rief er mich jeden Tag an. Die Walnüsse im Garten seien schon reif. Sich ans Krankenbett zu setzen fiel ihm schwer. Während ich noch Vorbereitungen traf und allerlei Termine auf unbestimmte Zeit verschob, machte Kali sich im Großelternhaus in der Lahnstraße nützlich, wo Mami und Tante Erika an ihrem Lebensabend wieder zusammenlebten. Er reparierte, was zu reparieren war, entschärfte Stolperstellen, montierte ein altengerechtes Treppengeländer, eine Einstiegshilfe in die Badewanne.

Als ich ankam, ging es Mami immerhin so gut, dass sie sich nach der Natur sehnte. Ich schob sie in einem Rollstuhl durch den Wald, und auch am Morgen ihres letzten Tags zog es uns ein Stück in den Wald hinein. Am nächsten Tag wurde ich zur Uraufführung von *Bloodlines* in Ashkelon, knapp sechzig Kilometer südlich von Tel Aviv, erwartet. Eine Podiumsdiskussion mit Ruth Rich und der Regisseurin; Interviews; bestimmt war ich aufgeregt. An einer Stelle des Films hatte ich das Ruder aus der Hand gegeben, an dieser Stelle, kam mir vor, hatte ich die Kontrolle über mich verloren. Wie würde ich es vertragen, diese Passage auf großer Leinwand zu sehen? Würde das Publikum Verständnis zeigen?

Es war noch nicht Mittag. Meine Mutter aß ein Stück Pizza. Dann stieg sie die Treppe hinauf zu ihrem Schlafzimmer und legte sich gegen ihre Gewohnheit ins Bett. Auf ihrem Nachttisch lagen in einer Schmuckschale ein zarter Ring mit Smaragd und Brillanten, der mir immer schon gefallen hatte, und ihr Siegelring, der Göring'sche Siegelring, der Gö-Ring, den ihr, soweit ich weiß, meine Großmutti Ilse zur Hochzeit geschenkt hatte. Seit sie noch magerer geworden war, waren ihr die Ringe von den Fingern gerutscht. »Die kannst du haben«, sagte sie beiläufig und meinte doch vor allem den Gö-Ring, als ob sie mir eine Verantwortung übertragen, oder vielleicht doch ihre Zustimmung geben wollte, denn meinen Vorstoß, mich in der Dokumentation *Bloodlines* in aller Öffentlichkeit mit unserer Familiengeschichte und den Verbrechen von Hermann Göring zu konfrontieren, hatte sie zwar nicht explizit boykottiert, bis dahin aber auch nicht unterstützt. Die kannst du haben. Vier Stunden später war sie tot.

Ihren Gö-Ring nahm ich an. Tatsächlich erinnerte er mich schon bald nach ihrer Einäscherung an meinen – selbst erteilten – Auftrag, mich tiefer auf unsere Familiengeschichte einzulassen. Mit dem Tod meines Vaters waren meine letzten Kontakte zu Mitgliedern des Göring-Clans abgerissen. Nun erreichte mich über Umwege ein Brief eines entfernten Verwandten, den er an die Lahnstraße adressiert hatte. Michael Christian Göring. Wir hatten den Tod meiner Mutter in einer Wiesbadener Lokalzeitung angezeigt – samt Kondolenzadresse. Seit seiner Pensionierung als Gymnasiallehrer für Physik und Biologie befasste Michael sich unermüdlich mit der Aktualisierung der Göring'schen Familienchronik, die unser gemeinsamer Vorfahre Peter Christian Göring als *Vorarbeit zu einer Geschichte unserer Sippe* erstmals 1911 auf den Weg gebracht hatte. Michael fragte nach sachdienlichen Informationen über meine nächste Familie, Geburts-, Sterbe- und Hochzeitsdaten. Sein Ziel zum hundertsten Jahrestag des Sippenberichts war aber nicht nur die aktualisierte Neuauflage von Peter Christian Görings Schrift, sondern ein großes Familientreffen am Starnberger See.

Per E-Mail ließ ich ihm alle Daten zukommen, die ich kannte, dazu Fotos aus den wenigen erhaltenen Fotoalben. Einige Zeit später lernte ich meinen neuen Cousin in seinem Haus in einer Apfelbaumgegend irgendwo zwischen Stuttgart und Mannheim persönlich kennen und mögen. Einen Tag lang weihte er mich in viele Einzelheiten unserer Familiengeschichten ein, zurück fuhr ich mit einem Stapel Kopien. Auszüge aus Büchern, Stammbaumblätter, verschiedene Dokumente. Sie waren mein Startpunkt für den historischen Teil dieses Buchs und ein Rückhalt, als ich nun häufiger in der Öffentlichkeit stand.

Bei der Premiere von *Bloodlines* auf dem Filmfestival Ashkelon im November 2008 hatte mich der israelische Filmemacher Chanoch Ze'evi angesprochen. Er arbeitete an einem Film über *Hit-*

ler's Children. Auf Deutsch sollte er *Meine Familie, die Nazis und ich* heißen. Ich stand unter Schock. Meine Mutter war doch erst am Tag davor gestorben. Wie in Trance absolvierte ich das Premierenspektakel. Die Zeitungen, denen ich Rede und Antwort stand, schienen sich ausschließlich für meine Sterilisation zu interessieren, eine Sterilisation als Antwort auf Hermann Göring. Hätte ich wissen müssen, dass sie ihre plakativen Schlagzeilen formuliert hatten, bevor die Gespräche mit mir zu Ende waren? Obwohl sich bereits abzeichnete, dass mir auch der begabte Chanoch Ze'evi die eindimensionale »She cut the line«-Rolle zudenken würde, sagte ich ihm zu.

Das erste Interview für *Hitler's Children* drehten wir bereits in Ashkelon. Ich war gespannt, von den anderen Protagonisten zu hören, wie sie mit ihrem verdammten deutschen Erbe umgehen. Monika Göth, die tief verwundete Tochter des KZ-Kommandanten Amon Göth. Heinrich Himmlers Großnichte Katrin, die in ihrer Doppelrolle als Nachkommin und Politikwissenschaftlerin so distanziert auf mich wirkte. Zum persönlichen Kontakt zwischen den Interviewten kommt es in Dokumentationen, für die Einzelinterviews gedreht werden, in der Regel aber nicht. Mit Niklas Frank, dessen Vater Hans sich als Generalgouverneur der besetzten Teile Polens schuldig machte und 1946 in Nürnberg hingerichtet wurde, hatte ich immerhin E-Mail-Kontakt. Als Kind kannte er keine Normalität. Als Erwachsener hat er die Verbrechen seines Vaters anerkannt. Nur so habe er Frieden mit ihm schließen können – und hoffentlich auch mit sich selbst.

Rainer Höß besuchte mich in Wiesbaden. Er ist ein Enkel des Auschwitz-Kommandanten Rudolf Höß, und nachträglich muss es mich nicht wundern, warum gerade er den Kontakt suchte. Anfangs fand ich ihn bloß *over the top* angeberisch. Jahrelang ließ er keine Gelegenheit aus, sich in der Öffentlichkeit zu zeigen, war Talkshow-Dauergast. Inzwischen weiß man, dass er ein »Hochstapler, Lügner und Betrüger« und mehrfach verurteilt ist.[14] Besonders gern und häufig trat er mit der Auschwitz-Überlebenden Eva Mozes Kor auf, die sich zeit ihres Lebens für Versöhnung einsetzte und ihn 2015 symbolisch adoptierte. Sie starb im Sommer 2019. Angeblich beendete sie vorher noch ihre Beziehung zu ihm.

Bevor *Hitler's Children* ins Fernsehen kam, lief der Film auf mehreren Festivals und erhielt viele gute Kritiken. »A quite exceptional hour of film-making that kept delivering emotional impact to the very end«, hieß es im britischen *Guardian*.[15] Diese Stunde habe ihn informiert, überrascht und nachdenklich gemacht, befand der Kritiker. Für mich war er zweifellos eine wichtige Station bei der Aufarbeitung meiner Familiengeschichte. Er gab mir jedoch keine Gelegenheit, mich differenziert mit ihr auseinanderzusetzen. Dafür war mein Auftritt zu kurz. Die Hintergründe meiner Sterilisation konnte ich in den wenigen On-air-Sätzen nicht einmal andeuten. Auch deshalb wollte ich dieses Buch schreiben.

1982

Im Nachhinein hatten viele kommen sehen, dass der »skandalumwitterte Guru« Indien verlassen und, wie andere große Meister vor ihm, in die USA gehen würde, um seine Lehre zu verbreiten. Mich überrumpelte die Nachricht. Ich hatte meine Hängematte und fast alle meine Kleider in Poona gelassen, um nach der Beerdigung meines Vaters in mein *happy Sannyas life* zurückzukehren. Einen Plan B hatte ich nicht.

Als einer der Ersten war Deven in der Leitung, und gleich nach ihm ein Freund, mit dem ich zuletzt ein Zimmer im Koregaon Park geteilt hatte und der wissen wollte, ob ich an meinen Sachen hinge oder ob er sie – immerhin fragte er – losschlagen dürfe. Ferngespräche über Münztelefone und Festnetzapparate waren aberwitzig teuer. Wenn wir überhaupt telefonierten, fassten wir uns kurz, aber jetzt gab es Sensationelles zu melden, Bhagwan Shree Rajneesh sei (sieben Tage vor Papa Heinz' Tod) aus dem Ashram verschwunden. Inzwischen war er in den USA angekommen. Nur ein paar seiner engsten Mitarbeiter waren eingeweiht und an seiner Seite. Und eine Handvoll Handwerker wie Deven. Die treibende Kraft hinter unserem ersten Kommunenexperiment in Wald-Amorbach hatte in Poona in Deekshas Wartungs- und Instandhaltungstruppe gearbeitet.

Bald nachdem ich zu meinem sterbenden Vater gereist war, hatte die schrille Italienerin einige ihrer verlässlichsten Leute, sehr geheim, sehr husch, husch, nach Montclair in New Jersey geschickt, knapp fünfunddreißig Kilometer vor New York City, um Kip's Castle für Bhagwan und seine Entourage bezugsfertig zu richten. The Castle – ein Dreißig-Zimmer-Herrenhaus im Stil einer mittelalterlichen Normannenburg auf einem Hügel mit Fernblick, mit einem Zinnenturm, wie Kinder ihn zeichnen, einer Kapelle und einem weitläufigen Park. Gefunden hatte es die Inderin Ma Anand Sheela, die in den frühen 1970er-Jahren einen Katzensprung entfernt an der Montclair State University ausgebildet worden und –

seit 1972 in Bhagwans Gefolge – gerade zu seiner neuen Sekretärin und Managerin aufgestiegen war.

Ich neigte schon damals zu Fatalismus und wunderte mich, als ich von der Panik im Ashram hörte. Dass Bhagwan Tausende seiner Schützlinge aus Kalkül oder einer Laune heraus in Indien sitzen gelassen haben könnte, wollte sich keiner vorstellen. Die einen rätselten, ob amerikanische Spezialisten seine Bandscheibenvorfälle behandeln sollten. Oder war er doch vor der indischen Steuerbehörde geflohen? War ihm gar die Sittenpolizei auf den Fersen? Und was bedeutete das für seine Gefolgschaft?

Während Bhagwans Mischkonzern offenbar über Reserven ohne Limit verfügte und fantastische Pläne schmiedete, hatten viele Sannyasin nicht genug in der Tasche, um in ihre Heimat zurückzukehren und auf neue Anweisungen des Meisters zu warten. In Poona, hatte er angeordnet, sollten sie nicht bleiben. Ende Juli werde der Ashram geschlossen. Die umliegende Gegend gleiche einem ausufernden Flohmarkt, ließ ich mir erzählen, Kleidung in allen Rottönen, Möbelstücke, Kochtöpfe, Armbanduhren, alles würde auf der Straße feilgeboten. Sogar von außerhalb reisten Inder an, um Schnäppchen zu machen.

Unterdessen suchte Sheela von Kip's Castle aus nach einem Grundstück für eine Kommune, die größer und noch besser organisiert werden sollte als der Ashram in Poona. Unter welchen Bedingungen die bisherigen Poona-Sannyasin dort willkommen sein würden und wann, war fast allen unklar. The Castle war jedenfalls nicht auf Dauer gedacht für Bhagwan, blieb aber bis zu seiner Vertreibung aus den USA eines von vielen Meditationszentren für Sannyasin in der Diaspora. Mein Rückflugticket nach Indien verfiel.

Immer mehr deutsche Sannyas-Zentren in Städten wie Köln oder Berlin oder im bayerischen Margarethenried zogen Tausende Gefolgsleute an. Doch in Deutschland, das mir selbst bei Sonnenschein dunkel und eng vorkam, wollte ich nicht bleiben. Freunde liebäugelten mit Kalptaru Rajneesh, dem ältesten Sannyas-Meditationszentrum außerhalb Indiens in London. Zu wenig exotisch, dachte ich anfangs, zu kalt, zu nass. Vielleicht – nach meiner fröhlichen Festivalerfahrung in Florenz – lieber Italien? Doch dann hörte ich, dass ich in London einen Teil meiner engsten Sannyas-Familie wiedertreffen würde.

***

Die ersten Tage oder Wochen schlief ich – unkompliziert und unverbindlich war mir damals wichtiger als bequem – auf einer Matratze in einem Squat. Seit den 1970er-Jahren war London eine Hochburg der modernen Squatter-Szene aus mehreren Zehntausend illegalen, aber meist geduldeten Hausbesetzern, die sich – träge Stadtplanung! – in leer stehenden Mietshäusern, baufälligen Villen oder Ladenlokalen einrichteten, manche von ihnen für viele Jahre. Ich kam in einem heruntergekommenen Backsteinbau im bunten Graffiti-Kleid unter, irgendwo im Norden der Stadt zwischen Camden Town, Belsize Park und Hampstead, immerhin mit intakten Fenstern und fließend Wasser, in Fußweite von unserem Meditationszentrum und deshalb ein Tipp unter Poona-Sannyasin, die hier nach und nach strandeten, kamen und gingen. Nach einer Razzia im Morgengrauen floh ich in unser Meditationszentrum. Von dort wurde ich in eine gepflegte Wohngemeinschaft in Camden Town vermittelt. Begüterte britische Sannyasin, im bürgerlichen Leben Architekten, Finanzfachleute, Anwälte, Manager, einige auch Therapeuten, hatten ihre Wohnungen für ihre »Brüder und Schwestern« geöffnet, man lebte in Gruppen von acht und mehr Leuten, mindestens zu zweit, oft zu dritt oder viert in einem Zimmer. Ich landete im *inner circle*. Ma Anand Poonam, die am kalifornischen Esalen-Institut geschulte Gründerin des Londoner Zentrums, bewohnte ein Nebenzimmer, und als die Wohnung zu voll wurde, zog ich weiter in eine noch schönere im wohlhabenden Hampstead, nur ein paar Schritte von The Heath, für mich der schönste Londoner Park, wilder als die anderen, mit seinen hügeligen Wiesen, Sumpf- und Waldabschnitten, mehr als zwanzig Badeteichen und einem grandiosen Ausblick auf die City. Ein paar Stunden am Tag machte ich mich im Zentrum nützlich, erst beim

Putzen und Kochen, später in der Logistik. Wer hätte gedacht, dass ich den Sommer meines Lebens haben würde?

Seit ich von zu Hause ausgezogen war, hatte ich von der Hand in den Mund gelebt. Innerer Reichtum, sagten wir uns, bedinge äußere Besitzlosigkeit. Nach Poona war ich mit meinem Notgroschen gereist, jetzt hatte ich – aus der Hinterlassenschaft meines Vaters und zum ersten Mal in meinem Leben – Geld. Ich ließ mich durch die Stadt treiben, entdeckte Oxford und Carnaby Street, fand mich leichtsinnig und kaufte mir trotzdem die rote Jeans von Fiorucci, der letzte Schrei, und eine dunkelrote Wolljacke von Benetton, das man damals gerade als Kleidermarke mit Statussymbolpotenzial entdeckte. Ich wurde Stammgast auf dem Camden Market, der mir wie der kreativste und unangepassteste Ort der Welt vorkam mit seinen Künstlern, Musikern und Trödlern, Designerunikaten neben billiger Secondhandware und raubkopierten Musikkassetten für weniger als ein Pfund, mit seinen Punks, Hippies, Rastas und spirituellen Suchern in indischen Gewändern, einem Sammelsurium der Subkulturen, die einander so viel Raum ließen, dass man sich sagen konnte, sie respektieren sich gegenseitig. Hier fiel mir zum ersten Mal auf, dass englische Verkäufer einen mit »Darling«, »Love« und »Honey« ansprechen, auch wenn sie einen nie zuvor gesehen haben, und besonders herzlich, wenn man mit ihnen feilscht. Ich lud meine Freunde ins Kino ein, ich bemerkte, wie schnell man das Geldausgeben lernt, wenn man Geld hat, und es kümmerte mich nicht, dass es weniger wurde. Einiges verborgte ich und vergaß, es zurückzuverlangen. Das hatte ich von meiner Mutter.

Dass das Großbritannien der beginnenden 1980er-Jahre abgewirtschaftet, dass vom britischen Weltreich kaum etwas übrig war und Margaret Thatcher mit eiserner Sanierungshand, wenig Humor und auf Kosten der Arbeiter den Anschluss an die Weltwirtschaft suchte, bremste den royalen Freudentaumel nicht, dem sich die Briten hingaben, als ich meine erste Bekanntschaft mit der Stadt machte. Einmal nicht an Alltagssorgen denken! Supermärkte, Souvenirläden und sogar die Stände auf dem Camden Market vollgestopft mit billigen Bilderrahmen, Erinnerungstassen und T-Shirts, von denen Charles und Diana grüßten, das mutmaßliche Traumpaar. In den Pubs eigens gebrautes »Royal Wedding Ale«. Und überall, an jedem Fenster, an jeder Balustrade und, gefühlt, in jeder zweiten Hand der Union Jack. Selbst wir Sannyasin schwenkten die Papierfähnchen, und es lag am leichtherzigen britischen Humor, der sich so viel unbekümmerter über sich selbst und die Welt lustig macht als der deutsche, dass wir uns auf das Spektakel einließen und in der Menge mitschwammen. Viele Menschen glaubten das Märchen von der Liebeshochzeit des Thronfolgers mit der adeligen Kindergärtnerin.

***

Die Bhagwan-Bewegung expandierte. Während Sheela, genau genommen ihr amerikanischer Ehemann (damit war die erste von vielen rechtlichen Hürden genommen), in einem abgelegenen Winkel von Oregon, etwa 250 Kilometer hinter Portland im kargen Landesinneren, für angeblich 5,75 Millionen Dollar die verlassene Rinderfarm Big Muddy, die einmal als Westernkulisse für einen John-Wayne-Film gedient hatte, und dazu fast 260 Quadratkilometer Land kaufte – das entspricht der Fläche einer mittleren deutschen Großstadt wie Frankfurt am Main –, sollte Ma Anand Poonam in England das erste Internat für Sannyasin-Kinder aus aller Welt aufziehen. Medina Rajneesh, die Kinderkommune.

Bhagwan mag keine Kinder, hörte man gelegentlich.

Bhagwan liebt Kinder, hörte man ebenso oft, aber auf ihrer Suche nach ihrem inneren Kind seien den Eltern die leiblichen Kinder schlicht im Weg. Die traditionelle Kleinfamilie hielt der Meister nicht nur für spießig, sondern für schädlich. Um nicht zu psychologischen Mülltonnen der Eltern zu werden, sollten die Kinder sich in Kommunengruppen entfalten, möglichst uneingeschränkt und ohne den Ballast, den ihre suchenden Mütter und Väter mit sich trugen. Manche verstanden das als Freibrief von höchster Stelle, ihre Verantwortung abzugeben. Weitere Kinder sollten Sannyasin grundsätzlich nicht in die Welt setzen, die Überbevölkerung, predigte auch Bhagwan, sei unser zentrales Problem.

Der streitbare Stanford-Biologe Paul R. Ehrlich hatte schon Ende der 1960er-Jahre das Bild der unmittelbar bevorstehenden Katastrophe durch die exponentiell wachsende Bevölkerung gemalt, Anreize zur Kinderlosigkeit und strenge Kontrollen gefordert. Die christlichen Kirchen wettern bis heute gegen seinen Bestseller *The Population Bomb (Die Bevölkerungsbombe)* und seinen »Freibrief zur Fortpflanzungsverweigerung« als willkommenen Vorwand für die sexuelle Revolution.[1] In Indien und China hatte es in den 1970er-Jahren wenig zimperliche Vorstöße gegeben: China überwachte seine Ein-Kind-Politik mit Geldstrafen, Zwangsverhütung und Zwangsabtreibungen. Die Regierung Indira Gandhi versprach den indischen Männern für jede freiwillige Vasektomie ein Transistorradio. In Wirklichkeit wurden Millionen Inder, vor allem aus der ärmsten Bevölkerungsschicht, zwangssterilisiert, sogar junge, noch kinderlose Männer.

Bhagwan erwartete von seinen Jüngerinnen und Jüngern, mit gutem Beispiel voranzugehen und sich freiwillig sterilisieren zu lassen. Kali überlegte nicht lange. *I cut the line.* Die Doppeldeutigkeit seines Satzes gefiel ihm. Auch ich wusste weiterhin, dass ich keine Kinder wollte. Aus dem Augenwinkel, in dem die Weltausschnitte vorbeiziehen, die für einen selbst gerade nicht wesentlich sind, hatte ich die Kinder und Jugendlichen wahrgenommen, die durch den Ashram streunten. Manche von ihnen hatten nur sporadischen Kontakt zu ihren Sannyasin-Müttern. Manche waren selbstständig und abgeklärt. Ungehemmte, rebellische Kids. Manche gaben sich älter, als sie waren. Manche kamen schlecht damit zurecht, wie Erwachsene behandelt zu werden. Manche wirkten unfroh und überfordert, orientierungslos, vernachlässigt. Sie bestärkten meine Überzeugung. Aber eine so unwiderrufliche Entscheidung wie eine Sterilisation wollte ich keinem Gruppenzwang unterwerfen und vertagte sie deshalb.

Etwas mehr als einhundert Kilometer nordöstlich von London, vorbei an Cambridge, am Rand eines Dorfs der Grafschaft Suffolk mit knapp zweihundert Einwohnern und viel englischem Grün, kaufte die Kommune Herringswell Manor, ein renovierungsbedürftiges und deshalb erschwingliches Herrenhaus mit Geschichte und Upperclass-Charakter wie Kip's Castle in New Jersey. 1901 im Stil eines Tudor-Fachwerks erbaut, mit mehreren Nebengebäuden und einem Wasserturm unter Denkmalschutz. Zuletzt war es als Schule für die Kinder von US-Soldaten (ab)genutzt worden. Wir fanden es den idealen Ort für unsere Kinderkommune.

Den Winter über blieb ich in London und ging – als eine Art Schnittstelle im Beschaffungsprozess – darin auf, die Restaurierung, Ausstattung und regelmäßige Versorgung von Medina Rajneesh zu organisieren. Kontakte zu Lebensmittelhändlern mussten geknüpft, Preise verhandelt, Handwerker und ihre Helfer mussten zwischen London und Medina hin- und hergefahren, Baumaterial gekauft und transportiert werden. Das herrschaftliche Entree, die breiten Eichentreppen und ihre Geländer, die imposanten Holzvertäfelungen in den Salons, die meterhohen Sprossenfenster, die Deckenbalken – wir restaurierten das Anwesen mit Sorgfalt. Später wurde alles weiß überstrichen; für Denkmalschützer ein Sakrileg, aber Ma Anand Sheela wollte so etwas wie eine Corporate Identity für alle Meditationszentren weltweit – und die hieß: alles soll leuchten. In Weiß.

Im Frühling 1982 zog auch ich in die neue Kommune Medina. Acht oder zehn Sannyasin teilten sich einen der großen Salons im Obergeschoss, die Luft war dick von glimmenden Räucherstäbchen. Ich schob meine Matratze in einen freien Erker. Ansprüche an die Privat- und Intimsphäre durfte man nicht stellen, Geräusche durften einem nichts ausmachen, rückblickend staune ich manchmal, wie unempfindlich die meisten von uns waren – und wie selbstverständlich unsere Freizügigkeiten. Liebe hatte hier nichts mit Monogamie zu tun, Sex gehörte zum Alltag wie Essen und Duschen, jedenfalls für viele, Eifersucht war trotzdem menschlich und wurde manchmal laut. In London war ich glücklich verliebt gewesen. Trotzdem fand ich es damals selbstverständlich, die Beziehung zu beenden, als ich nach Medina zog. Freunde sind wir bis heute.

Knapp dreißig Sannyasin wohnten und arbeiteten von Anfang an dort, mit der Zeit wurden es zweihundert. Wie in Poona war ich eine der Jüngsten. Akrobaten und Schauspieler, sogar Mitglieder der Royal Shakespeare Company, waren unter ihnen. Sie riefen eine Theater- und eine Musikgruppe ins Leben, in unserem *living room* führten sie Komödien auf. Wir saßen auf dem Boden vor dem Kaminfeuer und lachten uns kaputt. Die meisten hatten studiert, einige von ihnen an englischen Eliteuniversitäten promoviert und in leitenden Stellen gearbeitet, bevor sie ihre Karriere für ein Leben in der Kommune hinter sich gelassen hatten. Für die Putz-, Garten-, Koch- und Abwaschdienste waren sie überqualifiziert. Dass sie ihnen trotzdem aufgetragen wurden, nahmen sie in Kauf, die meisten klaglos, und die wenigen, die sich davon herabgewürdigt fühlten, gingen wieder. Die Arbeit im Ashram und in den Kommunen sei Arbeitsmeditation, hieß es. Ihr Lohn liege in ihr selbst.

Die Mehrheit verdiente ihr Geld allerdings weiterhin in ihren bürgerlichen Berufen und kam an ihren freien Tagen nach Medina, um an Therapiegruppen und Meditationen teilzunehmen. Statt ihrer Arbeitskraft spendete sie einen Prozentsatz ihres Gehalts. Die richtige Mischung aus hingebungsvollen Vollzeit-Sannyasin und finanziell flexiblen Wohltätern sollte das Überleben der Kommune und des Internatsbetriebs sichern. Die ersten Monate überließ Ma Anand Poonam mir Organisation und Leitung der Putzkolonne, dann holte sie mich als *front desk secretary* in ihr Büro.

Während meiner Zeit in Medina lebten dort erst wenige Kinder und Jugendliche. Sie waren mit ihren Eltern gekommen und hatten viele Freiheiten. Einzelne gingen in den Schlafsälen der Erwachsenen ein und aus. Ich machte mir darüber keine Gedanken, und wenn doch, setzte ich ihre sexuelle Selbstbestimmtheit voraus. Aus dem Augenwinkel …

Eine frühere Sannyasin erzählte mir Jahrzehnte später von ihren Teenagererlebnissen in Medina, von ihrem Vater, der es normal fand, seine Tochter mit Männern seines Alters zu verkuppeln, von ihrem Versuch, Grenzen zu setzen, wo es keine gab, von ihrem gelegentlichen Ekel, dem Gefühl, trotzdem mitmachen zu müssen, nein, zu wollen, weil sie die an sie gerichteten Erwartungen erfüllen wollte, von dem verqueren Verständnis von Alltäglichkeit. Meine Wahrnehmung, musste ich mir während des Gesprächs eingestehen, war damals eingeschränkt. Ich hielt uns alle für selbstbestimmt, auch die Kinder.

Dass manche sich unter Druck gesetzt fühlten, ihre Ersparnisse oder ihr Erbe an die, so der Vorwurf, finanziell unersättliche Bhagwan-Kommune abzugeben, hörte ich auch erst viele Jahre später. Solange ich aktive Sannyasin war, kam es mir nicht in den Sinn, Bhagwans Geschäftsmodell zu hinterfragen. Es leuchtete mir auch ein, als meine Mutter eine Spende an die Ranch in Oregon überwies, wahrscheinlich einige Tausend Mark. Und ich zweifelte nie daran, dass sie es freiwillig und gern tat.

***

Ma Elisabeth Goering. Meine Mutter kam nicht nach Medina, um Ferien zu machen. Sie kam, um eine von uns zu werden. Seit mindestens einem Jahr war sie – ohne Angst, rückfällig zu werden, das waren ihre Worte – trocken und so fit, dass niemand ihr Alter glaubte. Sie stand vor ihrem vierundsechzigsten Geburtstag.

Im Ashram von Poona war sie mit Deutsch gut durchgekommen. In Medina wurde fast nur Englisch gesprochen. Alle waren freundlich zu ihr, aber über Begrüßungsfloskeln kam sie nicht hinaus, und weil sie sich einbildete, dass die Leute ihren stockenden Akzent unbeholfen oder lustig fanden, wich sie tagsüber nicht von meiner Seite. Ich sträubte mich, ihr Kindermädchen zu mimen – aus der Rolle ihrer Beschützerin hatte ich mich in mühsamen Jahren gelöst! –, und ließ sie spüren, dass sie mir auf die Nerven ging.

Unser Verhältnis besserte sich schlagartig, als sie im *sewing room* auszuhelfen begann. Zwei Freundinnen, nicht vom Fach, hatten in einem früheren Zeichensaal eine Nähwerkstatt eingerichtet und verarbeiteten schwere englische Stoffe mit viel Rot zu Sofa- und

Kissenbezügen für unseren *living room*, zu Vorhängen oder Bettwäsche. Mami ließ sich nicht lange bitten. Die Freundinnen lernten viel von ihr. Die Queen war in ihrem Element, unermüdlich wie einst in ihrem Atelier Larouette. Als wir bei einem Einkaufsbummel in London einen fast bodenlangen, dunkelroten Mantel sahen, der mir so gut gefiel, dass mein neuer »Ich hab doch die Kohle«-Leichtsinn durchschlug und ich ihn um jeden Preis kaufen wollte, bremste sie mich ein. »Du spinnst wohl! 300 Pfund! Ich nähe dir einen!« Sie kaufte einen erstklassigen Wollstoff, setzte sich an eine der Nähmaschinen im *sewing room* und zauberte, Zaubern ist das Wort dafür, einen Mantel, der ohne Zweifel schöner war als das Schaufensterstück.

Der Sannyas-Weihe meiner Mutter fehlte das Feierliche der Zeremonien in Poona. Schuld daran war Bhagwan. Keine Weihe, über die er nicht informiert war, hieß es. Er allein bestimme, wer ein »neuer Mensch« werden dürfe, er habe das letzte Wort über den jeweiligen Sannyas-Namen. In seinem Auftrag legte Turiya meiner Mutter die Mala um.

Bevor sie und ihr Mann 1975 zu Bhagwan gestoßen waren, hatten sie Wibke und Welf Ernst geheißen. Prinz und Prinzessin von Hannover. Bhagwan war stolz auf seinen höchstgeborenen Jünger, einen Urenkel des letzten deutschen Kaisers und Cousin des englischen Thronfolgers Prince Charles, und hatte ihm den Namen Swami Anand Vimalkirti gegeben, »fleckenlose Glorie«. Bei einer dynamischen Morgenmeditation Anfang Januar 1981 erlitt Vimalkirti als Folge eines Aneurysmas einen Schlaganfall. Er fiel ins Koma und starb wenige Tage später, zwei Wochen vor seinem vierunddreißigsten Geburtstag. Seine Beerdigung ließ Bhagwan als medienwirksames Freudenfest mit wilder Musik, Tänzen und Unmengen von Blumen inszenieren – verstörend für die angereisten Mitglieder der Welfenfamilie. Ich hielt mich von dem Spektakel fern wie schon von früheren ekstatischen Beisetzungsfesten im Ashram.

Auf dem Weg nach Oregon machte Vimalkirtis Witwe Ma Prem Turiya – ihr Name steht für spirituelle Liebe – Station in Medina, auch um ihre königliche Verwandtschaft zu besuchen. So kam es, dass just sie dazu bestimmt wurde, meine Mutter zu weihen. Als Turiya um einen sanften Tonfall bemüht ihren neuen Namen sagte – *Ma Elisabeth Goering* –, musste ich laut lachen und alle anderen im Raum mit mir, bis auf meine Mutter, bei der Bhagwans Unverfrorenheit noch nicht angekommen war. Göring! Der Guru als Provokateur, natürlich, so kannte man ihn. Hatte er eine Botschaft für uns, oder, davon gehe ich aus, machte er sich schlicht einen Jux, als er ihr eine Namensbürde auferlegte, von der sie sich eigentlich gerade gelöst hatte? Ihr war das herzlich egal. Sie war in Aufbruchstimmung. Ein paar Wochen später kehrte sie mit einem Auftrag im Gepäck heim.

Unsere verwaiste Wohnung in der Viktoriastraße war für sie allein zu groß und wie geschaffen für eine Sannyasin-WG. Mitbewohner fanden sich schnell. Zusammen bauten sie das erste Sannyas-Zentrum Wiesbadens auf. Eine der neuen Freundinnen betrieb einen Secondhandladen in der Wiesbadener Innenstadt, den sie nach ihrem Sannyas-Namen »Tanhas Mode-Oase« nannte. Sie stellte meine Mutter in Teilzeit ein. Mit ihrer Stilsicherheit und ihrem Gespür für Qualität zog sie sich über die Jahre einen treuen Kundenstamm heran und setzte sich erst nach ihrem achtzigsten Geburtstag zur Ruhe. Stadtbekannt und meistens glücklich.

***

Bhagwan ist auf der Ranch eingetroffen! Wieder eine Nachricht, die uns alle in Aufruhr brachte. In Rekordzeit baute man ihm ein Haus in einem abgelegenen Tal des Geländes, mit viel Marmor, einem Luftschutzkeller, Swimmingpool und einer bewässerten Gartenanlage. An seinem Eingang standen rund um die Uhr Wachposten.

Ein verlassenes Ranch-Haus, eine Reihe von Strommasten, ein paar Bäche, die das Brachland durchzogen, den John Day River, der sich an der Grundstücksgrenze entlangwand und bis heute schnell und unreguliert fließen darf, einen Stausee, den man ursprünglich zur Versorgung der Viehherden angelegt hatte, ausreichend Wasser also, um unbesorgt in die Zukunft planen zu können – sonst hatte es dort nichts gegeben, als die ersten Sannyasin ankamen und in mitgebrachte Mobilheime und Wohnwägen zogen. Straßen-, Kanal- und Bewässerungsnetze mit Stauseen, Gemeinschaftsgebäude inklusive Buddha Hall und Cafeteria, wie wir sie aus Poona kannten, Einkaufszentren, Schule, Wohnsiedlungen, Gewächshäuser, Stallanlagen für Milchkühe, Hühner und Enten, Obst- und Gemüseplantagen, Getreidefelder. Alles wurde von Grund auf geplant, Big Muddy sollte sich in eine Oasenstadt verwandeln und selbst versorgen. *Rajneeshpuram!* Bhagwans Stadt. Die Architekten, Ingenieure, Stadt- und Landschaftsplaner der Community liefen zu Hochform auf. Auch für einen Flughafen war Platz.

Mit der Euphorie, die alles machbar und grundlegend richtig erscheinen lässt und nichts hinterfragt, stürzte man sich in die Arbeit. Hingabe – *surrender* – war Bhagwans erstes Gebot. In der Hingabe baue man das Ego ab, das der spirituellen Weiterentwicklung im Weg steht. Auf der Ranch hieß das: Schuften auf Anweisung.

Meinen Bruder schreckte das nicht ab. Er war mir nach Medina gefolgt. Nach wenigen Wochen hielt ihn dort nichts mehr. Kali hatte zwei rechte Hände. Er wollte die erste Sannyas-Stadt mitbauen und flog nach Washington, um sich um seine Aufenthaltsgenehmigung für die USA zu kümmern.

Den Julivollmond 1982 nahmen Bhagwan und Sheela zum Anlass, ein Sommerfestival auszurufen. Mehrere Tausend Sannyasin aus aller Welt pilgerten für eine knappe Woche nach Oregon, allein aus Deutschland sollen es 2000 gewesen sein. Auch in Medina traf die Einladung ein, auch ich fühlte mich angesprochen, auch ich kaufte mir ein Flugticket nach Portland, auch ich überwies 350 Dollar Festivalgebühr. Ich konnte es kaum erwarten, die Freunde aus Poona wiederzusehen. Und Bhagwan natürlich.

Zum ersten Mal nach Amerika! Die Anreise dauerte zwei nicht enden wollende Tage, aber das Festivalprogramm ließ uns keine Zeit, müde zu sein. Als müsse unsere Abenteuerlust erst noch geweckt werden, beschäftigte man uns wie in einem jener Ferienclubs, in denen sonnen- und unterhaltungshungrige Touristen schon damals viel Geld ausgaben, um in Zelten oder Hütten zu schlafen und rund um die Uhr bespaßt zu werden. River-Rafting, Schwimmen im Stausee, Touren zu Pferd und auf Fahrrädern, Wanderungen bei Tag und bei Nacht, Meditationen, Singen, Tanzen, Lachen. Auch wir übernachteten in Zelten. Hunderte davon waren für die Gäste aufgestellt worden. Das spirituelle Sommercamp übertraf meine Erwartungen. Die Hitze hielt ich gut aus.

Endlich zeigte sich Bhagwan. Er kam in einem weißen Rolls-Royce. Sheela steuerte das Auto im Schritttempo um die neue Buddha Hall. Aneinandergedrängt hockten wir auf dem blanken Boden und erwarteten den Meister. In Poona hatte er sich uns in immer gleichen weißen Baumwollkleidern gezeigt. Nun trug er eine üppig verzierte Robe aus Samt und Seide mit weiten Ärmeln, die seine schmalen Handgelenke freigaben, eine ungehörig glitzernde Rolex-Uhr und einen Fantasiehut ähnlich einem Turban, den man auf einem Laufsteg in Paris oder Rom erwartet hätte, aber nicht in der gespenstisch schönen Einöde der Ranch. Wir staunten und scherzten über Bhagwans neue Art der Selbstinszenierung. Ernst nahmen wir sie nicht.

Bedächtig wie eh und je bestieg er das Podium. Sein Sessel war mit Samt bezogen und wirkte pompöser als früher. Er nahm Platz, schaute, wie wir es von ihm kannten, auf uns nieder, von einem zum anderen, aber er schwieg. Musik spielte, wir sangen, manche sangen sich in Trance, zwischendurch wurden über die Lautsprecheranlage Texte verlesen, zum Beispiel Khalil Gibrans *Prophet*. Von Zeit zu Zeit deutete Bhagwan sein väterliches Lächeln an und hob seine Hände, als werfe er Energie in die Menge. Wir reagierten begeistert, viele fanatisch, etliche schienen die Kontrolle über sich abzugeben, ein Kessel kurz vor dem Überkochen. So bindet man seine Gefolgsleute an sich.

***

Zurück in Medina, wurde ich krank. Es begann mit geschwürartigen Ausschlägen an Schienbein und Wade, wie man sie sich sonst nur in den Tropen holt. Sie hinterließen Löcher in meiner Haut, die schlecht verheilten. Hinzu kamen erst eine Blasen-, dann eine Niereninfektion. Ich konnte nicht mehr arbeiten.

Die alternativen Therapien zogen sich über Wochen. Die Diätkost schmeckte widerlich. Ich aß immer weniger und verlor rasant an Gewicht. Der Anruf meiner Mutter gab mir den Rest. Helmbrecht, zwei Wochen älter als ich und mein Lieblingscousin, hatte sich mit einer Überdosis Insulin das Leben genommen. Die Kurzschlussreaktion einer herzensguten Frohnatur, weil seine Frau ihn betrogen hatte und verlassen wollte.

Ich kann nicht mehr sagen, wann ich bemerkte, dass ich in das Muster fiel, von dem ich dachte, dass ich es hinter mir gelassen hätte. Ob ich es zuerst bemerkte oder die anderen. Ich hatte mehr als zehn Kilogramm abgenommen, aß weiterhin nichts, schlief kaum noch, und in dem unruhigen Drang, den Schmerz über Helmbrechts Tod zu übertünchen, redete ich immer mehr, in den Ohren der anderen war es lautes, zunehmend wirres Zeug von einer, die sich selbst überschätzt, auch von meiner Sehnsucht nach der Ranch und der Angst und meinem Zwiespalt, schon wieder alles hinter mir zu lassen und neu beginnen zu müssen.

Die Therapeuten in Medina versuchten alles Mögliche, um mich zu beruhigen. Ich wehrte mich und überforderte damit die Community. Immer mehr Mitbewohner machten einen Bogen um mich. Mein Misstrauen wuchs. Schließlich kippte ich um. Yoga Priya, Südafrikanerin mit deutsch-jüdischen Wurzeln in Hamburg, sieben Jahre älter als ich und zur Therapeutin ausgebildet, blieb meine Freundin und saß stundenlang neben mir. Auch Poonam schaute regelmäßig bei mir vorbei und sprach mir gut zu. Ein Erschöpfungszusammenbruch. Ruh dich aus. Das wird wieder.

Es wurde nicht wieder.

Bevor sie Maria beauftragte, meine Freundin aus Schultagen, mit der ich bis ins Baskenland getrampt und die inzwischen auch als Sannyasin in Medina gelandet war, mich nach Wiesbaden zu bringen, setzte sie sich noch einmal an mein Krankenbett. Das haben wir unterschätzt, Bettina. Beim nächsten Mal müssen wir uns anders verhalten.

***

In Wiesbaden blieb ich auf Kollisionskurs und brachte meine Mutter und ihre WG-Freunde an ihre Grenzen. Schließlich riefen sie die Rettung. Bis heute bin ich dankbar, dass sie mich ins städtische Krankenhaus führte und nicht in eine psychiatrische Klinik. Mein Zimmer auf der neurologischen Abteilung war hell mit Ausblick auf den Grüngürtel der Stadt. Die Zimmertür stand Tag und Nacht offen.

Über den Arzt weiß ich noch, dass er eine Uhr mit einem Armband in Leuchtfarbe und einem Ziffernblatt mit dem Abbild von David Bowie trug und dass ich ihn einen richtig coolen Typen fand. Du musst jetzt keine Angst mehr haben, sagte er. Ich, ich habe doch keine Angst. Die Antwort hätte mir entsprochen. Aber ich schwieg. Für die Fragen, die in meinem Kopf tobten und die ich ihm gern gestellt hätte, fand ich keine Worte.

Eine der Krankenpflegerinnen war die ältere Schwester einer Schulfreundin. Mami bemutterte mich jeden Nachmittag. Hatte ich genau das gewollt? Viele Freunde, die von meiner erzwungenen Rückkehr erfuhren, besuchten mich. Auch sie behielten ihre Fragen für sich. Mamis Lieblingsbruder Siggi stellte eine Schüssel mit Nüssen von Opa Heusers Walnussbaum an mein Bett. Auch Käthemam und ihre Tochter Gudrun kamen vorbei. Ich dachte, du hättest dich aufgegeben, sagte Gudrun Jahrzehnte später, so mager und blass warst du. Doch ans Aufgeben dachte ich keinen Moment. Ich fühlte mich von Tag zu Tag besser, wie eine, die nach einer weiten Reise durch die Welt der Erwachsenen zu Hause angekommen ist und endlich Kind sein darf. Die Medikamente schlugen an.

Mit der Lebensfreude kam der Appetit. Seit Poona hatte ich mich vegetarisch ernährt. Als ich das Schnitzel meines Zimmernachbarn roch, brach ich mit meiner Gewohnheit und aß tagelang fast ausschließlich Fleisch. Mit dem Appetit kam meine Kraft zurück. Ich spazierte über die Station und freundete mich mit Pflegern und Patienten an. Nach gut zwei Wochen wurde ich entlassen. Jugendfreunde nahmen mich bei sich auf. Zum dritten Mal in meinem Leben hatte ich meinen materiellen Besitz hinter mir gelassen. Diesmal waren es ein Garderobenschrank voller Kleider samt dem schönen, roten Mantel, den meine Mutter für mich genäht hatte, und ein Stapel Bücher. Nichts davon hatte in den Handkoffer gepasst, den Maria für mich nach Wiesbaden getragen hatte. Ich fragte nie mehr danach.

Die Gegenwart war zu überwältigend, um ihr Gedanken an die Vergangenheit oder Zukunft aufzuladen, als Yoga Priya aus England angeflogen kam und nach mir sah. Bald nach ihrer Abreise erreichte mich ein Brief, gezeichnet von Bhagwans Managerin Sheela. Es war eine Einladung, auf die Ranch zu kommen. In Poona hatte ich den Eindruck gewonnen, dass Menschen mit psychischen Problemen nach Hause geschickt und im Zweifel sogar den indischen Behörden übergeben wurden. Einige sollen in Irrenanstalten weggesperrt worden sein. Mir hingegen reichte man die Hand und signalisierte, dass ich weiterhin zur Sannyas-Familie gehöre.

1945

Tante Erika sitzt mir gegenüber. Ihr Sofa kommt mir größer vor als bei meinem letzten Besuch. Noch zarter ist sie geworden. Sie war beim Friseur vor unserem Gespräch, hat ihre Nägel gemacht und Lippenstift aufgelegt. Ihre Hände liegen vor ihr auf ihrem Schoß wie eine Waagschale. Nein, die Schokolade, die amerikanische Soldaten aus dem vorbeifahrenden Jeep auf die Straße warfen, hat sie nicht aufgehoben. So viel Patriotismus war schon, trotz allem. Elisabeth – sie meint meine Mutter – habe die Riegel sogar mit dem Fuß weggekickt. Ich bin doch kein Hund, habe sie gezischt und dabei aufgestampft. Sie war immer schon die störrischste Heuser.

Als Erika auf den Silvesterabend 1945/46 zu sprechen kommt, schaut sie hoch, als liefen die Bilder nicht in ihr, sondern an der Decke ab. Ihre Wangen leuchten. Die Emotionen von damals haben offenbar nichts von ihrer überwältigenden Intensität verloren. Die Familie Heuser saß um den Esstisch in der Goebenstraße. Natürlich war das Radio an. Es habe Mitternacht geschlagen. Die Hymne wurde angespielt und für eine Ansprache unterbrochen, die sich wie ein Schlussstrich und zugleich wie eine Aufforderung zu einem Neuanfang anfühlte. Erika und Elisabeth gingen hinaus auf die Straße, zwei lebenshungrige junge Frauen, denen eben erst klar geworden war, dass der Krieg wirklich, tatsächlich zu Ende war. Die Nacht war sternenklar. Wir wollen feiern, endlich, waren sie sich einig. Wenn man ihr damals gesagt hätte, dass die große Schwester ein paar Jahre später in die Familie von Hermann Göring einheiraten würde … Wie zur Bestätigung dieses Irrwitzes tippt sie sich an die Stirn.[1]

Während Tante Erika und meine Mutter sich ihre Zukunft als selbstständige, emanzipierte Frauen ausmalten, gab Hermann Göring beim Nürnberger Hauptkriegsverbrecher-Prozess die Primadonna. Die beiden Schwestern verfolgten den Prozess, wenn überhaupt, nur am Rande. Die Angeklagten erwartete die Todesstrafe – was sonst. Görings Name stand an erster Stelle der Anklageschrift, seine Rolle als Hauptdarsteller »hütete er eifersüchtig«. Das stellten Prozessbeobachter fest, die »viele Wochen lang geneigt waren, ihn für einen gewöhnlichen Komödianten, für einen Clown zu halten«. Man müsse zugeben, »dass die Mischung aus Snob und Gangster mit einer enormen Begabung von geradezu humoristisch wirkender Eitelkeit eine Zeitlang den anderen Göring vor uns verbarg«.[2]

Zum Beispiel jenen Göring, der bis zuletzt die Judenvernichtung als »dicke Übertreibung« leugnete, obwohl er selbst Mitte Juli 1941 die »Gesamtlösung der Judenfrage im deutschen Einflussgebiet in Europa« angeordnet und dazu »einen Gesamtentwurf über die organisatorischen, sachlichen und materiellen Vorausmaßnahmen zur Durchführung der angestrebten ›Endlösung der Judenfrage‹« eingefordert hatte.[3] Selbst als der Kommandant von Auschwitz, Rudolf Höß, dem Gericht die Technologie des Massenmordes präzise beschrieb und angab, dass dort allein während seiner Amtszeit etwa zweieinhalb Millionen Menschen vergast und verbrannt worden waren, fing Göring sich schnell wieder und zimmerte unverschämt an neuen Ausflüchten. Niemand außer Himmler habe von diesen unglaublichen Verbrechen gewusst. Außerdem seien ähnliche Verbrechen auch von anderen Nationen und Staaten verübt worden. Es sei klar, hieß es dann, dass Göring sich bei all den Lügen, Ausflüchten und Halbwahrheiten in Widersprüche verstricken musste.[4]

Dass man ihm nachwies, »in zynischer Weise internationale Abkommen gebrochen und aktiv an der Organisation des Terror- und Vernichtungssystems mitgewirkt zu haben«, war die eine Sache. Schlimmer trafen ihn angeblich die Beweise für seine Selbstbedienungsmentalität – »dass er die historischen Ereignisse für persönliche Zwecke nutzte«, Bestechung und Raub nicht ausschlug, Millionensummen anhäufte, »und dass er in seinem Keller«, es hätte »in seinen Kellern« heißen müssen, »die ausgesuchtesten Weine, Weinbrände, Champagner und alle möglichen anderen Alkoholika gelagert hatte«.[5]

Bis zum Untergang hatte Hermann Göring sich in der Rolle des megalomanischen Gastgebers gefallen. Zuletzt hatte er es am 12. Januar 1945 krachen lassen – mit einer pompösen Party und großen Zukunftsplänen. Es war sein zweiundfünfzigster Geburtstag. »Ein Riesenfest«, konstatierte sein Fotograf. »In der großen Galerie warteten die festlich gekleideten Gäste, standen in ihren Galauniformen die Generale, in ihren goldüberladenen [Uniformen] die Parteigrößen. Auf der rechten Seite der Galerie harrten die Verwandten und näheren Freunde, auf der linken die Militärs und Parteiführer. Es waren etwa 150 Personen.«[6] Das Megalomanische ist typisch für Manisch-Depressive.

Ich vermute, dass Göring manisch-depressiv war. Das extreme Schwanken zwischen hyperaktiven und lethargischen Phasen. Exzessiver Morphiumkonsum verstärkt diese bipolaren Schwankungen. Hermann Göring schluckte zusätzlich täglich Unmengen von Dihydrocodein in Form von Paracodeintabletten. William Burroughs verglich ihre Wirkung mit der von Heroin, doppelt so stark wie Codein, aber mit einer Dröhnung wie Kokain.[7]

»Den wirklichen Göring kennt niemand. Ich bin ein vielseitiger Mensch.«[8] Damit wollte der Angeklagte sich in den Nürnberger Verhören interessant machen – und verwies doch nur auf seine Unzurechnungsfähigkeit.

Als glaube er daran, das Blatt noch einmal wenden zu können, hatte er ein paar Tage vor seiner letzten großen Geburtstagsfeier, am Neujahrsmorgen 1945, in seiner »nervösen, gereizten und immerwährenden Geschäftigkeit«, die »nie ein Ergebnis hatte«, 900 Flugzeuge in das »Unternehmen Bodenplatte« an der Westfront geschickt.[9] Sie griffen alliierte Flugzeuge in Frankreich, Belgien und den Niederlanden an, und tatsächlich vernichteten sie 439 feindliche Maschinen. Auf dem Heimflug gerieten die Flugzeuge jedoch in die eigene Flaksperre, die sie für Feinde hielt, das Feuer eröffnete und 277 Maschinen abschoss. Die deutsche Luftwaffe hatte sich selbst den Todesstoß versetzt.[10] Falls das Desaster zu Hermann Göring durchdrang, dürfte er es verdrängt haben. Seine Aufmerksamkeit galt den anstehenden Feierlichkeiten. An dieser Routine änderte sich auch nichts, als Deutschland unterging.

An seinem fünfzigsten Geburtstag, wenige Tage vor der Kapitulation in der Schlacht um Stalingrad, hatte er seinen gesamten Stab zu einer Operngala im Berliner Schauspielhaus kommen lassen. Im August 1944 hatte er in Carinhall die Hochzeit seines Neffen Jörg Rigele ausgerichtet. Wieder gab es eine private Festlichkeit zu beobachten, »die sich im tiefsten Frieden nicht üppiger und großartiger hätte arrangieren lassen. Eine unübersehbare Fülle an frischen Blumen, die in Autos aus Berlin und von weiterher herbeigeschafft worden waren und für die stets genügend Benzin gelagert war, zauberte aus den großen Räumen einen märchenhaften Garten.«[11] Die Trauung nach nationalsozialistischem, germanischem Ritual. Das Fest- und Hochzeitsessen für die achtzig Gäste eine »königliche Mahlzeit«. Wahrscheinlich das letzte große Familientreffen vor dem endgültigen Zusammenbruch, bei dem einer abging, der Gastgeber selbst, der »schwererkältet oben in seinem Himmelbett lag«, es seinen Gästen aber an nichts fehlen ließ.[12] Damasttischdecken. Schwere Silberleuchter. Erlesenes Kristall und Porzellan. Eine Schar von Dienern. Portwein. Weißwein, Rotwein, Sekt. Die kleine Edda, vergnügt Rosen streuend. Roswitha, die Rode-Kinder. Fronturlaub für meinen Vater. Deutschland lag in Trümmern.

Während sie bei der Hochzeit im Mittelpunkt standen, waren Hermann Görings Verwandte bei seiner letzten Geburtstagsfeier in Freiheit offenbar Staffage. »Mich amüsierte, soweit man sich in jenen dunklen Tagen überhaupt noch amüsieren konnte, die Zahl der erschienenen ›Verwandten‹ des Reichsmarschalls.«[13] Sie standen »in ihren besten Kleidern bescheiden, mit kleinen Geschenkchen in der Hand, an den Säulen der Galerie und bestaunten die Pracht und Herrlichkeit« – so jedenfalls schilderte es der Fotograf. »100 Flaschen Champagner, 180 Flaschen besten Rot- und Weißweins, 85 Flaschen Kognak, 50 Flaschen Likör, 500 Zigarren bester, ausländischer Qualität und 4000 Zigaretten wie Lucky Strikes und Camel« hatte Hermann Göring für seine Gäste herbeischaffen lassen.[14] Er hatte schließlich Großes zu verkünden – den dritten Erweiterungsbau, mit dem der Waldhof noch einmal um mehr als das Doppelte wachsen sollte. In dem neuen Gebäudekomplex von sechzig auf mehr als dreihundert Meter würde er das lang geplante Hermann-Göring-Museum nach dem Vorbild der Münchner Schack-Galerie unterbringen. So hitlerergeben er sich gab und wahrscheinlich auch empfand, so sehr konkurrierte er bis zuletzt in allen Kunstangelegenheiten mit seinem »Führer«. Mindestens gleichziehen sollte sein Hermann-Göring-Museum mit Hitlers Neuem Kunstmuseum in Linz. Stolz verkündete er seinen Gästen, dass er es an seinem sechzigsten Geburtstag, dem 12. Januar 1953, für das deutsche Volk öffnen würde.[15] Tags darauf ertönten in Berlin die Sirenen zum 276. Fliegeralarm seit Beginn der Zählungen im September 1939. Die Flugabwehr funktionierte längst nicht mehr.

***

Nach dem verheerenden Luftangriff am 3. Februar 1945 durch etwa eintausend alliierte Bomber brannte Berlin, und Hermann Göring ließ damit beginnen, seine Sammlungen in Kisten zu verpacken. Eine Fracht fuhr in seinem Sonderzug nach Berchtesgaden. Ein anderer Teil ging per Güterzug nach Veldenstein. Den ganzen Krieg hindurch und noch bis zum April 1945 liefen auf seiner Burg bei Neuhaus an der Pegnitz sündteure Restaurierungsarbeiten.[16]

Der Narzisst Hermann Göring war kein Untergangsromantiker wie etwa Hitler oder Goebbels. Er sorgte für sein Weiterleben vor und stellte sich den Amerikanern deshalb, weil ihm ein Schuldbewusstsein fehlte. Göring spreche, als habe es den Zweiten Weltkrieg nicht gegeben, als habe es die Millionen Opfer nicht gegeben, als liege nicht halb Europa und halb Deutschland in Trümmern, berichtete eine deutsche Zeitung von den Nürnberger Prozessen. Als habe Deutschland nicht die totale Niederlage erlitten.[17] Immer noch: Realitätsverweigerung. Je dunkler die Realität wurde, umso abwegiger sein Scheinweltenleben. Entlarvt habe er sich mit seiner »Gleichgültigkeit gegenüber den Opfern und den Qualen von Millionen von Menschen, darunter auch seine eigenen Landsleute«.[18]

Auch die Rodes, die mit Hoffnungen aus Venezuela »heim ins Reich« gekehrt waren, holte die Realität ein. Dem Julianenhof waren etwa zwanzig russische und acht französische Kriegsgefangene als Zwangsarbeiter zugeteilt worden. Sie hielten – kontrolliert von zwei Wachsoldaten – den Betrieb auf dem Hof und auf den Feldern aufrecht. Als die Rote Armee anrückte, ließ Walther Rode die Arbeiter gehen, erinnerte sich seine Tochter Gudrun.[19] Erika, die drei jüngsten Kinder und das venezolanische Kindermädchen Sofia hatte er bereits ins vermeintlich sicherere Sachsen geschickt, dazu einen Anhänger mit Hausrat. Er selbst wollte – obwohl darauf die Todesstrafe stand – in seinem Auto nachkommen. Das Benzin für die Flucht hatte er seit langer Zeit gehortet. Trotzdem kam er nicht weit. Deutsche Offiziere, selbst auf der Flucht, nahmen ihm seinen Wagen ab, sodass er sich zu Fuß zu seiner Familie durchschlagen musste. Ohne Zugfahrzeug mussten sie den vollgepackten Anhänger zurücklassen. Ein kleiner Leiterwagen fasste das Notwendigste. Zwei Monate, so Gudrun, waren sie nach Hamburg unterwegs. In ihrer Abwesenheit geriet das Herrenhaus des Julianenhofs in Brand. Ein Großteil des Inventars wurde zerstört.[20] Von dem materiellen Schaden erfuhren sie vorerst nicht. Doch schlimmer: Die älteste Tochter Erilein war in den allerletzten Kriegstagen als Rotkreuzschwester an einer Diphtherie- und Typhusinfektion erkrankt. Als die Nachricht zur Familie durchgedrungen war, lag sie schon im Koma, und als sich ihre Mutter Erika endlich zu ihr durchgeschlagen hatte, war Erilein tot. Sie wurde in Naumburg an der Saale beerdigt, und das Leben musste weitergehen.

In Hamburg durfte die Familie nicht bleiben. Das Flüchtlingskontingent war ausgeschöpft. Walther Rodes Schwägerin betrieb Gut Blockshagen bei Kiel, etwa neunzig Kilometer nördlich von Hamburg, und nahm sie auf. »Erileins Bruder Heinz ist nach Rückkehr von französischer Kriegsgefangenschaft bei einem Raubüberfall von D.P. [Displaced Persons] Polen, die Schweine klauten [...] erschossen worden«, wusste mein Vater.[21] Als sie die Eindringlinge gehört hatten, waren Vater Walther und Sohn Heinz die Treppe hinuntergegangen, um nach dem Rechten zu sehen. »Ein Schuss ins Herz und Heinz war tot. Wir alle haben es gehört und es war schrecklich.« So erlebte Gudrun das Familiendrama, von dem die Eltern sich nie mehr erholten.*

Seit ich nun beide Seiten der Tragödie kenne – das Schicksal der Familie Bernheimer, der das »Dritte Reich« vertreten durch Hermann Göring so böse mitgespielt hat, und die persönliche Verlustgeschichte der Familie Rode, die als Profiteure des Regimes begannen und alles verloren –, frage ich mich wieder und wieder, ob ein Dialog zwischen den Nachkommen, die so wenig voneinander wissen, nicht möglich sein könnte. Ob er eine Ermutigung sein könnte in einer Welt mit sich zunehmend verhärtenden Fronten. Ob er vielleicht sogar eine Heilung zwischen den beiden Seiten einleiten könnte.

* Die Rodes kehrten 1949 nach Venezuela zurück. Walther Rode arbeitete als Angestellter auf verschiedenen Kaffeeplantagen; Gudrun Napp, E-Mail vom 12.10.2017.

1993

Als ich vom Tod meines Jugendfreundes Gaks erfuhr, saß ich in einer Lufthansa-Maschine von Chicago nach Frankfurt am Main. Vom Flughafen Frankfurt fährt man mit Bahn und Bus eine gute Stunde in die Lahnstraße. Meine Mutter war mittlerweile zurück in ihr Elternhaus gezogen und wohnte dort mit Erika. Eine schönere Alten-WG kannst du dir nicht vorstellen, war bei mir angekommen, als wolle sie mir versichern, dass ich mir um sie keine Sorgen mehr machen und mich darum kümmern sollte, mein eigenes improvisiertes Leben in eine gute Bahn zu lenken. Die beiden Schwestern hatten sich endlich von ihrer unglücklichen Liebe zu meinem Vater befreit, jede für sich, und konnten wieder miteinander lachen. Nach allem, was ich aus ihren Briefen herauslas, stellte ich mir ihren Alltag harmonisch vor und manchmal sogar beglückend. Im Garten würden jetzt die Stachel- und Johannisbeeren reif sein, die Opa Heuser seinerzeit gepflanzt hatte, vielleicht auch schon die Kirschen.

Eine Stewardess verteilte Lesestoff. Mein letzter Besuch in Wiesbaden lag mehr als drei Jahre zurück. So lange hatte ich keine deutsche Zeitung gelesen. Ich ließ mir mehrere Ausgaben geben, stopfte sie in das Gepäcknetz vor mir und wartete, bis wir in der Luft waren.

»*Terrorist Wolfgang Grams von Polizei getötet!*«

Die Schlagzeile traf mich, buchstäblich. Ich war froh, Adi neben mir zu haben. In unserem dritten Ehejahr wusste er schon genau, dass ich mir Alltagsaufregungen gern von der Seele rede, aber verstumme, wenn ich wirklich erschüttert bin. Falls ich irgendetwas herausbrachte, waren es höchstens ein paar lapidare Worte wie: »Der ist auch aus Wiesbaden.«

Die dritte Generation der RAF. Auf Kommandoebene Wolfgang Grams und seine Lebensgefährtin Birgit Hogefeld, mein Jahrgang, die Klassenkameradin meiner Freundin Maria. Der Vergleich mit Bonnie und Clyde hinkt, ich weiß, und doch stelle ich mir die beiden in ihrer Verbohrtheit, Verlorenheit und Verzweiflung ein bisschen wie das Gangsterpaar aus Texas vor. Seit 1984 im Untergrund. Im August 1985 der Bombenanschlag auf die Rhein-Main Air Base. Zwei Tote, sechzehn Verletzte. Ende November 1989 die Ermordung des Chefs der Deutschen Bank, Alfred Herrhausen. Der Anschlag auf Detlev Karsten Rohwedder Anfang April 1991, am ersten Ostermontag nach der deutschen Wiedervereinigung. Der Chef der Treuhandanstalt zur Privatisierung der sogenannten Volkseigenen Betriebe der DDR hatte sich am späten Abend an seinen privaten Schreibtisch mit Blick auf den Düsseldorfer Rhein gesetzt. Er war schon im Pyjama. Als er aufstand, um sich seiner Frau zuzuwenden, krachten drei Kugeln durch das Fenster. Gleich die erste traf ihn in den Rücken und tötete ihn. Erst wenige Tage vorher hatte Hergard Rohwedder die Polizei um mehr Schutz für ihren Ehemann gebeten. Sie hatte Angst um den »Buhmann der Nation«. So soll er sich selbst Vertrauten gegenüber genannt haben.[1] Im Park, aus dem der Heckenschütze zugeschlagen hatte, war ein Handtuch liegen geblieben. Zehn Jahre später war die Kriminaltechnik so weit, das Haar zu analysieren, das man darauf gefunden hatte. Es gehörte Gaks. Als Beweis, Rohwedders Mörder überführt zu haben, reichte das aber nicht.

Nach meiner letzten Begegnung mit ihm im Sterbejahr meines Vaters, die ich unter »Wie kann man sich nur so auf den Holzweg begeben« abgespeichert hatte, hatte ich selten Anlass gehabt, an Gaks zu denken. Nun saß ich in der Touristenklasse eines Airbus A310 und las, wie es ein paar Tage vorher, am 27. Juni 1993, zu dem Showdown auf den Gleisen des mecklenburgischen Bahnhofs Bad Kleinen gekommen war. Ein V-Mann des Verfassungsschutzes hatte Wolfgang Grams und Birgit Hogefeld an jenem Sonntag in eine Falle geführt. Die Festnahme der beiden Terroristen geriet zur Katastrophe.

In einem der Zeitungsberichte, über dem ich meine Vorfreude auf ein paar Sommerwochen in Wiesbaden auf der Stelle vergaß, hieß es, ein Elitepolizist der GSG 9 habe Gaks, der bereits mehrfach in Brust und Bauch getroffen war und wehrlos auf dem Boden lag, seine Waffe an die Schläfe gesetzt und ihn vorsätzlich hingerichtet.

Man sprach von einem Amoklauf des Beamten. Er habe seinen Kollegen rächen wollen, den Gaks zuvor erschossen hatte.

In Wahrheit konnten die Tatumstände bis heute nicht geklärt werden. Sollten sie vielleicht auch nicht. Zeugen widersprachen sich, Tatortspuren wurden, manche offenbar vorsätzlich, andere dilettantisch, verwischt, man sprach von einer Politik der absichtsvollen Fehlinformationen. Hohe Staatsbeamte mussten die Verantwortung übernehmen und ihre Ämter abgeben. Die Ermittlungen zogen sich hin. Wolfgang Grams habe in einer für ihn aussichtslosen Lage mit einem Kopfschuss Selbstmord verübt, hieß es schließlich im offiziellen Abschlussbericht. Gegen diese Behauptung stellten sich Gaks' verzweifelte Eltern. Jahrelange Gerichtsverfahren brachten ihnen viel Frust, aber zumindest den offiziellen Befund, dass weder der Selbstmord noch die Fremdtötung erwiesen seien und der Abschlussbericht deshalb ohne Wert. Tatsächlich tappte die Justiz im Dunkeln. Birgit Hogefeld saß derweil ihre lebenslange Freiheitsstrafe ab.*

Für viele frühere RAF-Sympathisanten, auch für manche meiner Freunde, war Gaks ein Märtyrer. Für mich war er das nie. Wer Gewalt in die Welt trägt, erntet Gewalt, war meine Haltung. Für Gewalt gibt es vielleicht eine Erklärung, aber nie eine Rechtfertigung. In Gaks' Fall sprachen Fachleute von einer wahnhaften Selbstentfremdung. Als ich ihm 1981 in roter Sannyasin-Kluft gegenüberstand und in sein Gesicht schaute, das finster war vor fanatischem, irreführendem Gerechtigkeitsempfinden und vor Wut, war ich überzeugt, dass er auf dem falschen Weg war und ich auf dem richtigen. In den zwölf Jahren seither war viel geschehen, und auch ich hatte miterlebt, wie schnell ein radikales System – und das Beiwort »radikal« meine ich nicht im heute meist negativ besetzten Wortsinn, sondern in seinem ursprünglichen, als den Versuch, die Wurzeln gesellschaftlicher und politischer Probleme zu erkennen und diese Probleme möglichst grundsätzlich und vollständig zu lösen –, wie schnell also so ein System, dem man sich in guter Absicht und

* Nachdem ihre Gnadengesuche allesamt abgelehnt worden waren, wurde Birgit Hogefeld 2011 auf Bewährung aus der Haft entlassen.

bedingungslos verschrieben hat, ins Verbrecherische kippen kann, während man selbst im toten Winkel sitzt und sich zum Mitläufer macht. Die Illusion von einer besseren Welt verstellt den kritischen Blick nur allzu leicht, und sie verleitet zum Selbstbetrug.

***

Ein Unbehagen begann sich schon in meinem zweiten Jahr auf der Ranch einzuschleichen. Wenn es mich zum Grübeln bringen wollte, ackerte ich es mir buchstäblich von der Seele. Im dritten Jahr wurde das Gemunkel lauter, Genaueres wusste man nicht, aber dass man sich gegen Angriffe von außen verteidigen muss, leuchtete allen ein. Wer ein höheres gemeinsames Ziel hat, muss kompromissbereit und anpassungsfähig sein, machten wir uns glauben, der muss aufkommende Zweifel hinunterschlucken. Treue Gefolgsleute kritisieren ihren Führer nicht, sie sagen sich, dass man vieles, was von ihm kommt, nicht so ernst nehmen darf, und lachen ihre Beklemmungen einfach weg. Wir verwirklichen hier eine Utopie fernab alter Machtstrukturen, motivierten wir uns, schufteten weiter an Rajneeshpuram, der größten Selbstversorgerkommune aller Zeiten, und waren stolz auf unsere Zähigkeit. Als ich im Dezember 1982 ankam, lebten und arbeiteten dort etwa einhundert Sannyasin, zweieinhalb Jahre später waren es mehrere Tausend. Je größer die Kommune wurde, umso strenger wurde der Führungston.

Vom ganzen Ausmaß der Verfehlungen und Straftaten erfuhr ich, wie die Mehrheit derer, die nicht zur Elite um Bhagwan und Sheela gehörten, sondern zum Arbeitsvolk, erst nach dem Aus – und ich gebe zu, dass auch mir es lange schwerfiel, den erschreckenden Wahrheiten ins Gesicht zu sehen.

»Versuchter Mord.« – »Lauschangriffe gegen Mitarbeiter.« – »Größter Bioterrorangriff in der Geschichte der USA: mehr als 750 Erkrankte nach einem inszenierten Salmonellenausbruch.« – »Bhagwans frühere Sekretärin Ma Anand Sheela bekennt sich schuldig.«[2] Die Medien stürzten sich auf den Skandal. Jetzt wussten natürlich alle ganz genau, dass Bhagwans Kommune immer schon autoritär und zum Scheitern verurteilt war. Das halte ich für selbstgerecht.

Es ging ihr nie um Erleuchtung, sagt Sheela über ihr Verhältnis zu Bhagwan. Sie sei einfach fasziniert gewesen von ihm und wollte immer in seiner Nähe sein. Ursprünglich wurde sie zu zwanzig Jahren Haft verurteilt. Drei Jahre und drei Monate musste sie nach einem Deal mit der Staatsanwaltschaft absitzen, seither lebt sie in der Schweiz, heute leitet sie dort zwei Behindertenheime und hat »nichts zu bereuen«.[3]

Bhagwan kamen ihre Leidenschaft, ihr außergewöhnliches Organisationstalent und ihre Durchsetzungskraft recht. Schon bevor er aus Poona fortgegangen war, hatte er sich ein mehrjähriges Schweigen in der Öffentlichkeit verordnet. Nun kam er nur noch einmal am Tag hinter den Mauern seiner Privaträume hervor und rollte in einem seiner Rolls-Royce durch die Ranch, vorbei an seinen diesen Drive-by sehnlich erwartenden Sannyasin, die verlässlich den Straßenrand säumten und dem entrückt lächelnden Meister zujubelten, manche mit Musikinstrumenten, die meisten ihre Hände wie zum Beten vor dem Gesicht zusammengelegt. Wenn das Sonnenlicht grell genug auf den Autoscheiben reflektierte, konnte man ihn auch für eine Fata Morgana halten. Bhagwans Gesundheit war angeschlagen, von schwerwiegenden Herzproblemen war die Rede. Außerdem war er süchtig. Lachgas, allerlei Schmerzmittel und Valium brächten ihm Erleichterung, hieß es. Dass er den Wagen anhielt, um zum Beispiel einer Gruppe sich verausgabender Trommler Energie zu geben, kam mit der Zeit seltener vor. Sheela hingegen war sehr real und sehr allgegenwärtig, und sie führte die Kommune als »Bhagwans Augen und Ohren« (was zum geflügelten Wort wurde) mit lauter Stimme und eiserner Hand.

Mit ihrer Einladung auf die Ranch hatte sie mir in meiner Orientierungslosigkeit gegeben, was ich am meisten brauchte: Anerkennung und, mehr noch, Familienanschluss. Mein Bruder Kali, der bald nach mir eintraf, gehörte zu den spirituellen Idealisten und suchte Erleuchtung. Ich hingegen suchte – und fand – einen Familienersatz.

Kurz vor meiner Ankunft war der Winter in Oregon eingebrochen. Es hatte geschneit, und die Temperatur lag unter null Grad Celsius. Ich bezog eine der gerade erst gebauten »A-Frame Cabins«, die auf Deutsch Nurdachhäuser heißen und auch so aussehen. Ihre Skelette bestehen aus einer Reihe zu Dreiecken angeordneter Balken; einfacher, stabiler und kostengünstiger kann man kein Haus konstruieren. Vor allem aber brauchte man, was mir damals nicht bewusst und auch herzlich egal war, keine Baugenehmigung dafür, weil man sie als Gartenhaus oder Geräteschuppen deklarieren kann. Bald gab es mehrere Hundert kleiner A-Frames auf der Ranch. Innen roch es nach frischem Holz, und ich konnte mein Glück kaum fassen, nur einen Mitbewohner zu haben. So viel Privatsphäre hatte ich nicht erwartet.

Als die Temperatur wieder über null stieg, versank das Areal im Schlamm. Er verschluckte Schuhe, Autoreifen, Werkzeuge. Jetzt fragte niemand mehr, warum die Ranch ursprünglich Big Muddy geheißen hatte. Den ganzen nassen Winter über trugen wir feste Gummistiefel, die von dem klebrigen Matsch Schritt für Schritt schwerer wurden, bis man die Füße kaum noch heben konnte. Klar, dass das Teeren der Wege Priorität hatte.

In der Nähe des ursprünglichen Ranch-Hauses stand ein Wohnwagen, in dem man mit Arbeitskleidung in Sannyasin-konformen Farben ausgestattet wurde – Thermounterwäsche, Jeans, Jacken, Mützen. Die Thermounterwäsche brauchte ich allerdings erst später, denn meinen ersten Job übernahm ich in der Backstube; aus Poona brachte ich schließlich Erfahrung mit.

Die Rajneesh-Bäckerei stand, wenn man so will, exemplarisch für den sich wandelnden Anspruch der Kommune und glänzte in Edelstahl. Während wir in Poona improvisiert und den Teig mit unseren Händen und nach Gefühl gemischt, geknetet und geformt hatten, bedienten wir in Oregon moderne Geräte, neue Drehöfen, Rühr-, Knet- und Walzmaschinen. Statt um lässiges Nichtstun, freie Liebe und Selbstfindung durch Meditation ging es jetzt darum, einen effizienten Beitrag zur Gemeinschaft zu leisten. Die Arbeitseinsätze jedes Einzelnen waren genau getaktet. Sie hießen *worship* – Dienst an der Kommune, Dienst an Gott, Dienst an Bhagwan –, und für jeden, der auf der Ranch leben wollte, waren sie verpflichtend, es sei denn, er brachte einen Geldsegen mit.

Große Pläne. Allein hundert Stadthäuser mit je zehn Zimmern sollten in kürzester Zeit hochgezogen werden, dazu verschiedene Community-Gebäude und eine große Hotelanlage. Rajneeshpuram als blühende, autarke Full-Service-Stadt, eine Stadt ohne Staat, Sheela sprach von einem »Wunder«. Ökologischer Ackerbau, artgerechte Tierhaltung für die Milch- und Eierwirtschaft, Recycling, ein Stausee als Trinkwasserreservoir, der für seine umweltschonende Dammkonstruktion sogar einen Umweltpreis erhielt. Heute würde man unserem Mikrokosmos alle relevanten Ökosiegel verleihen. Für mich hatte er das Potenzial zum Paradies.

Finanziert wurde er aus mehreren Quellen: zum einen mit Einnahmen des Bhagwan-Imperiums – die europäischen Kommunen betrieben eine Reihe von Nachtclubs, Bhagwans Bücher und Kassetten verkauften sich weltweit gut. Zum anderen und vor allem von reichen und superreichen Großsponsoren, die sich den direkten Zugang zu Bhagwans Privatvilla erkauften, und vielen Kleinanlegern und zuverlässigen Idealisten, die unverändert an Bhagwans einzigartige Energie glaubten oder sich, wie ich, einfach nur von seiner hypnotisierenden Stimme einnehmen ließen, obwohl wir sie inzwischen nur noch als Tonkonserven über Lautsprecher zu hören bekamen. Auch meine Mutter erwarb für ein paar Tausend Mark Aktienzertifikate. Der Briefträger brachte sie ihr an ihre Wiesbadener Haustür.

Ausgenutzt, gar ausgebeutet fühlte ich persönlich mich nie, auch nicht, als ich – nach einem Crashkurs in Werkzeugkunde – erst zu den Straßen-, dann zu den Bauarbeitern und schließlich zu den Tischlern wechselte und lernte, Wände aus Rigips aufzustellen oder Sockelleisten zu montieren und Lasten zu schleppen wie ein Mann. Der geregelte Tagesablauf und die körperliche Anstrengung gaben mir genau die mentale Sicherheit, die ich zu jener Zeit immer noch suchte. Anderen – besonders jenen, die in Poona privilegierte Positionen innegehabt hatten, etwa als Therapeuten, und sich plötzlich zu Schwerarbeitern degradiert sahen – wurde das Korsett schnell zu eng. Einzelne verließen die Ranch wieder. Die Mehrheit ordnete sich jedoch unter, manche zähneknirschend, und auch ich wunderte mich manchmal, wie viel bereitwilliger als früher ich für die gemeinsame Sache zurücksteckte. Hingabe! *Surrender!* Der Gruppenzwang, Bhagwans erstem Gebot zu folgen, war hoch.

Jeder Tag begann mit einem ausführlichen Frühstück in der Cafeteria. Um zehn Uhr morgens die erste *tea break* mit Butter- und Marmeladebroten, Tee und Kaffee, die einem, wenn man auf der weitläufigen Ranch als Schichtarbeiter unterwegs war, in Trailern nachreiste wie eine besorgte Mutter. Mittags um zwölf die zweistündige Lunch-Pause, in die auch das Drive-by fiel – für viele das sinnstiftende Highlight des Tages, in meinen Augen die Art etwas bizarrer Massenauftriebe, auf denen ich mich schon in Poona wie ein Zaungast gefühlt hatte. Um vier Uhr nachmittags wieder eine *tea break*. Abends um sieben Dinner. Wir aßen ausschließlich vegetarisch, Gemüse und Sprossen, Eier, Milch, Tofu, alles aus eigener Herstellung und im Überfluss. Die Jungs, die auf den Baustellen schufteten und zwischendurch gefühlt unbegrenzt Nahrung in sich verschwinden ließen, sahen bald nicht mehr wie Swamis aus, sondern wie kernige Cowboys, auch mein Bruder, der schon immer gern bis ans Äußerste ging. Jeder systemische Therapeut wird diagnostizieren, dass ich ihm seit unserer Kindheit und immer noch nacheiferte. Ja, ich fühlte mich gefordert, wenn er auf der Baustelle manchmal zwei oder drei Schichten hintereinander übernahm, um sich seine Belastbarkeit zu beweisen.

Wer sich tagsüber so verausgabt, fällt abends schnell in den Schlaf. Das Jeder-mit-jedem erübrigte sich für viele von uns damit von selbst. Als man sich spätestens im Frühjahr 1984 der tödlichen Gefahr des HI-Virus bewusst wurde, ließ Bhagwan eine »Safer-Sex-Policy« ausgeben. Kondome und Einmalhandschuhe gehörten jetzt zu unserer kostenfreien Standardverpflegung wie die Bier- und Zigarettenrationen. Sex mit Kondom ist heute etwas Selbstverständliches, damals fand man das grotesk. Dazu noch Plastikhandschuhe?

Das bremste erst recht die hemmungslose freie Liebe, die viele Menschen trotzdem bis heute als den eigentlichen Kitt der Kommune betrachten. Mich hingegen hielt – das ist keine besonders originelle Begründung, aber so war es nun einmal – ein Zugehörigkeitsgefühl dabei, das seine Kraft unter Gleichgesinnten entwickelt, vorbei an irgendwelchen Vorgesetzten, wie der Teamgeist einer Sportmannschaft.

Irgendwann, wahrscheinlich im Herbst 1983, meldete ich mich zu einer Einheit, die eine Privatstraße für Bhagwan zu einem der Seen auf den Ranch-Latifundien anlegen sollte. Für den Rest der Community lag sie im Sperrgebiet. Die »Do not enter«-Schilder wirkten verloren so mitten im Nirgendwo. Wir hinterfragten den Aufwand nicht weiter und brachen früh am Morgen auf, um eine kilometerlange Schneise durch die Wildnis anzulegen. Wir entschieden, welche Bäume gefällt und welche – die meisten – verschont werden sollten, weil die neue Straße sich an ihnen vorbeiwinden würde, wir rodeten und planierten die Landschaft und entzündeten jeden Tag ein großes Feuer, um das viele Holz und Gestrüpp loszuwerden, das als Baumaterial nicht taugte. Über viele Wochen trafen wir außerhalb unserer Arbeitsgruppe, von gelegentlich vorbeikommenden Landvermessern abgesehen, kaum jemanden. Abends waren wir rußig und ausgelaugt, schafften es gerade noch in die Dusche und fielen dann ins Bett. Im nächsten Morgengrauen ging es weiter.

Unser Gruppenleiter war ein begnadeter Witzeerzähler und hielt uns auch noch bei Laune, als das Wetter zu kippen begann, der Winter einzog und wir, um uns aufzuwärmen, lange Pausen vor dem Lagerfeuer einlegen mussten, trotz Thermounterwäsche. Ich wärmte meine Hände, die in den durchnässten Wollhandschuhen steif und wund geworden waren, an den Flammen und bemerkte nicht, dass ich mir unterdessen Erfrierungen auf dem Rücken zuzog.

***

Frauen in die Verantwortung – das war ein wesentliches von Bhagwans Utopie-Experimenten. Ob in der Verwaltung, in der Landschaftsplanung oder im Wohnungsbau, in der Verkehrsplanung – wir betrieben eine Airline und mehrere Buslinien – oder in den Küchen: In jeder Abteilung regierte eine Ma von Topmanagerin Sheelas Gnaden. Leichtgläubig, Frauen für grundsätzlich weniger streitbar und weniger machtverliebt zu halten als Männer. Je ambitionierter die Ziele unseres real existierenden *Ma*triarchats für ihre Kommune wurden, umso entschiedener lebte »Sheelas Gang« ihren Machtanspruch aus. Sheelas Gang, so nannten wir den *inner circle* um die Chefin, aber nur hinter vorgehaltener Hand und mit einem Achselzucken. Hinterher wusste ich, wie dringend es gewesen wäre, genau hinzuschauen und offen Kritik zu üben. Doch Zweifel und Widerspruch galten als negativ, und Negativität war verpönt.

Ob zuerst die Anfeindungen von außen kamen, wie wir immer annahmen, oder ob diese Anfeindungen eine Reaktion auf das Auftreten der Kommune – unser Auftreten – waren, kann man bis heute für eine Frage der Perspektive halten. Jedenfalls eskalierten die Spannungen zwischen den Sannyasin und den Anwohnern der Umgebung.

Aus unserer Perspektive war die nächstgelegene Ortschaft Antelope eine vergessene Geisterstadt, die nur auf uns gewartet hatte. Ein Großteil der Häuser stand leer, die wenigen Einwohner, die geblieben waren, hielten wir, falls wir sie überhaupt wahrnahmen, für harmlose Spießer. Wir kauften einige leer stehende Häuser, machten das Postamt wieder flott und eröffneten ein Restaurant, das wir »Zorba the Buddha« nannten, nach Bhagwans Interpretation der Idee vom Neuen Menschen. »Buddha ist nicht ganz, und Sorbas der Grieche ist es auch nicht; beide sind halb und halb. Ich liebe Sorbas, ich liebe Buddha – aber wenn ich in den Wesenskern von Sorbas schaue, fehlt etwas: Er hat keine Seele. Wenn ich in Buddha hineinschaue, fehlt wieder etwas: Er hat keinen Körper«, so Bhagwan. »Zorba the Buddha« sei wie »die Begegnung von Erde und Himmel, die Begegnung von Sichtbarem und Unsichtbarem, die

Begegnung aller Polaritäten – von Mann und Frau, von Tag und Nacht, von Sommer und Winter, von Sex und Samadhi. Nur in dieser Begegnung wird ein neuer Mensch auf die Erde kommen. Meine Sannyasin, mein Volk, sind die ersten Strahlen dieses neuen Menschen, dieses Homo Novus.«[4] Hoffnungsvoller und freundlicher kann ein Take-over nicht ablaufen – dachten wir. Wir bringen endlich wieder Leben nach Antelope.

So leicht ließen die Bewohner der Ortschaft sich aber nicht ignorieren. Sie fühlten sich »durch das Fremde bedroht« und teilten das über sensationshungrige Fernsehteams der Welt mit. Die Bürgermeisterin sprach vom nahenden »Untergang der Zivilisation« und dass die Hippies in ihren roten Kleidern und ihrer offensiven Freizügigkeit »hierher nicht gehören«. Andere mokierten sich weniger kontrolliert über »diese roten Ratten, die man jagen müsse«.

Solche Verbalattacken hätte man, wie so vieles andere, als vulgäre Sticheleien abhaken und weglachen können. Doch der Gemeinderat von Antelope wollte die Kommune tatsächlich loswerden und verbündete sich dafür unter anderen mit den 1000 Friends of Oregon, einer Non-Profit-Organisation für eine gerechte und ausgewogene Landnutzung, dem Gericht von Wasco County oder der US-Bundesbehörde für Einwanderung und schließlich auch mit dem Generalstaatsanwalt des Bundesstaates Oregon: Der Boden der Ranch dürfe ausschließlich landwirtschaftlich genutzt werden, die ausufernden Ausbauprojekte der Rajneeshees seien nie genehmigt worden. Um das zu untermauern und unsere Stadtplanung zu blockieren, beantragten die Behörden neue Gesetze, erließen Verordnungen und stellten verschiedene Strafanträge. Bedroht fühlte sich nun also auch die Kommune – und der Kampfgeist von Sheela und ihrer Gang begann offenbar bereits wilde Blüten zu treiben.

Unter den Sannyasin waren erstklassig geschulte Anwälte. Schlaue Taktierer mit langem Atem. Dutzende Kommunenmitglieder ließen sich direkt in Antelope nieder und sicherten der Kommune schließlich Mehrheit und Kontrolle im Stadtrat. Im September 1984 benannten sie Antelope offiziell in Rajneesh um – ein erster Schritt zum eigentlichen Ziel, das Städtchen in die Rajneeshpuram-Kommune einzugemeinden und so das Stadtrecht von Antelope/Rajneesh auf die Ranch auszuweiten. Da waren die Fronten aber längst maximal verhärtet, die gegnerischen Parteien überzogen sich gegenseitig mit Einschüchterungsklagen, und die Sicherheitskräfte von Bhagwans Peace Force prägten das Straßenbild. Ursprünglich hatten sie Bhagwans Villa bewacht und – mir sah das nach unnötiger Wichtigtuerei aus – während der Drive-bys seine Rolls-Royce eskortiert. Nach einem Bombenanschlag im Juli 1983 auf das Hotel Rajneesh in Portland, das zu Bhagwans Imperium gehörte, war ihre Zahl deutlich erhöht worden. Ein Teil von ihnen hatte sich – alle ohne Zwang, manche in durchaus fanatischer Ergebenheit – bewaffnen und in einem Camp außerhalb der Ranch zu Scharfschützen ausbilden lassen. Rajneeshpuram hatte jetzt eine eigene Polizei, mit einer Kampfeinheit, der Rajneesh Peace Force, und einer Schutzwache, der Rajneesh Security Force. Später konnte man einiges über ihr Waffenarsenal lesen: Mindestens dreißig halbautomatische Maschinengewehre waren angeschafft worden, das amerikanische CAR-15 Colt und das israelische Uzi Modell B. Die Polizei der Großstadt Portland mit ihren 650 000 Einwohnern, heißt es, besaß zu der Zeit gerade einmal halb so viele dieser Angriffswaffen. Dazu kamen Scharfschützengewehre wie das Mini-14 und viele Revolver und Schrotflinten.[5]

Wir müssen einen Angriff auf die Ranch fürchten, schnappten wir auf, also nahmen wir das Aufrüsten hin. Wachposten wurden in kleinen Sicherheitskabinen entlang der öffentlichen Zufahrtsstraße zur Ranch, am Haupteingang und an ein paar weiteren neuralgischen Punkten positioniert. Ihre Uniformen fanden wir ziemlich lächerlich. Wir sind Pazifisten und Teil einer Kommune der Liebe, beruhigten wir uns gegenseitig, mit den Machtspielen von Sheelas Gang haben wir nichts zu tun. Aber gegen die reaktionären Rednecks, die in ihren Pick-ups auf unserer Gemeindestraße patrouillieren und feindselig ihre Gewehre gegen uns richten, müssen wir uns im Zweifel ebenso verteidigen wie gegen die christlichen Fundamentalisten aus der Gegend und ihre Intoleranz im Namen

Jesu. Dass sich die 24-Stunden-Überwachung auch nach innen richten könnte, kam uns nicht in den Sinn. Ohnehin hatten wir kaum Zeit, uns Gedanken zu machen. Aufbau im Akkord! Unsere Stadt muss stehen, bevor ein Gericht sie für illegal erklärt. Niemand wird dann den Mumm haben, uns zum Abriss zu zwingen.[6] Das war unser Ansporn. Dann wurde auch ich als Wachposten angeworben.

***

Glanzpunkt des Jahres war weiterhin das Sommerfestival. Dörfer aus Zelten wurden aufgebaut, dazu riesige Versorgungszelte. Tausende Sannyasin reisten just dann aus der ganzen Welt an, um alte Freunde zu treffen, neue zu finden und an den spirituellen Audienzen und Meditationen teilzunehmen, wenn die Hitze besonders gnadenlos über der Ranch stand. Trotzdem wurde jedes Jahr ein Besucherrekord gemeldet. Auch meine Mutter kam Anfang Juli 1984 wieder nach Oregon.

Im Jahr davor war sie sogar drei Monate geblieben und hatte auf den Gemüseplantagen gearbeitet. Schon da hatte die bewaffnete Peace Force sie gestört. Über die Sheriffsterne an ihren Uniformen hatte sie sich lustig gemacht. Das sind, wie der Name schon sagt, Friedenswächter, hatte ich erwidert, vermutlich mehr zu meiner als zu ihrer Beruhigung. Inzwischen waren sie allgegenwärtig, und Mami sprach von »Bhagwans Schutzstaffel«. Ja klar, sie wollte mich provozieren.

»Findest du etwa in Ordnung, was hier abgeht, Bettina?«, warnte sie mich.

Zu mehr als einem Schulterzucken war ich noch immer nicht bereit.

Noch hielt ich das alles für ein Spiel. Wir spielten doch freiwillig mit, nicht wahr? Wir durchschauten doch, dass wir unsere Grenzen austesten sollten? Dass Bhagwan genau das von jedem wollte, was seinen persönlichen Zu- oder Abneigungen entgegenläuft, oder etwa nicht? Dass er uns im Sinne Georges Iwanowitsch Gurdjieffs

In Poona ließ sich 1980 auch meine Mutter von Bhagwans Lehre begeistern. In Oregon hörte sie die Signale früher als ich.

auferlegte, an uns selbst zu arbeiten. »Nur wenige mutige Menschen können in die Welt eines Mannes wie Georges Gurdjieff eintreten«, hatte Bhagwan uns über sein größtes Vorbild gesagt. Überhaupt hat er sich oft auf den Mystiker und dessen »Vierten Weg zur inneren Evolution des Menschen« bezogen: »Es braucht einen ungeheuren Mut, Gurdjieff zu folgen, einen Mut zum Sterben, denn nur dann wird man wiedergeboren.«[7] Besonders mutige Menschen sind oft besonders naiv.

»Du und Kali, ihr habt uns so verurteilt«, sprach meine Mutter weiter, »und jetzt macht ihr das hier mit?! So fängt Faschismus an, Bettina!«

Ich schlüpfte in die Uniform der Rajneesh Security Force, wie ein Schauspieler in eine Filmrolle schlüpft und auch dann seinen Job gut erledigen will, wenn ihm die Rolle nicht auf den Leib geschrieben ist. Nachtwache zu halten, während die Ranch schlief, fiel mir jedoch leicht, und dass man am nächsten Tag eine Auszeit von der *365 days a year standard work shift* bekam, war ein willkommener Anreiz. Einmal ausschlafen, einmal den Tag verbummeln, einmal die Ranch anschauen wie ein Gast.

Wir saßen jeweils zu zweit in einer der Sicherheitskabinen. Um uns wach zu halten, holten wir weit aus und erzählten einander unsere Lebensgeschichten, und wenn wir Glück hatten, waren wir dem Wachposten direkt am Krishnamurti-Stausee zugeteilt, der abseits der Wohnsiedlungen hinter einer Anhöhe lag und unser Trinkwasserreservoir war. An unerträglich heißen Sommertagen durfte ihn, wer sich vorher ganzkörperdesinfiziert hatte, als Badesee nutzen.

Kein künstliches Licht verschmutzte dort das Firmament. Der See schimmerte magisch golden. Nie zuvor hatte sich mir der Mond mit so vielen Gesichtern gezeigt, und nie vorher hatte ich die Milchstraße so nah gesehen. Die einzigen Einsätze, die die Idylle unterbrachen, erinnere ich mich, richteten sich gegen Gabelhornantilopen, die wir gnadenlos verscheuchten, weil sie sonst unsere Baumsetzlinge fraßen.

Auf dem Sommerfestival von 1984 trumpften Sheela und ihre Gang noch einmal richtig auf. Als würden sie ahnen, was auf sie zukommt, ließen sie eine Kolonne farbenfroh geschmückter Lastwagen zu einer Art Love-Parade antreten. Auf den offenen Ladeflächen wurde getanzt und gejubelt, und vorneweg fuhr Königin Sheela, die über ihr Mikrofon die »Stadt, die niemals sterben wird« feierte – und sich selbst. Bhagwan blieb an dem Tag für die Community unsichtbar.

»Sei wachsam, Bettina«, trug meine Mutter mir auf, bevor sie zurück nach Wiesbaden flog.

»Übertreib mal nicht«, gab ich, typisch für mich, zurück.

***

Die folgenden Monate jagen in meiner Erinnerung im Zeitraffer dahin. Ich wechsle zwischen den Jobs. Als Security Guard lege ich regelmäßig Nachtschichten ein. In der Tischlerei werde ich zur Leiterin befördert. Zehn Mitarbeiter arbeiten nach meinen Vorgaben. Damit ist ein Privileg verbunden. Bestimmt fühle ich mich geschmeichelt. Ein paar Mal, vielleicht einmal im Monat, empfängt

Bhagwan alle Abteilungsleiter der Construction Departments zu einer Art informellem *evening talk*. Zehn oder fünfzehn von uns fahren im Bus vor einem seiner Trailer vor. Bevor wir den Raum, gerade groß genug für uns alle, betreten dürfen, werden Desinfektionstücher herumgereicht. Seit meiner Abreise aus Poona mehr als drei Jahre vorher ist es das erste Mal, dass ich Bhagwan aus solcher Nähe sehe und seine Stimme live höre, und wieder berührt sie mein Herz. Er sagt nichts, was sich mir einprägt, wahrscheinlich nichts, was ich nicht schon vorher von ihm gehört habe, und garantiert nichts zu den Gerüchten, die sich auf der Ranch immer zahlreicher und immer unüberhörbarer verbreiten. Natürlich schnappe auch ich diese Gerüchte auf, manchmal frage ich nach, nicht besonders hartnäckig, manches stört mich jetzt, manches stört mich sogar sehr, darüber spreche ich mit meinen Freunden, die Aktion mit den Obdachlosen finden wir alle indiskutabel, dabei kennen wir noch gar nicht die ganze Geschichte; und was war das mit der Salmonellenepidemie? Aufdecker-Ambitionen haben wir nicht. Wir halten an unserem Paradies fest. Dieses Paradies ist unser Zuhause. Im August 1985 laden wir trotz weiterer Einschränkungen des Gouverneurs noch einmal zum Sommerfestival ein.

***

Am Morgen des 11. September 1985 wurde auch ich überrumpelt. Seit meiner Zeit beim KBW und erst recht seit meiner Reise durch Südamerika war der 11. September ein Datum, an das ich jedes Jahr so verlässlich dachte wie an den Geburtstag meiner Mutter. Am 11. September 1973 hatte das chilenische Militär gegen Präsident Allende geputscht, seither hatte die Diktatur das Land fest im Griff. Exakt zwölf Jahre später standen die Baustellen in Rajneeshpuram still. In der Nacht davor hatten Sheela und etwa zwanzig ihrer engsten Gefolgsleute die Ranch in einem der Air-Rajneesh-Flugzeuge verlassen. Nun waren sie auf dem Weg nach Deutschland. »Seid bitte vorsichtig, bleibt zusammen, lasst nicht zu, dass irgendwo Negativität entsteht, vor allem nicht unter uns«, hatte sie einige

Wochen vorher von uns gefordert wie eine Mutter von ihrer Kinderschar. »Denn es ist unsere Einigkeit, die uns zusammenhält und stark macht.«[8] Kaum war sie weg, trat Bhagwan auf das Podium.

Über Jahre hatte er nicht mehr vor großem Publikum gesprochen. Jetzt versammelte sich fast die gesamte Gemeinde in der Meditationshalle und hing an seinen Lippen wie früher. Zu hören bekam sie schwere Anschuldigungen. In meinen Ohren klangen sie wie das Wimmern eines sitzen gelassenen Kindes.

Verrat! Sheela habe in den dreieinhalb Jahren seiner selbst verordneten Isolation sein Vertrauen schamlos missbraucht. Diebstahl! Sheela und ihre Schergen hätten 55 Millionen Dollar aus der Kommunenkasse entwendet. Spionage! Um die totale Kontrolle zu behalten, habe sie Telefone und Gebäude, auch das Hotel und sogar Bhagwans Privaträume verwanzen und abhören lassen und – versuchter Mord! – Mitarbeiter angestiftet, Bhagwans Leibarzt und andere Widersacher beiseitezuschaffen. Mit ihren Machtspielen habe Sheela die Kommune hinter seinem Rücken in einen faschistischen Überwachungsstaat verwandelt, in eine »Art Nazideutschland im Kleinen«. Jemand wie sie gehöre in die Psychiatrie.

An Theatralik fehlte es Bhagwans Inszenierung gewiss nicht. Hysterisches Gelächter schlug ihm entgegen. Viele seiner Jünger nahmen ihm ab, dass er ein Opfer von Sheelas Machenschaften war, und klatschten auch noch Beifall, als er ein paar Tage später in einer Zeremonie mit viel symbolischem Tamtam ihre Kleider verbrennen ließ. In mir schrillte seine Behauptung, von nichts gewusst zu haben, wie ein Wecker. Er wies jede Verantwortung von sich, und eigentlich war mir sofort klar, dass das ein Trennungsgrund für mich war. Aber erstens löst man sich aus langjährigen Beziehungen nicht von jetzt auf gleich, und zweitens wusste ich nicht, wohin, und ich hatte kein Geld. Doch die Ereignisse spitzten sich schnell weiter zu und nahmen mir die Entscheidung ab.

Ob Bhagwan sich tatsächlich für unschuldig hielt oder für so schlau, Herr der Lage zu bleiben, kann ich nur mutmaßen. Später stellte sich nämlich heraus, dass er selbst die FBI-Beamten einbestellt hatte, die man plötzlich überall auf der Ranch antraf, in den

Restaurants, Bars und im Spielcasino, unserer jüngsten Errungenschaft. Damit hatte er sich jedoch verkalkuliert. Die staatlichen Strafverfolger beschlagnahmten Berge von Akten, verhörten systematisch Ranch-Bewohner, und das mit dem Zweck, Beweise gegen den Meister zu sammeln, denn sie glaubten nicht an seine Unschuld.

Erst langsam ergaben die Gerüchtesplitter ein Bild. Nachdem Sheela und ihre Gang den, wie sie fanden, genialen Plan geboren hatten, bei den nächsten Wahlen ganz Wasco County mit seinen 25 000 Einwohnern unter ihren Einfluss zu bringen, brauchten sie Wähler, die für sie stimmten. Also klapperten sie – wer auf diese Idee kam, weiß ich bis heute nicht – die Vereinigten Staaten zwischen New York und Los Angeles nach Obdachlosen ab und holten dreitausend von ihnen mit glorreichen Versprechungen auf die Ranch. Bereits nach zwanzig Tagen an einem Ort hatten US-Bürger sich das lokale Wahlrecht ersessen. So galt es noch, als die Obdachlosen ankamen. Kurz darauf wurde das Gesetz mit einem Mal, wohl aber nicht zufällig geändert. Als potenzielle Wähler waren die Leute von der Straße also unbrauchbar, und weil viele von ihnen tranken oder andere Drogen nahmen und sich nicht recht eingliedern ließen in unseren straffen Arbeitsalltag, ließ man sie verschwinden, wie man sie hergezaubert hatte: indem man sie – mittellos – an irgendeinem Straßenrand in sicherer Entfernung zur Ranch aussetzte, wie ein herzloser Mensch sein Haustier aussetzt, wenn es ihm zur Last wird.

Um nach diesem Flop die Wählerstimmen doch noch manipulieren zu können, wurde in einem Versuchslabor der Ranch eifrig getüftelt. Testanschläge mit Salmonellen auf mehrere Salatbuffets in Schnellrestaurants der Umgebung sollten zeigen, ob man Wähler in großer Zahl im entscheidenden Moment vom Gang zur Urne abhalten kann. Mehr als 750 Menschen lagen danach vergiftet darnieder, alle erholten sich wieder.

Die Machtkämpfe eskalierten aber nicht nur gegen die »Feinde von außen«, sondern – hinter verschlossenen Türen und bei totaler Überwachung – eben auch innerhalb der Ranch, und man kann von Glück sagen, dass diverse Mord- und die meisten anderen Manipulationsversuche fehlschlugen. Nur deshalb konnte sich unter uns früheren Ranch-Bewohnern bis heute die Vorstellung halten, in Bhagwans Stadt wurde »Kindergartenfaschismus« geprobt, als wäre sie ein Spielplatz für unreife Experimentatoren gewesen. Tatsächlich entwickelten Gangleader Sheela und einige ihrer Leute in Bhagwans Namen, und als gingen die üblichen Rechtsnormen sie nichts an, ihr kriminelles Potenzial keineswegs nur auf Kindergartenniveau.

Die Vorwürfe des FBI an Bhagwan konkretisierten sich. Bevor sie ihn unter anderem wegen Kreditbetrugs, Einwanderungsdelikten und einem Brandanschlag auf eine Bezirksbehörde verhaften konnten, setzte er sich per Privatjet in Richtung Ostküste ab. Was danach geschah, verfolgten wir im Fernsehen. Die geplante Flucht in die Karibik misslang. Bei einer Zwischenlandung in Charlotte, North Carolina, wurde er festgenommen und in Handschellen abgeführt. Zehn Jahre Haft standen im Raum und wurden zur Bewährung ausgesetzt, als er zusagte, die USA sofort und für immer zu verlassen.

Der Gouverneur von Oregon, hörte ich später, war zutiefst besorgt, dass die Lage auf der Ranch ohne ihren spirituellen Führer eskalieren könnte, dass die zurückgelassenen Sannyasin auf ihr Waffenarsenal zurückgreifen und ihre Kontroversen mit den Bewohnern des County nun tatsächlich in einen Bürgerkrieg ausarten lassen könnten. Oder dass wir in unserem religiösen Fanatismus einen Massenselbstmord inszenieren würden, wie man ihn von anderen Sekten erlebt hatte. Doch da kannte er uns schlecht, denn erstens verstanden wir uns nicht als fanatische Sekte, und zweitens glaubten viele von uns weiterhin an eine Zukunft mit Bhagwan. Und wirklich, nach einer Irrfahrt von mehr als einem Jahr, die ihn über Nepal, Uruguay, Griechenland, Spanien durch mehrere Länder der Welt führte, lotste er seine Jünger Anfang 1987 zurück nach Indien und ließ den Ashram wieder aufleben.

Einige meiner engeren Freunde suchten Anschluss in Poona II. Für mich kam das nicht infrage. Bhagwans larmoyantes und, wie ich fand, heuchlerisches Auftreten nach Sheelas Flucht hätte es mir nicht deutlicher sagen können: Dieses Kapitel deines Lebens ist zu Ende. Wieder ein Ende mit Schrecken, wie schon in Costa Rica, wie schon in Wald-Amorbach, wie schon auf Kreta, wie schon in Medina, wie schon so oft. Das Projekt Ranch war gescheitert, das musste ich mir eingestehen. War deshalb auch ich gescheitert?

Bei unserer Ankunft hatten wir die Verantwortung für uns weitgehend abgegeben, so lassen sich die Vorwürfe an uns Mitläufer zusammenfassen. Wir hatten uns als Teil einer nachhaltigen Zukunftsgesellschaft gefühlt. Wir hatten konkrete Aufgaben übernommen, die uns ausgelastet hatten. Dabei hatten wir nicht bedacht, dass wir Einzelnen zu viel Macht gaben. Macht hat nur, wer von anderen dauerhaft ermächtigt wird. Haben wir uns mitschuldig gemacht, weil wir das erst nach der Eskalation begriffen haben? Wie lange hätte ich noch mitgemacht?

Zunächst überlagerte diese Fragen an mich selbst aber eine akutere: Wie bloß sollte es weitergehen? Ich war gerade neunundzwanzig Jahre alt geworden, hatte auch diesmal keinen Plan B, und das war ziemlich beängstigend. Ich gehörte damals allerdings nicht zu den Menschen, die sich zugestehen, Angst zu haben. Zurück nach Deutschland wollte ich nicht. Ich hatte gerade festgestellt, dass ich einer Illusion erlegen war. Ein Rendezvous mit der Vergangenheit brauchte ich am allerwenigsten.

Ob ich mit meinem Lebensstil nicht der Realität ausgewichen sei, werde ich bis heute gefragt. Wessen Realität? Es scheint so viele Realitäten zu geben wie Menschen, und ich hatte eine für mich gefunden, die zu mir passte, zumindest für eine gewisse Zeit. Von einem bürgerlichen Standpunkt, der den meisten von uns von klein auf eingeimpft wurde, mag das eine Flucht vor einer gewissen bürgerlichen Realität gewesen sein. Aber so habe ich diese Zeit nicht erlebt. Ob ich sie bereue? Dafür hat sie mir für meine Selbsterkenntnis zu viel gebracht. Aber ich bin dankbar, dass das Experiment gerade noch rechtzeitig endete.

Ich lieh mir ein paar Dollar und kaufte davon ein Fahrkarte nach Laguna Beach, neunzig Kilometer südlich von Los Angeles. Der

Exodus der Kommune ging jetzt zügig voran. Viele andere zog es auch an die Westküste. Als wir in den Bus stiegen, regnete es, ein typischer Novembertag auf Big Muddy.

Ich holte die Seite aus dem Hesse-Band heraus, die ich seit vielen Jahren in meinem Waschbeutel mittrug. Wenn ich sie las, dachte ich an meinen Vater. Nach *Siddharta* hatte er mir *Das Glasperlenspiel* ans Herz gelegt. Lerne, entwickle dich, gewinne, verliere, suche dir Vorbilder, sei ein Vorbild. Werde, wer du bist. Etwa so. Wenn jemand das Leben als Spiel angesehen hat, dann er. Als Teenager war ich zu ungeduldig für das *Glasperlenspiel,* erst Jahrzehnte später habe ich es zu Ende gelesen, aber die *Stufen,* die Hermann Hesse seinem Josef Knecht in die Feder gelegt hat, haben mich begleitet, seit Papa Heinz mich mit ihnen vertraut gemacht hatte, und immer noch bestärkt das Gedicht mich »heiter Raum um Raum [zu] durchschreiten« und »an keinem wie an einer Heimat [zu] hängen«, wenn Veränderungen in meinem Leben anstehen.

»[...] Es muss das Herz bei jedem Lebensrufe
Bereit zum Abschied sein und Neubeginne,
Um sich in Tapferkeit und ohne Trauern
In andre, neue Bindungen zu geben.
Und jedem Anfang wohnt ein Zauber inne,
Der uns beschützt und der uns hilft, zu leben. [...]«

***

Südkalifornien Mitte der 1980er-Jahre. Achtspurige Freeways in einem Meer aus Reklametafeln. Breite Strände. Surf & Sand. Walkman & Headphones. Tom Selleck als Magnum. *Simon & Simon. Ein Colt für alle Fälle.* Ich hatte den *American westcoast way of life* in Filmen und Serien gesehen, aber dass sie mit ihren Klischees der Realität so nahekommen, hatte ich nicht erwartet. Die Männer, kam mir vor, eiferten allesamt Selleck nach oder *the Austrian oak,* Terminator Arnold Schwarzenegger. Die »I wish they all could be California girls« sahen irgendwie alle gleich aus, erstaunlich blond, erstaunlich perfekt, sogar Mimik und Gestik auf einer Linie wie bei Klonen; die »cutest girls in the world« ritten auf der Fitnesswelle, die sich immer mehr zum Tsunami auswuchs. Mir war mein Paradies abhandengekommen. An den Golden State, den Sehnsuchtsort so vieler, an dem es so gut wie nie regnet, musste ich mich erst gewöhnen. Dabei war ich, nach einem Tag und einer Nacht im Bus und mit kaum mehr als einem Dollar in der Tasche, sanft gelandet und konnte mich an ein neues Leben herantasten. Mein Bruder hatte die Ranch schon eine Weile vor mir verlassen, weil man ihn im Sannyas-Zentrum von Laguna Beach brauchte. Dort half er gegen Kost und Logis als *handyman*, eine Art Haustechniker oder Mann für alle Fälle. Auch ich durfte dort einziehen, bis ich für mich selbst sorgen konnte.

Arbeit zu finden war keine Sache, wenn man sich nicht zu schade war, die Ärmel hochzukrempeln. Putzhilfen waren gesucht und gut bezahlt, der Job war unverbindlich und deshalb ideal für mein Interimsleben. Geschäfte und Privatvillen sauber zu machen wurde zu meinem Alltag. Bald gründete ich eine kleine Firma, meine Hauptkunden waren Immobilienbüros, deren Mietobjekte bei jedem Mieterwechsel grundgereinigt werden mussten. Ein Knochenjob, bei dem ich mich Tag für Tag fast so verausgabte wie auf der Ranch und mir dabei langsam die Wut auf Bhagwan, Sheela & Co. von der Seele schrubbte. Von meinem ersten Gehalt kaufte ich ein neues Outfit. Nach fünf Jahren in Rot suchte ich mir Grün und Türkis aus, und obwohl Bhagwan selbst uns noch auf der Ranch aufgetragen hatte, unsere traditionellen Farben abzulegen und in Allerweltskleidung sozusagen unterzutauchen, empfand ich das als einen Schritt in meine persönliche Unabhängigkeit.

Von meiner Tante Erika traf ein Scheck über mehrere Hundert Dollar ein, sodass ich mich Sannyasin-Freunden aus England anschließen konnte, die ein großes Haus ein paar Blocks vom Strand entfernt mit mindestens zehn Zimmern mieteten. Weil die Zimmer so unterschiedlich waren, das eine ein prächtiger Salon, das andere eine Kammer ohne Ausblick, und sich keiner benachteiligt fühlen sollte, wechselten wir sie regelmäßig reihum. Ich schlief gerade in einem der luxuriöseren Räume im Erdgeschoss mit bodentiefen Fenstern zum Garten und über dem Bett einer Hängepflanze in einem Makramee-Netz, als ich von einem ungewöhnlichen Rütteln aufwachte. Die Pflanze über mir schwankte wie verrückt. Jemand hämmerte gegen meine Tür: »Erdbeben!« Nach ein paar Schrecksekunden sprang ich aus dem Fenster. Kaum draußen, war der Spuk vorbei. Beim nächsten Mal reagierte ich schneller. Erdbeben gehören zum kalifornischen Alltag, um die zehntausend gibt es jedes Jahr, die meisten spürt man nicht, das nächste gefährliche ist aber immer nur eine Frage der Zeit.

Als ob die Nachricht, Bhagwan sei nach Indien zurückgekehrt und erwarte seine treuesten Anhänger in Poona II, mir endgültig bestätigte, dass ich richtig war, wo ich war, legte ich mich Anfang 1987 fest: Ich bleibe in den USA. Ich mache eine Ausbildung. Ich beginne, wie man so sagt, ein neues Leben. Medizin zu studieren war ein unrealistischer Traum. Ein Heilberuf sollte es aber sein. In San Diego, eine Stunde südlich von Laguna Beach, fand ich eine Schule, in der ich mich in ganzheitlicher Massage und Körperarbeit ausbilden lassen würde. Unterkommen würde ich in einem noblen Vorort von San Diego, in einem Strandhaus früherer Ranch-Bewohner.

So gesettelt meldete sich zum ersten Mal nach vielen Jahren wieder die Sehnsucht nach einem Partner. Ich ertappte mich dabei, dass ich Müttern mit kleinen Kindern nachschaute und meine Fantasien mit mir durchgingen, obwohl mein Verstand mir weiterhin sagte, dass ich keine eigenen Kinder haben will. Meine Eltern hatten mir vorgelebt, was es heißt, der Verantwortung für die eigenen Kinder nicht gewachsen zu sein. Ich hatte zusehen müssen, wie ihre Beziehung zerbrach, und ich hatte mir geschworen, das keinem Kind zuzumuten.

Bislang hatte ich auf natürliche Schwangerschaftsverhütung gesetzt. Jetzt hatte ich eine neue Affäre und plötzlich die Sorge, dass mir die Kontrolle entgleiten könnte. Bevor du mit der Ausbildung zur Masseurin beginnst, dachte ich, lässt du deine Eileiter durchtrennen. Ich fand eine Klinik, die kostenlose Sterilisationen durchführte. Nach einem Screening-Prozess über mehrere Wochen mit verschiedenen Aufklärungs- und Therapiegesprächen, in denen man sichergehen wollte, dass ich die Tragweite meiner Entscheidung einschätzen kann und sie nicht bereuen werde, ließ ich mich schließlich operieren, und ja, es war ein großer Schritt für mich. Ungewöhnlich war er nicht. Hunderttausende Frauen entschieden sich – und entscheiden sich – bewusst gegen Kinder. Für viele ist die Sterilisation ihr Mittel der Wahl. Es dauerte jedoch länger, als ich erwartet hatte, bis ich mich von dem Eingriff erholte, und immer wieder hatte ich mit gesundheitlichen Rückschlägen zu kämpfen.

Sowohl mein Körper als auch meine Psyche waren noch damit beschäftigt, sich neu zu justieren, als ein Abend bei deutschen Freunden die nächste große Veränderung in meinem Leben einläutete. Wir saßen schon beim Essen, als das Telefon klingelte. Der Anrufer war gerade aus Santa Fe angeflogen und saß auf dem Flughafen fest. Seine Freunde hatten auf ihn vergessen, oder ihn versetzt. Jetzt suchte er jemanden, bei dem er übernachten konnte. Als er schließlich bei uns auftauchte, war es spät, und ich wollte längst gegangen sein. Doch sein sanfter Blick gefiel mir. Adi, aus Berlin. Auch er hatte viele Jahre als Sannyasin gelebt. Auf der Ranch war ich ihm nie begegnet.

Wir unterhielten uns die halbe Nacht. Er bot mir an, mir das Fahren beizubringen. In Laguna Beach hatte ich mich zu Fuß oder mit einem Moped fortbewegt, in San Diego waren die Wege viel weiter, ich musste endlich den Führerschein machen. Eine Freundin hatte mir ihr Auto geliehen.

Adi verschob seinen Rückflug nach Santa Fe mehrere Male. Er half mir bei meinem Umzug nach San Diego. Dass er keine »Affäre« sein würde, war mir schon klar, als ich mich noch dagegen wehrte und er meine von nicht aufgearbeiteten Urängsten beeinflussten Gefühlsschwankungen ertragen musste. Kaum war er weg, vermisste ich ihn, und mit einem Mal konnte ich mir das eingestehen und ihm auch. Unsere Telefonkosten explodierten. Per Post kamen liebevolle Gedichte. Wir besuchten uns ein paar Mal gegenseitig, dann zog Adi zu mir nach San Diego, und nach etwa einem Jahr in meiner

Wohngemeinschaft mieteten wir ein kleines Strandhaus in La Jolla, nur wir beide. Von meinem vierzehnten bis zu meinem einunddreißigsten Lebensjahr hatte ich in WGs und Kommunen gewohnt, jetzt sehnte ich mich nach einem Leben zu zweit. Das Haus lag am Fuß eines der letzten unbebauten Hügel in diesem Stadtteil. Es bestand aus einer Wohnküche und einem Schlafzimmer, umgeben von einem großen Garten, den ein gewaltiger Avocadobaum beherrschte. Ich hatte meine Ausbildung abgeschlossen und arbeitete im Auftrag zweier junger Männer von der Ostküste als mobile Massagetherapeutin in Hotels und – zunehmend für Stammkunden – in Privathäusern. Jetzt konnte ich in unserer Wohnküche eine Art Privatpraxis aufbauen und kam, während wir uns bisher in den internationalen Sannyasin-Kreisen bewegt hatten, zum ersten Mal intensiv mit Amerikanern ins Gespräch.

Einer meiner ersten Kunden war ein mormonischer Anwalt, korpulent und konservativ, mit einer großen Familie und vielen Freunden und Bekannten. Er empfahl mich großzügig weiter, und obwohl er in vielem so anders dachte als wir, wurde er ein Freund. Zu Stammkunden, Freunden und Mentoren in Geldfragen wurde ein Finanzberaterpaar, das uns die Augen öffnete für amerikanische Denk- und Lebensweisen.

***

»Du strahlst so, Bettina«, sprachen mich meine Freundinnen an.

»Es geht mir ja auch gut.«

»Wenn wir es nicht besser wüssten, würden wir sagen, du bist schwanger.«

Das kann gar nicht sein, dachte ich, und machte trotzdem einen Schwangerschaftstest. Er war positiv. Ein Gynäkologe bestätigte die Schwangerschaft. Ich war fassungslos, und ich freute mich. Konnten die Akupunkturbehandlungen, die ich seit etwa einem Jahr im Gegengeschäft für Massagen von einem Kollegen erhielt, etwas damit zu tun haben? Seit einer Weile hatte ich nebenbei als Babysitterin gejobbt, als Masseurin hatte ich mit Schwangeren gearbeitet, für die Neugeborenenpartys hatte ich Babyoutfits gestrickt. War mein – uneingestandener? – Wunsch nach einem Kind etwa so stark gewesen?

Wir besuchten meinen Bruder Kali, der inzwischen in Santa Fe lebte. Er misstraute der Sache: »Warum schaffst du dir nicht lieber einen Hund an?« Adi verkniff sich solche Scherze, aber er reagierte zurückhaltend. Er hatte sich zwar keiner Vasektomie unterzogen wie viele seiner Freunde, aber Kinder wollte er nicht. Plötzlich bekam ich Bauchkrämpfe. Ich hörte auf die Empfehlung des Arztes und schonte mich. Als die Schmerzen gegangen waren, dachte ich nicht weiter daran. Bei der nächsten Ultraschalluntersuchung traf mich die schlimmste Enttäuschung meines Lebens: Der Arzt konnte keinen Fötus mehr erkennen. Ich hatte das Kind nach zehn Wochen Schwangerschaft verloren.

Für Adi war das Thema damit erledigt. Ich nahm es ihm nicht übel, obwohl ich über den Verlust tief deprimiert war. Die irrationale Hoffnung, dass das Wunder – und nur ein Wunder kann es gewesen sein – sich wiederholen würde, verfolgte mich noch eine Weile. Aber unser Leben war ausgefüllt, meine Hoffnungsschübe kamen seltener, das quälende Brennen im Herzen ließ langsam nach, meine Praxis lief, abends hatten wir oft Freunde zu Besuch, und ein Hobby hatte ich auch: Ich buk wieder leidenschaftlich Kuchen und belieferte sogar die örtlichen Cafés. Irgendwann besuchten wir ein Tai-Chi-Seminar in Oregon, und obwohl es ein großer Umweg war, schauten wir bei der Ranch vorbei. Ein alter Mann, der offenbar als Hausmeister engagiert war, führte uns herum. Er sprach Deutsch. Obwohl alles, was man zu Geld machen konnte, längst fort war, sah man noch, wie viel Kraft und Liebe wir in diesen Platz gesteckt hatten.

***

Mit zwölf hatte ich entschieden, niemals in meinem Leben zu heiraten. So unglücklich, wie meine Eltern miteinander waren, wollte ich nie werden. Doch Adi erdete mich, nahm mir meine Ängste, und der Romantiker in ihm bat mich um meine Hand. Über das Gelübde einer Zwölfjährigen konnte ich nun lachen.

Meine Mutter und Tante Erika hatten ihren Besuch für Sommer 1990 angekündigt. Wir nahmen ihn zum Anlass, unsere Hochzeit zu feiern. Die Zeremonie fand an einem heiteren Septembertag unter dem Avocadobaum statt, eine Freundin traute uns, unsere etwas untypischen Ehegelübde schrieben wir selbst. Ich hatte ein Orakelset mit Runen, ähnlich Tarotkarten. Am Morgen vor der Hochzeit zogen Adi und ich hintereinander die gleiche Karte aus dem Beutel. Sie bedeutete »Partnerschaft«. Wir werteten das als gutes Omen – und das ist es bis heute.

In unserem Garten versammelten sich viele Freunde und Nachbarn, alle hatten Geschenke mitgebracht und gratulierten uns überaus herzlich und überaus ernsthaft. Nach unserer wilden Kommunenzeit konnte man das für die Ankunft in einem konventionellen, angepassten Leben halten. Doch dafür waren wir beide nicht gemacht.

Adi drängte es zurück nach New Mexico. Und auch ich fand San Diego nun eintönig, nicht nur wegen des immer gleichbleibenden Wetters. Santa Fe war für mich eine Liebe auf den zweiten Blick. Wir besuchten meinen Bruder immer häufiger. Inzwischen hatte er ein wunderschönes Stück Land mit vielen Pinien, Wacholderbäumen und großen Granitblöcken gekauft, in einem Tal weit außerhalb von Santa Fe und deshalb für ihn bezahlbar. Eine lange Straße schlängelte sich hinauf zur Spitze des Plateaus, das wir La Mesa nannten, das spanische Wort für Hochebene. Nach üppigen Regenfällen war das Tal saftig grün, und die Straßen waren gesäumt von gelb blühenden Black Eyed Susans. Erde und Felsen changierten in leuchtenden Gelb-, Rot- und Brauntönen. Wir wanderten in den umliegenden Bergen und besuchten indianische Pueblos. »Land of Enchantment« nennt man New Mexico auch. Nun konnte auch ich mir gut vorstellen, mich in diesem »Land der Verzauberung« anzusiedeln. Um das Grundstück abzubezahlen, arbeiteten wir ein weiteres Jahr in San Diego und sparten eisern. Dann tauschten wir unsere Stadtautos gegen einen schweren Pick-up-Truck und packten unsere Siebensachen. Am 4. Januar 1992 machten wir uns während einer verheißungsvollen, ringförmigen Sonnenfinsternis auf den Weg nach Santa Fe.

***

Den Juli 1993 wollten wir in Deutschland verbringen, erst in Wiesbaden, dann – zum ersten Mal für mich – bei Adis Mutter in Berlin. Wir hatten ihr viel zu erzählen. Unser Haus würde bald fertig sein, von Grund auf mit unseren vier Händen – und der Hilfe von Kali und einigen Freunden – gebaut, hauptsächlich aus recycelten Materialien und mit viel Liebe und Pioniergeist. *Reduce, reuse, recycle.* Dreißig Jahre später ist nachhaltige Architektur ein Trendthema.

Die einzige Leitung, die von der Außenwelt kam, war die Telefonleitung. Wasser und Strom erzeugten wir direkt vor Ort. Für schwache Nerven oder einen schwachen Körper war das nichts. Adi hatte sich inzwischen zum Solarelektriker ausbilden lassen und baute sein Geschäft auf. Ich stand unmittelbar vor dem Beginn meines Studiums. Zuerst hatte ich überlegt, wieder Massagen zu geben, doch dann packte ich meine Chance beim Schopf: Eine meiner neuen Freundinnen lehrte an einer der beiden Schulen für Orientalische Medizin und Akupunktur in Santa Fe. Sie lud mich zu einer kostenlosen Sitzung in der Universitätsklinik ein. Sie begeisterte mich so, dass ich mir in den Kopf setzte, die Ausbildung irgendwann einmal selbst zu machen. Auf »irgendwann einmal« konnte ich jedoch nicht warten. Der letzte dreijährige Kurs lief im Herbst 1993 an, künftig würde die Ausbildung ein Jahr länger dauern und erheblich teurer werden. Also bewarb ich mich, und als ich tatsächlich angenommen wurde, nahm ich einen Kredit auf. Jetzt hat sich, sagte ich mir, dein Abitur doch noch gelohnt, sogar das Lateinlernen.

Epilog

»Selbst nach dem Endsieg gegen den Nazismus
wird es in Deutschland noch Generationen dauern,
ehe man durch Umerziehung die Köpfe der Deutschen
von dem Gift befreit hat.«[1]

– Bella Fromm, 1943

»Das Thema Göring ist so unerschöpflich
wie die Vielfalt seiner Kostümierungen.«[2]

– Hans Bernd Gisevius

»Wer immer schon mal wissen wollte,
wie ›das mit den Nazis‹ in Deutschland damals
›einfach so passieren konnte‹, lebt in der richtigen Zeit.«[3]

– Satiriker Jan Böhmermann

In der Vergangenheit zu graben und dabei alte Wunden freizulegen, die zwar nie verheilt, aber zugewuchert sind, in Archiven zu wühlen, Fakten schwarz auf weiß haben zu wollen und sich gegen ihr Vergessen zu stellen, stehe dem Versöhnen und damit der Zukunft im Weg.[4] Das sehen viele Täter so und auch viele Opfer. Mir schien mein Versöhnungsversuch ohne die Konfrontation mit den Fakten wertlos.

Ich habe mich für dieses Buch sozusagen doppelt konfrontiert, zum einen mit meiner Familiengeschichte, für die ich nichts kann, zum anderen mit meinem eigenen, unangepassten Leben, das ich von Jugend an als ebenso radikale wie legitime Antwort auf mein

Erbe verstanden habe; denn nicht nur mit meinen Vorfahren wollte ich ins Reine kommen, sondern auch mit mir selbst. Was schwieriger und schmerzhafter war, kann ich nicht auf Anhieb sagen: die Einsicht, dass viele der im Göring-Clan herumgereichten Geschichten geschönte Familienfolklore sind und selbst mein aus der Art geschlagener Vater nach dem Krieg an seinem Heldenmythos strickte und zugleich den Kopf in den Sand steckte vor den Verbrechen seines Patenonkels Hermann. Oder die Selbsterkenntnis, dass auch ich in eine Lebenssituation geraten bin, in der ich offensichtliches Unrecht kleingeredet oder meine Augen davor verschlossen habe. Damals hatte ich viel zu verlieren – meine Wahlfamilie. Heute weiß ich, dass ich mich jeden Tag von Neuem entscheiden kann: Will ich hinschauen oder nicht? Übernehme ich Verantwortung oder nicht? Lasse ich meinen Worten Taten folgen oder nicht? *Walk your talk!* Bin ich angekommen, wo ich sein will? Ich glaube schon.

Meinen Geburtsort und meine Nationalität habe ich immer als Zufälligkeit begriffen. Heim(at)weh kannte ich schon als Kind nicht. Ich habe mir meine Heimat selbst geschaffen, egal wo auf der Welt, aber immer im Jetzt. Dass Menschen an dem Ort festwachsen, an dem sie geboren sind, hielt ich lange Zeit für spießig – bis ich mir eingestand, dass mein Freiheitsdrang auch eine Form des Selbstschutzes war. Reisen als Narkotikum. Was mir wichtig ist? Gelassenheit, Vertrauen, der gegenseitige Respekt, der die Welt zusammenhält und dafür steht, dass unsere multiethnische, multireligiöse und multikulturelle Gesellschaft von Individualisten sich auf gemeinsame Interessen verständigen kann. Und Offenheit. Jenes Lebensgefühl, das wir weitläufig als persönliche Freiheit umschreiben, als selbstbestimmt und würdevoll, weil man die Dinge nicht bloß auf sich einstürzen lässt, zu Wendungen bereit, ihnen aber nicht aufgeliefert ist. Ein Leben in Verantwortung für die Gemeinschaft und für mich selbst. Ein Leben, das den viel zitierten Kampf der Kulturen ablehnt. Dafür bin ich Umwege gegangen und habe gelegentliche, auch schmerzhafte Rückschläge in Kauf genommen.

Wer sich »outet«, muss damit rechnen, beurteilt oder sogar verurteilt zu werden. Das haben mir schon die Reaktionen auf *Blood-*

lines (2008) und *Hitler's Children* (2011), die ersten Dokumentationen, an denen ich mitwirkte, deutlich gezeigt. In diesem Buch bin ich in einer emotionalen Berg-und-Tal-Fahrt, die sich langwieriger und aufreibender gestaltete, als ich erwartet hatte, nicht nur einen, sondern viele Schritte weitergegangen. Ich habe meine inneren und äußeren Konflikte offengelegt und mich dazu durchgerungen, auch von sehr intimen Ereignissen in meinem Leben zu erzählen. Ich habe zur Vergangenheit Stellung bezogen und meine Beobachtungen und Recherchen einzuordnen versucht. Dabei habe ich viel gelernt, sowohl über meine Familie als auch über mich selbst. Nun stelle ich mich noch einmal der Diskussion, und der Kritik.

Dass öffentliche Geschichte und persönliche Biografien, Politik und private Schicksale zugleich eng verwoben sein und trotzdem gegeneinander laufen können – auch damit musste ich mich auseinandersetzen. Als ich tiefer in die Leben einzelner Familienmitglieder eintauchte, habe ich auch von ihren, zum Teil tragischen Schicksalsschlägen erfahren. An meinem Blick auf das NS-Regime und den »guten Onkel« hat das nichts geändert, auch wenn ich mir inzwischen zugestehe, meinen Frieden mit ihm zu machen. Für mich heißt das, dass ich die Schuldgefühle, die ich lange Zeit mit mir herumgeschleppt habe, ohne sie beim Namen nennen zu können, losgelassen habe und mich mit ihm und seinen Verbrechen konfrontieren kann, wann immer es angebracht ist.

Noch wichtiger für meinen inneren Frieden – das wurde mir im Lauf der Arbeit an diesem Buch immer bewusster – war aber die intensive Beschäftigung mit meiner Großmutti Ilse. Ich sehe sie jetzt in einem differenzierten Licht, und das hat mir geholfen, alte Wunden in mir zu heilen. Mein Verhältnis zu ihr hat sich dadurch verändert, bestimmt auch verbessert. Einfacher geworden ist es deshalb nicht: Die Palette, auf der ich die Grautöne und Widersprüchlichkeiten gesammelt habe, die ihre Persönlichkeit und ihr Leben offenbar ausgemacht haben, passt nicht mehr in die Schublade, die ich so lange für sie vorgesehen hatte. An den Schlussstrich, den mir einige meiner Freunde und Bekannten dringend ans Herz gelegt haben, ist schon deshalb nicht zu denken.

In *Hitler's Children* wurde der Autor und Journalist Niklas Frank, der in mehreren Büchern mit seinem Vater, dem Generalgouverneur der besetzten Teile Polens, »abgerechnet« hat, gefragt, ob er einen neuerlichen Aufschwung des Faschismus in Deutschland für möglich hält.[5] Unter bestimmten Umständen könne er sich das sehr wohl vorstellen, war seine Antwort. Inzwischen hat er sie verschärft. Die rote Linie sei überschritten, Antisemitismus kein Tabu mehr. Unsere Zeit der Sicherheit ist abgelaufen, in der wir viel Aufwand betrieben haben, uns gegen Veränderungen aller Art abzusichern. Der Klimawandel als größte Verunsicherung der Weltbevölkerung … die globale wirtschaftliche Instabilität … die Machtumverteilung zwischen den Supermächten, das Heraufziehen eines neuen Kalten Kriegs zwischen den USA und China … der blutige Waffenkrieg in der Ukraine … der wachsende Zuspruch, den eine Partei mit vielen offen rechtsextremen und geschichtsleugnenden Mitgliedern gerade von den jüngsten Wählern, den Achtzehn- bis Vierundzwanzigjährigen erhält … der islamistische Terror gegen Israel und eine gefährliche Geschichtsvergessenheit seiner Beobachter … Viele Menschen leben heute zwischen Angst, Schmerz und Wut. Angst, die von falschen Propheten zusätzlich angeheizt wird. Angst, die das Bedürfnis nach Schutz und Selbstschutz verstärkt und bekanntlich falsche Loyalitäten befördert. In ihrer Angst geben die Menschen bereitwillig die Verantwortung für sich selbst ab, unterwerfen sich autoritären Führern und lassen sich manipulieren. Wie schnell sich selbst die USA unter der Trump-Administration in Richtung Faschismus bewegen würde, konnte ich mir vorher nicht vorstellen. »Wer mir Alarmismus vorwirft«, hat es der Historiker Timothy Snyder formuliert, »dem sage ich: Wacht auf und schaut aus dem Fenster.«[6]

»Demokratie ist keine Garantie. Freiheit ist ein Geschenk. Gerechtigkeit ist keine Erbschaft«, lese ich bei Ananya Roy, der Direktorin des Institute on Inequality and Democracy an der University of California. »Radikale Demokratie muss in jedem Moment […] aufs Neue gefordert und geschaffen werden.«[7] Während der COVID-19-Pandemie kam es selbst in meinem engsten Freundeskreis zu verstörenden Diskussionen – und zum Bruch zwischen alten Freunden. Menschen, die ich bis dahin als fortschrittlich und liberal wahrgenommen hatte, verloren ihr Vertrauen in die Vernunft und verstiegen sich »im Namen der Freiheit« in Verschwörungsgedanken mit deutlich rechten, zum Teil rechtsradikalen Tendenzen. In den sozialen Medien kommunizieren sie seither nur noch mit ihresgleichen, mich haben einige von ihnen gar »entfreundet«. Die Kluften zwischen Andersdenkenden werden immer größer, das Wort »auseinandersetzen« hat seine eigentliche Bedeutung verloren und wird stattdessen wörtlich genommen. Wer hört noch zu und wägt ab? Die Parallelen zu den anthroposophischen New-Age-Bewegungen der 1920er-Jahre, die sich auf fatale Weise anschlussfähig erwiesen an die NS-Ideologie, beunruhigen mich. Oft weiß ich keine konkrete Antwort, aber ich arbeite beständig daran, mich neu zu finden in einer sich wandelnden Welt. Und obwohl es alles andere als leicht ist, sich einen positiven Blick auf diese Welt zu bewahren, habe ich Abstand zu meiner Biografie gefunden und mich mit meiner eigenen Geschichte versöhnt.

Ohne meinen Mann hätte ich diesen Weg nicht gehen können. Adi hat mich ermutigt, wenn mich die Angst vor meiner eigenen Courage packte, er erdete mich, wenn mich eine plötzliche Euphorie wegzutragen drohte, er half mir beim Ordnen, wenn ich vorübergehend den Überblick verlor, und schrieb meine Erinnerungen und Gedanken auf, auf die wir später aufbauten. Er heiterte mich auf, wenn ich mich in meiner Zerrissenheit abschottete, und erinnerte mich, wenn ich wieder einmal zu zweifeln begann, wer ich bin und warum er mich liebt. Ohne ihn gäbe es dieses Buch nicht.

Dankbar bin ich auch meinen Eltern, ohne die ich nicht zu einem so rebellischen Menschen herangewachsen wäre, meinem Bruder Kali und seiner Lebenspartnerin Sonja für ihre emotionale Unterstützung und meiner Freundin Kerry Wright, die mich als eine der Ersten zu diesem Projekt ermutigt hat. Viele weitere Freunde haben mich auf meinem Weg begleitet und bestärkt. Euch allen vielen Dank!

Als ich mich unter den Nachfahren des Göring-Clans vorzutasten begann und Kontakt zu verschiedenen Cousins und Cousinen aufnahm, rechnete ich nicht mit Unterstützung. Umso mehr freute ich mich über die wichtigen Informationen und liebevollen Aufmunterungen einiger. Mein großer Dank geht an Michael Christian Göring, Huberta und Juliane und an Peter Werth. Andere wollen nicht namentlich genannt werden. Sie wissen, dass ich dankbar an sie denke.

Brigitte Fischer kam ohne Vorbehalte auf mich zu und gewährte mir Einblick in die Briefwechsel zwischen ihrer Mutter und meinem Vater bzw. meiner Großmutter. Ihr verdanke ich viele Einzelheiten in diesem Buch. Besonders erwähnen möchte ich auch Ilka Heinemann, die uns als Cheerleaderin der besonderen Art von Anfang an unterstützend zur Seite stand und mit ihrer Fröhlichkeit ansteckte, Heike Gronemeier und Martin Kulik, die das Buch mit uns in die Welt brachten, den Droemer Verlag, der stets daran glaubte, und Melissa Müller, die sich weitaus mehr dafür eingesetzt hat, als ich es mir vorstellen konnte. Mit ihren Nachforschungen hat sie Material zutage gefördert, das mir zu einem vielschichtigeren Blick nicht nur auf meine Großmutter, sondern auf die gesamte Familie verholfen hat.

Es ist mit Büchern nicht anders als mit Briefen. Man hat beim Schreiben eine gewisse Tonlage im Kopf – und weiß doch nicht, ob der Klang eines Wortes, eines Satzes den Adressaten so erreicht, wie man ihn selbst hört. Es fehlt die Stimme, die vorträgt – sachlich und nüchtern, anklagend und zerrissen oder liebevoll und versöhnlich. Melissa und ich wollten dieses Buch in Dur schreiben, ohne Verbitterung, ohne Vorwürfe und ohne Hass, aber in der Hoffnung, dass sich aus der Geschichte lernen lässt. »Aus der Geschichte zu lernen, heißt nicht, schematisch nach Wiederkehrendem zu suchen«, hat dazu der Historiker Norbert Frei gesagt, »sondern aus der Kenntnis vergangener Konstellationen einen Sinn zu entwickeln für neue Bedrohungen.«[8] Ich hoffe, dass mein Buch dabei helfen kann.

Anhang

Stammtafe

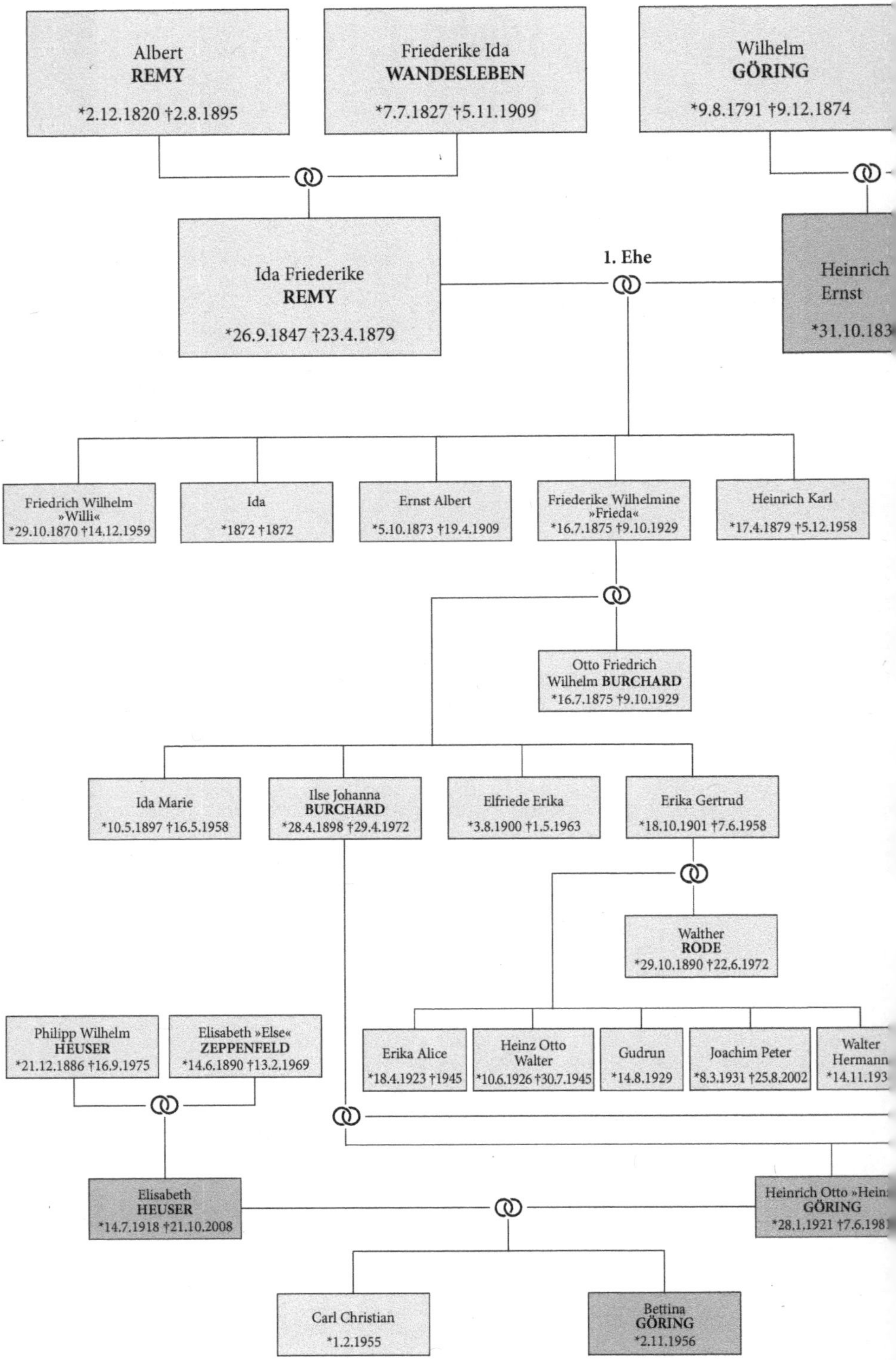

Albert REMY *2.12.1820 †2.8.1895
Friederike Ida WANDESLEBEN *7.7.1827 †5.11.1909
Wilhelm GÖRING *9.8.1791 †9.12.1874
Ida Friederike REMY *26.9.1847 †23.4.1879
1. Ehe
Heinrich Ernst *31.10.183
Friedrich Wilhelm »Willi« *29.10.1870 †14.12.1959
Ida *1872 †1872
Ernst Albert *5.10.1873 †19.4.1909
Friederike Wilhelmine »Frieda« *16.7.1875 †9.10.1929
Heinrich Karl *17.4.1879 †5.12.1958
Otto Friedrich Wilhelm BURCHARD *16.7.1875 †9.10.1929
Ida Marie *10.5.1897 †16.5.1958
Ilse Johanna BURCHARD *28.4.1898 †29.4.1972
Elfriede Erika *3.8.1900 †1.5.1963
Erika Gertrud *18.10.1901 †7.6.1958
Walther RODE *29.10.1890 †22.6.1972
Philipp Wilhelm HEUSER *21.12.1886 †16.9.1975
Elisabeth »Else« ZEPPENFELD *14.6.1890 †13.2.1969
Erika Alice *18.4.1923 †1945
Heinz Otto Walter *10.6.1926 †30.7.1945
Gudrun *14.8.1929
Joachim Peter *8.3.1931 †25.8.2002
Walter Hermann *14.11.193
Elisabeth HEUSER *14.7.1918 †21.10.2008
Heinrich Otto »Hein GÖRING *28.1.1921 †7.6.198
Carl Christian *1.2.1955
Bettina GÖRING *2.11.1956

der Familie Göring

Carolina Ann Maria
de NERÉE
*26.7.1815 †30.9.1886

Peter Paul
TIEFENBRUNN
*29.7.1816 †10.5.1872

Elisabeth
MÄRZ
*18.12.1826 †29.4.1872

ÖRING
.12.1913

2. Ehe

Franziska »Fanny«
TIEFENBRUNN
*21.4.1859 †15.7.1923

Karl Ernst
*3.8.1885 †4.10.1932

Olga Sophie Therese
*16.1.1889 †7.10.1970

Paula Rosa Elisabeth
*8.5.1890 †30.11.1960

Hermann Wilhelm
GÖRING
*12.1.1893 †15.10.1946

Albert Günther
*9.3.1895 †20.12.1966

Friedrich »Fritz«
RIGELE
*12.8.1878 †10.10.1937

Franz
HUEBER
*10.1.1894 †10.7.1981

1. Ehe

Carin
geb. Freiin Fock
*21.10.1888 †17.10.1931

2. Ehe

Emma Johanna »Emmy«
geb. Sonnemann
*24.3.1893 †8.6.1973

Roswitha
*23.4.1931

Edda
GÖRING
*2.6.1938 †21.12.2018

Hansjörg
*26.5.1917 †15.3.2007

Klaus
*13.11.1921 †17.11.1997

Peter Hermann
Ludwig
.4.1922 †13.10.1941

Helmuth Friedrich
Wilhelm
*19.12.1923 †25.8.1944

Das Bürgerwappen der Familie Göring

Mit Dank an Michael Christian Göring

Genutzte Archive

In Deutschland, u. a.:

Institut für Zeitgeschichte, München
Stadtarchiv München
Bayerisches Hauptstaatsarchiv, München
Universitätsarchiv München
DRK-Suchdienst, München

Bundesarchiv, Berlin
Landesarchiv, Berlin
Archiv des Deutschen Roten Kreuzes, Berlin
Standesamt Charlottenburg-Wilmersdorf von Berlin

Niedersächsisches Hauptstaatsarchiv, Hannover
Stadtarchiv Hannover
Bundesarchiv, Koblenz
Hessisches Hauptstaatsarchiv, Wiesbaden
Stadtarchiv Wiesbaden
Archiv des Aktiven Museums Spiegelgasse, Wiesbaden
Germanisches Nationalmuseum, Nürnberg
Universitätsbibliothek Düsseldorf
Richard Wagner Archiv, Bayreuth
Archiv der Hermann Zilcher Gesellschaft e. V., Würzburg
Kulturamt, Stadtarchiv Weißenfels

Archive außerhalb Deutschlands, u. a.:

Dokumentationsarchiv des Österreichischen Widerstandes, Wien
Salzburger Landesarchiv

Archiv des Österreichischen Alpenvereins, Innsbruck
British Online Archives
National Archives, Washington
Library of Congress, Washington
Nationaal Archief (Centraal Archief Bijzondere Rechtspleging), Den Haag

Private Archive und Nachlässe:

Privatarchiv Brigitte Fischer
Privatarchiv Michael Christian Göring, Aglasterhausen
Privatarchiv Walter Göring
Privatarchiv Louis von Harnier, München
Privatarchiv Peter Werth, München
Privatarchiv Carl Christian Göring, Santa Fe
Privatarchiv Kay Wagner

Quellen und Anmerkungen

Prolog

1 Konrad Heiden: *Adolf Hitler. Das Zeitalter der Verantwortungslosigkeit,* Zürich 1936, S. 25.

Teil I

1 Yasmina Reza: »Ohne glückliche Kindheit führt man ein schöneres Leben«, in: SZ-*Magazin,* 9/2015, 4.3.2015.

1943

1 Gerald Reitlinger: *Die Endlösung. Hitlers Versuch der Ausrottung der Juden Europas 1939–1945,* Berlin 1956, S. 93 f.

1977

1 »Numerus Clausus: Ende des Unsinns?«, in: *Der Spiegel,* Nr. 25, 14.6.1976.
2 https://archive.vogue.com/article/1976/01/01/get-there-first-cancun
3 https://www.motherjones.com/politics/1999/03/guatemala-bill-clintons-latest-damn-near-apology/
4 Jan Philipp Reemtsma: »Wozu Gedenkstätten?«, in: Bundeszentrale für politische Bildung: *Aus Politik und Zeitgeschichte,* 10.6.2010; siehe: https://www.bpb.de/apuz/32663/wozu-gedenkstaetten?p=all

1946

1 Interview mit Roswitha Theuer (geb. Hueber), Mattsee, 8.8.2014.
2 Emmy Göring: *An der Seite meines Mannes. Begebenheiten und Bekenntnisse,* Coburg, 4. Auflage 1996, S. 224.
3 Zit. nach Eitel Lange: *Der Reichsmarschall im Kriege. Ein Bericht in Wort und Bild,* Stuttgart 1950, S. 151.
4 Ebd., S. 204.
5 Hanno Bayr: *Berlin trifft Mauterndorf. Eine Reise mit Epenstein und Göring,* Mariapfarr 2017, S. 200.
6 Eitel Lange: *Der Reichsmarschall im Kriege,* a. a. O., S. 208.
7 Vgl. Harald Waitzbauer: »Arnold Schönberg ist in Mattsee unerwünscht«, in: Robert Kriechbaumer (Hg.): *Der Geschmack der Vergänglichkeit. Jüdische Sommerfrische in Salzburg,* Wien/Köln/Weimar 2002, S. 158–166.
8 Zit. nach Gustave M. Gilbert: *Nürnberger Tagebuch. Gespräche der Angeklagten mit dem Gerichtspsychologen,* Frankfurt am Main 1962, 15. Auflage 2014, S. 432.
9 Ebd., S. 429.
10 IfZ, ED180–5a-8.
11 Vgl. Emmy Göring: *An der Seite meines Mannes,* a. a. O., S. 302.
12 Gustave M. Gilbert: *Nürnberger Tagebuch,* a. a. O., S. 429 f.

13 Hermann Göring zu Emmy, in: Emmy Göring: *An der Seite meines Mannes*, a. a. O., S. 306.

14 Vgl. u. a. Douglas M. Kelley: *22 Cells in Nuremberg*, New York 1961; zit. nach Jack El-Hai: *Der Nazi und der Psychiater*, Berlin 2014, S. 102 f.

15 IfZ, ED180–5a-8.

16 Heinz Göring an Elisabeth Fischer, Brief vom 26.5.1955, Privatarchiv (PA) Brigitte Fischer.

17 Ilse Diels-Göring an ihre »Freundinnen, Freunde und Verwandte«, Rundbrief, Weihnachten 1949, PA Brigitte Fischer.

18 Heinz Göring an Elisabeth Fischer, Brief vom 21.9.1948.

19 Ebd.

20 Ilse Diels-Göring an Rudolf Diels, Brief vom 12.10.1953, Niedersächsisches Hauptstaatsarchiv Hannover (NSHA Han.), VVP 46/Nr. 12 – Nachlass Rudolf Diels.

21 Ilse Diels-Göring an Rudolf Diels, Brief vom 10.9.1953.

22 Ilse Diels-Göring an Elisabeth Kunz (später Fischer), Karte vom 6.11.1946, PA Brigitte Fischer.

23 »Am 01.01.1946 von den Sowjets an die Tschechoslowakei ausgeliefert«: DRK-Suchdienst München, Schreiben vom 13.10.2012.

24 Heinz Göring an Elisabeth Kunz (später Fischer), Brief vom 21.9.1948, PA Brigitte Fischer.

25 Ebd.

26 Stadtarchiv Wiesbaden, Best. WI/3 Nr. 2628. Das Haus Lahnstr. 79 war ab 1.10.1945 beschlagnahmt. Mit Dank an Jochen Dollwet.

27 Sterbeanzeige und weitere Dokumente, siehe: https://collections.arolsen-archives.org/de/search/topic/1-1-26-3_01012603-132-328?s=Marxheimer; vgl. auch Rolf Faber, Karin Rönsch: *Wiesbadens jüdische Juristen. Leben und Schicksal von 65 jüdischen Rechtsanwälten, Notaren, Richtern, Referendaren, Beamten und Angestellten.* Schriften des Stadtarchivs Wiesbaden, Bd. 11, Wiesbaden 2011, S. 148–151.

1962

1 Ilse Diels-Göring an Rudolf Diels, Brief vom 7.7.1953, NHSA Han., VVP 46/Nr. 12, Nachlass Rudolf Diels.

2 Ilse Diels-Göring an Rudolf Diels, Brief vom 23.7.1954, ebd.

3 Ilse Diels-Göring an Elisabeth Fischer, Brief vom 14.2.1962, PA Brigitte Fischer.

4 Ilse Diels-Göring an Rudolf Diels, Brief vom 10.9.1953, NHSA Han.

5 Ilse Diels-Göring an Elisabeth Fischer, Brief vom 11.3.1960.

6 Ilse Diels-Göring an Elisabeth Fischer, Brief vom 26.9.1963.

1894

1 Compétition Paris–Rouen–Paris, erstes Autorennen der Welt mit mehr als zwei Wagen, 22. Juli 1894.

2 Zit. nach Hanno Bayr: *Berlin trifft Mauterndorf*, a. a. O., S. 25.

3 https://www.hotelpost-mauterndorf.at/geschichte

4 Niklas Schrenk von Notzing: »Hermann Görings Herkunft und Verwandtschaft. Zur Umwelt eines Antisemiten«, in: *Herold-Jahrbuch* NF *1*, 1996, S. 99.

5 Ebd., S. 98.

6 Vgl. Ludwig Beck: »Die Familie Remy und die Industrie am Mittelrhein«, in: *Annalen des Vereins für Naussauische Alterthumskunde und Geschichtsforschung*, Wiesbaden 1906; sowie: Ilse Müller, Günther Schweizer, Peter Werth: *Die Familie Remy. Kannenbäcker und Unternehmer. Eine genealogische Bestandsaufnahme*, Tübingen 2009.

7 Andreas Simeoner: *Die Stadt Bozen*, Bozen 1890, S. 861.

8 Für Informationen über die Familie Tiefenbrunn in Ehenbichl danke ich dem Historiker Richard Lipp, Reutte in Tirol; E-Mail vom 25.10.2019.

9 Vgl. Niklas Schrenck von Notzing: »Hermann Görings Herkunft und Verwandtschaft«, a. a. O., S. 95.

10 Siehe *Adreßbuch für München 1866*. Staatsbibliothek München. In den Münchner Adressbüchern wurde die Familie unter dem Namen Tiefenbrunner geführt.

11 Vgl. *Adreßbücher für München 1866–1871*. Für 1866 ist sowohl für Peter Tiefenbrunn(er) als auch für Johann Baptist März »ob. Anger 46« (heute Oberanger) angegeben.

12 Lorenz Westenrieder (Hg.): *Beyträge zur vaterländischen Historie, Geographie, Statistik und Landwirthschaft, samt einer Übersicht der schönen Literatur*, 1. Band, München 1788, S. 312.

13 Zit. nach www.deutsche-biographie.de: Gerhardinger, Karolina Elisabeth Franziska.

14 Für Informationen über das Unterrichts- und Erziehungsinstitut am Anger danke ich Sr. Annemarie Bernhard, stellvertretende Direktorin des Theresia-Gerhardinger-Gymnasiums am Anger, E-Mails vom 8.–11.10.2019. Alle Schulunterlagen aus der Gründungszeit bis zum Zweiten Weltkrieg wurden 1944 bei der Bombardierung des Angerklosters vernichtet.

15 Vgl. Hanno Bayr: *Berlin trifft Mauterndorf*, a. a. O., S. 40.

16 Vgl. Niklas Schrenck von Notzing: »Hermann Görings Herkunft und Verwandtschaft«, a. a. O. Demnach wurde Louis Epenstein in Leipzig getauft.

17 Vgl. Deborah Hertz: *Wie Juden Deutsche wurden. Die Welt jüdischer Konvertiten vom 17. bis 19. Jahrhundert*, Frankfurt am Main 2010. Demnach lebten im Deutschen Reich neben den rund 500000 Mitgliedern der jüdischen Gemeinden fast ebenso viele Christen jüdischer Herkunft.

18 Zeitlebens blieb Louis Epenstein (1769–1847) Mitglied des jüdischen Hilfsvereins Gesellschaft der Freunde. Vgl. Uta Motschmann: *Handbuch der Berliner Vereine und Gesellschaften 1786–1815*, Berlin 2015. Demnach war er auch in die Gründung des Vereins zum Besten der Landwehr und des Frauenvereins zum Wohle des Vaterlands involviert.

19 2.7.1885: Abfahrt von Southampton, 2.9.1885: Ankunft in Walvis Bay. Unterwegs hielt Heinrich sich einen Monat in Kapstadt auf. Quelle: Heinrich Ernst Göring: *Briefe aus Deutsch-Südwestafrika 1885–1890*. Sonderheft J der »Berliner Protokolle«, Berlin 2003.

20 Sven Stillich: »Erste deutsche Kolonie. Des Kaisers neues Reich«, in: *Spiegel Online*, 23.4.2009.

21 Philipp Diehl, zit. nach Heinrich Ernst Göring: *Briefe aus Deutsch-Südwestafrika 1885–1890*, a. a. O., S. 72.

22 Niklas Schrenck von Notzing: »Hermann Görings Herkunft und Verwandtschaft«, a. a. O., S. 94.

23 Heinrich Ernst Göring an Friederike Ida Remy (Schwiegermutter), Brief vom 25.8.1885, in: *Briefe aus Deutsch-Südwestafrika 1885–1890*, a. a. O., S. 16.

24 Heinrich Ernst Göring an seine Tochter Frieda (die Mutter meiner Großmutter Ilse), Brief vom 28.1.1886, ebd., S. 33.

25 Heinrich Ernst Göring an Friederike Ida Remy, Brief vom 14.5.1887, ebd., S. 51.

26 *Freiburger Zeitung*, 12.1.1889 (Tagesausgabe), S. 2; siehe: https://www.freiburg-postkolonial.de/Seiten/FreiburgerZeitung1889-01-12.htm

27 Franz Heinrich Dunckelmann: *Nachrichten von der Familie Burchard*, Privatdruck, Rostock 1910, S. 75 (Eintrag Otto Friedrich Wilhelm Burchard).

28 Vgl. Deutsches Historisches Museum: *Logbuch der* SMS *Olga*, Do 58/47. 2; *Marinearchiv* Bd. I und II, Verlag Gerhard Stalling, Oldenburg 1931; Graham Hague: *The Hurricane Jumpers. The Escape of* HMS *Calliope*, Scotts Valley 2016.

1956

1 Heinz Göring an Elisabeth Fischer, Brief vom 14.11.1948.

2 Heinz Göring an Elisabeth Fischer, Brief vom 21.9.1948.

3 Heinz Göring an Elisabeth Fischer, Brief vom 9.10.1948.

4 Heinz Göring an Elisabeth Fischer, Brief vom 14.11.1948.

5 Heinz Göring an Elisabeth Fischer, Karte vom 16.2.1949.

6 Heinz Göring an Elisabeth Fischer, Brief vom 22.2.1949.

7 Heinz Göring an Elisabeth Fischer, Brief vom 24.5.1949.

8 Heinz Göring an Elisabeth Fischer, Brief vom 22.2.1949.

9 Heinz Göring an Elisabeth Fischer, Brief vom 28.8.1949.

10 Heinz Göring an Elisabeth Fischer, Brief vom 22.2.1949, PA Brigitte Fischer.

11 Ebd.

12 Ilse Diels-Göring an ihre Freunde und Verwandte, Rundbrief von Weihnachten 1949.

13 Heinz Göring an Elisabeth Fischer, Brief vom 12.12.1950.

14 Heinz Göring an Elisabeth Fischer, Brief vom 21.9.1948.

15 Heinz Göring an Elisabeth Fischer, Brief vom 9.10.1948.

16 Heinz Göring an Elisabeth Fischer, Brief vom 9.10.1948.

17 Ilse Diels-Göring, Rundbrief 1949.

18 Heinz Göring an Elisabeth Fischer, Brief vom 21.9.1948.

19 Ilse Diels-Göring, Rundbrief 1949, PA Brigitte Fischer.

20 Sippenbericht der Familien Göring, Lohe, Lüps, Stein-Niederstein, Jg. 9, Nr. 18, November 1932, S. 194.

21 Sippenbericht Nr. 1, Jg. 1, ca. 1919, S. 4.

22 Eitel Lange: *Der Reichsmarschall im Kriege*, a. a. O., S. 92.

23 Ilse Diels-Göring, Rundbrief Weihnachten 1949.

24 Ilse Diels-Göring, Rundbrief Neujahr 1954.

25 Heinz Göring an Elisabeth Fischer, Brief vom 12.12.1950.

26 Ebd.

27 Ilse Diels-Göring, Rundbrief Neujahr 1954.

28 Heinz Göring an Elisabeth Fischer, Brief vom 12.12.1950.

29 Heinz Göring an Elisabeth Fischer, Brief vom 7.1.1952.

30 Heinz Göring an Elisabeth Fischer, Brief vom 28.8.1949.

31 Heinz Göring an Elisabeth Fischer, Brief vom 6.2.1950.

32 Heinz Göring an Elisabeth Fischer, undatierter Brief, vermutlich 1948/1949.

33 Heinz Göring an Elisabeth Fischer, Brief vom 30.3.1953, PA Brigitte Fischer.

34 Ilse Diels-Göring, Rundbrief Neujahr 1954.

1932

1 Emery Reves (Hg.): *Fritz Thyssen: I Paid Hitler,* London 1941, S. 131.

2 Sippenbericht Jg. 9, Nr. 17, Mai 1932, Nachruf Carin Göring, geb. Freiin Fock.

3 Zit. nach: Volker Knopf, Stefan Martens: *Görings Reich. Selbstinszenierung in Carinhall,* 6. aktual. Ausgabe, Berlin 2012, S. 14. Demnach meldete die deutsche Botschaft im Oktober 1919 nach Berlin, dass sich der letzte Kommandeur des Richthofen-Geschwaders in Stockholm als Kandidat für das Amt des Reichspräsidenten vorgestellt habe.

4 Sippenbericht, Jg. 10, Nr. 19, Mai 1933.

5 Vgl. Fanny v. Wilamowitz-Moellendorff: *Carin Göring,* Berlin 1934, S. 111.

6 Emery Reves (Hg.): *Fritz Thyssen: I Paid Hitler,* a. a. O., S. 131.

7 Zit. nach Anna Maria Sigmund: *Die Frauen der Nazis,* München 2013, S. 45.

8 Carin Göring an ihre Mutter Huldine von Fock, Brief vom 2.4.1924, in: Fanny v. Wilamowitz-Moellendorff: *Carin Göring,* a. a. O., S. 97.

9 Sippenbericht Jg. 9, Nr. 17, Mai 1932, Nachruf Carin Göring.

10 IMG, Bd. 9, S. 271 und 294; zit. nach Alfred Kube: *Pour le mérite und Hakenkreuz. Hermann Göring im Dritten Reich,* München 1986, S. 8.

11 Martin H. Sommerfeldt: *Göring, was fällt Ihnen ein! Eine Lebensskizze,* Berlin 1932, S. 45.

12 Ebd.

13 Zit. nach Bernd Steger: »Der Hitlerprozess und Bayerns Verhältnis zum Reich 1923/24«, in: *Vierteljahrshefte für Zeitgeschichte,* Jg. 25 (1977), Heft 4, S. 465.

14 Zit. nach Hanno Bayr: *Berlin trifft Mauterndorf,* a. a. O., S. 102.

15 Karl Scheffler: *Die fetten und die mageren Jahre. Ein Arbeits- und Lebensbericht,* Leipzig/München 1946, S. 412.

16 Zit. nach Hans-Ulrich Thamer: »Beginn der nationalsozialistischen Herrschaft«, in: *Informationen zur politischen Bildung, Nationalsozialismus I,* Heft 251, überarb. Neuaufl., Bonn 2003, S. 33.

17 Bella Fromm: *Als Hitler mir die Hand küsste,* Berlin 1993, S. 59 (Eintrag vom 3.5.1932).

18 Peter Göring: *Vorarbeit zu einer Geschichte unserer Sippe,* München 1911, S. 4.

19 Sippenbericht Jg. 6, Nr. 11, Mai 1929.

20 Sippenbericht Jg. 10, Nr. 19, Mai 1933.

21 Sippenbericht Nr. 18, Jg. 9, November 1932, Nachruf Karl Ernst Göring.

22 Ebd.

23 Ebd.

24 Roswitha Theuer (geb. Hueber), Interview vom 20.8.2014.

25 Sippenbericht Nr. 18, Jg. 9, November 1932, Nachruf Karl Ernst Göring.

26 Karl Ernst Göring: *Meine Kriegserlebnisse in Deutsch-Ostafrika 1914/20,* verfasst in Erfurt 1925/27.

27 Sippenbericht Nr. 12, Jg. 6, November 1929.

28 Zit. nach Herbert Lackner: *Als die Nacht sich senkte,* Wien 2019, S. 164.

29 Rüdiger Barth, Hauke Friederichs: *Die Totengräber. Der letzte Winter der Weimarer Republik,* Frankfurt am Main 2018, S. 51.

1963

1 Heinz Göring an Elisabeth Fischer, Brief vom 24.2.1955, PA Brigitte Fischer.
2 »Mein archäologisches Studium macht Fortschritte.« Heinz Göring an Elisabeth Fischer, Briefkarte vom 8.6.1957, PA Brigitte Fischer.
3 Brigitte Fischer, E-Mail vom 18.2.2017.
4 Heinz Göring an Elisabeth Fischer, Brief vom 3.6.1957.
5 Das war ca. 1936. Roswitha Theuer (geb. Hueber), Interview vom 20.8.2014.
6 Heinz Göring an Elisabeth Fischer, Postkarte vom 22.3.1962, PA Brigitte Fischer.
7 Diverse Gespräche mit Brigitte Fischer, März 2017 bis September 2019.
8 Vgl. Hermann Görings Notizbücher von 1935 und 1936; IfZArch, ED 180, Göring.
9 Gespräch mit Roswitha Theuer (geb. Hueber), Mattsee, 20. 8. 2014.

Teil II

1 Stenografische Niederschrift der Besprechung über die »Judenfrage« bei Göring am 12.11.1938 (PS-1816); IMG, Bd. XXVIII, S. 499–540. Zit. nach Léon Poliakov: *Vom Hass zum Genozid. Das Dritte Reich und die Juden*, Berlin 2021, S. 50.
2 Geoffrey Cocks: *Psychotherapy in the Third Reich. The Göring Institute*, 2nd Edition, Revised and Expanded, New Jersey 1997, S. 2.

1967

1 Kurt Tucholsky: *Schloss Gripsholm. Eine Sommergeschichte*, Berlin 1931, S. 214.
2 »[…] renovated to a romantic miniature of the royal Gripsholm renaissance palace«; in: Heli von Rosen: *Carl Gustaf von Rosen. An Airborne Knight-errant*, Norderstedt 2016, S. 11.
3 Vgl. Heli von Rosen: *Carl Gustaf von Rosen*, a. a. O., S. 13.
4 Ebd.
5 Erika Heuser, Gespräch am 21.10.2017.
6 Deutsche Justiz 1938, Rechtspflege und Rechtspolitik, Amtliches Blatt der deutschen Rechtspflege, S. 1977; zit. nach Rolf Faber, Karin Rönsch: *Wiesbadens jüdische Juristen*, a. a. O., S. 149.
7 Hans-Jürgen Anderle: »Jüdische Mitglieder des Nassauischen Vereins für Naturkunde in der Zeit des Nationalsozialismus«, in: *Jahrbuch 128 des Nassauischen Vereins für Naturkunde*, Wiesbaden 2007, S. 31.
8 Vgl. Tobias Michael Wolf: *Siedlung »Eigene Scholle« Wiesbaden*, PDF, Wiesbaden 2008, S. 2.
9 Norbert Frei: *1968. Jugendrevolte und globaler Protest*, München 2008, S. 112.

1936

1 Bella Fromm: *Als Hitler mir die Hand küsste*, a. a. O., S. 242 (Eintrag vom 7.3.1936).
2 Ralf Georg Reuth (Hg.): *Joseph Goebbels. Tagebücher 1924–1945*, Bd. 3, München 1992, S. 935 (Eintrag vom 8.3.1936).
3 Konferenz zur Verteidigung der olympischen Idee am 6. und 7. Juni 1936 in Paris.
4 Laut seinem Stiefsohn Thomas von Kantzow, in: Leonard Mosley: *Göring. Eine Biographie*, München 1975, S. 209.

5 Konrad Heiden: *Adolf Hitler. Das Zeitalter der Verantwortungslosigkeit. Ein Mann gegen Europa,* Zürich 1936 und 2016, S. 789.

6 Heinrich Mann: *Der Hass. Deutsche Zeitgeschichte,* Amsterdam 1933, hier: Berlin 1983, S. 54.

7 Konrad Heiden: *Adolf Hitler,* a. a. O., S. 486.

8 Karl Rudolf Werner Best, Jurist und NSDAP-Politiker, Aussage vom 4.4.1949 in dänischer Gefangenschaft.

9 Ebd.

10 *Der Prozess gegen die Hauptkriegsverbrecher vor dem Internationalen Militärgerichtshof. Nürnberg 14. November–1. Oktober 1946,* Nürnberg 1948, Band XIII, S. 14.

11 Norbert Mühlen: *Der Zauberer. Leben und Anleihen des Dr. Hjalmar Horace Greeley Schacht.* Vorwort von Konrad Heiden, Zürich 1938, S. 178.

12 Ebd., S. 177.

13 Emery Reves (Hg.), *Fritz Thyssen: I paid Hitler,* a. a. O., S. 179.

14 Ebd., S. 255.

15 Aus Hermann Görings Rede im Sportpalast am 28.10.1936 über den Vierjahresplan. Zit. nach Erich Ebermayer: *»... und morgen die ganze Welt«. Erinnerungen an Deutschlands dunkle Zeit,* Bayreuth 1966, Tagebucheintrag vom 2.11.1936.

16 Karl Rudolf Werner Best, a. a. O.

17 Zit. nach Leonard Mosley: *Göring,* a. a. O., S. 203.

18 Tobias Rieger: »Deutsche Wiedergeburt« durch einen »Chor der Rache«. Die Luftfahrt und der Nationalsozialismus, 2018; https://ns-reichsministerien.de/2018/12/07/deutsche-wiedergeburt-durch-einen-chor-der-rache-die-luftfahrt-und-der-nationalsozialismus/

19 Lutz Herden, Michael Herholz: *In Reih' und Glied. Hitlers Eliteschule in Potsdam.* Dokumentarfilm, Ostdeutscher Rundfunk Brandenburg 1992.

20 Adolf Dorner (Hg.): *Mathematik im Dienste der nationalpolitischen Erziehung mit Anwendungsbeispielen aus Volkswissenschaft, Geländekunde und Naturwissenschaft,* Frankfurt am Main 1935, S. 42.

21 Sippenbericht Bd. II, Nr. 9, Jg. 12, Mai 1935.

22 Zit. nach Norbert Frei (Hg.): *Medizin und Gesundheitspolitik in der* NS-*Zeit,* München 1991, S. 56.

23 Sippenbericht Bd. II, Nr. 9, Jg. 12, Mai 1935.

24 Sippenbericht Nr. 18, Jg. 9, November 1932, Nachruf Karl Ernst Göring.

25 Gespräch mit meiner Cousine vom 28. Juli 2014. Sie möchte anonym bleiben.

26 Martin H. Sommerfeldt: *Göring, was fällt Ihnen ein!,* a. a. O., S. 5.

27 Universitätsarchiv München, W-I-21 g.

28 Sebastian Haffner: *Germany: Jekyll and Hyde. 1939 – Deutschland von innen betrachtet,* Berlin 1996, S. 57.

29 »›Niemand darf wissen, wer ich bin.‹ Über Hitlers Neffen William Patrick«, in: *Der Spiegel,* Nr. 31, 23.7.1967.

30 Friedrich Hiller von Gaertringen (Hg.): *Die Hassel-Tagebücher 1938–1943,* Berlin 1988, S. 51 und S. 157.

31 Ulrich Schlie (Hg.): *Ulrich von Hassel. Römische Tagebücher und Briefe 1932–1938,* München 2004, S. 128a.

32 Paul Stehlin: *Auftrag in Berlin – Diplomat in geheimer Mission. Deutschland zwischen Olympischen Spielen und Kriegsausbruch,* Frankfurt am Main/Berlin 1965, S. 68.

33 Erinnerungen von Emmy Göring an den Tag des Heiratsantrags im Februar 1935, in: Leonard Mosley: *Göring*, a. a. O., S. 199.

34 Eitel Lange: *Der Reichsmarschall im Kriege*, a. a. O., S. 74.

35 Hermann Görings erstes Geschenk an Emmy Sonnemann soll ein Foto seiner verstorbenen Frau Carin gewesen sein.

36 Bella Fromm: *Als Hitler mir die Hand küsste*, a. a. O., S. 223 (Eintrag vom 11.4.1935).

37 Emmy Göring: *An der Seite meines Mannes*, a. a. O.

38 Roswitha Theuer (geb. Hueber), Interview vom 20.8.2014.

39 Bella Fromm: *Als Hitler mir die Hand küsste*, a. a. O., S. 223 (Eintrag vom 12.4.1935).

40 Sir Eric Phipps, zit. nach Leonard Mosley: *Göring*, a. a. O., S. 201 f.

41 Ebd., S. 202.

42 Das bestätigt auch Gudrun Napp, eine Tochter von Ilse Görings Schwester Erika Rode; diverse E-Mails vom Oktober 2017.

43 Bella Fromm: *Als Hitler mir die Hand küsste*, a. a. O., S. 222 (Eintrag vom 11.4.1935).

44 Hanno Bayr: *Berlin trifft Mauterndorf*, a. a. O., S. 108.

45 Leonard Mosley: *Göring*, a. a. O., S. 63.

46 Konrad Heiden: *Adolf Hitler*, a. a. O., hier: E-Book-Ausgabe, München 2023, S. 485.

47 Zit. nach Hanns Christian Löhr: *Der eiserne Sammler. Die Kollektion Hermann Göring. Kunst und Korruption im Dritten Reich*, Berlin 2009, S. 26.

48 Emery Reves (Hg.): *Fritz Thyssen: I Paid Hitler*, a. a. O., S. 201.

49 Ulrich Schlie (Hg.): *Ulrich von Hassel*, a. a. O., S. 145 (Eintrag vom 26.7.1938).

50 Ebd., S. 146.

51 Winifred Wagner an Helena Roesener, Brief vom 5.4.1935; zit. nach Brigitte Hamann: *Winifred Wagner oder Hitlers Bayreuth*, München 2002, S. 303.

52 Diverse Gespräche mit Peter Werth in den Jahren 2014 bis 2016.

53 Recherche Benedikt Goebel, Stadtforschung Berlin.

54 Ulrich Schlie (Hg.): *Ulrich von Hassel*, a. a. O., S. 143 (Tagebucheintrag »Berlinreise Juni 1936«).

1970

1 https://chroniknet.de/extra/historisches-wetter/?wetter-datum=10.5.1970, vgl. Deutscher Wetterdienst, www.dwd.de

2 Elisabeth Fischer an ihre Tochter Brigitte, Brief vom 6.5.1970, PA Brigitte Fischer.

3 Diverse Gespräche mit Juliane Vollhardt, 2014 und Juni 2023.

4 Allan Kaprow (1927–2006).

5 Elisabeth Fischer an ihren Mann, Brief vom 22.8.1971, PA Brigitte Fischer.

6 Ilse Diels-Göring, Neujahrsbrief an die Freunde und Verwandten, 1954.

7 Ilse Diels-Göring an »Freundinnen, Freunde und Verwandte«, Weihnachten 1949.

8 Vgl. Hanno Bayr: *Berlin trifft Mauterndorf*, a. a. O., S. 202 f.

9 Elisabeth Fischer an Ilse Diels-Göring, Brief vom 29.3.1965.

10 Elisabeth Fischer an ihren Ehemann, Brief vom 27.11.1968.

11 Ilse Diels-Göring, Weihnachtsbrief 1949.

12 Mein Vater, der Sammler, bat Elisabeth Fischer laufend um Briefmarken. Vgl. Heinz Göring an Elisabeth Fischer, diverse Briefe von 1949.

13 Brieffragment von Elisabeth Fischer, undatiert, Empfänger unbekannt, PA Brigitte Fischer.

1938

1 Kurt Jakob Ball-Kaduri: »Berlin wird judenfrei. Die Juden in Berlin in den Jahren 1942/1943«, in: *Jahrbuch für die Geschichte Mittel- und Ostdeutschlands*, Berlin 1973, S. 196–241.

2 Paul Stehlin: *Auftrag in Berlin*, a. a. O., S. 84.

3 Ebd., S. 153 f.

4 Paula Hueber an Hermann Göring, 15.3.1938, in: Theodor Richard Emessen (Hg.): *Aus Görings Schreibtisch. Ein Dokumentenfund*, Berlin 1990, S. 120 f.

5 Ebd.

6 *Tauern-Post*, 8.10.1938, S. 5: »Der gegenwärtig im Schloss Mauterndorf weilende Minister Dr. Hueber [...] gab, zwischen Bauern und Handwerkern, inmitten von alt und jung, ein nettes heimisches Liedchen zum Besten.« Zit. nach Hanno Bayr: *Berlin trifft Mauterndorf*, a. a. O., S. 184.

7 Zit. nach Dokumentationsarchiv des österreichischen Widerstandes (Hg.): *»Anschluß« 1938. Eine Dokumentation*, Wien 1988, S. 254.

8 Ebd., S. 243.

9 Ebd., S. 254 (Anruf vom 11.3.1938, 17:20 Uhr).

10 Vgl. Stephan Riel: »Österreichisches Insolvenzrecht während der NS-Zeit«, in: *Österreichisches Anwaltsblatt*, Ausgabe 09/2012, Wien 2012, S. 419.

11 Paula Hueber an Hermann Göring, 15.3.1938, in: Theodor Richard Emessen (Hg.): *Aus Görings Schreibtisch*, a. a. O., S. 121.

12 Ulrich Schlie (Hg.): *Ulrich von Hassel*, a. a. O., S. 270.

13 Martin H. Sommerfeldt: *Göring, was fällt Ihnen ein!*, a. a. O., S. 11 f.

14 Horst Höfler: »Revolution Eistechnik: Der wahre Erfinder des Eishakens«, in: *Der Bergsteiger*, Ausgabe 09/2009.

15 Fritz Rigele: *50 Jahre Bergsteiger. Erlebnisse und Gedanken*, Berlin 1935, S. 58 ff. und S. 330 f. Rigele war von 1910 bis 1912 der erste Obmann des Salzburger Skiclubs und blieb ihm auch danach als Funktionär verbunden.

16 Seit 1921; zit. nach Hanno Bayr: *Berlin trifft Mauterndorf*, a. a. O., S. 119.

17 *Salzburger Volksblatt*, 14.10.1933, zit. nach Hanno Bayr: *Berlin trifft Mauterndorf*, a. a. O., S. 166.

18 Fritz Rigele: *50 Jahre Bergsteiger*, a. a. O.

19 »Aufbau der deutschen Ostmark.« Rede auf der Volkskundgebung in Wien am 26. März 1938, in: Erich Gritzbach (Hg.): *Hermann Göring: Reden und Aufsätze*, München 1939, S. 348 f.

20 *Salzburger Zeitung*, 26.3.1938. Laut Bericht »begleiteten den Generalfeldmarschall stürmische Heilrufe, als er sich im Wagen auf Schloss Lichtenegg zu Minister Hueber begab«.

21 Susanne Rolnik, Gerald Lehner et al.: *Im Schatten der Mozartkugel. Reiseführer durch die braune Topographie von Salzburg*, Wien 2009, S. 217 f.

22 Salzburger Landesarchiv, Nachlass Epenstein, Karton 1, Brief an Olga Rigele vom 16.4.1938.

23 Belegt z. B. durch Schreiben von Rechtsanwalt Adolf Freiherr von Harnier an seine Frau Gabrielle; in: Christina M. Förster: *Der Harnier-Kreis. Widerstand gegen den Nationalsozialismus in Bayern*, Paderborn/München/Wien/Zürich 1996, S. 241.

24 Gespräch mit Roswitha Theuer (geb. Hueber), 8.8.2014.

25 Rudolf Diels, undatierter Lebenslauf, NSHA Han., Nachlass Rudolf Diels, Akte 10.

26 Martha Eccles Dodd: *Meine Jahre in Deutschland 1933 bis 1937. Nice to meet you, Mr. Hitler!*, Berlin 2005, S. 63.

27 Ebd., S. 62.

28 Klaus Drobisch: »Rudolf Diels. Betrachtung eines Gestapo-Chefs«, in: Helmut Bock (Hg.): *Sturz ins Dritte Reich. Historische Miniaturen und Porträts 1933–35*, Leipzig 1983, S. 212.

29 Martha Eccles Dodd: *Meine Jahre in Deutschland*, a. a. O., S. 154.

30 Bundesarchiv Koblenz, Z/42/IV – Rudolf Diels, Bl. 13 (Ministerialrat Dr. Rudolf Becker).

31 Ebd.

32 Hans Bernd Gisevius: *Bis zum bitteren Ende*, Darmstadt 1946, S. 186. Gisevius war ein Mitarbeiter von Rudolf Diels und verstand sich als einer seiner Intimfeinde.

33 Bundesarchiv Koblenz, Z/42/IV – Rudolf Diels, Bl.148, schriftl. Stellungnahme Ilse Diels-Göring, April 1949.

34 Ebd.

35 Klaus Drobisch: »Rudolf Diels. Betrachtungen eines Gestapo-Chefs«, a. a. O., S. 207–213.

36 Hans Bernd Gisevius: *Bis zum bitteren Ende*, a. a. O., S. 99 f.

37 Martha Eccles Dodd: *Through Embassy Eyes*, New York 1939, S. 50. [Im Original: »I was intrigued and fascinated by this human monster of sensitive face and cruel, broken beauty. We went out quite a lot, dancing and driving.« Dt. Übersetzung der Passage: Melissa Müller.]

38 Ebd., S. 62 f.

39 Ebd., S. 65.

40 Ebd., S. 64.

41 Rudolf Diels an Ilse Göring, Schreiben vom 14.3.1937; NSHA Han., Nachlass Dr. Rudolf Diels, VVP 46/ Nr. 4.

42 Rudolf Diels an Ilse Göring, Schreiben vom 5.5.1937; ebd.

43 Roswitha Theuer (geb. Hueber), Telefongespräch vom 8.8.2014.

1972

1 Elisabeth Fischer an Ulrich Fischer, Brief vom 1.5.1972.

2 Bundesverteidigungsminister Franz Josef Strauß (CSU) in seiner Rede in Vilshofen, 15.2.1961; vgl.: https://www.willy-brandt-biografie.de/quellen/zitate/zitate-ueber-willy-brandt/

3 »Beine vertreten. In Hermann Görings Salonwagen geht SPD-Kanzler Brandt auf Wahlkampf-Tour«, in: *Der Spiegel*, Nr. 17, 16.4.1972.

4 »Kniefall angemessen oder übertrieben?«, in: *Der Spiegel*, Nr. 51, 14.12.1970.

5 Ulrich Schlie (Hg.): *Ulrich von Hassel*, a. a. O., S. 143 (Tagebucheintrag »Berlinreise Juni 1936«).

6 Elisabeth Fischer an ihren Ehemann, Brief von 1971.

7 Elisabeth Fischer an ihre Mutter, Brief vom 12.10.1971.

8 Elisabeth Fischer an Imme Vollhardt, Brief vom 22.6.1972.

1934

1 Salzburger Landesarchiv, Nachlass Epenstein, Karton 2; Brief von Marie Marschall an Augustus Marschall, ohne Datum, 1933.
2 Ebd.; Brief von Gretel Marschall an Lilli Epenstein, 5.6.1934.
3 Hanno Bayr: *Berlin trifft Mauterndorf,* a. a. O., S. 137 f.
4 Ebd., S. 129.
5 Ebd., S. 145.
6 Vgl. Dokumentationsarchiv des österreichischen Widerstandes (Hg.): *»Anschluß« 1938,* a. a. O.
7 Hanno Bayr: *Berlin trifft Mauterndorf,* a. a. O., S. 141.
8 »Wir tragen die Verantwortung.« Rede auf der Kundgebung der NSDAP in Frankfurt am Main am 3.3.1933, in: Erich Gritzbach (Hg.): *Hermann Göring. Reden und Aufsätze,* a. a. O., S. 27. Zit. nach: Bundeszentrale für politische Bildung: *Dossier Nationalsozialismus und Zweiter Weltkrieg,* Berlin 2020.
9 Bella Fromm: *Als Hitler mir die Hand küsste,* a. a. O., S. 188 (Eintrag vom 20. Mai 1934).
10 Vgl. Bella Fromm: *Als Hitler mir die Hand küsste,* a. a. O., S. 197 (Eintrag vom 4.7.1936).
11 Emery Reves (Hg.): *Fritz Thyssen: I Paid Hitler,* a. a. O., S. 141.
12 Salzburger Landesarchiv, Nachlass Epenstein, Karton 3; Hermann Epenstein an Landesfinanzamt München, Brief vom 28.5.1934.
13 Götz Aly, Michael Sontheimer: *Fromms. Wie der jüdische Kondomfabrikant Julius F. unter die deutschen Räuber fiel,* Frankfurt am Main 2007, S. 94 f.
14 Konrad Heiden: *Hitler rast,* a. a. O., S. 57.
15 Emery Reves (Hg.): *Fritz Thyssen: I Paid Hitler,* a. a. O., S. 198.
16 Das Zitat wurde verschiedentlich Olga Rigele und Paula Hueber in den Mund gelegt. Götz Aly und Michael Sontheimer zitieren Olga: *Fromms,* a. a. O., S. 103.

1974

1 Bernd Ziesemer: »Die K-Gruppen: ›Massenparteien ohne Proletariermassen‹«, in: TAZ, Ausgabe 11799, 4.12.2018.
2 Janis Joplin: *Albert Hall Interview,* Song von 1969.

1921

1 Oberstleutnant Karl Ernst Göring, in: Festausgabe des *Weißenfelser Tageblattes,* 29.6.1935.
2 Karl Ernst Göring: *Meine Kriegserlebnisse in Deutsch-Ostafrika 1914/20,* a. a. O.
3 Sippenbericht, Jg. 1, Nr. 1, Rückblick auf die Jahre 1914–1922, ca. 1923.
4 Ebd.
5 Paul von Lettow-Vorbeck: *Meine Erinnerungen aus Ostafrika,* Leipzig 1920.
6 Zit. nach Uwe Schulte-Varendorff: *Kolonialheld für Kaiser und Führer. General Lettow-Vorbeck – Eine Biographie,* Berlin 2006. Eckard Michels: *Paul von Lettow-Vorbeck. Eine Biographie. Ein preußischer Kolonialoffizier,* Paderborn 2008.
7 Leonard Mosley: *Göring,* a. a. O., S. 345.
8 *Die Märzunruhen 1921 und die preußische Schutzpolizei.* Amtliche Denkschrift des Ministeriums des Innern, Berlin 1921.
9 Sippenbericht Nr. 18, Jg. 9, November 1932, Nachruf Karl Ernst Göring.

Register

Hermann Göring, meine Großmutter Ilse Göring, meinen Vater Heinrich »Heinz« Otto Göring, meine Mutter Elisabeth Göring, geb. Heuser, und meinen Bruder Carl Christian Göring habe ich aufgrund der häufigen Nennung im Buch nicht aufgelistet.
Um ihre Identität zu schützen, nenne ich einige Freunde und Wegbegleiter nur mit Vornamen. Sie kommen im Personenregister nicht vor.